高等学校国家级特色专业——车辆工程专业系列教材

# 汽车发动机原理

主　编◎程晓章
参　编◎钱叶剑　汪春梅
主　审◎孙　军

合肥工业大学出版社

## 内容提要

本书主要介绍汽车发动机(以汽油机和柴油机为主)的基本原理。全书共12章,分上、下两篇。上篇(第一章至第五章)主要介绍与热力发动机密切相关的热工基础知识,主要内容为:能量与能源概述、基本概念、热力学第一定律、理想气体的性质与热力过程、热力学第二定律等;下篇(第六章至第十二章)主要介绍热力发动机的基本原理,主要内容为:内燃机循环及性能评价指标、发动机的换气过程、内燃机的燃料与燃烧、汽油机混合气的形成和燃烧、柴油机混合气的形成和燃烧、发动机的特性、发动机与汽车整车性能匹配等。

本书为高等院校车辆工程专业和交通运输工程专业的教材,也可作为汽车及相关行业的科研人员和其他工程技术人员的参考资料。

**图书在版编目(CIP)数据**

汽车发动机原理/程晓章主编.—合肥:合肥工业大学出版社,2010.10
ISBN 978-7-5650-0217-5

Ⅰ.①汽… Ⅱ.①程… Ⅲ.①汽车—发动机—理论—高等学校—教材 Ⅳ.①U464

中国版本图书馆CIP数据核字(2010)第093139号

**汽车发动机原理**

主编 程晓章　　责任编辑 汤礼广 马成勋

| | | | |
|---|---|---|---|
| 出 版 | 合肥工业大学出版社 | 版 次 | 2011年4月第1版 |
| 地 址 | 合肥市屯溪路193号 | 印 次 | 2011年5月第1次印刷 |
| 邮 编 | 230009 | 开 本 | 787毫米×1092毫米 1/16 |
| 电 话 | 总编室:0551-2903038 | 印 张 | 18.5 |
| | 发行部:0551-2903198 | 字 数 | 450千字 |
| 网 址 | www.hfutpress.com.cn | 印 刷 | 合肥工业大学印刷厂 |
| E-mail | press@hfutpress.com.cn | 发 行 | 全国新华书店 |

ISBN 978-7-5650-0217-5　　定价:36.00元

本系列教材在编写过程中，曾得到以下学校和企业给予各种形式的支持及无私的帮助，在此对它们谨致以真诚的谢意！

| | |
|---|---|
| 清华大学 | 北京理工大学 |
| 湖南大学 | 武汉理工大学 |
| 北京工业大学 | 吉林大学 |
| 西南交通大学 | 华东交通大学 |
| 同济大学 | 重庆理工大学 |
| 山东理工大学 | 兰州交通大学 |
| 辽宁工业大学 | 大连交通大学 |
| 福州大学 | 河南科技大学 |
| 厦门理工学院 | 江苏大学 |
| 长安大学 | 西华大学 |
| 湖北汽车工业学院 | 合肥工业大学 |
| 安徽工业大学 | 安徽理工大学 |
| 安徽工程大学 | 安徽江淮汽车集团有限公司 |
| 奇瑞汽车股份有限公司 | |

《高等学校国家级特色专业——车辆工程专业系列教材》编委会

# 序

在我国经济发展转型升级与全面提高国际竞争力的关键时期，培养和造就一大批创新能力强，适应我国经济和社会发展需要的工程技术型人才是增强我国核心竞争力、建设创新型国家、走新型工业化道路的必要条件。“高等工科教育回归工程”和“强化能力导向原则”等基于按社会需求培养人才和教学需要改革的教育理念，是《中华人民共和国高等教育法》提出的“高等教育教学改革务必根据不同类型、不同层次高等学校自身实际”要求和《高等学校本科教学质量与教学改革工程项目管理暂行办法》所坚持的“分类指导、注重特色”原则的创新成果和实践载体。

高等学校应按照“质量工程”的要求对人才培养目标进行合理定位，对教学过程进行科学创新，发挥自身优势，形成各自特色，从而满足社会对多样化的人才需求。人才培养目标的差异性，要求教学内容、教学方法和教材建设具有针对性。《中华人民共和国高等教育法》明确规定：“高等学校根据教学需要，自主制订教学计划、选编教材、组织实施教学活动。”教育部实施本科教育、教学“质量工程”，鼓励和支持高等学校在教学理念等方面进行创新，以形成有利于多样化人才成长的培养体系，满足国家和社会对紧缺人才的需要。

合肥工业大学车辆工程专业于2007年经教育部审批被列为国家级特色专业建设点。也就在同一时间，合肥工业大学成立了《高等学校国家级特色专业——车辆工程专业系列教材》编审委员会，以“打造特色精品教材，促进专业教育发展”的理念规划出版“高等学校汽车类特色专业规划教材”，抓紧对“质量工程”中所要求的“重点规划、建设多样基础教程和专业课程教材，促进高等学校教学内容更新、教材建设多样化”工作的落实。

在教材选题开始设计时，编审委员会便贯彻教育部关于人才培养适应行业经济和社会发展需要的精神，要求突出教材建设与办学定位、教学目标的一致性和适应性。最终确立了教材编写的指导思想：加强工程意识的培养、加强理论与实践的结合、加强实践教学和工程训练，培养在汽车行业第一线从事车辆研发、试验、营销及管理等实际工作和能解决实际问题的高等应用型人才。

本系列教材在编写过程中，既严格遵守学科体系的知识构成和教材编写的一般规律，又针对本科人才培养目标和与之相适应的教学特点，科学安排知识内容，注重解决现行教材中部分内容陈旧、特色不明显和学生自主学习无趣等问题，充分体现了"工程基础厚、工作作风实、创业能力强"的合肥工业大学人才培养特色及对国家级特色专业教材的内涵和尺度的准确把握。

本系列教材的出版是所有参与该项工作的人们集体智慧的结晶，也是高等学校进行教学改革、落实"质量工程"要求的成果，相信随着教学改革的深入推进，该系列教材会不断得到丰富和完善。

中国高等学校教学指导委员会委员
中国机械工业教育协会高校教学委员会车辆专业组副组长　**陈朝阳**

# 前 言

近年来，我国的汽车工业发展迅速，汽车发动机新技术获得了充分地应用，使得发动机行业步入了快速发展通道，社会对从事发动机开发、研制工作的人才需求随之不断增加，因此，设置车辆工程、交通运输、汽车运用等专业的高等院校越来越多。但是，以往上述专业在学习发动机原理课程之前都要先开设工程热力学等专业基础课程，现在由于实行教学改革，要求课时压缩，因此使得不少学校无法单独开设工程热力学等专业基础课程。如果学生在前期对有关热学知识掌握不足，则必然影响后期对发动机原理课程的学习。基于此，根据编者多年的教学经验，本书在编写时增加了热工基础方面的知识，即将两门课程合二为一，使之相辅相成。在热工基础部分中，本书主要介绍了能量与能源基础、热力学第一定律与第二定律、理想气体的性质与热力过程等内容；在汽车发动机原理部分中，本书主要介绍了内燃机循环及性能评价指标、发动机的换气过程、内燃机的燃料与燃烧、汽油机混合气的形成与燃烧、柴油机混合气的形成与燃烧、发动机的特性、发动机与汽车整车性能匹配等内容。因此，本书在体现先进性、系统性和实用性的同时，力求使内容更符合实际教学要求。

本书由合肥工业大学车辆工程系编写，由程晓章老师担任主编。参加具体编写的老师有：汪春梅编写第一章至第四章，钱叶剑编写第五章、第六章及第十二章，程晓章编写第七章至第十一章。

衷心感谢合肥工业大学孙军教授对本书进行认真细致的审阅。

本书为高等院校车辆工程、交通运输工程等专业的教材，也可作为汽车及相关行业的科研人员和其他工程技术人员的参考资料。

由于编者水平有限，加上时间仓促，书中错误和疏漏之处在所难免，欢迎广大读者批评指正。

编 者

# 目　录

## 第一篇　热工基础

# 第二篇　汽车发动机原理

# 第一篇　热工基础

# 第一章 能量与能源概述

**内容提要**：本章主要介绍能量和能源的基本概念，能量的存在形式和分类，能量的转换和利用。

## 第一节 能 量

世界是由物质构成的，一切物质均处于运动状态。能量是物质运动、变化和相互作用的度量。一切物质都具有能量，如果没有能量，世界就会永远处于静止状态。

人类在日常生活和生产过程中需要各种形式的能量。随着社会发展，人们对能量的认识和利用水平不断提高。到目前为止，人类所认识的能量主要有以下六种形式。

(1)机械能：主要包括动能和势能，是人类最早认识和利用的能量。

(2)热能：是指物质分子的热运动动能和由于分子间相互作用而具有的势能的总和。其宏观表现是温度的高低，反映物质分子运动的强度。热能是人类较早认识和利用的能量。

(3)电能：是同电荷的运动与积蓄有关的一种能量。工业上和日常生活中所利用的电能通常是由其他形式的能量(如化学能，机械能等)转换而来的。

(4)化学能：化学能与物质的化学结构有关，是物质在原子核外进行化学反应所释放的能量。

(5)核能：核能蕴藏在物质原子核的内部，是通过核反应(裂变或聚变)释放的能量。

(6)辐射能：是物体以电磁波形式发射的能量。如投射到地球表面的太阳能就是一种辐射能。

## 第二节 能 源

能源是指能够直接或间接提供能量的物质资源。地球上存在各种形式的能源，通常按照以下几种方式对能源分类。

(1)根据初始来源：①地球本身蕴藏的能源，如核能、地热能等。②来自地球外天体的能源，如太阳能以及由太阳能转化而来的风能、水能、海洋能、生物能以及化石燃料(如煤、石油、天然气等)。③地球与其他天体的相互作用产生的能源，如潮汐能。

(2)根据开发步骤:①一次能源,即在自然界以自然形态存在可以直接开发利用的能源,如煤、石油、天然气、风能、水能、太阳能、地热能、海洋能等。②二次能源,即由一次能源直接或间接转化而来的能源,如电力、煤气、汽油、沼气、氢气、甲醇、酒精等。

(3)根据开发利用的情况及其在社会经济生活中的地位:①常规能源,指开发时间较长、技术比较成熟、被广泛利用的能源,如煤、石油、天然气、水能等。②新能源,指开发时间较短、技术不成熟、尚未被大规模开采利用的能源,如风能、水能、太阳能、地热能、海洋能、生物能以及核能等。

(4)按照能否再生:①可再生能源,指不会因被开发利用而减少,具有天然恢复能力的能源,如太阳能、风能、海洋能、生物能等。②非再生能源,指储量有限,随被开发利用而日益减少,最终将会枯竭的能源,如煤、石油、天然气等。

(5)根据开发利用过程中对环境的污染程度情况:①清洁能源,即对环境无污染或污染很小的能源,如太阳能、风能、水能、海洋能等。②非清洁能源,对环境污染较大的能源,如煤、石油等。

能源是人类生存的基础,能源的开发和利用是社会发展的动力,而能源开发和利用水平又是社会文明的重要标志之一。回顾人类的历史可以看出,能源与社会发展密切相关。从原始的人力、畜力、水力、柴薪燃料的使用到今天化石燃料(煤、石油、天然气)的大量开采以及核能和各种新能源的开发,能源的利用极大地促进了社会的发展。

世界各国的经济发展证明,正常情况下,每个国家能源消费总量及增长速度与其国民经济总产值及增长速度成正比,而能源的人均消耗量的多少则反映国民生活水平的高低。因此,能源问题是全世界关注的重大问题,从20世纪70年代起,能源问题成为世界5大问题(能源、人口、粮食、环境、资源)之一。

我国的能源建设面临的主要问题:

(1)人均能源储备量少,远低于世界水平。据1994年的统计数据表明,世界人均原煤储备量为209t,而我国人均原煤储备量只有95t;世界人均原油储备量为28t,而我国人均原油储备量仅仅为3t;世界人均天然气储备量为28400$m^3$,而我国人均天然气储备量只有1416$m^3$。

(2)能源开发利用设备和技术落后,能源利用率低,浪费严重。目前我国能源终端利用率仅为33%,比发达国家约低10%,单位产品的能耗比发达国家约高40%;单位国民经济产值的能耗是日本的6倍,美国的3倍,韩国的4.5倍。

(3)环境污染严重。由于我国能源构成主要是以煤炭为主,约75%的能源需求由煤炭提供,绝大多数的工业锅炉以煤为主,众多城市人口的生活和取暖还在用煤,加上农村人口的生活用能还是以燃烧薪柴和秸秆为主,烟气的排放使大气受到严重的污染。据世界银行研究表明,我国城市空气污染对人体健康和生产造成的损失估计每年超过200亿美元,酸雨使农作物每年减产损失达到50亿美元。目前我国的$CO_2$排放量仅次于美国,居世界第二位,占世界总排放量的13.6%。

我国的能源建设要走可持续发展道路,一是要合理利用能源,提高能源利用率,包括从技术上改进现有的能源利用系统和设备,将可用能的损失降低到最小,并积极开发高效、低污染的能源利用系统和先进的节能设备;二是要大力开发对环境无污染或污染很小的新能源,如太阳能、风能、水能、地热能、海洋能、生物能等。

# 第三节　能量的转换与利用

能量的利用过程实质上是能量的传递与转换过程。在上述能源中，如风能、水能、海洋能可以通过风车、水轮机直接转换成机械能或者再通过发电机将机械能转换为电能；太阳能可以通过光合作用转换成生物能，也可以通过太阳能集热器转换成热能，还可以通过光电反应直接转换成电能；氢、酒精等一些二次能源中的化学能可通过燃料电池直接转换成电能。除此之外，其他能源的能量（如煤、石油、天然气中的化学能以及核燃料中的核能等）通常都是通过燃烧或核反应直接或间接加以利用。

据统计，目前通过热能形式被利用的能源在我国占总能源的90%以上，世界其他国家也平均超过85%。由此可见，在能量转换和利用过程中，热能不仅是最常见的形式，而且具有特殊重要作用。热能的有效利用对解决我国的能源问题乃至对人类社会的发展有着重大意义。

热能的利用有两种基本形式：一是热利用，即将热能直接利用于加热物体，以满足烧饭、采暖、烘干、熔炼等需要，这种利用方式已具有几千年的历史；另一种是动力利用，通常是指通过各种热力发动机（热机）将热能转换成机械能或者再通过发电机转换成电能，为人类的日常生活、农业生产及交通运输提供动力。自从18世纪中叶发明蒸汽机以来，虽然只有200多年的历史，却开创了热能利用的新纪元，使得人类社会的生产力和科学技术获得突飞猛进的发展。然而，热能通过各种热机转换为机械能的有效利用率较低，早期的热机的热效率只有1%～2%，现在燃气轮机装置的热效率约为37%～42%，蒸汽电站的热效率也只有40%左右。如何更有效地实现热能和机械能之间的转换，提高热机的热效率，是当前十分重要的课题。

我国目前的热能利用率水平与发达国家水平相比差距很大，主要是热能利用系统落后，热能利用率低，经济性差。为了更有效合理地利用热能，促进国民经济发展，工程技术人员要熟悉和掌握提高热能利用率的先进方法。

### 思考与练习

1-1　能量的表现形式有哪几种？

1-2　简述能源的分类，分析我国目前面临的主要能源问题。

1-3　试分析我国能源利用的基本情况。

# 第二章 基本概念

**内容提要**：本章主要介绍热力系统的基本概念，热力系统的平衡状态和状态参数，准平衡过程和可逆、不可逆过程，功和热量。

## 第一节 热力系统

凡是将热能转换为机械能的机器统称为热力发动机，简称热机。例如蒸汽机、蒸汽轮机、燃气轮机、内燃机、喷气式发动机皆为热机。

热能与机械能之间的转换是通过媒介物质在热机中的一系列变化过程来实现的，这种媒介物质称为工质。如空气、燃气、水蒸气、氨蒸汽等都是常用的工质。

在热力学中，通常把热容量很大，且在吸收或放出有限热量时自身温度及其他热力学参数没有明显改变的物体称为热源。

通常选取一定的工质或空间作为研究对象，称之为热力系统，简称系统。系统以外的物体称为外界或环境。系统与外界之间的分界面称为边界。边界可以是真实的，也可以是假想的；可以是固定的，也可以是移动的。

如图 2-1 所示，如果将气缸中的气体作为研究对象，则气缸壁和活塞内表面即构成该系统的真实边界，并且一部分边界随活塞移动。

系统通过边界与外界相互作用，进行物质和能量的交换。按照系统与外界之间相互作用的具体情况，系统可分为以下几类。

(1)闭口系统：系统与外界无物质交换，如图 2-1 所示。由于系统的质量始终保持不变，所以常称为控制质量系统。

(2)开口系统：系统与外界有物质交换，如图 2-2 所示。运行中的汽轮机可视为开口系统，其在运行过程中有蒸汽不断地流进流出。由于开口系统是一个划定的空间范围，所以开口系统又称为控制容积系统。

(3)绝热系统：系统与外界无热量交换。

(4)孤立系统：系统与外界既无能量交换又无物质交换。

严格地讲，自然界中不存在完全的绝热系统和孤立系统，但在工程上却存在接近于绝热或孤立的系统。用工程观点来处理问题时，只要抓住事物的本质，突出主要因素，就可以将这样的系统看成是绝热系统或孤立系统，从而得出有指导意义的结论。

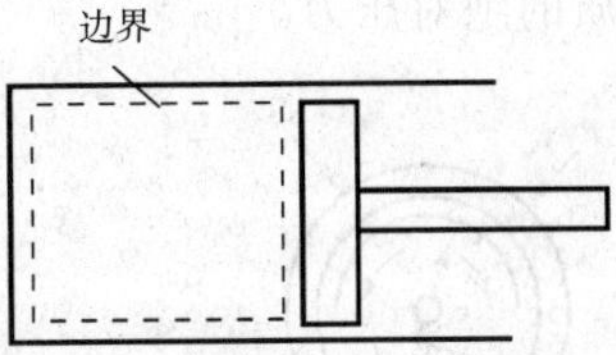


图 2-1 闭口系统示意图

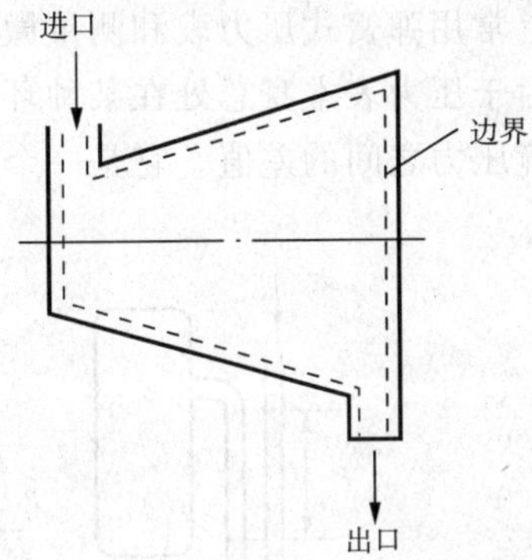


图 2-2 开口系统示意图

需指出的是，选取的热力系统必须具有足够大的尺度，即和物质的微观尺度相比可以认为无穷大，以满足宏观的假设。

# 第二节 平衡状态及状态参数

## 一、平衡状态

工质在膨胀或被压缩的过程中，它的压力、温度、体积等物理量会发生变化，或者说工质本身的状况会发生变化。工质在某一瞬间所呈现的物理状况称为工质的热力状态，简称状态。

在没有外界作用的情况下，工质的宏观性质不随时间而变化的状态称为平衡状态。当系统各部分的温度和压力不一致时，各部分将存在能量的转移和相对位移，其状态参数将随时间而改变，这种状态称为非平衡状态。非平衡状态如果没有外界影响，最后将过渡到平衡状态。

## 二、基本状态参数

在工程热力学中，常用的状态参数有压力、温度、比体积、热力学能、焓、熵等，其中压力、温度、比体积可以直接测量，称为基本状态参数。

1. 压力

单位面积上所受到的垂直作用力称为压力（即压强），用符号 $p$ 表示

$$p=\frac{F}{A}$$

$F$ 为垂直于作用面面积 $A$ 上的力。根据分子运动论，气体的压力是大量分子与容器壁面碰撞作用力的统计平均值。

在国际单位制中，压力单位为 Pa（帕），1 Pa＝1 $N/m^2$。工程上因单位 Pa 数值太小，常采用 kPa 和 MPa 作为压力的单位，它们之间的换算关系为

$$1\ MPa=10^3\ KPa=10^6\ Pa$$

其他单位制的压力单位有 bar、$mmH_2O$、mmHg、atm（标准大气压）、at（工程大气压）等，并有 1 bar＝$10^5$ Pa，1 $mmH_2O$＝9.81 bar，1 mmHg＝133.3 Pa，1 atm＝1.013×$10^5$ Pa，1 at＝0.981×$10^5$ Pa。

工程上常用弹簧式压力表和测量微小压力的U形管压力表(如图2-3所示)测量工质的压力。由于压力表本身总处在某种环境中,因此由压力表测得的压力是被测工质的压力与当地环境压力之间的差值。它是一个相对值,并非工质的绝对压力。

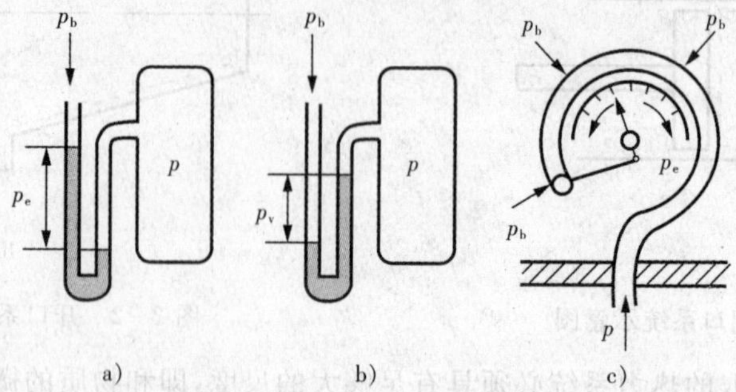


图2-3　压力测量示意图

如果工质的绝对压力用 $p$ 表示。当绝对压力高于大气压力 $p_b$ 时,压力表指示的数值称为表压力,用 $p_e$ 表示,如图2-3a所示。显然

$$p = p_b + p_e \tag{2-1}$$

当工质的绝对压力低于大气压力时,如图2-3b所示,测压仪表指示的读数称为真空度,用 $p_v$ 表示,此时

$$p = p_b - p_v \tag{2-2}$$

大气压力随测量时间、地点而不同,可用大气压力计测定,在工程计算中,如被测压力很高,可将大气压力视为常数,一般近似地取为0.1 MPa。

如被测工质的压力较低,则须按当时当地大气压力的具体数值计算。总之,即使绝对压力不变,由于大气压力变化,表压力和真空度也会变化。只有绝对压力才能表征工质所处的状态,才是状态参数。

2. 温度

温度是标志物体冷热程度的物理量。根据气体分子运动论,气体的温度是组成气体的大量分子平均动能大小的量度,温度越高,分子不规则运动越剧烈。

当两个温度不同的物体相互接触时,它们之间将发生热量传递。如果不受其他物体影响,那么经过足够长时间后,它们将达到相同的温度而不再进行热量传递,即达到所谓平衡状态。这一事实证实了热力学第一定律。热力学第一定律为:如果两个物体中的每一个都分别与第三个物体处于热平衡,则这两个物体彼此也处于热平衡。这第三个物体可用作温度计。温度概念的建立以及温度测量是以热力学第一定律为依据的,当温度与被测物体达到热平衡时,温度计所指示的温度就等于被测物体的温度。

温度的数值表示法称为温标。国际单位制采用热力学温标作为基本温标,用这种温标确定的温度称为热力学温度,以符号 $T$ 表示,单位K。热力学温标取水的三相点(纯水的固、液、汽三相平衡共存的状态点)为基准点,并定义其温度为273.16 K,因此1 K等于水的三相点热力学温度的1/273.16。

热力学温标是一种理论温标,可以用气体温度计复现,但气体温度计装置复杂,使用不

便，所以国际上决定采用国际实用温标。现在采用的是1990年国际计量大会通过的国际温标(ITS－90)。

与热力学温标并用的还有摄氏温标。用摄氏温标确定的温度叫摄氏温度，用 $t$ 表示，单位为℃，并定义为

$$t = T - 273.15\ \text{K} \tag{2-3}$$

由此可知，摄氏温标与热力学温标仅起点不同。摄氏温度0 ℃相当于热力学温度273.15 K，显然，水的三相点温度为0.01 ℃。

3. 比体积、密度

单位质量的工质所占有的体积称为比体积，用符号 $v$ 表示，单位 $m^3/kg$。如果质量为 $m$ 的工质占有的体积为 $V$，则工质的比体积为

$$v = \frac{V}{m} \tag{2-4}$$

单位体积工质的质量称为密度，用符号 $\rho$ 表示，单位为 $kg/m^3$。很明显，比体积与密度互为倒数，即

$$\rho \cdot v = 1 \tag{2-5}$$

比体积和密度都是说明工质在某一状态下分子疏密程度的物理量，其中任何一个都可以作为工质的状态参数，二者相互联系，通常以比体积作为状态参数。

## 第三节　状态方程与状态参数坐标图

热力系统的平衡状态可以用状态参数来描述，系统有多个状态参数，这些参数各自从不同的角度描述系统某一宏观特性，并且互相联系。状态公理指出，对于和外界只有热量和体积变化功(膨胀功和压缩功)的简单可压缩系统，只需两个独立的参数便可确定它的平衡状态。例如在工质的基本参数 $p$、$v$、$T$ 中，只要其中任意两个确定，另一个也随之确定，如 $p = f(v、T)$，表示成隐函数形式为

$$f(p、v、T) = 0 \tag{2-6}$$

这种表示状态参数之间关系的方程式称为状态方程式。

由于两个独立的状态参数就可以确定简单可压缩系统的状态，所以，在以两个独立状态参数为横纵坐标的平面坐标图上，每一点都代表系统的一个平衡状态。如图2－4中1、2两点分别代表由独立参数 $p_1$、$v_1$ 和 $p_2$、$v_2$ 所确定的两个平衡状态。显然，非平衡状态无法在图中表示，因其没有确定的状态参数。

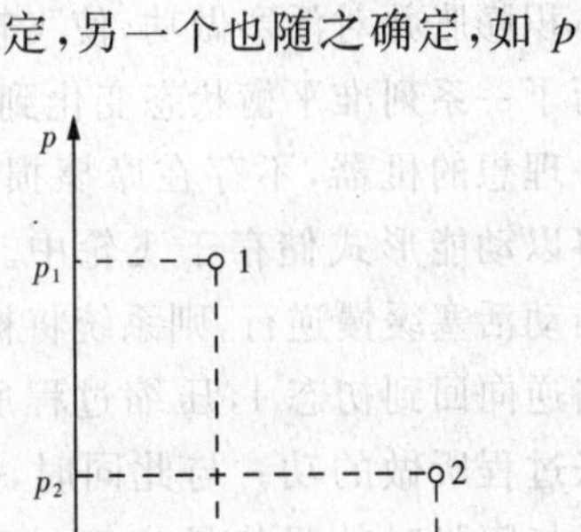


图2－4　平衡状态在 $p$—$v$ 图上的表示

# 第四节　准平衡过程和可逆过程

## 一、准平衡过程

系统由一个状态到达另一个状态的变化过程称为热力过程，简称过程。状态改变意味着系统原平衡状态遭到破坏。实际热工设备中进行的过程，都是由于系统内部各处温度、压力或密度的不平衡而引起的，所以过程所经历的中间状态是不平衡的。

为了便于对实际过程进行分析研究，假设过程中系统所经历的每一个状态都无限地接近平衡态，这种过程称为准平衡过程，又称为准静态过程。在状态参数坐标图上可以用连续的实线表示。而非平衡过程由于它所经历的不平衡状态没有确定的状态参数，因而不能表示在状态参数坐标图上。

既要使系统的状态发生变化，又要随时接近平衡态，只有使过程进行得无限缓慢才有可能实现。实际过程都是以有限速度和在有限时间内进行的，都是不平衡过程。理论上，在没有外界作用下，一个系统从非平衡态达到完全平衡态需要很长时间，但是从非平衡态趋近平衡态所需的时间往往不长，这段时间叫做驰豫时间。实际上，在系统内外的不平衡势（压力差、温度差）不是很大情况下，驰豫时间非常短，可以将实际过程近似地看作准平衡过程。例如：在活塞式热力机械中，活塞运动的速度一般在10m/s以内，但气体的内部压力波的传播速度等于声速，通常每秒数百米。相对而言，活塞运动的速度很慢，这类情况就可以按准平衡过程处理。

## 二、可逆过程

如果系统完成了某一过程之后，再沿着原路逆行而回复到原来状态，外界也随之回复到原来状态，而不留下任何变化，则这一过程称为可逆过程。否则就是不可逆过程。

如图2-5所示的装置中，以气缸中的工质为系统。开始系统处于平衡状态1，随着系统从热源吸热，体积膨胀并对活塞做功，使飞轮转动，系统由初态1经历了一系列准平衡状态变化到终态2。如果此装置是一理想的机器，不存在摩擦损失，那么工质的膨胀功将以动能形式储存于飞轮中。如果利用飞轮的动能推动活塞缓慢逆行，则系统将被压缩，由状态2沿着原路逆向回到初态1，压缩过程所需要的功正好等于膨胀过程所做的功。与此同时，系统向热源放热，放热量与膨胀时的吸热量相等。于是当系统回到原来的状态1时，机器和热源也都回到原来的状态，或者说系统和外界全部回到原来的状态，未留下任何变化，这样的过程就是可逆过程。

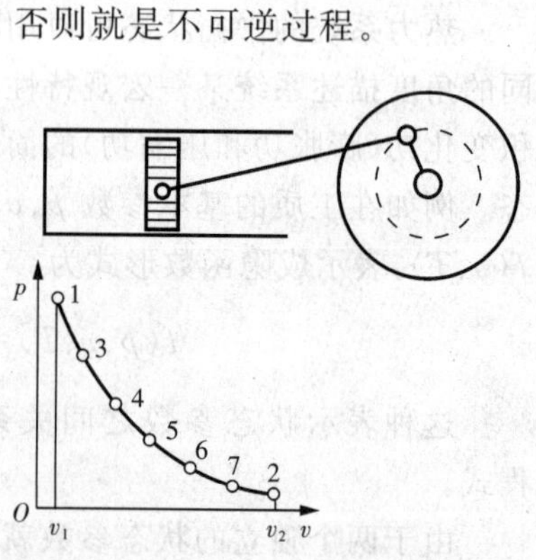


图2-5　可逆过程示意图

不难想像，有摩擦（机械摩擦、工质内部的粘性摩擦）的过程，都是不可逆过程。因为在正向过程中，有一部分膨胀功由于摩擦变成了热，而在逆向过程中还要再消耗一部分功用于克服摩擦而变成热，所以要使工质回到初态，外界必须提供更多的功。这样，工质虽然回到了初态，但外界却发生了变化。

传热、混合、扩散、渗透、溶解、燃烧、电加热等实际过程都是不可逆过程。对于一个均匀的无化学反应的系统来说，实现可逆过程最重要的条件是不仅系统的内部而且系统与外界之间都处于热和力的平衡，过程中不存在摩擦、粘性扰动、温差传热等消耗功或潜在做功能力的损失的耗散效应，所以说可逆过程就是无耗散效应的准平衡过程。

可逆过程是一个理想过程，是一切热力设备工作过程力求接近的目标。可逆过程的概念的提出为热力学分析提供了很大的方便。利用这一概念可以将复杂的实际过程简化为一个理想的可逆过程加以研究，然后加以适当的修正，所以研究可逆过程在理论上具有十分重要的意义。

## 第五节 功与热量

### 一、功与示功图

在力学中，功（功量）定义为力和沿力作用方向位移的乘积。例如，若物体在力 $F$ 作用下沿力的方向 $x$ 产生了微小的位移 $dx$，则该力所做的功为

$$\delta W = F\mathrm{d}x$$

如果在力 $F$ 作用下沿力的方向从 $x_1$ 位移到 $x_2$，则力 $F$ 所做的功为

$$W = \int_{x_1}^{x_2} F\mathrm{d}x$$

热能转换为机械能的过程是通过工质的体积膨胀实现。工质在体积膨胀时所做的功称为膨胀功，它是热力学的一种基本功。

如图 2-6 所示，假定气缸中盛有质量为 $m$ 的工质，其压力为 $p$，活塞面积为 $A$，则工质作用于活塞上的力为 $p \cdot A$。由于在此过程中的工质体积膨胀很微小，其压力近乎不变，如果这一微元过程是准平衡过程，则工质对活塞所做的功为

$$\Delta W = pA\mathrm{d}x = p\mathrm{d}V \tag{2-7}$$

式中：$dV$ 为活塞移动距离 $dx$ 时气缸中工质体积的增量。

如果活塞从位置 1 移动到位置 2，并且过程是准平衡过程，则工质所做的膨胀功为

$$W = \int_1^2 p\mathrm{d}V \tag{2-8}$$

单位质量工质所做的膨胀功称为比膨胀功，用 $w$ 表示。由式(2-7)、式(2-8)可得

$$\delta w = p\mathrm{d}v \tag{2-9}$$

$$w = \int_1^2 p\mathrm{d}v \tag{2-10}$$

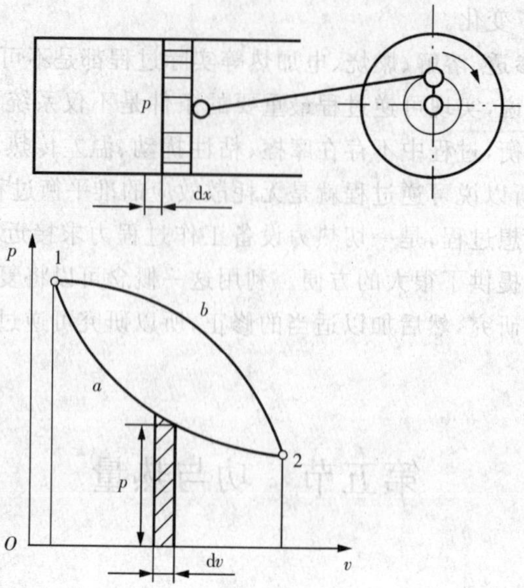


图 2-6　示功图

由于可逆过程就是无耗散效应的准平衡过程，所以式(2-7)、式(2-8)、式(2-9)、式(2-10)也是计算可逆过程膨胀功的公式。具体计算时，除了工质的初态、终态以外，还须知道工质在状态变化过程中压力和比体积的变化规律，即 $p=f(v)$的函数关系。

一个可逆过程可以用以压力 $p$ 为纵坐标、比体积 $v$ 为横坐标的 $p$—$v$ 图上的一条曲线来表示，如图 2-6 中的 1—$a$—2 所示。根据微积分原理，积分 $\int_1^2 p\mathrm{d}v$ 的数值，即比膨胀功 $\omega_{1-2}$的大小可以用曲线下面的面积来表示，因此 $p$—$v$ 图也称为示功图。

如图 2-6 所示，过程 1—$a$—2 与 1—$b$—2 的膨胀功不同，可见膨胀功的大小不仅取决于工质的初、终状态，而且和过程的性质有关，所以功是过程量而不是状态参数。为了以示区别，微小功用 $\delta w$ 代表，而不用 $\mathrm{d}w$。

当工质被压缩时，以上各式同样适用，只不过 $\mathrm{d}v$ 为负值，计算出的功也是负值，表示外界压缩工质做功。

在国际单位制中，功的单位是 J 或 kJ，比功的单位是 J/kg、kJ/kg。

**二、热量、熵与示热图**

热力系统与外界之间依靠温差传递的能量称为热量，用 $Q$ 表示，其单位与功的单位相同，为 J 或 kJ。单位质量工质所传递的热量用 $q$ 表示，单位为 J/kg，kJ/kg。

热量和功一样，都是热力系统在与外界相互作用的过程中所传递的能量，因此，不能说“系统在某状态下有多少热量，”或“系统在某状态下有多少功”。热量与功都是过程量，因此微元过程中传递的微小热量分别用 $\delta Q$ 和 $\delta q$ 表示，而不用 $\mathrm{d}Q$ 和 $\mathrm{d}q$。

工程热力学中规定：系统吸收热量的值为正，系统放出热量的值为负。

在可逆过程中，系统与外界交换的热量的计算公式与功的计算公式具有相同的形式。对照式(2-9)，对于微元可逆过程，单位质量工质与外界的热量可以表示为

$$\delta q=T\mathrm{d}s \tag{2-11}$$

式中：$s$ 称为比熵，单位为 J/(kg·K)或 kJ/(kg·K)。比熵的定义式为

$$ds=\frac{\delta q}{T} \tag{2-12}$$

即在微元可逆过程中，工质比熵的增加等于单位质量工质所吸收的热量除以工质的热力学温度所得的商。比熵同比体积一样是工质的状态参数。

对于质量为 $m$ 的工质，则

$$\delta Q = T\mathrm{d}S \tag{2-13}$$

$$\mathrm{d}S=\frac{\delta Q}{T} \tag{2-14}$$

式中：$S$ 为质量 $m$ 的工质的熵，单位为 J/K。

对于从状态 1 到状态 2 的可逆过程，工质与外界交换的热量计算公式为

$$q=\int_1^2 T\mathrm{d}s \tag{2-15}$$

或

$$Q=\int_1^2 T\mathrm{d}S \tag{2-16}$$

可见，式(2-15)、式(2-16)与可逆过程膨胀功的计算式(2-10)、式(2-8)的形式完全相同。

根据熵的变化，可以很容易地判断一个可逆过程中系统与外界之间热量交换的方向。若 $ds>0$，则 $\delta q>0$，系统吸热；若 $ds<0$，则 $\delta q<0$，系统放热；若 $ds=0$，则 $\delta q=0$，系统绝热。因此可逆绝热过程又称为定熵过程。

与 $p—v$ 图类似，在以热力学温度 $T$ 为纵坐标、以比熵 $s$ 为横坐标的 $T-s$ 图上，可以用一个点代表一个平衡状态，用一条曲线代表一个可逆过程，如图 2-7 所示，由式(2-15)可知，在从状态 1 到状态 2 的可逆过程中，单位质量工质与外界所交换的热量可以用温熵($T-s$)图中的过程曲线 1-2 下的面积 $12s_2s_11$ 来表示，所以温熵图也称为示热图。由于 $s_2>s_1$，1→2 过程是一个吸热过程。示热图与示功图一样，是对热力过程进行分析的重要工具。

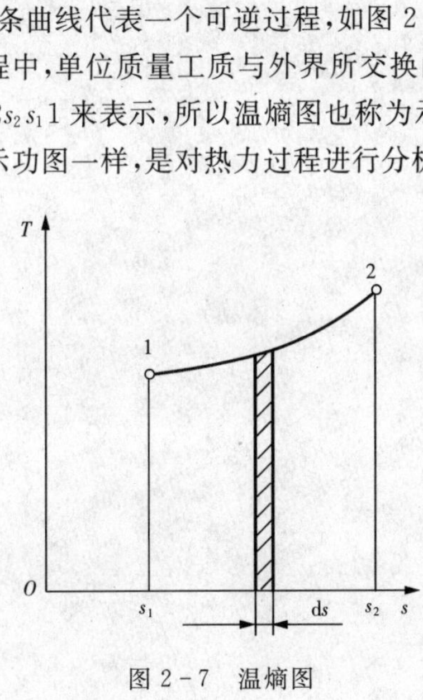


图 2-7 温熵图

## 思考与练习

2-1 什么是热力系统？

2-2 什么是闭口系统、开口系统、绝热系统和孤立系统？

2-3 热力平衡状态有什么特点？

2-4 什么是可逆过程和不可逆过程？各有什么特点？

2-5 在示功图和示热图上如何表示功量和热量？

# 第三章　热力学第一定律

**内容提要**：本章主要介绍热力学第一定律的基本概念，以及该定律分别在开口系统和闭口系统的表示，稳流能量方程的应用。

## 第一节　热力系统的储存能

储存于热力系统的能量称为热力系统的储存能。工程热力学所涉及的热力系统的储存能主要有两类：一类是取决于系统本身状态的热力学能；另一类是与系统的宏观运动速度有关的宏观动能和与系统在重力场中所处位置有关的宏观位能。

### 一、热力学能

组成物质的微观粒子所具有的能量称为物质的热力学能。当不涉及化学变化和原子核反应时，即所谓的热能。气体分子的动能的大小主要取决于气体的温度，位能的大小主要与气体的比体积有关。

在工程热力学中，质量为 $m$ 的工质的热力学能用 $U$ 表示，单位是 J 或 kJ；单位质量（即 1 kg）工质的热力学能称为比热力学能，用 $u$ 表示，单位是 J/kg 或 kJ/kg。

气体工质的比热力学能只取决于工质的热力学温度和比体积，即取决于工质的热力状态，它是状态参数，因此可表示为 $u=f(T,v)$。

因为物质的运动是永恒的，不可能有这样一种状态：工质内部的一切运动都停止，热力学能为零。所以热力学能的大小是相对的。在工程热力学的计算中，经常遇到的是工质从一个状态变化到另一个状态，需要计算的是热力学能的变化量，而不是它的绝对值。因此，计算热力学能的基准状态可以人为地选定。例如，取 0 K 或 0 ℃时气体的热力学能为零。

### 二、宏观动能与宏观位能

除了热力学能之外，热力系统还由于其宏观运动速度具有宏观动能和由于其在重力场中所处的位置具有宏观位能，分别用 $E_k$、$E_p$ 表示，单位为 J 或 kJ。

如果质量为 $m$ 的系统的运动速度为 $c_f$，则系统的宏观动能为

$$E_k=\frac{1}{2}mc_f^2 \tag{3-1}$$

如果质量为 $m$ 的系统的质量中心在系统外部参考坐标系中的高度为 $z$，则系统的宏观

位能为

$$E_p = mgz \tag{3-2}$$

式中：$g$ 为重力加速度。

系统的热力学能、宏观动能与宏观位能之和称为储存能，用 $E$ 表示，即

$$E = U + E_k + E_p \tag{3-3}$$

单位质量工质的储存能称为比储存能，用 $e$ 表示，单位为 kJ/kg 或 J/kg。即

$$e = u + e_k + e_p \tag{3-4}$$

## 第二节　热力学第一定律的实质

热力学第一定律的实质就是热力过程中的能量守恒和转换定律，它建立了热力过程中的能量平衡关系，是热力学宏观分析方法的主要依据之一。

热力学第一定律可表述为：在热能与其他形式能的互相转换过程中，能的总量始终不变。

根据热力学第一定律，要想得到机械能就必须花费热能或其他能量，那种幻想创造一种不花费能量就可以产生动力的机器的企图是徒劳的，因此热力学第一定律也可以表述为：不花费能量就可以产生功的第一类永动机是不可能制造成功的。

热力学第一定律适用于一切热力系统和热力过程，不论是开口系统还是闭口系统，热力学第一定律均可表述为

进入系统的能量－离开系统的能量＝系统储存能量的变化　　(3-5)

## 第三节　闭口系统的热力学第一定律表达式

如图 2-5 所示，取封闭在气缸里的工质作为分析对象，这显然是一个闭口系统。设工质由平衡态 1 到平衡态 2 的状态变化过程中从外界吸取的热量为 $Q$，对外所做的膨胀功为 $W$，根据式(3-5)，该闭口系统的热力学第一定律表达式为

$$Q - W = \Delta U$$

$$Q = \Delta U + W \tag{3-6}$$

式中：$\Delta U = U_2 - U_1$ 为工质由状态 1 变化到状态 2 时本身热力学能的变化。

对于微元过程，则

$$\delta Q = \mathrm{d}U + \delta W \tag{3-7}$$

如果工质进行的是可逆过程，式(3-6)、(3-7)可分别表示为

$$Q=\Delta U+\int_1^2 p\mathrm{d}V \tag{3-8}$$

$$\delta Q=\mathrm{d}U+p\mathrm{d}V \tag{3-9}$$

对于单位质量，可相应得出

$$q=\Delta u+w \tag{3-10}$$

$$\delta q=\mathrm{d}u+\delta w \tag{3-11}$$

对于可逆过程：

$$q=\Delta u+\int_1^2 p\mathrm{d}v \tag{3-12}$$

$$\delta q=\mathrm{d}u+p\mathrm{d}v \tag{3-13}$$

式(3 - 6)、式(3 - 7)和式(3 - 10)、式(3 - 11)为闭口系统的热力学第一定律表达式，适用于闭口系统的一切过程，不受过程性质和工质性质的限制。式(3 - 8)、式(3 - 9)、式(3 - 12)、式(3 - 13)只适用于可逆过程。

## 第四节　开口系统的稳定流动能量方程

### 一、稳定流动与流动功

工程上，加热、冷却、膨胀、压缩等过程一般都是在工质不断流过加热器、冷凝器、锅炉、内燃机、压缩机等热工设备时进行的。工质流经热工设备时，可以与外界进行热量交换和功量交换，其本身状态也随之发生变化。工程上常用的热工设备除启动、停止或者加减负荷外，大部分时间是在外界影响不变的条件下稳定运行的。这时，工质的流动状况不随时间而改变，即任一流通截面上工质的状态不随时间而改变，各流通截面工质的质量流量相等，且不随时间而改变。这种流动状况称为稳定流动。

对于连续周期性工作的热工设备，如活塞式压气机或内燃机，工质的出入是不连续的，但按照同样的循环过程重复着，整个工作过程仍可按稳定流动来处理。

工质在流过热工设备时，必须受外力推动，这种推动工质流动而作的功称为流动功，也称为推进功。

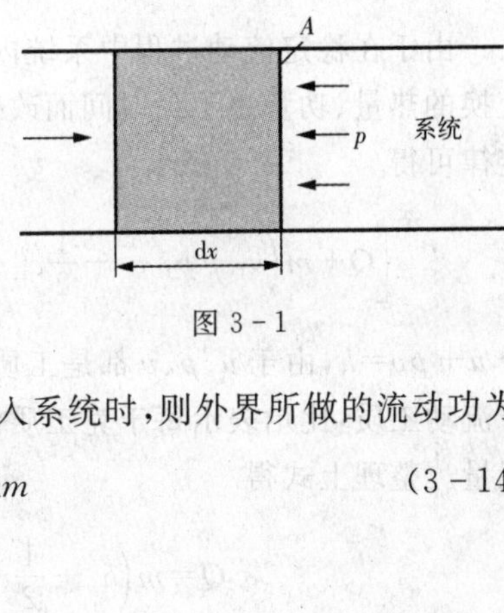

图 3 - 1

如图 3 - 1 所示，当质量为 $\mathrm{d}m$ 的工质在外力的推动下克服压力 $p$ 移动距离 $\mathrm{d}x$，并通过面积为 $A$ 的截面进入系统时，则外界所做的流动功为

$$\delta W_{\mathrm{f}}=pA\mathrm{d}x=p\mathrm{d}V=pv\mathrm{d}m \tag{3-14}$$

对于单位质量工质而言，流动功为

$$W_{\mathrm{f}}=\frac{\delta W_{\mathrm{f}}}{\mathrm{d}m}=pv \tag{3-15}$$

可见，对单位质量工质所作的流动功在数值上等于工作的压力和比体积的乘积 $pv$。流动功是由泵或风机加给被输送工质并随着工质的流动而向前传递的一种能量，不是工质本身具有的能量。

**二、开口系统的稳定流动能量方程**

如图 3-2 所示是一个概括性热工设备的示意图，有工质不断地流进、流出。取进口和出口截面 1—1、2—2 以及设备壁面作为系统边界，如图中虚线所示，这显然是一个开口系统。假设在时间 $\tau$ 内，质量为 $m_1$ 的工质以流速 $c_{f_1}$ 跨过截面 1—1 流入系统，与此同时，质量为 $m_2$ 的工质以流速 $c_{f_2}$ 跨过截面 2—2 流出系统，系统与外界交换的热量为 $Q$，工质通过机轴对外输出的轴功为 $W_s$。

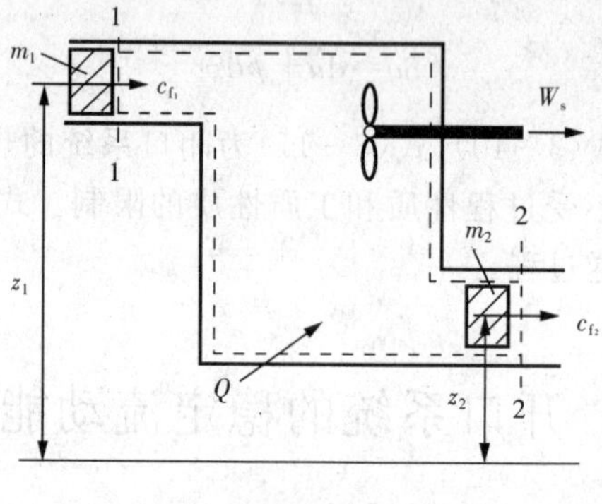


图 3-2

假设系统满足稳定流动条件：$m_1=m_2=m$，于是，在 $\tau$ 时间内进入系统的能量为

$$Q+m\left(u_1+\frac{1}{2}c_{f1}^2+gz_1\right)+mp_1v_1=Q+m\left(u_1+\frac{1}{2}c_{f1}^2+gz_1+p_1v_1\right)$$

离开系统的能量为

$$W_s+m\left(u_2+\frac{1}{2}c_{f2}^2+gz_2\right)+mp_2v_2=W_s+m\left(u_2+\frac{1}{2}c_{f2}^2+gz_2+p_2v_2\right)$$

由于在稳定流动过程中系统内工质的数量和状态参数都不随时间而改变，系统与外界交换的热量、功量也不随时间而改变，所以系统的总能量也保持不变。于是，由热力学第一定律可得

$$\left[Q+m\left(u_1+p_1v_1+\frac{1}{2}c_{f1}^2+gz_1\right)\right]-\left[W_s+m\left(u_2+\frac{1}{2}c_{f2}^2+gz_2+p_2v_2\right)\right]=0$$

令 $u+pv=h$，由于 $u$、$p$、$v$ 都是工质的状态参数，所以 $h$ 也一定是状态参数，称之为比焓。对于流动工质，比焓表示每千克工质沿流动方向向前传递的总能量中取决于热力状态的部分能量。整理上式得

$$Q=m\left(h_2+\frac{1}{2}c_{f2}^2+gz_2\right)-m\left(h_1+\frac{1}{2}c_{f1}^2+gz_1\right)+W_s$$

或

$$Q=m\Delta h+\frac{1}{2}m\Delta c_f^2+mg\Delta z+W_s$$

令 $H=mh$，上式又可写成

$$Q=\Delta H+\frac{1}{2}m\Delta c_f^2+mg\Delta z+W_s \tag{3-16}$$

上式称为开口系统的稳定流动能量方程。对于单位质量工质而言，稳定流动能量方程为

$$q=\Delta h+\frac{1}{2}\Delta c_f^2+g\Delta z+w_s \tag{3-17}$$

对于微元过程，稳定流动能量方程(3-16)、(3-17)可分别表示为

$$\delta Q=\mathrm{d}H+\frac{1}{2}m\mathrm{d}c_f^2+mg\mathrm{d}z+\delta W_s$$

$$\delta q=\mathrm{d}h+\frac{1}{2}\mathrm{d}c_f^2+g\mathrm{d}z+\delta w_s$$

式(3-16)、(3-17)适用于任何工质的稳定流动过程。

在上述稳定流动能量方程式的推导中引进了比焓的定义。需要指出：

(1)无论对于流动工质还是不流动工质，比焓都是状态参数；

(2)对于流动工质，单位质量工质的流动功等于 $pv$，比焓表示单位质量工质沿流动方向向前传递的总能量中取决于热力状态的那部分能量；

(3)对于不流动工质，不存在流动功，比焓也不表示能量，仅是状态参数。

比焓是工质的重要参数，它的引入给热力过程的分析计算带来许多便捷，尤其在涉及工质流动的问题中，其应用更为广泛。与热力学能一样，工程上一般关心的是工质经历某一热力过程后焓的变化量，而不是其绝对值的大小，所以焓值的基准点可人为地规定。

### 三、技术功

在稳定流动能量方程(3-16)、式(3-17)中，等号右边除焓差外，其余三项是不同类型的机械能，它们都是工程技术上可以被直接利用的，在工程热力学中，将这三项之和称为技术功，用 $W_t$ 表示，即

$$W_t=\frac{1}{2}m\Delta c_f^2+mg\Delta z+W_s$$

对于单位质量工质，则

$$w_t=\frac{1}{2}\Delta c_f^2+g\Delta z+w_s \tag{3-18}$$

于是式(3-16)、式(3-17)可改写为

$$Q=\Delta H+W_t \tag{3-19}$$

$$q=\Delta h+w_t \tag{3-20}$$

对于微元热力过程，则

$$\delta Q = \mathrm{d}H + \delta W_t \tag{3-21}$$

$$\delta q = \mathrm{d}h + \delta w_t \tag{3-22}$$

对于开口系统的稳定流动过程，由于系统内各点的状态都不随时间变化而发生改变，所以整个流动过程的总效果，相当于一定质量的工质从进口截面处的状态 1 到出口截面状态 2，并与外界进行了热量和功量的交换。因此，也可以将这一定质量的工质作为闭口系统加以研究，所得的能量方程式和上述稳定流动方程式是等效的。

将闭口系统的热力学第一定律表达式(3-6)和式(3-7)进行比较，可得

$$w = (p_2 v_2 - p_1 v_1) + \frac{1}{2}(c_{f2}^2 - c_{f1}^2) + g(z_2 - z_1) + w_s \tag{3-23}$$

式中：$w$ 为单位质量工质由于体积变化所作的膨胀功，是由热能转变而来的。由上式可见，工质在稳定流动过程中所作的功，一部分用于维持工质流动所必须作出的净流动功 $p_2 v_2 - p_1 v_1$，一部分用于增加本身的宏观动能和宏观位能，其余部分才作为热力设备输出的轴功 $w_s$。根据技术功的定义式(3-18)，式(3-23)可改写为

$$w = (p_2 v_2 - p_1 v_1) + w_t$$

即

$$w_t = w - (p_2 v_2 - p_1 v_1) \tag{3-24}$$

上式说明，工质稳定流过热力设备时所作的技术功等于膨胀功减去净流动功，而轴功只是技术功的一部分，当 $p_2 v_2 = p_1 v_1$ 时，技术功等于膨胀功。

对可逆过程，膨胀功为

$$w = \int_1^2 p\mathrm{d}v$$

代入式(3-24)，可得可逆过程的技术功为

$$w_t = \int_1^2 p\mathrm{d}v - (p_2 v_2 - p_1 v_1) = \int_1^2 p\mathrm{d}v - \int_1^2 \mathrm{d}(pv) = -\int_1^2 v\,\mathrm{d}p \tag{3-25}$$

式中：$v$ 恒为正值，负号表示技术功的正负与 $\mathrm{d}p$ 相反，即过程中工质压力降低时，技术功为正，对外做功；反之，若工质的压力增加，技术功为负值，外界对工质作功。

据式(3-25)，可逆过程的技术功 $w_t$ 在 $p$—$v$ 图上可以用过程曲线和坐标轴之间的面积表示。如图 3-3 所示。

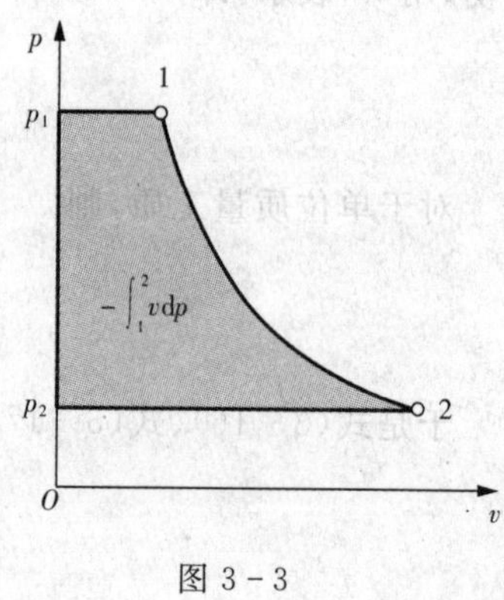


图 3-3

将上式(3-25)代入式(3-20)，则可逆过程稳定流动能量方程表示为

$$q = \Delta h - \int_1^2 v\mathrm{d}p \tag{3-26}$$

对于微元方程可逆过程，则

$$\delta q = \mathrm{d}h - v\mathrm{d}p \tag{3-27}$$

## 第五节　稳定流动能量方程的应用

稳定流动能量方程在应用于各种热工设备时常可以简化。例如，一般的热工设备的进出口标高相差只有几米，工质在进出口的位能差与系统外界交换的功量和热量相比要小得多，因此可以忽略不计。当工质的流速在 50m/s 时动能的变化为$(c_2^2-c_1^2)/2=1.25\ \mathrm{kJ/kg}$，与系统和外界交换的功量和热量相比也很小，当计算精度要求不高时，可以忽略不计。于是，稳定流动的能量方程式可简化为

$$q = \Delta h + w_s \tag{3-28}$$

由式(3-12)可见，当忽略动能、位能的变化时，技术功等于轴功。工程上，除了出口流量很大的喷管和进口流速很大的扩压管这两种特殊情况外，常见热工设备的进出口动能、位能的变化一般都可以不计。

下面以几种常见的热工设备为例，说明稳定流动能量方程的应用。

### 一、热交换器

热交换器也称换热器，如工程上的各种加热器、冷却器、散热器、蒸发器和冷凝器都属于这类设备。工质流过这类设备时与外界无功量交换，即 $w_s=0$，且动能、位能的变化可以忽略，故根据式(3-28)可得

$$q = h_2 - h_1 \tag{3-29}$$

即单位质量与外界交换的热量等于换热器进出口工质比焓的变化。

### 二、动力机械

各种热力发动机，如燃气轮机、蒸汽轮机等，都是利用工质的膨胀作功，对外输出轴功 $w_s$。如图 3-4 所示是这类热机。由于采用良好的保温隔热措施，通过设备外壳的散热量很少，可以认为其中的热力过程是绝热过程，即 $q=0$。如果再忽略动能、位能变化，由式(3-28)可得

$$w_s = h_1 - h_2 \tag{3-30}$$

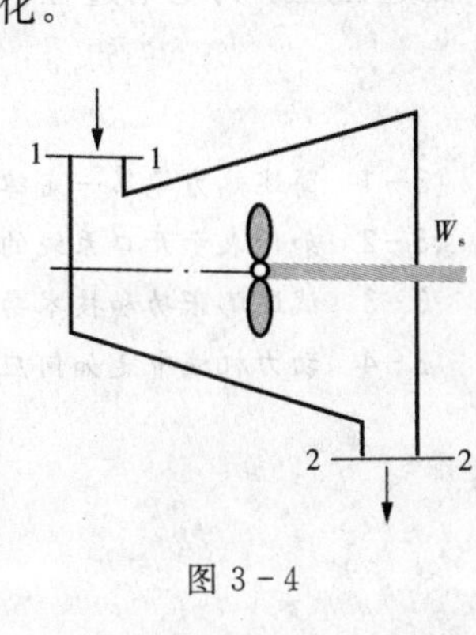

图 3-4

即对外输出的轴功等于工质的焓降。

当工质流经风机、水泵、压气机等压缩机械时，压力升高，外界对工质作轴功，情况与动力机械恰恰相反。如果设备无专门的冷却措施，也可以认为是绝热的，即 $q=0$。同样可得到式(3-30)，但此时算出的 $w_s$ 为负值。

### 三、绝热节流

工质在管内流动时，如果流体截面突然变小，例如流经阀门或流量孔板等，在缩口处的工质的流速突然增加，压力急剧下降，并在缩口处产生漩涡；流过缩口后流速减慢，压力又回升。这种现象称为节流，如图 3-5 所示。实际上，由于孔板的局部阻力，工质流过孔板后的压力总有不同程度的降低，下降的程度取决于管径和缩口的大小、流速的高低及流体的性质等因素。

节流是典型的不可逆过程，在缩口附近存在涡流，工质处于不稳定的非平衡状态，所以严格说节流是不稳定流动。但观察发现，在离缩口稍远的 1－1 和 2－2 截面处，流动情况基本稳定，可以近似地用稳定流动能量方程式进行分析。由于两个截面上流速差别不大，动能变化可以忽略，节流过程对外不作轴功，工质流过的两个截面之间的时间很短，与外界的热量交换很少，因此可以近似认为节流过程是绝热的，即 $q=0$。于是运用稳定流动方程可得：

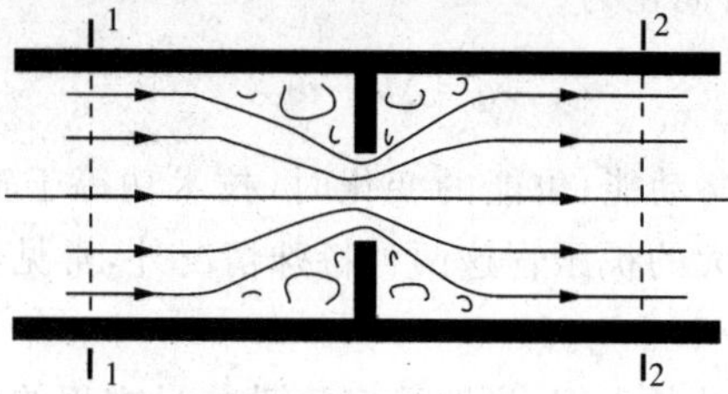


图 3-5

$$h_2=h_1 \tag{3-31}$$

上式表明，在忽略动能、位能变化的绝热节流过程中，节流前后工质的焓值相等。但是，在两个截面之间，特别是缩口附近，由于流速变化很大，焓值并非处处相等，因此不可将绝热节流过程理解为定焓过程。

## 思考与练习

3-1　简述热力学第一定律的实质。

3-2　如何表示开口系统的能量方程？

3-3　试述膨胀功和技术功的异同。

3-4　动力机械中是如何应用稳定流动的能量方程的？

# 第四章 理想气体的性质与热力过程

**内容提要**：本章主要介绍理想气体的概念、性质和状态方程，理想混合气体，理想气体的热力过程。

## 第一节　理想气体状态方程

### 一、理想气体与实际气体

热能与机械能之间的转换需以工质为媒介，转换的效率与工质的性质密切相关。因此，在研究热能与机械能的转换规律时，必须研究工质的热力过程。

热机中的工质皆采用容易膨胀的气态物质，包括气体和蒸气。气体是指远离液态、不易液化的气态物质；而蒸气则是指离液态较近、容易液化的气态物质，两者之间并无严格的界限。

在工质的热力性质中，压力 $p$、比体积 $v$、温度 $T$ 之间的关系具有特别重要的意义。对于实际气体，这种关系一般比较复杂。但是，通过大量实验发现，当密度比较小，也就是比体积比较大的时候，处于平衡状态的气态物质的基本状态参数之间将近似地保持一种简单的关系。为此，人们提出了理想气体的模型：气体分子之间的平均距离相当大，分子体积与气体的总体积相比可忽略不计；分子之间无作用力；分子之间的相互碰撞以及分子与容器壁的碰撞都是弹性碰撞。

理想气体是一种经过科学抽象的假想气体，尽管自然界中并不存在，但引进理想气体的概念仍有很大的实用价值。实验证明，当气体的压力不太高，温度不太低时，气体分子间的作用力及分子本身的体积皆可忽略，气体的性质就比较接近理想气体，可以作为理想气体处理。例如，在常温下，只要压力不超过 5MPa，工程上常用的 $O_2$、$N_2$、$H_2$、CO 等气体以及主要由这些气体组成的气体混合物，都可以作为理想气体处理，不会产生很大误差。另外，大气或燃气中所含的少量水蒸气，由于其分压力很低，比体积很大，也可作为理想气体处理。但是火力发电厂中所使用的水蒸气，压力比较高，密度比较大，离液态不远，不能作为理想气体看待。

### 二、理想气体状态方程

通过大量的实验，人们发现理想气体的三个基本状态参数之间存在着一定的函数关系，这就是物理学中波义耳—马略特定律、盖—吕萨克定律和查理定律所表达的内容。这三条

定律可以综合表达为

$$pv=R_gT \tag{4-1}$$

式(4-1)称为理想气体状态方程,1834年由克拉贝龙(Clapeyron)首先提出,因此也称为克拉贝龙方程。对质量为$m$的理想气体,状态方程的形式为

$$pV=mR_gT \tag{4-2}$$

式中:$p$为气体的绝对压力(Pa);$v$为气体的比体积($m^3/kg$);$V$为质量为$m$的气体的体积($m^3$);$T$为气体的热力学温度(K);$R_g$为气体常数[J/(kg·K)],其数值只与气体的种类有关而与气体的状态无关。

在国际单位制中,物质的量以mol(摩)为单位。1 mol物质的质量称为摩尔质量,以$M$表示,单位为kg/mol。1 kmol物质的质量的数值与气体的相对分子质量的数值相同。例如,氧、氮和空气的摩尔质量分别为$32.00\times10^{-3}$ kg/mol,$28.02\times10^{-3}$ kg/mol和$28.96\times10^{-3}$ kg/mol。1 mol物质的体积称为摩尔体积,用$V_m$表示,$V_m=Mv$。

对于理想气体,由式(3-1)可得

$$pV_m=MR_gT$$

另

$$R=MR_g$$

可得

$$pV_m=RT \tag{4-3}$$

根据阿伏伽德罗定律,在同温、同压下,所有气体的摩尔体积$V_m$都相等。所以由式(4-3)可得,所有气体的$R$都相等,并且其数值与气体所处的具体状态无关。$R$称为摩尔气体常数,其值可由气体在任意一状态下的参数确定,如在标准状态($p_0=101325$ Pa,$T_0=273.15$ K)下,1 kmol任何气体所占的体积皆为$22.41410\ m^3$,代入上式可得

$$R=\frac{p_0V_m}{T_0}=\frac{101325\times22.41410}{273.15\times1000}=8.314\ \text{J/(mol·K)}$$

有了摩尔气体常数,只要知道气体的摩尔质量(或相对分子质量),任何一种气体的气体常数$R_g$就可按下式确定:

$$R_g=\frac{R}{M} \tag{4-4}$$

利用摩尔气体常数,质量为$m$的理想气体的状态方程式(4-2)还可以写成

$$pV=nRT \tag{4-5}$$

式中:$n=\frac{m}{M}$,$n$称为物质的量。

## 第二节　理想气体的热容、热力学能、焓和熵

### 一、热容的定义

物体温度升高 1 K(或 1 ℃)所需要的热量称为该物体的热容量，简称热容。一定量的物质在吸收和放出热量时，其温度变化的大小取决于工质的性质、数量和所经历的过程。如果工质在一个微元过程中吸收热量 $\delta Q$，温度升高 $\mathrm{d}T$，则该工质的热容量可表示为

$$C=\frac{\delta Q}{\mathrm{d}T} \tag{4-6}$$

单位质量某物质的热容量称为该物质的比热容(质量热容)，用 $c$ 表示，单位为 J/(kg·K)。于是

$$c=\frac{\delta q}{\mathrm{d}T} \tag{4-7}$$

1 mol 物质的热容量称为摩尔热容，以 $C_\mathrm{m}$ 表示，单位为 J/(mol·K)。摩尔热容与比热容的关系为

$$C_\mathrm{m}=Mc \tag{4-8}$$

因为热量是与过程性质有关的量，如果工质初态、终态相同而过程不同，吸入或放出的热量就不同，工质的比热容也就不同，所以工质的比热容与过程的性质有关。在热工计算中常涉及定容过程和定压过程，所以比定容热容和比定压热容是两种常用的比热容，分别用 $c_V$ 和 $c_p$ 表示，定义如下

$$c_V=\frac{\delta q_V}{\mathrm{d}T} \tag{4-9}$$

$$c_p=\frac{\delta q_p}{\mathrm{d}T} \tag{4-10}$$

式中：$\delta q_V$ 和 $\delta q_p$ 分别代表微元定容过程和微元定压过程中工质与外界交换的热量。根据热力学第一定律，对微元可逆过程，有

$$\delta q=\mathrm{d}u+p\mathrm{d}v \tag{a}$$

$$\delta q=\mathrm{d}h-v\mathrm{d}p \tag{b}$$

热力学能是状态参数，$u=u(T,v)$，其全微分为

$$\mathrm{d}u=\left(\frac{\partial u}{\partial T}\right)_v\mathrm{d}T+\left(\frac{\partial u}{\partial v}\right)_T\mathrm{d}v$$

将其代入(a)式，得

$$\delta q=\left(\frac{\partial u}{\partial T}\right)_v\mathrm{d}T+\left[\left(\frac{\partial u}{\partial v}\right)+p\right]_T\mathrm{d}v$$

对定容过程 $dv=0$，由上式可得

$$\delta q_V=\left(\frac{\partial u}{\partial T}\right)_v \mathrm{d}T$$

代入式(4-9)得

$$c_V=\frac{\delta q_v}{\mathrm{d}T}=\left(\frac{\partial u}{\partial T}\right)_v \tag{4-11}$$

由此可见，比定容热容是在体积不变的情况下比热力学能对温度的偏导数，其数值等于在体积不变的情况下物质温度变化 1K 时比热力学能的变化量。

同理，焓也是状态参数，$h=h(T,p)$，其全微分为

$$dh=\left(\frac{\partial h}{\partial T}\right)_p \mathrm{d}T+\left(\frac{\partial h}{\partial p}\right)_T \mathrm{d}p$$

代入式(b)得

$$\delta q=\left(\frac{\partial h}{\partial T}\right)_p \mathrm{d}T+\left[\left(\frac{\partial h}{\partial p}\right)_T-v\right]\mathrm{d}p$$

对于定压过程，$\mathrm{d}p=0$，则

$$\delta q_p=\left(\frac{\partial h}{\partial T}\right)_p \mathrm{d}T \qquad c_p=\frac{\delta q_p}{\mathrm{d}T}=\left(\frac{\partial h}{\partial T}\right)_p \tag{4-12}$$

即比定压热容是在压力不变的情况下比焓对温度的偏导数，其数值等于在压力不变的情况下物质温度变化 1K 时比焓的变化量。

**二、理想气体的比热容**

1. 比定容热容与比定压热容

理想气体分子间不存在相互作用力，因此理想气体的热力学能仅包含与温度有关的分子动能，也就是说，理想气体的热力学能只是温度的单值函数。于是，由式(4-11)可得理想气体的比定容热容为

$$c_V=\frac{\mathrm{d}u}{\mathrm{d}T} \tag{4-13}$$

对于理想气体，根据焓的定义，可得

$$h=u+pV=u+R_g T$$

由上式可见，理想气体的焓也是温度的单值函数，于是由式(4-12)可将理想气体的比定压热容表示为

$$c_p=\frac{\mathrm{d}h}{\mathrm{d}T} \tag{4-14}$$

根据焓的定义和理想气体状态方程式，可以进一步推得理想气体的 $c_p$ 与 $c_V$ 之间的关系为

$$c_p=\frac{dh}{dT}=\frac{d(u+pv)}{dT}=\frac{du}{dT}+\frac{d(R_gT)}{dT}=c_V+R_g$$

即

$$c_p-c_V=R_g \tag{4-15}$$

将上式两边乘以摩尔质量 $M$,可得

$$C_{p,m}-C_{V,m}=R \tag{4-16}$$

式中:$C_{p,m}$、$C_{V,m}$分别为摩尔定压热容和摩尔定容热容。式(4-15)、(4-16)称为迈耶公式,表示定容热容与定压热容之间的关系。

由迈耶公式可见,气体的比定压热容大于比定容热容,这是因为定容时气体不对外膨胀做功,所加入的热量全部用于增加气体本身的热力学能,使温度升高;而在定压过程中,气体在受热温度升高的同时,还要克服外力对外膨胀作功,因此相同质量的气体在定压过程中温度同样升高 1K 要比定容过程中需要更多的热量。对于不可压缩流体及固体,比定压热容和比定容热容相等。

$c_p$ 与 $c_V$ 的比值称为比热容比,用符号 $\gamma$ 表示,即

$$\gamma=\frac{c_p}{c_V} \tag{4-17}$$

由式(4-15)与(4-17)可得

$$c_p=\frac{\gamma}{\gamma-1}R_g \tag{4-18}$$

$$c_V=\frac{1}{\gamma-1}R_g \tag{4-19}$$

2. 真实比热容与平均比热容

由于理想气体的热力学能和焓是温度的单值函数,所以由式(4-13)和式(4-14)可知,理想气体的比定容热容和比定压热容也是温度的单值函数。一般来说,温度越高,比热容越大,这是因为温度增高,双原子和多原子分子内部的原子振动动能增大的缘故。这种函数关系通常近似表示成多项式的形式,如

$$c_p=a_0+a_1T+a_2T^2+a_3T^3 \tag{4-20}$$

$$c_V=a'_0+a_1T+a_2T^2+a_3T^3 \tag{4-21}$$

式中:$a_0$、$a'_0$、$a_1$、$a_2$ 和 $a_3$ 为常数,且 $a_0-a'_0=R_g$。对于不同的气体,各常数有不同的数值,可由实验确定。因为这种由多项式定义的比热容能比较真实地反映比热容与温度的关系,所以称为真实比热容。

利用式(4-20)、(4-21)可计算每千克理想气体温度从 $T_1$ 升高到 $T_2$ 所需要的热量。例如,对于定压过程,有

$$q=\int_{T_1}^{T_2}c_p\,dT=\int_{T_1}^{T_2}(a_0+a_1T+a_2T^2+a_3T^3)\,dT$$

为工程计算方便，引入平均比热容的概念：每千克气体从温度 $t_1$ 升高到 $t_2$ 所需要的热量 $q_{1-2}$ 除以温度变化 $(t_2-t_1)$ 所得的商，称为该气体在 $t_1$ 到 $t_2$ 的温度范围内的平均比热容，用 $c\Big|_{t_1}^{t_2}$ 表示，即

$$c\Big|_{t_1}^{t_2}=\frac{q_{1-2}}{t_2-t_1}=\frac{\int_{t_1}^{t_2}c\mathrm{d}t}{t_2-t_1} \tag{4-22}$$

由于气体从 $t_1$ 加热到 $t_2$ 所需要的热量 $q_{1-2}$ 等于从 0 ℃加热到 $t_2$ 所需要的热量 $q_{0-2}$ 与从 0℃加热到 $t_1$ 所需要的热量 $q_{0-1}$ 之差，即

$$q_{1-2}=q_{0-2}-q_{0-1}=\int_0^{t_2}c\mathrm{d}t-\int_0^{t_1}c\mathrm{d}t=c\Big|_0^{t_2}t_2-c\Big|_0^{t_1}t_1 \tag{4-23}$$

因此，气体的平均比热容可以表示为

$$c\Big|_{t_1}^{t_2}=\frac{q_{1-2}}{t_2-t_1}=\frac{c\Big|_0^{t_2}t_2-c\Big|_0^{t_1}t_1}{t_2-t_1} \tag{4-24}$$

只要有了从 0 ℃到 $t_1$ 和从 0 ℃到 $t_2$ 之间的平均比热容 $c\Big|_0^{t_1}$ 和 $c\Big|_0^{t_2}$，就可以由式(4-24)求得从 $t_1$ 到 $t_2$ 之间的平均比热容。工程上，将常用气体从 0 ℃到 $t$ 之间的平均比热容 $c\Big|_0^{t}$ 列成表格，以供查用。由于 $c\Big|_0^{t}$ 的下限固定在 0 ℃，因此 $c\Big|_0^{t}$ 仅是 $t$ 的函数。

在对计算要求不需要十分精确的情况下，可以不考虑温度对比热容的影响，将比热容看成常数。根据气体分子运动论及能量按自由度均分的原则，原子数目相同的气体具有相同的摩尔热容。表 4-1 列举了单原子气体、双原子气体及多原子气体的摩尔热容，也称为定值摩尔热容，其中对多原子气体给出的是实验值。

**表 4-1 理想气体的定值摩尔热容**

| | 单原子气体 | 双原子气体 | 多原子气体 |
|---|---|---|---|
| $C_{V,\mathrm{m}}$ | $\frac{3}{2}R$ | $\frac{5}{2}R$ | $\frac{7}{2}R$ |
| $C_{p,\mathrm{m}}$ | $\frac{5}{2}R$ | $\frac{7}{2}R$ | $\frac{9}{2}R$ |
| $\gamma$ | 1.67 | 1.40 | 1.29 |

由上表所列的比热容与由实验所得的实际比热容相比，对单原子气体来说，在相当大的范围内二者数值极为吻合，基本上与温度无关，这是因为单原子气体分子内部的原子本身没有振动能，与气体分子运动论不考虑分子内部原子振动自由度相一致；对双原子气体，如 $O_2$、$N_2$、$H_2$、CO 等，在常温下二者大致相近，这是因为双原子气体分子内部原子在常温下的振动能还处于基态，尚未激发，温度变化 1 ℃，振动能没有什么变化，在 0℃～200℃温度范围内，按表 4-1 计算的空气的比热容值与空气的平均比热容实际值相当接近；而多原子气体，如 $CO_2$、$H_2O$、$NH_3$、$CH_4$ 等，在常温下内部原子振动能已大多处于激发状态，温度升高

1℃，振动能增加显著，因而与只考虑能量按移动和转动自由度均分的气体分子运动论得出的数值相差较大。

### 三、理想气体的热力学能、焓和熵

1. 理想气体的热力学能和焓

如前所述，理想气体的热力学能和焓都是温度的单值函数，由式(4－13)、(4－14)可得

$$\mathrm{d}u=c_V\mathrm{d}T \tag{4-25}$$

$$\mathrm{d}h=c_p\mathrm{d}T \tag{4-26}$$

以上两式适用于理想气体的任何过程。

根据式(4－25)、(4－26)，理想气体在任一过程中热力学能和焓的变化 $\Delta u$ 和 $\Delta h$ 可以分别由以下积分式求得：

$$\Delta u=\int_1^2 c_V\mathrm{d}T \tag{4-27}$$

$$\Delta h=\int_1^2 c_p\mathrm{d}T \tag{4-28}$$

工程上，根据计算精度要求可以选用真实比热容和平均比热容进行计算，还可以直接查热力学能－温度表和焓－温度表。

2. 理想气体的熵

在热工计算中，熵的计算具有特别重要的意义，与热力学能和焓一样，在工程计算中只涉及熵的变化量。

根据熵的定义式及热力学第一定律表达式，可得

$$\mathrm{d}s=\frac{\delta q}{T}=\frac{\mathrm{d}u+p\mathrm{d}v}{T}=\frac{\mathrm{d}u}{T}+\frac{p}{T}\mathrm{d}v$$

$$\mathrm{d}s=\frac{\delta q}{T}=\frac{\mathrm{d}h-v\mathrm{d}p}{T}=\frac{\mathrm{d}h}{T}-\frac{v}{T}\mathrm{d}p$$

对于理想气体，$\mathrm{d}u=c_V\mathrm{d}T$，$\mathrm{d}h=c_p\mathrm{d}T$，$pv=R_gT$，代入上面两式，可得

$$\mathrm{d}s=c_V\frac{\mathrm{d}T}{T}+R_g\frac{\mathrm{d}v}{v} \tag{4-29}$$

$$\mathrm{d}s=c_p\frac{\mathrm{d}T}{T}-R_g\frac{\mathrm{d}p}{p} \tag{4-30}$$

将式(4－29)、(4－30)两边积分，可得以下任一热力过程熵变化的计算公式

$$\Delta s=\int_1^2 c_V\frac{\mathrm{d}T}{T}+R_g\ln\frac{v_2}{v_1} \tag{4-31}$$

$$\Delta s=\int_1^2 c_p\frac{\mathrm{d}T}{T}-R_g\ln\frac{p_2}{p_1} \tag{4-32}$$

当比热容为定值时，则

$$\Delta s = c_V \ln \frac{T_2}{T_1} + R_g \ln \frac{v_2}{v_1} \tag{4-33}$$

$$\Delta s = c_p \ln \frac{T_2}{T_1} + R_g \ln \frac{p_2}{p_1} \tag{4-34}$$

将理想气体状态方程式微分,可得

$$\frac{dp}{p} + \frac{dv}{v} = \frac{dT}{T}$$

将上式代入式(4-30),可得

$$ds = c_p\left(\frac{dp}{p} + \frac{dv}{v}\right) - R_g \frac{dp}{p} = (c_p - R_g)\frac{dp}{p} + c_p \frac{dv}{v} = c_V \frac{dp}{p} + c_p \frac{dv}{v} \tag{4-35}$$

将上式积分,可得

$$\Delta s = \int_1^2 c_V \frac{dp}{p} + \int_1^2 c_p \frac{dv}{v} \tag{4-36}$$

当比热容为定值时:

$$\Delta s = c_V \ln \frac{p_2}{p_1} + c_p \ln \frac{v_2}{v_1} \tag{4-37}$$

以上分别是以 $T$ 和 $v$、$T$ 和 $p$、$p$ 和 $v$ 表示的熵变的计算式。与热力学能和焓相同,在一般的热工计算中只涉及熵的变化量,因此不管选择哪一个基准态,都不会影响任意两个状态间熵变的计算值。由于 $c_p$ 和 $c_V$ 都只是温度的函数,与过程的特征无关,即 $\int_1^2 c_V \frac{dT}{T}$ 和 $\int_1^2 c_p \frac{dT}{T}$ 仅取决于 $T_1$ 和 $T_2$,因此从以上格式不难看出,理想气体的熵变完全取决于初态和终态,而与过程所经历的途径无关。也就是说,理想气体的熵是一个状态函数。因此,以上各熵变计算式对于理想气体的任何过程都适用。

## 第三节　理想混合气体

工程上常用的气态物质,往往不是一种单纯的气体,而是由多种气体组成的混合气体。例如:空气的主要成分是 $O_2$ 和 $N_2$,此外还有 $H_2O$、$CO_2$ 和 Ar 等稀有气体;燃料燃烧后生成的燃气(烟气)是由 $CO_2$、$N_2$、$O_2$、$H_2O$ 等气体组成的混合气体。

如果混合气体中各组成气体(简称组分)都具有理想气体的性质,则整个混合气体也具有理想气体的性质,其 $p$、$v$、$T$ 之间的关系也符合理想气体状态方程式,这样的混合气体称为理想混合气体(以下简称混合气体)。在混合气体中,各组分之间不发生化学反应,他们各自互不影响地充满整个容器,每一种气体的行为就如同他们单独存在时一样。因此,混合气体的性质实际上就是各组分性质的组合,可以根据各组分的性质以及他们在混合气体中的组成份额,确定混合气体的密度、相对分子质量及气体常数等。

## 一、理想混合气体的基本规律

### 1. 分压与分压定律

因为混合气体中每一种组元的分子都会撞击容器壁，从而产生各自的压力。通常，将各组分单独占有混合气体体积 $V$ 并处于混合气体温度 $T$ 时所呈现的压力，称为该组分的分压，用 $p_i$ 表示。

显然，混合气体的总压应该等于各组分分压之和，即

$$p=\sum_{i=1}^{k}p_i \tag{4-38}$$

式中：$p$ 为混合气体的总压；$p_i$ 为第 $i$ 组分的分压。

式(4-38)所表示的规律称为道尔顿定律，如图 4-1 所示。

其实，道尔顿定律表达式可以根据理想气体状态方程式导出。对理想混合气体，有

$$pV=nRT \tag{a}$$

因为混合气的物质的量等于各组分的物质的量之和，所以有

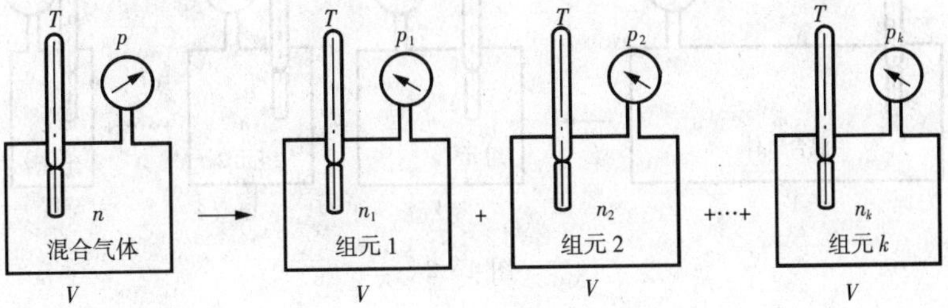


图 4-1

$$n=n_1+n_2+\cdots+n_k \tag{b}$$

对各组分，以分压表示的状态方程式为

$$p_1V=n_1RT$$

$$p_2V=n_2RT$$

$$\vdots$$

$$p_kV=n_kRT$$

以上各式分别解出 $n$、$n_i$ 并代入$(b)$式可得

$$\frac{pV}{RT}=\frac{p_1V}{RT}+\frac{p_2V}{RT}+\cdots+\frac{p_kV}{RT}$$

于是可得

$$p=p_1+p_2+\cdots+p_k=\sum_{i=1}^{k}p_i$$

值得注意的是，道尔顿定律仅适用于理想混合气体，因为实际混合气体中，各组分气体之间存在着相互作用与影响。

2. 分体积与分体积定律

混合气体中第 $i$ 种组元处于与混合气体相同气压 $p$ 和温度 $T$ 时所单独占据的体积，称为该组元的分体积，用 $V_i$ 表示，如图 4－2 所示。根据理想气体状态方程式，对第 $i$ 种组元，可以分别写出以分压和分体积表示的状态方程式。

$$p_iV=n_iRT$$

$$pV_i=n_iRT$$

比较两式，可得

$$\frac{p_i}{p}=\frac{V_i}{V} \tag{4-39}$$

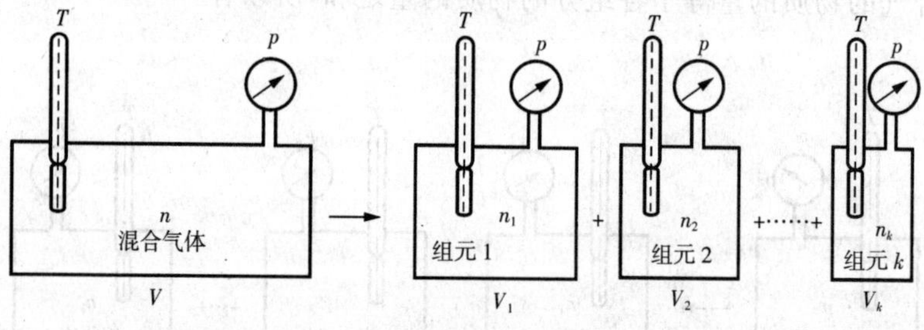


图 4－2

可见，任一组元的分压和混合气体的压之比，等于其分体积与混合气体的总体积之比。对于各组分，可以分别写出以分体积表示的状态方程式

$$pV_1=n_1RT$$

$$pV_2=n_2RT$$

$$\vdots$$

$$pV_k=n_kRT$$

从式(a)和以上各式中分别解出 $n$ 与 $n_i$，并代入式(b)可得

$$\frac{pV}{RT}=\frac{pV_1}{RT}+\frac{pV_2}{RT}+\cdots+\frac{pV_k}{RT}$$

因此

$$V=V_1+V_2+\cdots+V_k=\sum_{i=1}^{k}V_i \tag{4-40}$$

式(4－40)说明，理想混合气体的总体积等于各组分的分体积之和，这一规律也常称为分体积相加定律。

3. 混合气体的成分

各组分在混合气体中所占的数量份额称为混合气体的成分。按所用数量单位的不同，成分的表示方法分为三种：质量分数、摩尔分数与体积分数。

(1)质量分数

如果混合气体由 $k$ 种组分气体组成，其中第 $i$ 种组分的质量 $m_i$ 与混合气体总质量 $m$ 的比值称为该组分的质量分数，用 $w_i$ 表示，即

$$w_i=\frac{m_i}{m} \tag{4-41}$$

由于混合气体的总质量 $m$ 等于各组分质量 $m_i$ 的总和，即

$$m=\sum_{i=1}^{k}m_i \tag{4-42}$$

所以，各组分质量分数之和等于 1，即

$$\sum_{i=1}^{k}w_i=1 \tag{4-43}$$

(2)摩尔分数

混合气体中，第 $i$ 种组分的物质的量 $n_i$ 与混合气体的物质的量 $n$ 的比值，称为该组分的摩尔分数，用 $x_i$ 表示，即

$$x_i=\frac{n_i}{n} \tag{4-44}$$

同样，由于混合气体的总物质的量 $n$ 等于各组分的物质的量 $n_i$ 之和，即

$$n=\sum_{i=1}^{k}n_i \tag{4-45}$$

因此，各组分气体的摩尔分数之和也等于 1，即

$$\sum_{i=1}^{k}x_i=1 \tag{4-46}$$

(3)体积分数

混合气体中，第 $i$ 种组分的分体积 $V_i$ 与混合气体总体积 $V$ 的比值，称为该组分的体积分数，用 $\varphi_i$ 表示，即

$$\varphi_i=\frac{V_i}{V} \tag{4-47}$$

根据分体积定律，各组成气体的体积分数之和也等于 1，即

$$\sum_{i=1}^{k}\varphi_i=1 \tag{4-48}$$

(4)各成分间的关系

对第 $i$ 种组分及混合气体整体而言，其状态方程可分别表示为

$$pV_i = n_i RT$$

$$pV = nRT$$

比较两式,可得

$$\frac{V_i}{V} = \frac{n_i}{n}$$

即

$$\varphi_i = x_i \tag{4-49}$$

即理想混合气体中,各组分的体积分数 $\varphi_i$ 与其摩尔分数 $x_i$ 相等,所以混合气体的成分表示法实际上只有两种。

由式(4-39)与式(4-49)可得

$$p_i = \varphi_i p = x_i p \tag{4-50}$$

式(4-50)是计算各组成气体分压力的基本公式。

质量分数 $w_i$ 与摩尔分数 $x_i$ 是常用的两种成分表示法。如果用 $M_i$ 代表第 $i$ 种组成气体的摩尔质量,则

$$w_i = \frac{m_i}{m} = \frac{n_i M_i}{\sum_{i=1}^{k} n_i M_i} = \frac{\frac{n_i}{n} M_i}{\sum_{i=1}^{k} \frac{n_i}{n} M_i} = \frac{x_i M_i}{\sum_{i=1}^{k} x_i M_i} \tag{4-51}$$

同理

$$x_i = \frac{n_i}{n} = \frac{n_i}{\sum_{i=1}^{k} n_i} = \frac{\frac{m_i}{M_i}}{\sum_{i=1}^{k} \frac{m_i}{M_i}} = \frac{\frac{m_i}{(mM_i)}}{\sum_{i=1}^{k} \frac{m_i}{(mM_i)}} = \frac{\frac{w_i}{M_i}}{\sum_{i=1}^{k} \frac{w_i}{M_i}} \tag{4-52}$$

已知一种成分,可以由以上两式换算成另一种成分。

4. 混合气体的平均摩尔质量和平均气体常数

混合气体的平均摩尔质量是为了计算方便而引入的一个假设的量。若混合气体的总质量为 $m$,总物质的量为 $n$,则混合气体的平均摩尔质量为

$$M = \frac{m}{n}$$

如果混合气体的质量分数 $w_i$ 已知,则根据混合气体的总物质的量等于各组成气体物质的量之和,即

$$n = n_1 + n_2 + \cdots + n_k$$

亦即

$$\frac{m}{M} = \frac{m_1}{M_1} + \frac{m_2}{M_2} + \cdots + \frac{m_k}{M_k}$$

于是

$$M=\frac{1}{\frac{m_1}{mM_1}+\frac{m_2}{mM_2}+\cdots+\frac{m_k}{mM_k}}=\frac{1}{\sum_{i=1}^{k}\frac{w_i}{M_i}} \tag{4-53}$$

可见，只要知道了各组分的种类及其质量分数，就可根据式(4-53)方便地计算出平均摩尔质量 $M$。

如果已知混合气体的摩尔分数 $x_i$（或体积分数 $\varphi_i$），则根据

$$m=m_1+m_2+\cdots+m_k$$

即

$$nM=n_1M_1+n_2M_2+\cdots+n_kM_k$$

可得混合气体的平均摩尔质量为

$$M=\sum_{i=1}^{k}x_iM_i=\sum_{i=1}^{k}\varphi_iM_i \tag{4-54}$$

当各组分的种类及摩尔分数(或体积分数)已知时，用式(4-54)计算 $M$ 更为方便。

在求得混合气体平均摩尔质量的基础上，即可由下式求得平均气体常数 $R_g$ 为

$$R_g=\frac{R}{M}=R\sum_{i=1}^{k}\frac{w_i}{M_i}=\frac{R}{\sum_{i=1}^{k}x_iM_i}=\frac{R}{\sum_{i=1}^{k}\varphi_iM_i} \tag{4-55}$$

5. 混合气体的比热容

对质量为 $m$ 的混合气体加热时，如果不发生化学反应，则使混合气的温度升高 1 K 所需要的热量就等于各个组分分别升高 1 K 需要的热量的总和。即

$$mc=\sum_{i=1}^{k}m_ic_i$$

由上式可得

$$c_p=\sum_{i=1}^{k}\omega_ic_{p,i} \tag{4-56}$$

$$c_V=\sum_{i=1}^{k}\omega_ic_{V,i} \tag{4-57}$$

即混合气体的比热容等于各个组分的比热容与各自质量分数的乘积的总和。同理可得

$$C_{p,\mathrm{m}}=Mc_p=\sum_{i=1}^{k}x_iM_ic_{p,i}=\sum_{i=1}^{k}x_iC_{p,m,i} \tag{4-58}$$

$$C_{V,\mathrm{m}}=Mc_v=\sum_{i=1}^{k}x_iM_ic_{v,i}=\sum_{i=1}^{k}x_iC_{v,m,i} \tag{4-59}$$

即混合气体的摩尔热容等于各组分的摩尔热容与各自摩尔分数乘积的总和。混合气体的体积热容可由摩尔热容除以 22.4 得到。

# 第四节　理想气体的热力过程

## 一、热力过程的研究方法与目的

热能和机械能的相互转化是借助工质在热工设备中的热力过程来实现的，不同的热力过程是在不同的外部条件下产生的。研究热力过程的目的，就是在于了解外部条件对热能和机械能转化的影响，以便通过有利的外部条件，合理地安排工质的热力过程，达到提高热能和机械能转换效率的目的。

根据过程进行的条件，确定过程中工质状态参数的变化规律并分析过程中的能量转换关系，是研究热力过程的基本任务。热力学第一定律的表达式、理想气体状态方程式以及可逆过程的特征关系式，是分析理想气体热力过程的基本依据。

工程实际的热力过程是多种多样的，有些过程比较复杂，而且一般情况下都是些程度不同的不可逆过程。为了便于分析研究，通常采用抽象、概括的方法，将复杂的实际不可逆过程简化为可逆过程，然后借助某些经验系数进行修正。有时为了突出实际过程中状态参数变化的主要特征，将实际过程近似为具有简单规律的典型过程，如定容、定压、定温、绝热过程等。这些典型过程在理论上可以用比较简单的方法进行分析计算，且所得结果一般与实际过程相近，常被用来定性地分析与评价热工设备的工作情况。

本书仅限于分析理想气体的可逆过程。分析的方法是将一般的规律与过程的特征相结合，导出适用于具体过程的计算公式。分析的内容和步骤可概括为以下几点：

(1)确定过程中状态参数的变化规律，如

$$p=f_1(v),T=f_2(v),v=f_3(T)$$

这种状态参数变化规律反映了过程的特征，称为过程方程。

(2)根据已知参数及过程方程，确定未知参数以及过程中热力学能和焓的变化。

(3)将过程中状态参数的变化规律表示在 $p-v$ 和 $T-s$ 图上。

(4)根据可逆过程的特征，求膨胀功 $w$ 和技术功 $w_t$。

(5)用热力学第一定律表达式或用比热容计算过程中的热量。

## 二、理想气体的基本热力过程

### 1. 定容过程

气体比体积保持不变的过程称为定容过程，例如在刚性密闭容器中的气体的加热或冷却过程。在工程上，某些热力设备中的加热过程是在接近定容的情况下进行的，例如汽油机燃料的燃烧过程，由于燃烧极为迅速，在活塞还来不及运动的短时间内，气体的温度、压力急剧上升，这样的过程就可以近似为定容加热过程。

(1)过程方程及初态、终态的状态参数关系式

定容过程方程为

$$v=常数 \tag{4-60}$$

根据过程方程和理想气体状态方程，定容过程初态、终态基本状态参数间的关系为

$$v_2 = v_1$$

$$\frac{p_2}{p_1} = \frac{T_2}{T_1} \tag{4-61}$$

理想气体的热力学能和焓仅是温度的单值函数，对理想气体所经历的任何过程，热力学能和焓的变化均可按下面两式分别计算：

$$\Delta u = \int_1^2 c_V \mathrm{d}T$$

$$\Delta h = \int_1^2 c_p \mathrm{d}T$$

(2)定容过程在 $p-v$ 图与 $T-s$ 图上的表示(如图 4-3 所示)

由于 $v$ 是常数，定容过程在 $p-v$ 图上为一条垂直于 $v$ 轴的直线，如图 4-3a 所示。

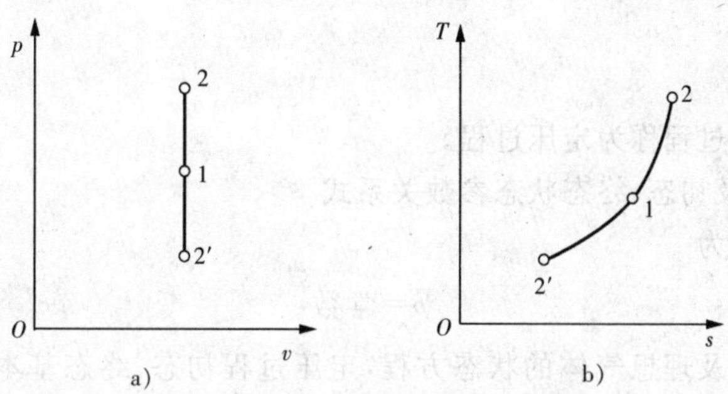


图 4-3 定容过程

在 $T-s$ 图上，定容过程的过程曲线可用下面的方法确定：

$$\mathrm{d}s = c_V \frac{\mathrm{d}T}{T}$$

如果比热容取为定值，将上式积分，即

$$\int_{s_0}^{s} \mathrm{d}s = \int_0^T c_V \frac{\mathrm{d}T}{T}$$

得

$$T = e^{(s-s_0)/c_V} \tag{4-62}$$

由上式可见，定容过程在 $T-s$ 图上为一指数函数曲线，其斜率为

$$\left(\frac{\partial T}{\partial s}\right)_v = \frac{T}{c_V} \tag{4-63}$$

由于 $T$ 与 $c_V$ 都不会为负值，所以定容过程在 $T-s$ 图上是一条斜率为正值的指数曲线，如图 4-3b 所示。

(3)功和热量

因为 $v=$ 常数，$\mathrm{d}v=0$，所以定容过程中气体的膨胀功为零，即

$$w = \int_1^2 p\mathrm{d}v = 0$$

定容过程的技术功为

$$w_t = -\int_1^2 v\mathrm{d}p = v(p_1 - p_2) \tag{4-64}$$

上式说明了对于定容流动过程，技术功等于流体在进口、出口流动功之差。当压力降低($p_1 > p_2$)时技术功为正，对外作技术功；反之，技术功为负，即需要外界供给技术功。定容过程吸收和放出热量可以用比热容进行计算：

$$q = \int_1^2 c_V \mathrm{d}T$$

如图 4－3 所示，1—2 为定容吸热过程，1—2′为定容放热过程。还可以根据热力学第一定律计算定容过程的热量。由于容积不变，$w=0$，由式(3－6)可得

$$q = \Delta u \tag{4-65}$$

由此可见，在定容过程中加入的热量全部变成气体热力学能的增加。这是定容过程能量转化的特点。

2. 定压过程

气压保持不变的过程称为定压过程。

(1)过程方程式及初态、终态状态参数关系式

定压过程方程式为

$$p = \text{常数} \tag{4-66}$$

根据过程方程式及理想气体的状态方程，定压过程初态、终态基本状态参数间的关系式为

$$p_1 = p_2$$

$$\frac{v_2}{v_1} = \frac{T_2}{T_1} \tag{4-67}$$

(2)定压过程在 $p-v$ 图上与 $T-s$ 图上的表示(如图 4－4 所示)

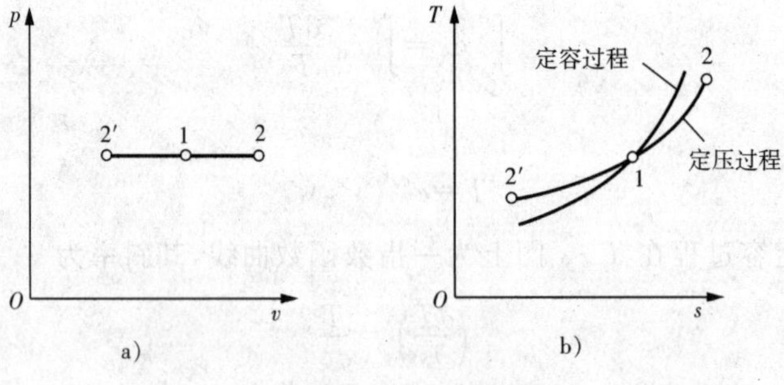


图 4－4　定压过程

由于 $p=$常数，所以定压过程线在 $p-v$ 图上是一平行于 $v$ 轴的直线(如图 4－4$a$ 所示)。

在 $T-s$ 图上，定压过程的过程曲线形状可模仿定容过程的方法确定

$$\mathrm{d}s = c_p \frac{\mathrm{d}T}{T}$$

若比热容取定值，将上式积分可得

$$T=\mathrm{e}^{(s-s_0)/c_p} \tag{4-68}$$

由上式可见，定压过程线在 $T-s$ 图上也是一指数函数曲线，其斜率为

$$\left(\frac{\partial T}{\partial s}\right)_p=\frac{T}{c_p} \tag{4-69}$$

由此可见，在 $T-s$ 图上定压线也是一条大于零的指数曲线，如图 4－4b 所示，图中1—2为定压加热过程，1—2′为定压放热过程。

在 $T-s$ 图上，定压线与定容线同为指数曲线，二者的斜率分别为

$$(\partial T/\partial s)_p=T/c_p$$

$$(\partial T/\partial s)_v=T/c_V$$

由于在相同的温度下，因此定容线的斜率必须大于定压线的斜率。如果从同一态出发，两者间的相对位置如图 4－4b 所示。

(3)功和热量

由于 $p=$常数，所以定压过程对外做功膨胀功为

$$w=\int_1^2 p\mathrm{d}v=p(v_2-v_1)=R_g(T_2-T_1) \tag{4-70}$$

定压过程的技术功为

$$w_t=-\int_1^2 v\mathrm{d}p=0$$

这说明，定压流动过程的膨胀功完全用于进口、出口流动功的增加。

根据闭口系统的热力学第一定律表达式，气体在定压程中吸收或放出的热量为

$$q=u_2-u_1+p(v_2-v_1)=h_2-h_1 \tag{4-71}$$

即气体在定压过程中吸收或放出的热量，也可以用于比定压容计算，亦即

$$q=\int_1^2 c_p\mathrm{d}T$$

3. 定温过程

气体温度保持不变的过程称为定温过程。

(1)过程方程及初、终状态参数关系式

定温过程的过程方程式为

$$T=\text{常数}$$

根据理想气体状态方程，定温过程的过程方程式也可以表示为

$$pv=\text{常数}$$

定温过程中初态、终态基本状态参数间的关系为

$$T_1=T_2$$

$$\frac{p_2}{p_1}=\frac{v_1}{v_2} \tag{4-72}$$

(2)定温过程在 $p-v$ 图与 $T-s$ 图上的表示(如图 4-5 所示)

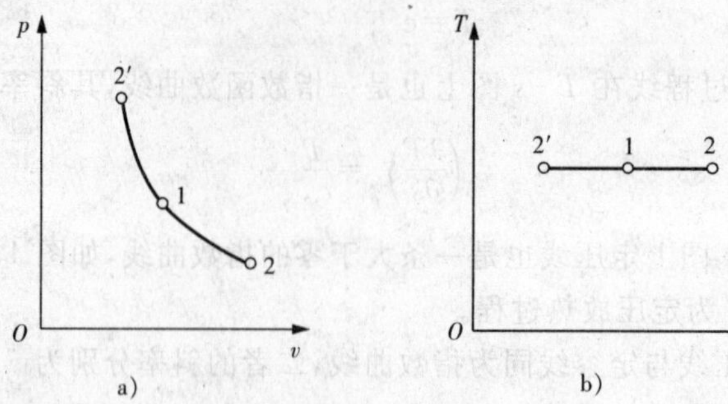


图 4-5 定温过程

由于 $pv$=常数,在 $p-v$ 图上的定温过程线为一等边双曲线,在 $T-s$ 图上定温线为一水平线,如图 4-5 所示。其中,1—2 代表定温吸热过程,1—2′代表定温放热过程。

(3)功和热量

定温过程的膨胀功为

$$w=\int_1^2 p\mathrm{d}v=\int_1^2 \frac{R_g T}{v}\mathrm{d}v=R_g T\ln\frac{v_2}{v_1}=R_g T\ln\frac{p_1}{p_2} \tag{4-73}$$

定温过程的技术功为

$$w_t=-\int_1^2 v\mathrm{d}p=-\int_1^2 \frac{R_g T}{p}\mathrm{d}p=R_g T\ln\frac{p_1}{p_2} \tag{4-74}$$

可见,定温过程、膨胀功和技术功在数值上是相等的。

对于理想气体的定温过程,$\Delta u=\Delta h=0$,所以根据热力学第一定律表达式,定温过程的热量分别为

$$q=\Delta u+w=w$$

$$q=\Delta h+w_t=w_t$$

结合式(4-73)、式(4-74),理想气体定温过程的热量为

$$q=w=w_t=R_g T\ln\frac{v_2}{v_1}=R_g T\ln\frac{p_1}{p_2} \tag{4-75}$$

上式说明,理想气体定温膨胀时,加入的热量等于对外所作的功量;定温压缩时,外界对其他所作的功等于气体对外界放出的热量。

此外,定温过程的热量也是由熵的变化进行计算得来的:

$$q=\int_1^2 T\mathrm{d}s=T(s_2-s_1) \tag{4-76}$$

上式对实际气体或液体的定温过程同样适用。

值得注意的是,定温过程中的比热容 $c=\delta q/\mathrm{d}T$ 趋于无穷大,故不能用 $q=\int_1^2 c\mathrm{d}T$ 来计算热量。

4. 绝热过程

气体与外界没有热量交换的变化过程称为绝热过程。

(1)过程方程及初、终状态参数关系式

绝热过程的特征为 $\delta_q=0$,。对于可逆绝热过程,有

$$ds=\frac{\delta q}{T}=0 \tag{4-77}$$

因此可逆绝热过程也称为定熵过程,根据理想气体熵的微分式

$$ds=c_V\frac{dp}{p}+c_p\frac{dv}{v}$$

可得

$$\frac{dp}{p}+\gamma\frac{dv}{v}=0$$

当取比热容比 $\gamma$ 为定值时,上式的积分可得

$$\ln p+\gamma\ln v=常数$$

即

$$pv^{\gamma}=常数 \tag{4-78}$$

式(4-78)即为理想气体可逆绝热过程的方程。因为理想气体的比热容比也称绝热指数,用 $k$ 表示,因此(4-78)又可表示为

$$pv^{k}=常数 \tag{4-79}$$

各种气体的绝热指数见表 4-1。

根据过程方程以及理想气体的状态方程,可得绝热过程初、中级状态基本参数间的关系为

$$\frac{p_2}{p_1}=\left(\frac{v_1}{v_2}\right)^{k} \tag{4-80}$$

将 $p=R_gT/v$ 代入式(4-79),得

$$Tv^{k-1}=常数$$

于是可得

$$\frac{T_2}{T_1}=\left(\frac{v_1}{v_2}\right)^{k-1} \tag{4-81}$$

同样,将 $v=R_gT/p$ 代入过程方程,得

$$Tp^{(k-1)/k}=常数$$

于是可得

$$\frac{T_2}{T_1}=\left(\frac{p_1}{p_2}\right)^{(k-1)/k} \tag{4-82}$$

由上列关系式可以看出,当气体绝热膨胀时,$p$ 与 $T$ 均降低;当气体被绝热压缩时,$p$ 与 $T$ 均增高。绝热过程中压力与温度的变化趋势是一致的。

(2)绝热过程在 $p-v$ 图与 $T-s$ 图上的表示(如图 4-6 所示)

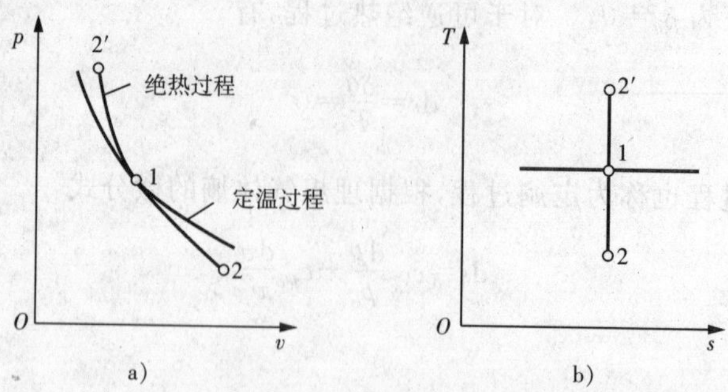


图 4-6　绝热过程

从过程方程式 $pv^k=$常数可以看出,在 $p-v$ 图上,绝热过程线为一高次双曲线。根据过程方程可导出绝热过程曲线的斜率为

$$\left(\frac{\partial p}{\partial v}\right)_s=-k\frac{p}{v} \tag{4-83}$$

可知,过程斜率为负。而定温过程线在 $p-v$ 图上的斜率为

$$\left(\frac{\partial p}{\partial v}\right)_T=-\frac{p}{v} \tag{4-84}$$

由于 $k$ 值总是大于 1,因此,在 $p-v$ 图上绝热线斜率的绝对值大于定温线斜率的绝对值,如图 4-6a 所示。

因为可逆绝热过程为定熵过程,所以在 $T-s$ 图上,绝热过程线为一垂直线,如图 4-6b 所示。其中,1—2 代表绝热膨胀,1—2′代表绝热压缩。

(3)功和热量

对于绝热过程

$$q=0$$

根据热力学第一定律,过程的膨胀功为

$$w=-\Delta u=u_1-u_2 \tag{4-85}$$

即工质经绝热过程所作的膨胀功等于热力学能的减少,这一结论适用于任何工质的可逆或不可逆绝热过程。

对于比热容为定值的理想气体,上式可进一步表示为

$$w=c_v(T_1-T_2)=\frac{R_g}{k-1}(T_1-T_2)=\frac{1}{k-1}(p_1v_1-p_2v_2) \tag{4-86}$$

上式适用于比热容为定值的理想气体的可逆或不可逆绝热过程。

对于理想气体可逆绝热过程,运用过程初、终状态参数间的关系,式(4-86)可变为

$$w=c_v(T_1-T_2)=\frac{R_gT_1}{k-1}\left[1-\left(\frac{p_2}{p_1}\right)^{\frac{k-1}{k}}\right] \tag{4-87}$$

同理,根据热力学第一定律,绝热过程的技术功为

$$w_t=-\Delta h=h_1-h_2$$

即流动工质经绝热过程所作的技术功等于焓的减少。此结论同样适用于任何流动工质的可逆与不可逆绝热过程。

对于比热容为定值的理想气体，上式可进一步表示为

$$w_t = c_p(T_1 - T_2) = \frac{k}{k-1}R_g(T_1 - T_2) = \frac{k}{k-1}(p_1 v_1 - p_2 v_2) \tag{4-88}$$

此式适用于比热容为定值的理想气体的可逆或不可逆绝热过程。

对于理想气体可逆绝热过程，式(4-88)可变为

$$w_t = \frac{k}{k-1}R_g T_1\left[1 - \left(\frac{p_2}{p_1}\right)^{\frac{k-1}{k}}\right] \tag{4-89}$$

将上式与膨胀功的计算式(4-87)对比，不难发现

$$w_t = kw \tag{4-90}$$

即绝热过程的技术功是膨胀功的 $k$ 倍。

### 三、多变过程

#### 1. 多变过程的定义及过程方程

前面讨论了四种典型热力学过程，其特点是在过程中工质的某一状态参数保持不变或者与外界无热量交换。一般在实际热力过程中，工质的状态参数都会发生变化，并且与外界有热量交换。研究发现，许多过程可以近似地用下面的关系式描述：

$$pv^n = 常数 \tag{4-91}$$

式中：$n$ 为多变指数。满足这一规律的过程就称为多变过程，式(4-91)即为多变过程的过程方程。

不同的多变过程，具有不同的 $n$ 值。理论上，$n$ 可以是 $-\infty$ 到 $+\infty$ 之间的任何一个实数，相应的多变过程也可以有无穷多种。当多变指数为某些特定的值时，多变过程便表现为某些典型的热力过程。如：

$n=0$，$p=$常数，为定压过程；

$n=1$，$pv=$常数，为定温过程；

$n=k$，$pv^k=$常数，为绝热过程；

$n\to\pm\infty$，$v=$常数，为定容过程。

对于一些复杂的实际过程，可以将其分成几段具有不同 $n$ 值的多变过程加以分析。

#### 2. 多变过程中状态参数的变化规律

将多变过程的过程方程式与绝热过程的过程方程式进行比较，可以发现，只要将绝热指数 $k$ 换成多变指数 $n$，绝热过程的初、终状态参数关系式就可用于多变过程，即

$$\frac{p_2}{p_1} = \left(\frac{v_1}{v_2}\right)^n \tag{4-92}$$

$$\frac{T_2}{T_1} = \left(\frac{v_1}{v_2}\right)^{n-1} \tag{4-93}$$

$$\frac{T_2}{T_1}=\left(\frac{p_2}{p_1}\right)^{\frac{n-1}{n}} \tag{4-94}$$

$\Delta u$、$\Delta h$、$\Delta s$ 可按理想气体的有关公式进行计算。

3. 多变过程在 $p-v$ 图与 $T-s$ 图上的表示(如图 4-7 所示)

在 $p-v$ 图与 $T-s$ 图上从同一初态出发,画出的四种基本热力过程线如图 4-7 所示。通过比较过程线的斜率为

$$\frac{\mathrm{d}p}{\mathrm{d}v}=-n\frac{p}{v} \tag{4-95}$$

如果从同一初态出发,其 $p$、$v$ 值相同,过程线的斜率取决于 $n$ 值,即:

$n=0,\frac{\mathrm{d}p}{\mathrm{d}v}=0$,定压线为一水平线;

$n=1,\frac{\mathrm{d}p}{\mathrm{d}v}=-\frac{p}{v}<0$,定温线为一斜率为负的等边双曲线;

$n=k,\frac{\mathrm{d}p}{\mathrm{d}v}=-k\frac{p}{v}<0$,定熵线为一高次双曲线,其斜率的绝对值大于定温线;

$n\to\pm\infty,\frac{\mathrm{d}p}{\mathrm{d}v}\to\infty$,定容线为一垂直线。

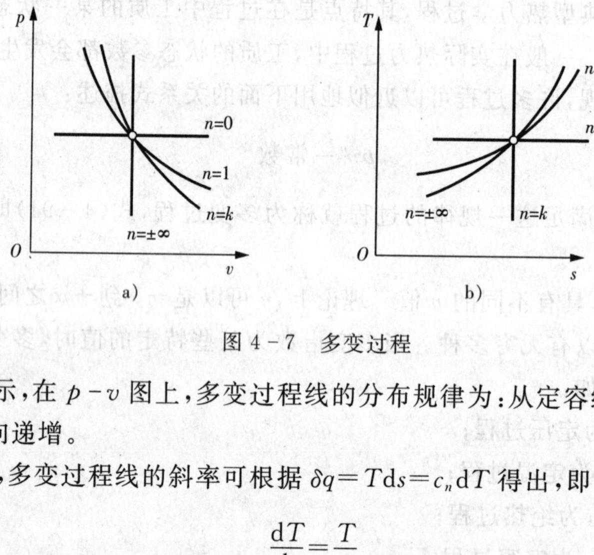


图 4-7 多变过程

如图 4-7 所示,在 $p-v$ 图上,多变过程线的分布规律为:从定容线出发,$n$ 由 $-\infty\to0\to+\infty$,按顺时针方向递增。

在 $T-s$ 图上,多变过程线的斜率可根据 $\delta q=T\mathrm{d}s=c_n\mathrm{d}T$ 得出,即

$$\frac{\mathrm{d}T}{\mathrm{d}s}=\frac{T}{c_n} \tag{4-96}$$

过程线的斜率也随 $n$ 而变化,即:

$n=0$:$c_n=c_p,\frac{\mathrm{d}T}{\mathrm{d}s}=\frac{T}{c_p}>0$,定压线为一斜率为正的指数曲线;

$n=1$:$c_n\to\infty,\frac{\mathrm{d}T}{\mathrm{d}s}=0$,定温线为一水平线;

$n=k$:$c_n\to0,\frac{\mathrm{d}T}{\mathrm{d}s}\to\infty$,定熵线为一垂直线;

$n\to\infty$:$c_n=c_V,\frac{\mathrm{d}T}{\mathrm{d}s}=\frac{T}{c_v}>0$,定容线也是一条斜率为正的指数曲线,从同一状态出发,定

容线的斜率大于定压线的斜率。

在 $T-s$ 图上,多变过程线的分布规律也是从定容线开始的,多变指数 $n$ 按顺时针方向递增。

4. 过程中的功和热量

(1)膨胀功

$$w=\int_1^2 p\mathrm{d}v$$

当 $n\neq1$ 时,将过程方程式 $p=p_1v_1{}^n/v^n$ 代入上式,积分后可得

$$w=\frac{1}{n-1}(p_1v_1-p_2v_2)=\frac{1}{n-1}R_g(T_1-T_2) \tag{4-97}$$

当 $n\neq0$ 和 $n\neq1$ 时,上式可进一步表示为

$$w=\frac{1}{n-1}R_gT_1[1-(\frac{p_2}{p_1})^{\frac{n-1}{n}}] \tag{4-98}$$

(2)技术功

对于可逆过程,技术功为

$$w_t=\int_1^2 v\mathrm{d}p$$

将过程方程式微分,可得 $v\mathrm{d}_p=-np\mathrm{d}v$。当 $n\neq\infty$ 时,代入上式得

$$w_t=n\int_1^2 p\mathrm{d}v=nw \tag{4-99}$$

(3)热量

当 $n=1$ 时,为低温过程,由热力学第一定律可得

$$q=w$$

当 $n\neq1$ 时,若取比热热容为定值,则

$$q=\Delta u+w=c_v(T_2-T_1)+\frac{1}{n-1}R_g(T_1-T_2)=(c_v-\frac{R_g}{n-1})(T_1-T_2) \tag{4-100}$$

将 $c_v=\frac{R_g}{k-1}$ 代入上式,得

$$q=\frac{n-k}{n-1}c_v(T-T_1)=c_n-(T_2-T_1) \tag{4-101}$$

式中:$c_n=\frac{n-k}{n-1}c_v$,称为多变比热容。

如上所述,当 $n$ 取不同的特定值时,多变过程变为前面讨论的四种典型热力过程,多变过程的比热容也就分别取相应数值,即

当 $n=0$ 时,$c_n=c_p$(定压过程);

当 $n=1$ 时,$c_n\rightarrow\infty$(定温过程);

当 $n=k$ 时，$c_n \to 0$（绝热过程）；

当 $n=\pm\infty$ 时，$c_n=c_v$（定容过程）。

过程中功和热量值的正负可按下面的方法判断：

膨胀功 $w$ 的正负应以过起点的定容线为分界线。在 $p-v$ 图上，由同一起点出发的多变过程线若位于定容线的右方，比体积增大，$w>0$；反之 $w<0$。在 $T-s$ 图上，$w>0$ 的过程线位于定容线的右下方，$w<0$ 的过程线位于定容线的左上方。

技术功 $w_t$ 的正负应以过起点的定压线为分界线。在 $p-v$ 图上，由同一起点出发的多变过程线若位于定压线的下方，$w_t>0$；反之 $w_t<0$。在 $T-s$ 图上，$w_t>0$ 的过程线位于定压线的右下方，$w_t<0$ 的过程线位于定压线的左上方。热量 $q$ 的正负应以过起点的绝热线为分界线。在 $p-v$ 图上，吸热过程线位于绝热的右上方，放热过程线位于绝热线的下方。在 $T-s$ 图上，$q>0$ 的过程线位于绝热线的右方，$q<0$ 的过程线位于定容线的左方。

以上分别讨论了四种典型的基本热力过程和多变过程，为了便于对比，将四种典型热力过程和多变过程的公式汇总在表 4-2 中。

**表 4-2 各种热力过程的计算公式**

| 过程 | 过程方程式 | 初、始状态参数间的关系 | 交换的功量 | | 交换的热量 |
|---|---|---|---|---|---|
| | | | $w$ / (J/kg) | $w_t$ / (J/kg)[①] | $q$ / (J/kg)[②] |
| 定容 | $v$=定值 | $v_2=v_1$；<br>$\frac{T_2}{T_1}=\frac{p_2}{p_1}$ | 0 | $v(p_2=p_1)$ | $c_v(T_2-T_1)$ |
| 定压 | $p$=定值 | $p_2=p_1$；<br>$\frac{T_2}{T_1}=\frac{v_2}{v_1}$ | $p(v_2-v_1)$<br>或<br>$R_g(T_2-T_1)$ | 0 | $c_p(T_2-T_1)$ |
| 定温 | $pv$=定值 | $T_2=T_1$；<br>$\frac{p_2}{p_1}=\frac{v_1}{v_2}$ | $p_1 v_1 ln\frac{v_2}{v_1}$ | $w$ | $w$ |
| 绝热 | $pv^k$=定值 | $\frac{p_2}{p_1}=\left(\frac{v_1}{v_2}\right)^k$<br>$\frac{T_2}{T_1}=\left(\frac{v_1}{v_2}\right)^{k-1}$<br>$\frac{T_2}{T_1}=\left(\frac{p_1}{p_2}\right)^{\frac{k-1}{k}}$ | $\frac{p_1v_1-p_2v_2}{k-1}$<br>或<br>$\frac{R_g}{k-1}(T_1-T_2)$ | $kw$ | 0 |
| 多变 | $pv^n$=定值 | $\frac{p_2}{p_1}=\left(\frac{v_1}{v_2}\right)^n$<br>$\frac{T_2}{T_1}=\left(\frac{v_1}{v_2}\right)^{n-1}$<br>$\frac{T_2}{T_1}=\left(\frac{p_2}{p_1}\right)^{\frac{n-1}{n}}$ | $\frac{p_1v_1-p_2v_2}{k-1}$<br>或<br>$\frac{R_g}{n-1}(T_1-T_2)$ | $nw$[③] | $c_n(T_2-T_1)$<br>$=\left(c_v-\frac{R_g}{n-1}\right)\cdot$<br>$(T_2-T_1)$ |

注：① 忽略工质动能的变化

② 如果需要精确地计算，可以用平均比热容代替表内的 $c_v$ 或 $c_p$

③ $n=\infty$ 时除外

## 思考与练习

4－1 什么是理想气体？实际气体在什么情况下可作为理想气体来处理？

4－2 理想气体的 $c_p$ 与 $c_v$ 之差及 $c_p$ 与 $c_v$ 之比是否在任何条件下都为常数？

4－3 什么是理想气体的比热容？

4－4 什么是理想混合气体的分压力定律和分容积定律？

4－5 简述理想气体的四个基本热力过程。

4－6 如何分析多变过程？

# 第五章 热力学第二定律

**内容提要**：本章主要介绍热力学第二定律的基本概念和表述方法，热机循环，卡诺循环及定理，熵增原理。

热力学第一定律阐明了热能和机械能以及其他形式的能量在传递和转换过程中数量上的守恒关系。但经验告诉我们，不是所有满足热力学第一定律的热力过程都能实现，热力过程的发生是有方向、条件和限度的。热力学第二定律揭示了这一规律。

## 第一节 自发过程的方向性与热力学第二定律的表述

### 一、自发过程的方向性

所谓自发过程就是不需要任何外界作用而自动进行的过程。例如热量由高温物体传向低温物体就是一个自发过程；反之，则不能自发进行。这是人所共知的常识。

机械能通过摩擦转变为热能的过程也是一个自发过程。例如，行驶中的汽车刹车时，汽车的动能通过摩擦全部变成热能，造成地面和轮胎升温，最后散失。反之，如果将同等数量的热加给轮胎与地面，却不能使汽车行驶。这说明，机械能可以自发地转变为热能，而热能却不能自发地转变为机械能。

实践证明，不仅热量传递、热能与机械能的相互转换具有方向性，自然界的一切自发过程都具有方向性。例如，水自动地由高处向低处流动，气体自动地由高压区向低压区膨胀，电流自动地由高电势流向低电势，不同气体的混合过程、燃烧过程等等，都是只能自发地向一个方向进行。如果要想使自发过程逆向进行，就必须付出某种代价，或者说给外界留下某种变化。这就是说，自发过程是不可逆的。

### 二、热力学第二定律的表述

热力学第二定律揭示了自然界中一切热过程进行的方向、条件和限度。自然界中热过程的种类很多，因此热力学第二定律的表述方式也很多。由于各种表述所揭示的是一个共同的客观规律，因而它们彼此是等效的。下面介绍两种具有代表性的表述。

(1)克劳修斯表述：不可能将热从低温物体传给高温物体而不引起其他变化。

这是从热量传递的角度表述的热力学第二定律，由克劳修斯于1850年提出。它指明了热量只能自发地从高温物体传向低温物体；反之，非自发过程并非不能实现，而是必须花费一定的代价。例如压缩制冷装置就是以花费机械能为代价，即以机械能变为热能这一自发过程作为实现热从低温物体转移至高温物体所必需的补偿代价。

(2)开尔文—普朗克表述:不可能从单一热源取热,并使之完全转变为功而不产生其他影响。

这是从热功转换角度表述的热力学第二定律,于 1851 年由开尔文提出,1897 年普朗克也发表了内容相同的表述,后来,称之为开尔文—普朗克表述。"不产生其他影响"是这一表述不可缺少的部分。例如,理想气体定温膨胀过程进行的结果,就是从单一热源取热并将其全部变成了功。但与此同时,气体的压力降低,体积增大,即气体的状态发生了变化,或者说"产生了其他影响"。因此并非不能完全变为功,而是必须以产生其他影响为代价才能实现。

通常人们把假想的从单一热源取热并使之完全变为功的热机称为第二类永动机。它虽然不违反热力学第一定律,转变过程能量是守恒的,但却违反了热力学第二定律。如果这种热机可以制造成功,就可以利用大气、海洋等作为单一热源,将大气、海洋中取之不尽的热能转变为功,维持它永远转动,这显然是不可能的。因此,热力学第二定律又可表述为:第二类永动机是不可能制造成功的。

热力学第二定律的以上两种表述,各自从不同的角度反应了热过程的方向性,实质上是统一的、等效的。如果违反了其中一种表述,也必然违反了另一种表述,这在普通物理学中已被证明。

热力学第一定律与热力学第二定律是建立在无数事实基础上的经验定律,从这两个定律出发的一切推论都符合客观实际。

## 第二节 卡诺循环与卡诺定理

### 一、热力循环

由热力学第一定律可知,通过工质的体积变化(膨胀)可以将热能转变为机械能。但是单一的膨胀所作的功是有限的,因为任何一种膨胀过程都不可能无限制地继续下去,一则工质的状态将会变化到不宜继续膨胀作功的状态(与外界平衡);二则机器设备的尺寸总是有限的。因此,要使热能连续不断地转变为机械能,必须使膨胀后的工质经历某些过程再回复到原来的状态,使其重新具有作功的能力。工质经过一系列的状态变化,重新回复到原来状态的全部过程称为热力循环。

根据循环所产生的效果不同,可分为正向循环和逆向循环。

将热能转变为机械能的循环称为正向循环。所有热力发动机都是按正向循环工作的,所以正向循环也称为动力循环或热机循环。

在 $p-v$ 图与 $T-s$ 图上,正向循环是按顺时针方向进行的,如图 5-1 所示。在 $p-v$ 图上,$1-a-2$ 为膨胀作功过程,功的大小可用面积 $1a2341$ 表示,膨胀过程中工质从高温热源吸收热量 $Q_1$(取绝对值);$2-b-1$ 是为使工质回复到初态所进行的压缩过程,压缩功的大小用面积 $2b1432$ 表示,压缩过程中工质向低温热源放出热量 $Q_2$(取绝对值)。在这一循环过程中,工质对外输出的净功 $W_{net}$ 为膨胀功与压缩功之差,即循环曲线所包围的面积 $1a2b1$。

经过一个循环之后,工质回到初态,状态参数没有发生变化,$\oint dU=0$。于是,根据热力

学第一定律，循环净功为

$$W_{net}=Q_1-Q_2 \tag{5-1}$$

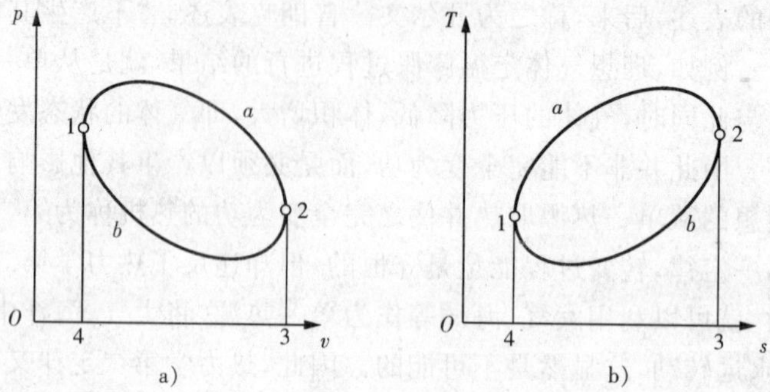


图 5-1

可见，工质从高温热源所得到的热量 $Q_1$ 中，只有$(Q_1-Q_2)$可能转换为功，而另一部分$(Q_2)$则传给了低温热源。因此，正向循环总的效果是：一部分热能转换为机械能；另一部分热能由高温热源转移到了低温热源。这是热能连续不断地转变为机械能所必要的补充条件。

正向循环所作的净功（收益）与循环中高温热源加给工质的热量 $Q_1$（代价）之比值称为循环热效率，用 $\eta_t$ 表示，即

$$\eta_t=\frac{W_{net}}{Q_1}=\frac{Q_1-Q_2}{Q_1}=1-\frac{Q_2}{Q_1} \tag{5-2}$$

$\eta_t$ 说明循环中加热量被有效利用的程度，通常用来评价正向循环的热经济性。显然，$\eta_t$ 总是小于 1 的。上式普遍适用于各种类型的热力循环，是分析计算各种热力循环热效率的基本公式。

与正向循环相反，逆向循环是消耗外界提供的功量，将热量从低温热源传递到高温热源的循环，例如制冷装置及热泵的工作。在 $p-v$ 图与 $t-s$ 图上，逆向循环是按逆时针方向进行的，如图 5-2 所示。在 $p-v$ 图上，$1-b-2$ 为作功膨胀过程，工质从低温热源吸收热量 $Q_2$（取绝对值）；$2-a-1$ 为使工质回到初态所进行的压缩过程，同时工质向高温热源放出热量 $Q_1$（取绝对值）。

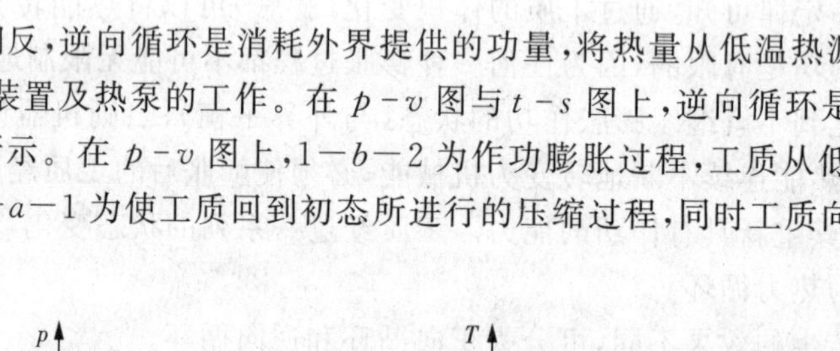


图 5-2

在逆向循环中，工质所消耗的净功为压缩功与膨胀功之差，即循环曲线 $1b2a1$ 所包围的

面积。根据热力学第一定律，可得

$$W_{net}=Q_1-Q_2$$

或写成

$$Q_1=Q_2+W_{net} \tag{5-3}$$

由此可见，通过逆向循环可以将热量 $Q_2$ 从低温热源转移到高温热源，但必须消耗功，这部分功将转变为热量与 $Q_2$ 一起转移到高温热源。所以，消耗功是将热量从低温热源转移到高温热源所必需的条件。

通常用工作系数评价逆向循环的热经济性。所谓工作系数，是逆向循环的收益与代价之比。制冷装置与热泵都是按逆向循环工作的，但它们的任务不同：制冷装置的任务是将热量自低温的冷藏室取出，排向大气（高温热源）；热泵的任务是冬季从大气（低温热源）吸取热量，送到温度较低的室内（高温热源），以达到供暖的目的。

制冷装置的工作系数称为制冷系数，用 $\varepsilon$ 表示，即

$$\varepsilon=\frac{Q_2}{W_{net}}=\frac{Q_2}{Q_1-Q_2} \tag{5-4}$$

热泵的工作系数称为供热系数，用 $\varepsilon'$ 表示，即

$$\varepsilon'=\frac{Q_1}{W_{net}}=\frac{Q_1}{Q_1-Q_2} \tag{5-5}$$

可见，$\varepsilon'$ 总是大于 1，而 $\varepsilon$ 值可能大于 1 也可能小于 1，在一般制冷条件下 $\varepsilon$ 通常大于 1。

全部由可逆过程组成的循环称为可逆循环。如果循环中有部分过程或全部过程是不可逆的，则是不可逆循环。

**二、卡诺循环**

热力学第二定律指出，热机的热效率不可能达到 100%。那么，在一定条件下，热机的热效率最大能达到多少？它又与哪些因素有关？法国工程师卡诺（S. Carnot）在深入考察了蒸汽机工作过程的基础上，于 1824 年提出了一种理想的热机工作循环——卡诺循环。

卡诺循环由两个可逆定温过程和两个可逆绝热过程组成，如图 5-3 所示。图中，1—2 为定温吸热过程，单位质量的工质从高温热源 $T_1$ 吸收热量 $q_1$；2—3 为绝热膨胀过程，工质温度从 $T_1$ 降到 $T_2$；3—4 为定温放热过程，工质向低温热源 $T_2$ 放出热量 $q_2$；4—1 为绝热压缩过程，工质温度从 $T_2$ 升到 $T_1$，工质完成一个循环又回到初态。

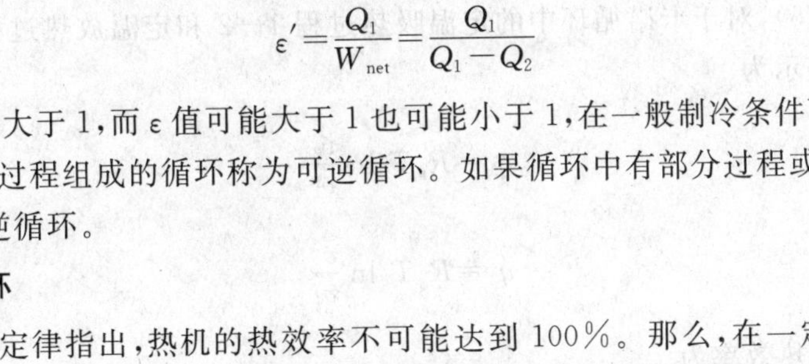


图 5-3

根据式(5-2)，热机循环的热效率为

$$\eta_t=\frac{w}{q_1}=1-\frac{q_2}{q_1} \tag{a}$$

对于卡诺循环，由图 5-3 中的 $T-s$ 图很容易得出卡诺循环的热效率为

$$\eta_c=1-\frac{T_2(s_2-s_1)}{T_1(s_2-s_1)}=1-\frac{T_2}{T_1} \tag{5-6}$$

由式(5-6)可以得出以下结论：

(1)因为式(5-6)的导出过程并没有限定什么工质，所以卡诺循环的热效率值取决于高温热源的温度 $T_1$ 与低温热源的温度 $T_2$，而与工质的性质无关。提高 $T_1$，降低 $T_2$，可以使卡诺循环的热效率提高。

(2)卡诺循环的热效率总是小于 1，不可能等于 1，因为 $T_1\to\infty$ 或 $T_2=0\text{K}$ 都是不可能的。这说明，通过热机循环不可能将热能全部转变为机械能。

(3)当 $T_1=T_2$ 时，卡诺循环的热效率等于零。这说明，没有温度差是不可能连续不断的将热能转变为机械能的，只有一个热源的第二类永动机是不可能的。

根据第三章对理想气体定温过程的分析结果，也可以导出卡诺循环热效率表达式(5-6)。根据式(4-75)，对于卡诺循环中的定温吸热过程 1—2 和定温放热过程 3—4，式(a)中 $q_1$ 和 $q_2$ 可分别表示为

$$q_1=R_g T_1\ln\frac{v_2}{v_1}$$

$$q_2=R_g T_2\ln\frac{v_3}{v_4}$$

所以，卡诺循环的热效率为

$$\eta_c=1-\frac{q_2}{q_1}=1-\frac{R_g T_2\ln\frac{v_3}{v_4}}{R_g T_1\ln\frac{v_2}{v_1}} \tag{b}$$

因为过程 2—3 和 4—1 都是可逆绝热过程，根据状态参数关系式(4-81)，有

$$\frac{v_2}{v_3}=\left(\frac{T_2}{T_1}\right)^{\frac{1}{k-1}},\frac{v_1}{v_4}=\left(\frac{T_2}{T_1}\right)^{\frac{1}{k-1}}$$

因此

$$\frac{v_2}{v_3}=\frac{v_1}{v_4}，即\frac{v_2}{v_1}=\frac{v_3}{v_4} \tag{c}$$

将(c)式代入(b)，可得式(5-6)，即

$$\eta_c=1-\frac{T_2}{T_1}$$

如果沿卡诺循环相反的方向进行，就形成卡诺制冷循环和卡诺热泵循环。根据式(5-

4)和式(5-5),可分别求出卡诺制冷循环的制冷系数 $\varepsilon_c$ 和卡诺热泵循环的供热系数$\varepsilon_c'$,分别为

$$\varepsilon_c=\frac{T_2}{T_1-T_2} \tag{5-7}$$

$$\varepsilon_c{}'=\frac{T_1}{T_1-T_2} \tag{5-8}$$

### 三、卡诺定理

卡诺在对热机效率进行深入研究的基础上提出了著名的卡诺定理。其表达如下:

**定理一**:在相同的高温热源和低温热源间工作的一切可逆热机具有相同的热效率,与工质的性质无关。

**定理二**:在相同的高温热源和低温热源间工作的任何不可逆热机的热效率,都小于可逆热机的热效率。

卡诺循环与卡诺定理从理论上确定了通过热机循环实现热能转变为机械能的条件,指出了提高热机效率的方向,是研究热机性能不可缺少的理论工具,卡诺循环与卡诺定理的提出和研究对热力学的发展,特别是对热力学第二定律的建立具有重大意义。

## 第三节　熵

### 一、熵的导出

在第二章已给出了熵的概念,并指出比熵是状态参数。比熵是由热力学第二定律导出的状态参数,有多种导出方法,这里只介绍一种传统的熵的导出方法。

根据卡诺循环,不管采用什么工质,在温度分别为 $T_1$ 和 $T_2$ 的恒温热源间工作的一切可逆热机的热效率都相同,即

$$\eta_t=1-\frac{q_2}{q_1}=1-\frac{T_2}{T_1}$$

由上式可得

$$\frac{q_2}{q_1}=\frac{T_2}{T_1}$$

即

$$\frac{q_1}{T_1}=\frac{q_2}{T_2} \tag{a}$$

式中:$q_1$、$q_2$ 均为绝对值。如果改取代数值,$q_2$ 为单位质量工质传给低温热源的热量,应为负值,于是上式可写成

$$\frac{q_1}{T_1}+\frac{q_2}{T_2}=0 \tag{b}$$

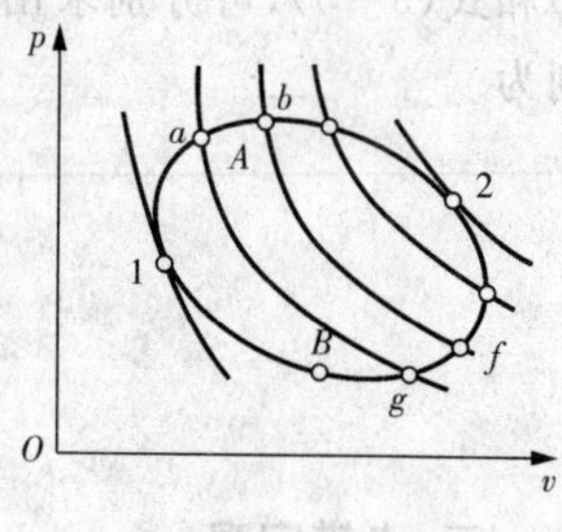

图 5-4

式(b)说明，在卡诺循环中，单位质量工质与热源交换的热量除以热源的热力学温度所得熵的代数和等于零。

可以证明，以上结论同样适用于任何可逆循环。例如，对于图 5-4 所示的任意可逆循环 $1A2B1$，可以用一组可逆绝热循环将其分割成许多个微元循环。这些微元循环都是由两个可逆绝热过程及两个微小过程组成的。如微元循环 $abfga$，当微元循环的数目极大，也就是绝热线间隔极小时，微小过程 $ab$ 与 $fg$ 就接近于定温过程，则微元循环 $abfga$ 就是一个微元卡诺循环，循环 $1A2B1$ 也就被分割成无数个微元卡诺循环。

对每一个微元卡诺循环，如果在 $T_1$ 温度下吸热量为 $\delta q_1$，在 $T_2$ 温度下放热量为 $\delta q_2$，则由式(b)可得

$$\frac{\delta q_1}{T_1}+\frac{\delta q_2}{T_2}=0 \tag{c}$$

对全部微元卡诺循环积分，则得：

$$\int_{1A2}\frac{\delta q_1}{T_1}+\int_{2B1}\frac{\delta q_2}{T_2}=0 \tag{d}$$

式中：$\delta q_1$ 与 $\delta q_2$ 代表微元循环与外界交热的热量，本身为代数值，吸热为正，放热为负，因此可统一用 $\delta q$ 表示；$T_1$、$T_2$ 分别为微元循环对外进行热交换时热源的温度，统一用 $T$ 表示。于是式(d)可表示为

$$\int_{1A2}\frac{\delta q}{T}+\int_{2B1}\frac{\delta q}{T}=0 \tag{e}$$

即

$$\oint\frac{\delta q}{T}=0 \tag{5-9}$$

式(5-9)称为克劳修斯积分等式。它表明，工质经历任意一个可逆循环后，$\frac{\delta q}{T}$沿整个循环路径的积分为零。从数学意义上说，$\frac{\delta q}{T}$一定是某一参数的全微分。

再由式(e)可得

$$\int_{1A2}\frac{\delta q}{T}=\int_{1B2}\frac{\delta q}{T}$$

可见，从状态 1 到状态 2，$\frac{\delta q}{T}$的积分值与积分路径无关。根据状态参数的特性可知，$\frac{\delta q}{T}$一定是某一状态参数的全微分。这一状态参数称为比熵，用 $s$ 表示，单位为 J/(kg·K)。于是

$$\mathrm{d}s=\frac{\delta q}{T} \tag{5-10}$$

式中 $T$ 为热源的热力学温度，由于是可逆过程，$T$ 也就等于工质的热力学温度。

对于质量为 $m$ 的工质的微元可逆过程

$$dS=\frac{\delta Q}{T} \tag{5-11}$$

式中：$S$ 是质量为 $m$ 的工质（或系统）的熵，单位为 J/K。对于可逆循环，克劳修斯积分等式可表示为

$$\oint\frac{\delta Q}{T}=0 \tag{5-12}$$

## 二、克劳修斯不等式与不可逆过程熵的变化

### 1. 克劳修斯不等式

根据卡诺定理，在同等条件下，可逆热机循环效率最高，热经济性最好。而实际热机循环都是不可逆的，尽可能地使循环过程接近可逆循环是提高热机循环效率的基本途径。过程不可逆的大小反映了实际过程与理想过程之间的差距，因此寻找一个能够度量实际过程不可逆性大小的尺度很有必要。

如果某一循环中有一部分或全部过程是不可逆的，则此循环为不可逆循环。根据卡诺定理，在相同的恒温高温热源 $T_1$ 和恒温低温热源 $T_2$ 之间工作的不可逆热机的热效率小于可逆热机的热效率，即

$$1-\frac{Q_2}{Q_1}<1-\frac{T_2}{T_1}$$

由上式可得

$$\frac{Q_2}{T_2}>\frac{Q_1}{T_1}$$

同样，将 $Q_1$、$Q_2$ 取代数值，则有

$$\frac{Q_1}{T_1}+\frac{Q_2}{T_2}<0$$

上式说明，在相同的高温热源与低温热源间工作的不可逆循环中，工质与热源间交换的热量除以热源的热力学温度所得商的代数和小于零。

用上述推导克劳修斯积分等式相同的方法，将一个不可逆循环用无数可逆绝热分割成无数微元循环，则对任意一个微元不可逆循环，交换的热量除以热源的热力学温度所得商的代数和小于零，即

$$\frac{\delta Q_1}{T_1}+\frac{\delta Q_2}{T_2}<0$$

对整个不可逆循环积分，可得

$$\frac{\delta Q}{T}<0 \tag{5-13}$$

式(5-13)称为克劳修斯不等式,它表明工质经历任意一个不可逆循环,$\frac{\delta Q}{T}$沿整个循环的积分小于零。

综合式(5-12)与式(5-13),可写成

$$\oint\frac{\delta Q}{T}\leqslant 0 \tag{5-14}$$

式中等号用于可逆循环,不等号用于不可逆循环。式(5-14)是热力学第二定律的数学表达式之一,可以作为判据,用于判断一个循环是否可能或是否可逆。

2. 不可逆过程熵的变化

图5-5表示的是一个不可逆循环 $1a2b1$,它由不可逆过程 $1-a-2$ 与可逆过程 $2-b-1$ 组成,根据式(5-13),有

$$\oint\frac{\delta Q}{T}<0$$

或写成

$$\int_{1a2}\frac{\delta Q}{T}+\int_{2b1}\frac{\delta Q}{T}<0 \tag{a}$$

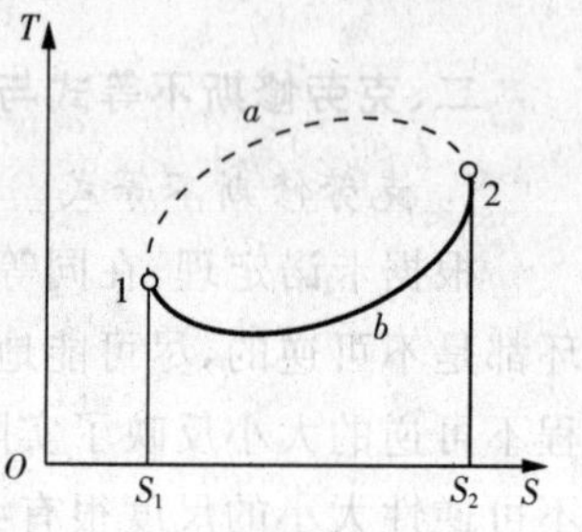

图 5-5

由于 $2-b-1$ 为可逆过程,根据式(5-11)积分得

$$\int_{2b1}\frac{\delta Q}{T}=S_1-S_2$$

代入式(a),得

$$\int_{1a2}\frac{\delta Q}{T}+(S_1-S_2)<0$$

即

$$S_2-S_1>\int_{1a2}\frac{\delta Q}{T} \tag{b}$$

假若 $1-a-2$ 为可逆过程,则由式(5-11)可得

$$S_2-S_1=\int_{1a2}\frac{\delta Q}{T} \tag{c}$$

综合式(b)与式(c),可写成

$$S_2-S_1\geqslant\int_1^2\frac{\delta Q}{T} \tag{5-15}$$

式中:等号适用于可逆过程,不等号适用于不可逆过程。

对于微元过程,式(5-15)可写成

$$\mathrm{d}S\geqslant\frac{\delta Q}{T} \tag{5-16}$$

式(5-16)是热力学第二定律的另一数学表达式,它也可以作为判据,用于判断过程能否进行或是否可逆。

由式(5-16)可知,如果工质经历了微元不可逆过程,则 $dS$ 大于$\frac{\delta Q}{T}$,二者差值愈大,偏离可逆过程愈远,或者说过程的不可逆性愈大。这时,$\frac{\delta Q}{T}$仅是熵变的一部分,完全是由于工质与热源之间的热交换所引起的熵变,称之为熵流,用 $dS_f$ 表示。而熵变的另一部分,即$\left(dS-\frac{\delta Q}{T}\right)$,完全是由于不可逆因素造成的,称为熵产,用 $dS_g$ 表示。于是可得到

$$dS=dS_f+dS_g \tag{5-17}$$

式(5-17)称为闭口系统的熵方程,普遍适用于闭口系统的各种过程或循环。式中,熵流为 $dS_f=\frac{\delta Q}{T}$,若工质吸热,$dS_f>0$;若工质放热,$dS_f<0$;若工质绝热,$dS_f=0$。若过程可逆,熵产 $dS_g=0$;若过程不可逆,则 $dS_g>0$,且不可逆性愈大,熵产 $dS_g$ 愈大。因此,熵产是过程不可逆性大小的度量。

对于一个不可逆过程

$$\Delta S=\Delta S_f+\Delta S_g \tag{5-18}$$

需要强调以下两点:

(1)比熵既然是状态参数,则状态一定,比熵就应有确定的值。

(2)初态、终态之间熵的变化与过程的路径无关,只要初态、终态相同,无论工质经历的是可逆过程还是不可逆过程,工质熵的变化都相等。因此,不可逆过程的熵变,可在给定的初态、终态之间任选一可逆过程进行计算。

对于固体或液体,由于其压缩性很小,所以过程中 $dV$ 近似为零,且一般情况下,$c_p=c_V=c$,所以根据式 $\delta Q=dU+pdV$,有

$$dS=\frac{\delta Q}{T}=\frac{dU}{T}=\frac{mcdT}{T}$$

当比热容为定值时,有

$$\Delta S=mc\ln\frac{T_2}{T_1} \tag{5-19}$$

### 三、孤立系统熵增原理与作功能力损失

#### 1. 孤立系统熵增原理

对于孤立系统,因为和外界没有任何能量交换,$dS_f=0$,所以由式(5-16)可得

$$dS_{iso}=dS_g\geqslant 0 \tag{5-20}$$

式中等号用于可逆过程,不等号用于不可逆过程。式(5-20)表明,孤立系统的熵只能增大,或者不变,而绝不能减小,这一规律就称为孤立系统熵增原理。孤立系统的熵增完全由熵产组成,其大小只取决于系统内部的不可逆性。一切实际过程都一定朝着使孤立系统熵增大的方向进行,任何使孤立系统熵减少的过程都是不能发生的。

式(5-20)揭示了一切热力过程进行所必须遵循的客观规律,突出地反映了热力学第二定律的本质,是热力学第二定律的另一种数学表达式。

2. 作功能力的损失

所谓系统(或工质)的作功能力,是指在给定的环境条件下,系统达到与环境热力平衡时可能作出的最大有用功。因此,通常将环境温度 $T_0$ 作为衡量作功能力的基准温度。

实践告诉我们,任何过程只要有不可逆因素存在,就将造成系统作功能力的损失,而不可逆过程进行的结果又将使包含该系统在内的孤立系统的熵增加。下面说明孤立系统熵增与系统作功能力损失之间的联系。

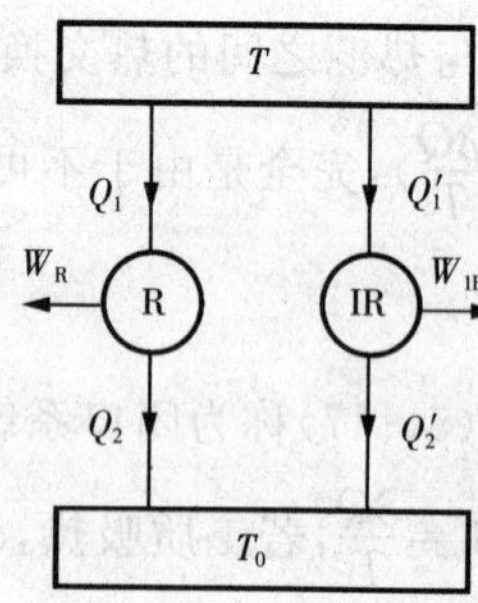

图 5-6

假设在温度为 $T$ 的热源与温度为 $T_0$ 的环境之间同时工作着可逆热机 R 和不可逆热机 IR,各自与热源交换的热量、对外输出的功如图 5-6 所示。由卡诺定理可知,$\eta_{t,R}>\eta_{t,IR}$,即

$$\frac{W_R}{Q_1}>\frac{W_{IR}}{Q'_1} \tag{a}$$

令两热机从热源吸收的热量相同,即 $Q_1=Q'_1$,由式(a)可得 $W_R>W_{IR}$。于是,由于不可逆引起的功的损失为

$$I=W_R-W_{IR}=(Q_1-Q_2)-(Q'_1-Q'_2)=Q'_2-Q_2 \tag{b}$$

如果将温度为 $T_1$ 的热源、温度为 $T_0$ 的环境、可逆热机 R、不可逆热机 IR 及蓄功器一起看作一个孤立系统,则经过一个工作循环后此孤立系统的熵增为

$$\Delta S_{iso}=\Delta S_T+\Delta S_{T_0}=-\frac{Q_1}{T}-\frac{Q'_1}{T}+\frac{Q_2}{T_0}+\frac{Q'_2}{T_0} \tag{c}$$

根据卡诺定理,对可逆热机,有 $\frac{Q_1}{T}=\frac{Q_2}{T_0}$,同时考虑到 $Q'_1=Q_1$,则式(c)可改写为

$$\Delta S_{iso}=\frac{Q'_2}{T_0}-\frac{Q_2}{T_0}=\frac{Q'_2-Q_2}{T_0} \tag{d}$$

将式(d)代入式(b),得

$$I=T_0\Delta S_{iso} \tag{5-21}$$

由此可见,当环境的热力学温度 $T_0$ 确定后,作功能力的损失与孤立系统的熵增成正比。所以,孤立系统的熵增是衡量系统作功能力损失的尺度。

式(5-21)适用于计算任何不可逆因素引起的系统作功能力的损失。

## 四、㶲

### 1. 㶲的定义

热力学第二定律指出，单一热源的热机是不可能存在的，热效率 $\eta_t$ 永远小于 1，并且任何热机循环的热效率都不可能超出工作在相同温度范围的卡诺循环的热效率。热力学第二定律指出了热量和功量的不等价性：热量可以转变为功的数量（或者说热量的作功能力）与热源的温度以及环境温度有关，热源与环境的温差愈小，热量的作功能力愈小，如果热源温度低到与环境温度相同，那么不论热量有多大，其作功能力都为零。例如，同样是 $10^7$ J 的热量，当热源温度为 100℃时其作功能力与热源温度为 800℃时的作功能力相比，前者仅是后者的三分之一左右。再如，大气、海洋中蕴藏着数量巨大的热能，但却几乎不能转变成机械能而加以利用，因为难以找到温度更低的环境。而机械能、电能、水能和风能则不同，它们理论上可以百分之百地转换为其他形式的能量，所以对人们来说它们是更宝贵、质量更高的能量。由此可知，仅从能量的数量上衡量其价值是不够的，不同形式的能量，其动力利用价值并不相同，或者说不同形式的能量具有质的区别。为此，引入一个新的参数㶲，作为综合衡量能量的“质”与“量”的统一尺度，它表示能量的可用性或作功能力。

当系统由任意状态可逆地变化到与给定的环境状态相平衡时，系统能量中理论上可以转换为其他任何形式能的最大数量，称为㶲。

### 2. 热量㶲

在给定的环境条件（环境温度为 $T_0$）下，热量 $Q$ 中最大可能转变为有用功的部分称为热量㶲，用 $E_{X,Q}$ 表示。

假设有一温度为 $T$ 的热源（$T>T_0$），传出的热量为 $Q$，则其热量㶲等于在该热源与温度为 $T_0$ 的环境之间工作的卡诺热机所能作出的功，即

$$E_{X,Q}=Q\left(1-\frac{T_0}{T}\right) \tag{5-22}$$

如果热源的温度随热量的传递而变化，可将传热过程分解为无穷多个微元过程，每个微元过程传递的热量为 $\delta Q$，假想在热源与环境之间有无穷多个微卡诺循环进行工作，所有微卡诺循环作功的总和即为总传热量 $Q$ 的热量㶲，即：

$$E_{X,Q}=\int Q\left(1-\frac{T_0}{T}\right)\delta Q \tag{5-22a}$$

由于环境温度 $T_0$ 一般变化不大，可视为恒温，所以热量㶲的大小主要与热量 $Q$ 及热源温度 $T$ 有关。

### 3. 稳定流动工质的㶲

大多数热工设备都可以看作是工质在其内部稳定流动的开口系统，当除环境外无其他热源时，稳定流动的工质由所处的状态可逆地变化到与环境相平衡的状态时所能作出的最大有用功称为该工质的㶲。

假设有一开口系统，工质在其中做稳定流动，入口温度为 $T$、压力为 $p$、焓为 $h$、熵为 $s$，入口状态如图 5－7 中的 $A$ 点所示；出口状态与环境状态相同，状态参数为 $p_0$、$T_0$、$h_0$、$s_0$，如图 5－7 中的 0 点所示。假设工质的动能、位能相对于其焓值小到可以忽略不计。

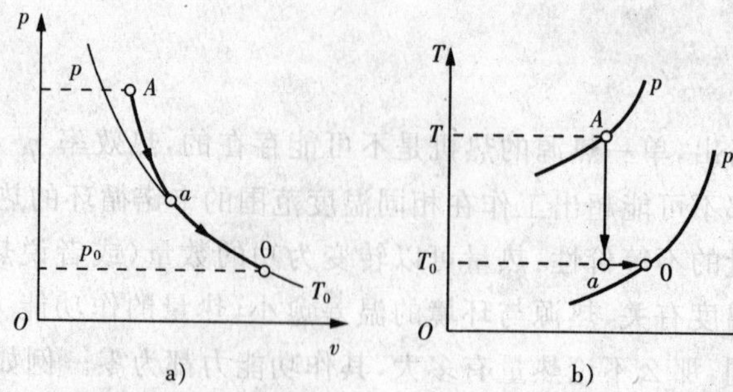


图 5-7

为使工质由入口状态可逆地变化到与环境相平衡的出口状态，可以设想工质由入口状态 $A$ 首先经历一可逆绝热膨胀过程达到状态 $a$，如图 5-7 所示。在这一过程中，工质的温度由 $T$ 降为环境温度 $T_0$，压力由 $p$ 降为 $p_a$，对外作功为 $w_{s,A-a}$。然后工质再经历可逆定温过程膨胀到 0 点，工质的状态变为 $p_0$、$T_0$、$h_0$、$s_0$，与环境平衡，在这一过程中工质对外作功 $w_{s,a-0}$，并从环境可逆吸热。这样，工质由状态 $A$ 经状态 $a$ 变化到状态 0 的过程全部为可逆过程，可作为最大有用功。对于单位质量，最大有用功为

$$w_{s,\max}=w_{s,A-a}+w_{s,a-0} \tag{a}$$

对于可逆绝热过程 $A-a$，由于 $q=0$，根据热力学第一定律，可得

$$w_{s,A-a}=h-h_a \tag{b}$$

对于可逆定温过程 $a-0$，可得

$$w_{s,a-0}=h_a-h_0+q_{a-0} \tag{c}$$

式中 $q_{a-0}$ 为可逆定温过程的传热量，所以

$$q_{a-0}=T_0(s_0-s_a)=T_0(s_0-s) \tag{d}$$

将式(d)代入式(c)，得

$$w_{s,a-0}=h_a-h_0+T_0(s_0-s) \tag{e}$$

将式(b)、(e)代入式(a)，可得单位质量工质在稳定流动过程中由任意状态变化到与环境相平衡的状态时所能作出的最大有用功 $w_{s,\max}$ 为

$$w_{s,\max}=w_{s,A-a}+w_{s,a-0}=(h-h_0)-T_0(s-s_0)$$

此最大有用功就是单位质量稳定流动工质的㶲，也称为比焓㶲，用 $e_{X,H}$ 表示，即

$$e_{X,H}=h-h_0-T_0(s-s_0) \tag{5-23}$$

由上式可见，对于恒定不变的环境而言，稳定流动工质的比焓㶲只与进口处工质的热力状态有关。

质量为 $m$ 的流动工质的焓㶲为

$$E_{X,H}=(H-H_0)-T_0(S-S_0) \tag{5-24}$$

如果工质从状态 1 稳定流动变化到状态 2，理论上所能作出的最大有用功等于两状态的焓㶲之差，即

$$W_{s,max}=E_{X,H_1}-E_{X,H_2}=(H_1-H_2)-T_0(S_1-S_2) \tag{5-25}$$

对于单位质量的稳定流动工质，如果由状态 1 变化到状态 2 的过程还从环境以外的热源吸收了热量 $q$，则在这一过程中，理论上所能作出的最大有用功还应包括热量 $q$ 中最大可能转变为功的部分，即比热量㶲$e_{X,Q}$。于是

$$w_{s,max}=e_{X,H_1}-e_{X,H_2}+e_{X,Q} \tag{5-26}$$

上式说明，理论上稳定流动工质通过可逆过程对外作出的最大功，等于进入系统的㶲($e_{X,H_1}+e_{X,Q}$)与离开系统的㶲($e_{X,H_2}$)之差。而实际过程是不可逆的，必然有作功能力的损失，即㶲损失，用 $e_{X,I}$ 表示，则不可逆稳定流动过程中工质对外输出的功 $w_{out}$ 为

$$w_{out}=w_{s,max}-e_{X,I}=e_{X,Q}+e_{X,H_1}-e_{X,H_2}-e_{X,I}$$

由上式可得㶲损失为

$$e_{X,I}=e_{X,Q}+e_{X,H_1}-e_{X,H_2}-w_{out} \tag{5-27}$$

式(5-27)称为㶲平衡方程式。

热工设备的热能利用程度可以通过㶲分析进行评价，即列出系统的㶲平衡方程式来加以分析。因为㶲既考虑了能量的数量又考虑了能量的质量，所以对实际热力过程进行㶲分析，可以清楚地揭示出导致作功能力损失的原因和部位，从而为系统的改进提供了有力的依据。㶲分析对合理用能及节能具有重要的指导意义。

## 思考与练习

5-1　试述热力学第二定律和热力学第一定律的异同，热力学第二定律有何现实的指导意义？

5-2　何谓正向循环？反向循环？

5-3　什么是卡诺循环？研究卡诺循环有何现实意义？

5-4　简述孤立系统的熵增原理。

# 第二篇 汽车发动机原理

# 第六章　内燃机循环及性能评价指标

**内容提要**：本章主要介绍三种理论循环及比较，内燃机实际循环及评价指标，内燃机机械损失，内燃机热平衡。

## 第一节　内燃机的理论循环

### 一、三种理论循环

内燃机是在气缸内将燃料的化学能通过燃烧转化为热能，再通过曲柄连杆机构将热能转化为机械能的动力机械装置。这种能量的转换过程是通过工质的热力循环完成的。

由于不同燃料的混合气形成及燃烧方式的不同，其工作循环方式也有所不同。汽油机是均匀混合气以火焰传播形式迅速燃烧，所以为分析方便将其燃烧放热过程抽象为等容加热过程。而高速柴油机根据其混合气形成特点，将其燃烧过程分为预混合燃烧和扩散燃烧，前者燃烧速率快，可简化为等容加热过程，而后者是在气缸容积膨胀过程中燃烧，所以压力升高率较低，可简化为等压加热过程。低速柴油机的燃烧过程，一般可抽象为等压加热过程。根据加热方式的不同，将内燃机的实际工作循环，抽象为等容加热循环、等压加热循环和混合加热循环三种理论循环，如图 6-1 所示。而这三种理论循环是在内燃机实际循环的基础上，根据以下假设条件抽象出来的，即：

(1)忽略进排气损失，将实际开口循环简化为闭口循环。

(2)压缩过程和膨胀过程简化为理想的绝热等熵过程。

(3)将燃烧过程简化为等容加热、等压加热或混合加热过程，排气过程简化为等容放热过程。

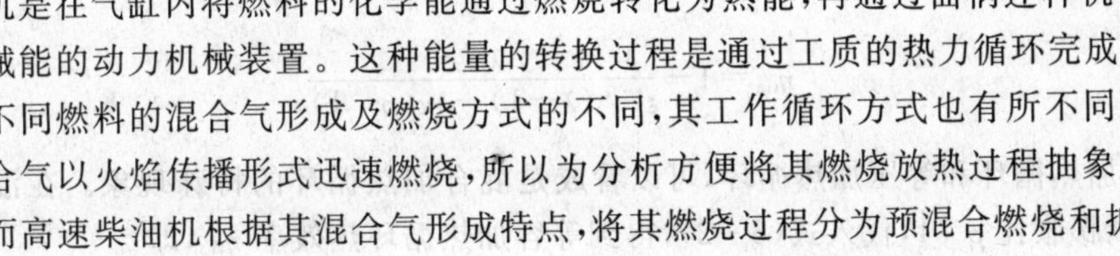


a)等容加热循环　　b)等压加热循环　　c)混合加热循环

图 6-1　三种理论循环

(4)将工质视为理想气体，在整个循环过程中其物理化学性质保持不变，比热容为常数。

**二、理论循环的评价**

内燃机是将热能转换为机械能的动力机械，由于所采用的循环方式不同，其能量转换效果不同。常用循环热效率来评价动力机械设备在能量转换过程中所遵循的理论循环的经济性，用循环平均压力评价循环的做功能力。

1. 循环热效率 $\eta_t$

循环热效率是指热力循环所获得的理论功 $W_t$ 与为获得该理论功所加入的总的热量 $Q_1$ 之比，即

$$\eta_t=\frac{W_t}{Q_1}=1-\frac{Q_2}{Q_1} \tag{6-1}$$

对混合加热循环(图 6-1c)，令压力升高率为 $\lambda=p_z/p_c$，预胀比 $\rho=V_z/V_{z'}$，压缩比 $\varepsilon=V_a/V_c$，则根据热力学知识，有

$$Q_2=c_V(T_b-T_c)$$

$$Q_1=Q_{1V}+Q_{1P}=c_V(T_{z'}-T_c)+c_p(T_z-T_{z'})$$

对理想气体，$\kappa=\frac{c_p}{c_V}$，$pv^k=$常数，代入式(6-1)并整理得混合加热循环的热效率 $\eta_{tm}$，

$$\eta_{tm}=1-\frac{1}{\varepsilon^{k-1}}\frac{\lambda\rho^k-1}{(\lambda-1)+\lambda\kappa(\rho-1)} \tag{6-2}$$

等容加热循环和等压加热循环，可以看成是混合加热循环的特殊现象。在混合加热循环中，令预膨胀比 $\rho=1$，代入式(6-2)，得到等容加热循环热效率 $\eta_{tV}$，即

$$\eta_{tV}=1-\frac{1}{\varepsilon^{k-1}} \tag{6-3}$$

若在式(6-2)中，令 $\lambda=1$，则得到等压加热循环热效率 $\eta_{tp}$，即

$$\eta_{tp}=1-\frac{1}{\varepsilon^{k-1}}\frac{\rho^{\kappa}-1}{\kappa(\rho-1)} \tag{6-4}$$

由此可见，不同加热循环，影响热效率的因素有所不同，但共同的特点是三种理论循环的热效率均与压缩比和绝热指数有关。

提高压缩比可以扩大循环高低温热源的平均温度差，增加膨胀比，从而提高循环热效率 $\eta_t$。但当 $\varepsilon>14$ 以后，随压缩比 $\varepsilon$ 的增加，热效率 $\eta_t$ 的增加率会逐渐减小，而机械负荷和热负荷却成比例增加。

对空气，绝热指数 $\kappa=1.4$，但实际循环是工质为非纯空气的多变过程。一般多变指数 $n<\kappa$，所以提高多变指数 $n$，或使工质更接近纯空气，如稀薄燃烧技术等可以提高循环热效率。

压力升高比 $\lambda$ 和预胀比 $\rho$ 对三种不同理论循环的热效率的影响不同。对等容循环(如图 6-2a 所示)，$\rho=1$，当压缩比 $\varepsilon$ 不变，增大压力升高比 $\lambda$，则循环加热量 $Q_1$ 增加，最高压力和温度提高，同时等容放热量 $Q_2$ 也相应地提高，导致 $Q_2/Q_1$ 比不变，所以 $\eta_{tV}$ 不随 $\lambda$ 变化。

但对于混合循环(如图 6-2b 所示),在循环加热量 $Q_1$ 和压缩比 $\varepsilon$ 一定的条件下,提高压力升高比 $\lambda$,可以增加等容加热部分,使循环最高温度和压力增加,预胀比 $\rho$ 减小,而膨胀比得到提高,从而提高循环热效率 $\eta_{tp}$。也就是说,对混合循环预胀比 $\rho$ 的增加表明等压加热部分增加,而这一部分热量是活塞下行的膨胀行程中加入的,其做功能力降低,所以导致循环热效率 $\eta_{tp}$ 降低。对等压加热循环($\lambda=1$),预胀比 $\rho$ 直接与负荷(加热量)有关,即增加负荷则预胀比 $\rho$ 加大,循环热效率 $\eta_{tp}$ 随之降低。

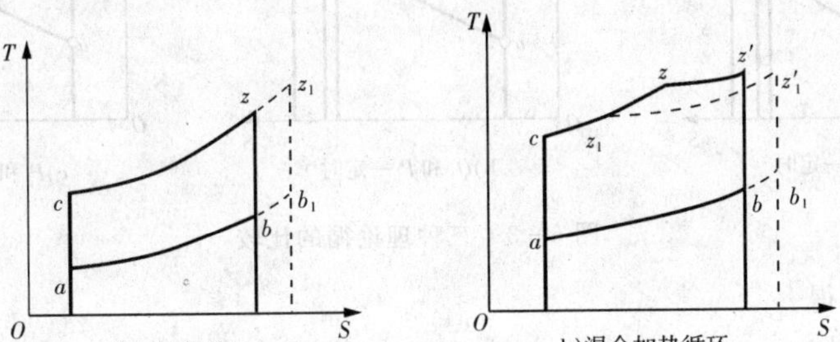


图 6-2　$\lambda$、$\rho$ 对循环热效率的影响

2. 平均循环压力 $p_t$

平均循环压力是指单位气缸工作容积所做的循环功,是评价热力循环的做功能力的指标,即

$$p_t=\frac{W_t}{V_s}=\frac{\eta_t Q_1}{V_s} \tag{6-5}$$

根据三种理论循环的热效率的表达式,不同理论循环的平均循环压力,分别表示为:

混合加热循环　$p_{tm}=\frac{\varepsilon^{\kappa}}{\varepsilon^{\kappa-1}}\frac{p_a}{\kappa-1}[(\lambda-1)+\kappa\lambda(\rho-1)]\eta_t$

等容加热循环　$p_{tV}=\frac{\varepsilon^{\kappa}}{\varepsilon^{\kappa-1}}\frac{p_a}{\kappa-1}(\lambda-1)\eta_t$

等压加热循环　$p_{tp}=\frac{\varepsilon^{\kappa}}{\varepsilon^{\kappa-1}}\frac{p_a}{\kappa-1}(\rho-1)\eta_t$

由此可见,提高循环热效率和循环起始点进气压力的措施,都有利于提高平均循环压力 $p_t$。

3. 理论循环的比较

(1)加热量 $Q_1$ 和压缩比 $\varepsilon$ 相同时

如图 6-3a 中所示,当初始条件、压缩比以及总的加热量相同时比较三种理论循环热效率的情况。在进气终了点 $a$ 开始绝热压缩 $c$ 点后,由于三种理论循环的加热方式不同,所以造成如图 6-3a 所示的不同加热曲线,直接影响膨胀比($z$ 点到 $b$ 点的长度)的大小。当等容加热时,工质的温度变化速度比等压加热时要快,所以在 $T-S$ 图上等容加热曲线比较陡,等压加热曲线相对平缓。由于三种循环加热量 $Q_1$ 相同,三种循环的加热曲线下面的面积相等,而放热过程均为等容放热。所以由图可知,三种循环的放热量大小依次为

$$Q_{2p} > Q_{2m} > Q_{2V}$$

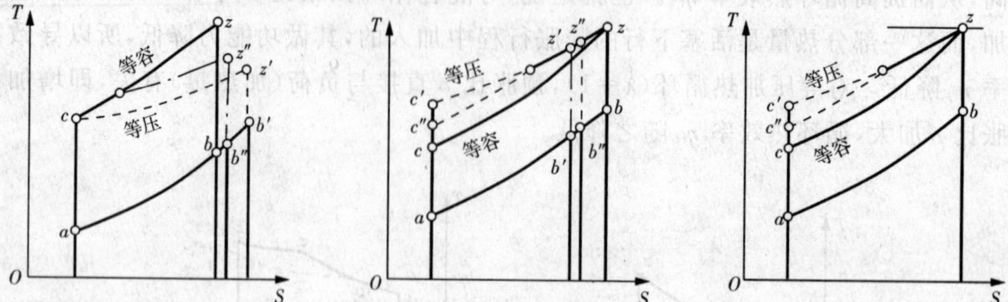


a) $Q_1$ 和 $\varepsilon$ 一定时　　b) $Q_1$ 和 $P_z$ 一定时　　c) $P_z$ 和 $T_z$ 一定时

图 6-3　三种理论循的比较

由式(6-1),得

$$\eta_{tV} > \eta_{tm} > \eta_{tp}$$

即压缩比和总加热量相同的条件下,欲提高混合加热循环的热效率,应增加等容加热部分所占的比例(即增大压力升高率 $\lambda$)。

(2)缸内最高压力 $p_z$ 受限制时

在初始条件和总加热量 $Q_1$ 相同的条件下,为保证缸内最高压力相同,三种循环的压缩比不相同,即 $\varepsilon_p > \varepsilon_m > \varepsilon_v$。由于等容加热方式的压力升高率和温度变化速率比其他加热循环快,所以在一定的加热条件下,为限制其最高压力,如图 6-3b 所示,只能减小压缩比,这样造成膨胀比减小,使得放热量相对增加,所以有

$$Q_{2V} > Q_{2m} > Q_{2p}$$

因此,由式(6-1)得

$$\eta_{tP} > \eta_{tm} > \eta_{tV}$$

如果不限制加热量,而缸内最高温度和最高压力受到限制时,三种理论循环热效率的比较情况如图 6-3c 所示。在 $T-S$ 图上,由于三种循环的最高温度和最高压力相同,所以三种循环加热终了点都集中在 $z$ 点上。在该点上时三种循环工质所处的热力状态相同,膨胀比(做功能力)相等,而且放热量也相同,即

$$Q_{2V} = Q_{2m} = Q_{2p}$$

但是,满足最高温度和最高压力相同的三种循环的加热量却不相同,即

$$Q_{1p} > Q_{1m} > Q_{1V}$$

所以由式(6-1)有

$$\eta_{tP} > \eta_{tm} > \eta_{tV}$$

这就是说,随着发动机强化程度的不断提高,发动机的机械负荷和热负荷也相继增加。当气缸内最高压力或最高温度受到限制时,适当提高工质的压缩程度,增加等压加热部分,

有利于提高循环热效率。

## 第二节 内燃机实际循环及其评价指标

### 一、实际循环

四冲程内燃机的实际循环是由进气行程(过程)、压缩行程(过程)、做功行程(燃烧过程和膨胀过程)以及排气行程(过程)共4个行程5个过程组成。实际循环和理论循环的差别,主要体现在实际循环的每一过程中有不同形式的损失。所以了解和掌握实际循环的各种损失,对提高或改善内燃机的性能具有重要的意义。

1. 进气行程

实际内燃机进气过程的主要作用是,向气缸充入新鲜气体,为缸内热功转换作物质准备。对理想循环进气过程可看成是纯空气的无损失的可逆过程(或封闭循环),所以循环起始点的压力等于大气压力,即 $p_a'=p_0$。但实际进气过程中,空气从大气状态经进气系统进入气缸时,存在进气流动损失,同时受到进气道、气缸壁、进排气门等高温零件及缸内高温的残余废气的加热作用,使得进气终了点的压力小于大气压力,而进气终了点温度则大于大气温度。进气流动损失为

$$\Delta p_a=p_0-p_a=\xi\rho\frac{v^2}{2} \tag{6-6}$$

式中:$\xi$ 为进气系统的流动阻力系数;$\rho$ 为进气密度;$v$ 为进气气流的平均流速。进气温升为

$$\Delta T_a=T_a-T_0 \tag{6-7}$$

汽油机 $p_a=(0.8\sim0.9)p_0$, $T_a=340\text{ K}\sim380\text{ K}$

柴油机 $p_a=(0.85\sim0.95)p_0$, $T_a=300\text{ K}\sim340\text{ K}$

增压柴油机 $p_a=(0.9\sim1.0)p_0$,$T_a=320\text{ K}\sim380\text{ K}$(增压压力为 $p_k=(1.3\sim2.0)p_0$ 时)

2. 压缩行程

压缩过程的主要作用是,提高进入气缸的新鲜气体的压力和温度,为燃烧作准备;同时提高膨胀比,以提高循环热效率。对理想循环,压缩过程是纯空气的绝热压缩过程($\kappa=1.4$),而实际压缩过程中气缸内非纯空气的工质(混合气或空气)与气缸壁面之间进行热交换,并存在漏气现象,这种多变过程偏离纯空气的绝热过程的程度,常用平均多变指数 $n_1$ 来表示(如图6-4a所示)。所以,实际压缩终了的状态($p_c$,$T_c$)为

$$p_c=p_a\xi^{n_1},\quad T_c=T_a\xi^{n_1-1}$$

汽油机 $n_1=1.32\sim1.38$,$\xi=7\sim12$

$p_c=0.8\text{ MPa}\sim2.0\text{ MPa}$

$T_c=600\text{ K}\sim750\text{ K}$

柴油机 $n_1=1.38\sim1.4$,$\xi=14\sim22$

$p_c = 3\ \mathrm{MPa} \sim 5\ \mathrm{MPa}$

$T_c = 750\ \mathrm{K} \sim 1000\ \mathrm{K}$

如图 6-4 所示为多变指数

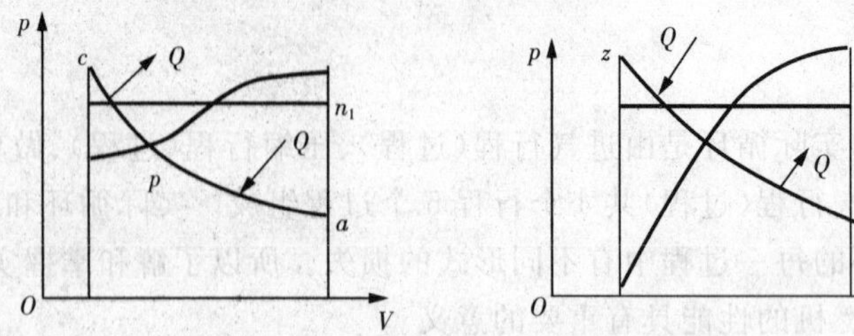


a)压缩过程　　b)膨胀过程

图 6-4　多变指数

3. 做功行程

实际循环的做功行程包括燃烧过程和膨胀过程。燃烧过程主要是通过燃烧将燃料的化学能转化为热能。在理想循环中所必须的加热量 $Q_1$ 是按等容或等压瞬时加热的，但在实际循环中是通过混合气的燃烧过程来释放的。由于实际燃烧过程是在活塞高速往复运动的过程中进行，且燃烧过程为非瞬时性，以及缸内存在上一个循环留下的一定的残余废气量、混合气的不均匀性等，因而会造成燃烧过程的时间损失和不完全燃烧损失。所以实际加热量小于气缸的混合气完全燃烧所能放出的热量 $Q_1$。由于在燃烧过程中放出大量的热量，所以缸内的压力和温度迅速升高。

对汽油机均匀混合气以火焰传播形式燃烧，燃烧最高爆发压力 $p_z$ 和温度 $T_z$ 分别为

$$p_z = 3\ \mathrm{MPa} \sim 6.5\ \mathrm{MPa}, T_z = 2200\ \mathrm{K} \sim 2800\ \mathrm{K}$$

而采用在气缸内边混合边燃烧方式的柴油机，由于其压缩比高，但平均混合气含量相对汽油机稀薄，多余的空气对火焰具有冷却作用，使得最高燃烧温度降低。所以柴油机的燃烧最高爆发压力 $p_z$ 和温度 $T_z$ 分别为

$$p_z = 4.5\ \mathrm{MPa} \sim 9\ \mathrm{MPa}, T_z = 1800\ \mathrm{K} \sim 2200\ \mathrm{K}$$

对增压柴油机最高爆发力可达到 $p_z = 9\ \mathrm{MPa} \sim 15\ \mathrm{MPa}$。

通过燃烧过程瞬间提高了工质的热力学状态（$p_z, T_z$），即提高工质的膨胀做功能力。

相对纯空气绝热膨胀的理想循环，实际燃烧膨胀过程中，工质发生了变化，变成未燃气体、已燃气体等多种成分共存的复杂混合物，同时存在补燃、泄露、与气缸壁热交换等复杂的传热现象。我们将这种实际多变膨胀过程偏离理想绝热膨胀过程的程度，用平均多变指数 $n_2$ 来表示（如图 6-4b 所示）。

一般汽油机取 $n_2 = 1.23 \sim 1.28$，柴油机取 $n_2 = 1.15 \sim 1.28$。所以，膨胀终了的参数为：

汽油机　$p_b = p_z / \xi^{n_2} = 0.3\ \mathrm{MPa} \sim 0.6\ \mathrm{MPa}$

$T_b = T_z / \xi^{n_2 - 1} = 1200\ \mathrm{K} \sim 1500\ \mathrm{K}$

柴油机　$p_b = p_z / \delta^{n_2} = 0.2\ \mathrm{MPa} \sim 0.5\ \mathrm{MPa}$

$$T_b = T_z/\delta^{n_2-1} = 1000\ \text{K} \sim 1200\ \text{K}$$

4. 排气行程

实际循环中排气过程的作用，是尽可能排净缸内的废气，为下一循环多进气提供条件。实际排气过程中废气流经气门和较长的排气管以及消声器等，因此存在排气流动损失($\Delta p_r = (p_r - p_0)$)，同时在排气过程中废气与排气管系有传热现象，是有阻力的不可逆过程。所以排气终了的参数为：

汽油机　$p_r = (1.05 \sim 1.2)p_0$，$T_r = 900\ \text{K} \sim 1100\ \text{K}$

柴油机　$p_r = (1.05 \sim 1.2)p_0$，$T_r = 700\ \text{K} \sim 900\ \text{K}$

由于排气温度直接与燃烧温度有关，燃烧迟后或后燃增加，排温就高。所以常通过排气温度来判断发动机燃烧过程的好坏。

排气终了后，由于在结构上余隙容积的存在，气缸内的废气不可能排净而会保留一部分。这一部分被保留在气缸内的废气称为残余废气。残余废气质量 $m_r$ 与新鲜进气质量 $m_1$ 之比叫做残余废气系数 $\varphi_r$，即

$$\varphi_r = \frac{m_r}{m_1} \tag{6-8}$$

残余废气系数的大小，可表示气缸内换气过程进行的完善程度。近年来，作为 $NO_x$ 排放控制的措施之一，有意进行废气再循环(EGR)，以保证气缸内保留一定的废气量。

## 二、评价指标

内燃机性能评价指标有两大类：以活塞做功为基础评价气缸内热功转换的完善程度的指示指标；以曲轴飞轮端对外输出的有效功为基础，从实用角度评价对外做功能力的有效指标。

内燃机实际循环的能量转换效果常用指示指标评价，即主要从工质对活塞做功的能力和所消耗能源多少的经济性角度来评价实际循环热功转换效果。

1. 实际循环做功能力的主要指标

(1)平均指示压力 $p_{mi}$(MPa)　定义为单位气缸工作容积所做的指示功，即

$$p_{mi} = \frac{W_i}{V_s} \tag{6-9}$$

式中：$W_i$ 为实际循环指示功(kJ)，常通过示功图求得，即 $W_i = A_i ab$，其中 $A_i$ 为示功图面积，$a$、$b$ 分别为示功图纵坐标和横坐标的比例尺；$V_s$ 为气缸工作容积或单缸排量(L)。

虽然平均指示压力的单位是压力单位(MPa)，但其物理意义是单位气缸工作容积所做的功，表示气缸工作容量的利用程度，由此衡量发动机实际循环的做功能力。设气缸直径为 $D$(mm)，活塞行程为 $S$(mm)，则指示功 $W_i$(kJ)表示为

$$W_i = p_{mi}V_s = p_{mi}\frac{\pi D^2}{4}S \times 10^{-3}$$

(2)指示功率 $P_i$(kW)，是指发动机单位时间所做的功，即

$$P_i=\frac{W_i}{\Delta t}=W_i\frac{n}{60}\frac{2}{\tau}i=\frac{p_{mi}V_s in}{30\tau} \tag{6-10}$$

式中：$i$ 为气缸数；$n$ 为发动机转速(r/min)；$\tau$ 为冲程数。

对四冲程发动机 $$P_i=\frac{p_{mi}V_s in}{120} \tag{6-11}$$

对二冲程发动机 $$P_i=\frac{p_{mi}V_s in}{60}$$

2. 实际循环的经济性指标

评价内燃机实际循环热功转换的经济性指标有指示热效率和指示燃油消耗率。

(1)指示热效率　指发动机实际循环指示功 $W_i$ 和所消耗的燃料完全燃烧时释放的热量 $Q_1$ 之比，即

$$\eta_i=\frac{W_i}{Q_1} \tag{6-12}$$

当实际测得发动机的指示功率 $P_i$(kW)和每小时燃油消耗量 $B$(kg/h)时，由定义可求得指示热效率，即

$$\eta_i=\frac{3.6\times10^3 P_i}{BH_u} \tag{6-13}$$

式中：$H_u$ 为燃料的低热值(kJ/kg)。

(2)指示燃油消耗率　指单位指示功率所消耗的燃油量，用单位千瓦小时指示功消耗的燃油量克数[g/(kW·h)]来表示，即

$$b_i=\frac{B}{P_i}\times10^3 \tag{6-14}$$

将式(6-14)代入式(6-13)，得表示实际循环经济性指标的 $\eta_i$ 和 $b_i$ 之间的内在关系，即

$$\eta_i=\frac{3.6}{b_iH_u}\times10^6 \tag{6-15}$$

一般四冲程汽油机 $\eta_i=0.3\sim0.4$，$b_i=205\sim320$ g/(kW·h)；四冲程柴油机 $\eta_i=0.4\sim0.5$，$b_i=170\sim205$ g/(kW·h)。

## 第三节　内燃机有效性能指标

指示指标只能评价内燃机气缸内热功转换的工作循环的好坏，却不能评价指示功经内部传递途径对外输出功的过程中，所要克服的内部摩擦损失功率以及驱动附件所消耗的功率损失大小等。而内燃机作为动力机械，其价值主要体现在对外输出动力的具体效果。所以常用内燃机有效性能指标来衡量发动机热功转换对外界的影响。其中以曲轴对外输出的功率为基础，评价发动机的动力性和经济性，以通过排气管的废气成分及排气量为基础，评

价这种热功转换过程对环境的污染程度。所以车用发动机的实际性能，主要从动力性、经济性和排放性三个方面的性能指标进行评价。

## 一、动力性指标

动力性指标是评价内燃机对外做功的能力。主要有平均有效压力、有效功率和升功率等。

### 1. 有效功率 $P_e$

有效功率是指指示功率克服运动件的摩擦损失功率以及驱动冷却风扇、机油泵等附件所消耗的功率损失后，经曲轴对外输出的有用功率。若指示功率在传递过程中所有内部消耗功率的总和为机械损失功率 $P_m$，则在气缸内功率传递过程中，有效功率 $P_e$ 为

$$P_e = P_i - P_m \tag{6-16}$$

其中，机械损失功率 $P_m$ 主要包括发动机内部的摩擦损失、驱动损失、驱动附件损失和泵气损失（进、排气过程中的损失）三大部分。

有效功率和指示功率的比值称为机械效率，即

$$\eta_m = \frac{P_e}{P_i} = \frac{W_e}{W_i} = 1 - \frac{p_{mm}}{p_{mi}} \tag{6-17}$$

式中：$p_{mm}$ 为平均机械损失压力；$p_{mi}$ 为平均指示压力。

机械效率表示内燃机热功转换后，在内部动力传递过程中动力损失的大小。

发动机实际工作时，通过试验手段直接测量曲轴的有效转矩 $T_{tq}$（N・m）和发动机转速 $n$（r/min），则有效功率 $P_e$（kW）可按下式求得：

$$P_e = \frac{2\pi n T_{tq}}{60 \times 1000} \approx \frac{n T_{tq}}{9550} \tag{6-18}$$

### 2. 平均有效压力 $p_{me}$

平均有效压力是指单位气缸工作容积输出的有效功，是衡量发动机动力性的重要参数之一。与平均压力指标的表达类似，根据式（6-18），$p_{me}$（MPa）为

$$p_{me} = \frac{W_e}{V_s} = \frac{30\tau P_e}{V_s i n} = 3.14 \times \frac{T_{tq}\tau}{i V_s} \times 10^{-3} \propto T_{tq} \tag{6-19}$$

或

$$P_e = \frac{P_{me} V_s i n}{30\tau} \tag{6-20}$$

对于结构一定的发动机，其平均有效压力直接反映发动机输出转矩的大小。可以这样假设，在活塞顶上作用一个大小不变的平均有效压力，则平均有效压力推动活塞移动一个行程所做的功就等于每循环所做的有效功。一般汽油机 $p_{me}=0.7\sim1.3$ MPa，柴油机 $p_{me}=0.6\sim1.0$ MPa，增压柴油机 $p_{me}=0.9\sim2.9$ MPa。

### 3. 升功率 $P_L$

升功率是指单位气缸工作容积所输出的额定功率，即

$$P_L=\frac{P_e}{iV_s} \tag{6-21}$$

由式(6-20)可得

$$P_L=\frac{p_{me}n}{30\tau} \tag{6-22}$$

式中：$p_{me}$为标定工况下的平均有效压力(MPa)；$n$为标定转速(r/min)。

升功率是从发动机有效功率角度，评价气缸工作容积利用效率的一种动力性指标。$P_L$值越大，气缸工作容积的利用效率越好，发动机强化程度越高，输出一定有效功率的发动机尺寸就越小。$P_L$与平均有效压力和发动机转速的乘积$p_{me}n$成正比。所以，将$p_{me}n$称为发动机强化程度的评价指标。一直以来人们不断提高$p_{me}$和$n$的水平，以获得更强化、更轻巧和更紧凑的发动机。但$n$的提高受到活塞平均速度$c_m$的限制。令活塞行程为$S$时，活塞的平均速度为

$$c_m=\frac{Sn}{30} \tag{6-23}$$

由此可知，$n$的提高，可增加发动机单位时间内做功的次数，提高有效功率$P_e$。但同时活塞的平均速度$c_m$也增加，使活塞的负荷及惯性力增加、磨损加剧、寿命减小。所以，为了限制$c_m$，可适当减小活塞的行程$S$，以减小行程与缸径比$S/D$，当$S/D<1$时称为短行程。但是如果$S/D$过小，影响燃烧室结构，使其高度降低，直接影响混合气的形成和燃烧过程。一般情况下，汽油机$n=3600\sim8000$ r/min，$c_m=10\sim24$ m/s；柴油机$n=2000\sim5000$ r/min，$c_m=9\sim18$ m/s；增压柴油机$n=1500\sim4000$ r/min，$c_m=8\sim12$ m/s。

随着发动机强化程度的提高，活塞平均速度有所提高，但需要相应的其他技术支撑。

## 二、经济性指标

经济性指标是指从发动机对外做功的角度，衡量发动机输出一定的有用功所消耗的能源的代价。常用有效热效率和有效燃油消耗率来评价车用发动机的经济性。

有效热效率是指实际循环对外输出的有效功与为获得此有效功所消耗的热量之比，即

$$\eta_{et}=\frac{W_e}{Q_1} \tag{6-24}$$

将式(6-12)和式(6-17)代入(6-24)，得$\eta_{et}=\eta_{it}\eta_m$。

由此可见，通过有效热效率$\eta_{et}$，可评价发动机热功转换及动力传递的实际循环过程中的一切损失。

设每小时燃油消耗量为$B$(kg/h)，此时有效功率为$P_e$时，有效热效率可表示为

$$\eta_{et}=\frac{3.6\times10^3P_e}{BH_u} \tag{6-25}$$

有效燃油消耗量(简称油耗率)，是指在单位时间内为了获得单位有效功率所消耗的燃油量，常用每千瓦时有效功所消耗的燃料克数$b_e$[g/(kW·h)]来表示，即

$$b_e = \frac{B}{P_e} \times 10^3 \tag{6-26}$$

由式(6-25)，整理可得

$$b_e = \frac{3.6}{\eta_{et} H_u} \times 10^6$$

上式说明，有效燃油消耗率与有效热效率成反比。因此，尽可能减少实际循环及动力传递过程中的损失，就可以改善燃油经济性。一般汽油机 $\eta_e = 0.25 \sim 0.3$，$b_e = 270 \sim 325$g/(kW·h)；柴油机 $\eta_e = 0.3 \sim 0.45$，$b_e = 200 \sim 285$g/(kW·h)。

随着节能技术的不断发展，发动机的燃油消耗率有进一步降低的趋势。

## 三、排放指标

排放指标是在发动机热功转换过程中，由于燃烧而造成的有害排放物向环境排出的允许排放量的限制值。发动机的有害排放物主要是指由发动机排气管向环境排出的有害物质，简称尾气排放。对于汽油机，尾气排放主要有 CO、HC 和 $NO_x$，而柴油机则除了 CO、HC 和 $NO_x$ 以外还有碳烟(或微粒)。

随着汽车保有量的增加，汽车尾气有害排放物对地球环境的污染日趋严重，世界各国已纷纷制定法规，以法律形式严格控制汽车的尾气排放。如图 6-5 所示为美国、欧洲、中国、日本等国家和地区汽车尾气排放控制法规的发展趋势。

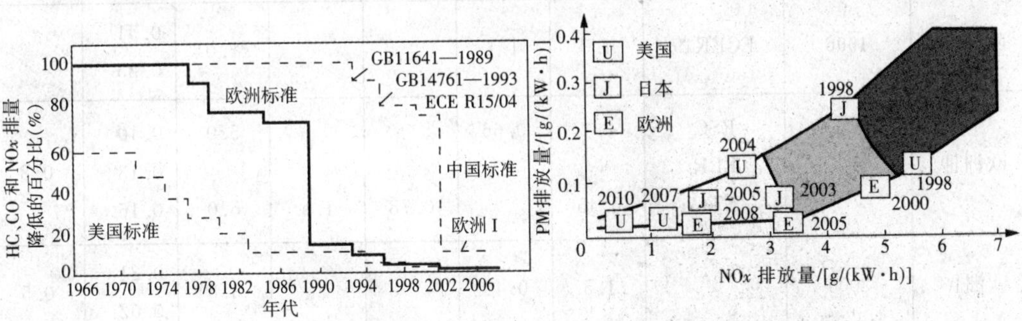


图 6-5　美国、欧洲、中国、日本等国家和地区汽车尾气排放控制法规的发展趋势

尾气排放物的评价指标，是根据排放测试规范规定的要求进行测试并进行换算而得。如轻型汽车用的发动机，因其实际运行工况变化频繁激烈，影响因素复杂。所以一般都把整车安装在专用的转鼓试验台上，按规定的运行工况测量排放，这样测试结果比较符合实际排放水平。而且不同车型统一比较，将排放测量结果以 g/km 单位计。而重型汽车用发动机功率很大，工况变化比较平顺，而且大型车辆不易整车试验。所以，规定在内燃机台架上按规定的工况，进行排放测量试验，测量结果以 g/(kW·h)单位计。

表 6-1 中表示欧洲各不同阶段实施的轻型车排放限值标准。法规中规定无论发动机排量和汽车大小如何，只要是轻型车的范畴内，就都用统一的排放限值。

表 6-1　欧洲轻型汽车排放极限　(g/km)

| 排放标准 | 实施年份 | 汽油车 | | | | 柴油车 | | | | |
|---|---|---|---|---|---|---|---|---|---|---|
| | | CO | HC+$NO_x$ | HC | $NO_x$ | CO | HC+$NO_x$ | HC | $NO_x$ | PM |
| 欧洲Ⅰ | 1992 | 2.72 | 0.97 | | | 2.72 | 0.97 | | | 0.14 |
| 欧洲Ⅱ | 1995 | 2.2③ | 0.5 | | | 2.2①<br>1.0② | 0.50①<br>0.90② | | | 0.08①<br>0.10② |
| 欧洲Ⅲ | 2000 | 2.3③ | | 0.20 | 0.15 | 0.64 | | 0.56 | 0.50 | 0.05 |
| 欧洲Ⅳ | 2005 | 1.0 | | 0.10 | 0.08 | 0.5 | | 0.30 | 0.25 | 0.025 |

注:①非直喷式柴油机;②直喷式柴油机;③欧Ⅱ直标为冷起动管 40s 的滞后测量值,欧Ⅲ指标为冷起动管立即测量值。

表 6-2 表示欧洲在重型车用柴油机上实施的不同阶段的排放限值。

表 6-2　欧洲重型柴油机的排放极限　[g/(kW·h)]

| 排放标准 | 实施年份 | 测试循环 | 排放极限 | | | | | | |
|---|---|---|---|---|---|---|---|---|---|
| | | | CO | HC | NMHC | $CH_4$ | $NO_x$ | PM | $k$① |
| 欧洲Ⅰ | 1992 | ECER49 | 4.5 | 1.1 | | | 8.0 | 0.36<br>0.61② | |
| 欧洲Ⅱ | 1996 | ECER49 | 4.0 | 1.1 | | | 7.0 | 0.51<br>0.25 | |
| 欧洲Ⅲ | 2000 | ESC | 2.1 | 0.66 | | | 5.0 | 0.10 | |
| | | ELR | | | | | | 0.13③ | 0.8 |
| | | ETC | 5.45 | | 0.78 | 1.6 | 5.0 | 0.16 | |
| 欧洲Ⅳ | 2005 | | 1.5 | 0.46 | | | 3.5 | 0.21③<br>0.02 | 0.5 |
| 欧洲Ⅴ | 2008 | | 1.5 | 0.46 | | | 2.0 | 0.02 | 0.5 |

注:① 动态消光烟度,单位为 $m^{-1}$。

② 适用于功率小于等于 85 kW 的柴油机。

③ 适用于单缸工作容积小于 0.7 L、标定转速大于 3000 r/min 高速的柴油机。

# 第四节　机械损失

## 一、机械效率

如前所述,机械效率的定义为

$$\eta_m = \frac{P_e}{P_i} = 1 - \frac{p_{mm}}{p_{mi}}$$

式中：$p$ 为假想的平均机械损失压力，有

$$p_{mm}=\frac{30\tau P_{\mathrm{m}}}{iV_h n} \tag{6-27}$$

所以

$$p_{mm}=p_{\mathrm{mi}}-p_{\mathrm{me}}$$

定义机械效率的主要目的，在于正确评价缸内指示功对外传递过程中的内部损失程度，以便寻求改善发动机性能的有效途径。为此，需要详细分析发动机机械损失的组成及其对机械损失的贡献程度。

## 二、内燃机的机械损失

内燃机的机械损失，主要来自于其内部相对运动件的摩擦损失、驱动附件的损失以及换气过程中的泵气损失三大部分。

### 1. 摩擦损失

摩擦损失主要包括活塞与活塞环的摩擦损失、曲轴轴颈和轴承的摩擦损失以及配气机构的摩擦损失等。其中活塞与活塞环的滑动面积大、相对速度高、润滑条件又差，所以其摩擦损失在整个损失中占主要部分。曲轴的主轴承、连杆轴承以及凸轮轴承等均采用压力润滑，所以摩擦损失相对较小，但随轴承直径的增大、转速的提高，这一部分摩擦损失亦将增加。摩擦损失约占整个机械损失的62%～75%。

### 2. 驱动附件损失

为了保证发动机正常工作，除曲柄连杆机构及配气机构以外，还需要冷却系统、润滑系统、燃料供给系统等。这些辅助系统是内燃机连续可靠工作必不可少的系统，辅助系统的正常工作是发动机可靠运行的重要保证。所以发动机工作时，需要消耗一定的功率去驱动辅助系统中的各工作附件，如冷却风扇、机油泵、喷油泵、空气压缩机以及发电机等。随发动机转速的升高和润滑油粘度的增加，发动机驱动附件所消耗的损失亦增大。驱动附件的损失约占整个机械损失的10%～20%。

### 3. 泵气损失

泵气损失是发动机换气过程中产生的能量损失。为了便于分析，将这一部分的损失也归入到机械损失之中。由于进气过程中进气流动损失的存在，随着活塞的下移，气缸内产生真空，由此吸入新鲜气体的同时也产生进气损失。在排气过程中，活塞推出一定压力的废气，进而产生排气损失。换气损失等于进气损失和排气损失之和，而泵气损失则等于换气损失减去图 7－3 中所示的 $d$ 部分。泵气损失占整个机械损失的10%～20%。

## 三、机械损失的测定

要精确测量机械损失还是比较困难的。到目前为止常用的机械损失的测定方法主要有以下几种。

### 1. 倒拖法

用倒拖法测机械损失时，需要电力测功器的发动机试验台。将发动机以给定工况稳定运行。当冷却水温度和机油温度达到正常值以后，切断发动机的供油，同时用电力测功器以同样转速反拖发动机，并尽可能维持冷却水温度和机油温度保持不变，此时测功器测得的倒拖功率即等于该工况下的机械损失功率。

这种测量方法的主要误差来自于缸内压力和温度与实际工况不相符。倒拖时缸内没有燃烧过程，所以缸内压力偏低。特别是膨胀过程中作用在活塞上的压力大幅度下降，使活塞、连杆、曲轴的摩擦损失减少。而且由于倒拖时膨胀和压缩过程中缸内充量向气缸壁的传热损失，造成在 $P-V$ 示功图上膨胀线和压缩线不重合而出现负功面积。所以倒拖时所消耗的功率超过发动机在相同工况下运行时的实际机械损失功率。在低压缩比发动机中倒拖法的误差大约为5%，而在高压缩比发动机中，误差可达15%～20%。

2. 示功图法

这种方法是通过燃烧分析仪等专门设备，在试验台上直接测量示功图及该工况下发动机输出的有效功率 $P_e$ 和转速 $n$ 等。通过示功图的测量可以计算指示功率 $P_i$，从而可以计算出机械损失功率和机械效率。从理论上来说，用这种方法测量机械损失符合机械损失定义。但其误差大小主要取决于示功图的测量精度。

3. 灭缸法

这种方法只能用于多缸机。当内燃机调整到设定工况后稳定工作，并先测出有效功率 $P_e$。然后，停止某一缸（如1缸）供油或点火，并迅速调整转速恢复到原来的设定转速后，再测熄灭这一缸后的有效功率 $P_{e1}$。由于熄灭某一缸后其他各缸的工作情况和机械损失没有变化，所以被熄灭的气缸的指示功率 $P_{i1}$ 为

$$P_{i1}=P_e-P_{e1} \tag{6-28}$$

依次熄灭各缸，测出每一缸的指示功率 $P_{ij}$（$j=1\sim m$，$m$ 为气缸数），即 $P_{ij}=P_e-P_{ej}$。由此可求得发动机的整机指示功率 $P_i$，即

$$P_i=\sum_{j=1}^{m}P_{ij}=iP_e-\sum_{j=1}^{m}P_{ej} \tag{6-29}$$

所以

$$P_m=P_i-P_e=(i-1)P_e-\sum_{j=1}^{m}P_{ej} \tag{6-30}$$

用这种方法测量柴油机机械损失误差控制在5%左右，但汽油机由于熄灭一缸后进气条件变化明显，所以误差较大。

4. 油耗法

这种方法是根据负荷特性曲线上每小时燃油消耗量 $B$ 随负荷变化的特性来推算机械损失的。所以其误差主要来自于每小时燃油消耗量随负荷变化关系的线性度。一般柴油机的负荷特性曲线上，每小时燃油消耗量随平均有效压力（或有效功率）的变化规律很好地满足线性关系。所以，根据式（6-13）可得

$$BH_u\eta_{it}=3.6\times10^3P_i=3.6\times10^3(P_e+P_m) \tag{6-31}$$

假设发动机的循环热效率 $\eta$ 随负荷不变，则当发动机怠速（无负荷 $P_e=0$）时，有

$$B_0H_u\eta_{it}=3.6\times10^3P_m \tag{6-32}$$

将式（6-31）和式（6-32）相除，得

$$\frac{B}{B_0}=\frac{P_e+p_m}{p_m}=\frac{p_{me}+p_{mm}}{p_{mm}} \tag{6-33}$$

由此可求得机械损失功率 $P_m$(或机械损失压力 $P_{mm}$)。所以，机械效率为

$$\eta_m=\frac{p_{me}}{p_{me}+p_{mm}}=1-\frac{p_{mm}}{p_{me}+p_{mm}}=1-\frac{B_0}{B} \tag{6-34}$$

式中：$B_0$ 为发动机怠速时的每小时燃油消耗量。

## 第五节　热平衡

发动机的热平衡，是指发动机实际工作过程中所加入气缸内的燃料完全燃烧时所能放出的热量的具体分配情况。分析研究发动机热平衡的目的，主要在于正确了解发动机工作过程中的热量损失，以便为进一步提高热效率指明正确途径。

根据内燃机实际工作过程与理想循环的比较结果，由能量守恒原则把发动机单位时间所消耗燃油的总热量，按式(6－35)分配为以下几个方面，即

$$q_t=q_e+q_s+q_r+q_b+q_l \tag{6-35}$$

式中：$q_t$ 为发动机所消耗燃油的热量；$q_e$ 为转化为有效功部分的热量；$q_s$ 为传给冷却介质的热量；$q_r$ 为由排出废气带走的热量；$q_b$ 为燃料不完全燃烧的热损失；$q_l$ 为其他热损失。

### 一、发动机所消耗燃油的热量 $q_t$

发动机每循环供给气缸燃烧的燃料量，用单位时间耗油量 $B$(kg/h)表示。燃料的低热值为 $H_u$(kJ/kg)，则单位时间燃料完全燃烧所放出的热量 $q_t$(kJ/h)为

$$q_t=BH_u \tag{6-36}$$

$q_t$ 表示为了获得一定量的有效功率($P_e$)而消耗的总的能量。

### 二、转化为有效功的热量 $q_e$

当发动机消耗燃料 $B$ 而对外实际输出的有效功率为 $P_e$ 时，由于 1kW·h＝3.6×$10^3$ kJ，所以转化为有效功率 $P_e$ 部分的热量 $q_e$(kJ/h)为

$$q_e=3.6\times10^3 P_e \tag{6-37}$$

### 三、传给冷却介质的热量 $q_s$

实际循环中，工质与外界之间的传热现象比较复杂。如工质与气缸壁的传热损失，排气时废气对排气以及排气管的传热损失，活塞与气缸壁之间的摩擦生热而传给冷却介质的热量以及润滑油传给冷却介质的热量等。一般按下式估算，即 $q_s$(kJ/h)为

$$q_s=q_{ms}c_s(t_2-t_1) \tag{6-38}$$

式中：$q_{ms}$ 为通过发动机的冷却介质质量流量(kJ/h)；$c_s$ 为冷却介质的比热容[kJ/(kg·℃)]；$t_1$、$t_2$ 分别为冷却介质的入口和出口温度(℃)。

### 四、废气带走的热量 $q_r$

废气带走的热量，可用发动机出口状态下工质的热量与进口状态下工质所具有的热量之差来表示，即 $q_r$(kJ/h)为

$$q_r=(B+G_k)(c_{pr}t_2-c_{pk}t_1) \tag{6-39}$$

式中：$B$、$G_k$ 分别为每小时消耗的燃料量和空气量(kJ/h)；$c_{pr}$、$c_{pk}$ 分别为废气和空气的比定压热容[kJ/(kg·℃)]；$t_2$ 为靠近排气门处的排气温度(℃)；$t_1$ 为进气管入口处的工质温度(℃)。

### 五、燃料不完全燃烧的热损失 $q_b$

以下因素的存在都不可避免地造成不完全燃烧现象：由于内燃机活塞顶侧隙的存在，气缸壁表面对火焰的激冷作用，以及汽油机采用浓混合气，或即使采用理论混合气，由于实际混合气浓度的非均匀性(柴油机混合气形成时间和燃烧时间非常短，混合气非常不均匀等)。在发动机尾气排放物中含 CO、HC 表明部分燃料没有完全燃烧而随废气排出，造成部分热量的损失。这一部分的损失，可用式(6-40)近似计算，即 $q_b$(kJ/h)为

$$q_b=q_t(1-\eta_r) \tag{6-40}$$

式中：$\eta_r$ 为燃烧效率。

### 六、其他热损失 $q_l$

其他热损失是指除了上述损失以外的不可准确估量的热损失 $q_l$，用式(6-41)表示，即

$$q_l=q_t-(q_e+q_s+q_r+q_b) \tag{6-41}$$

据统计，式(6-35)中被分配到的各项热量，占所消耗燃料的总热量的百分数，见表 6-3。

表 6-3　热平衡中各项数字范围(%)

| 形式 | $q_e=\frac{q_E}{q_T}$ | $q_s=\frac{q_S}{q_T}$ | $q_r=\frac{q_R}{q_T}$ | $q_b=\frac{q_B}{q_T}$ | $q_l=\frac{q_L}{q_T}$ |
|---|---|---|---|---|---|
| 汽油机 | 25～30 | 12～27 | 30～50 | 0～45 | 3～10 |
| 柴油机 | 30～40 | 15～35 | 25～45 | 0～5 | 2～5 |
| 增压柴油机 | 40～50 | 10～25 | 25～40 | 0～5 | 2～5 |

由此可知，内燃机工作过程中仅有燃料总热量的 25%～50%的热量转换为有效功，而其余的 50%～75%热量以各种形式损失掉了。其中损失最大的就是废气所带走的热量，占总热量的 25%～50%；其次是传给冷却水的传热损失，占总热量的 10%～35%。这就是说回收这一部分的热量，可以有效地提高指示功率和热效率。

废气涡轮增压是回收利用废气所带走热量的很有效的方法，因而在车用发动机上得到广泛应用。

为了回收冷却介质的传热损失，20 世纪 80 年代，一度盛行用陶瓷材料制造绝热发动机，但是绝热后对高速车用发动机，由于燃烧温度及排气温度的提高，不仅排放量增加，排气热损失也增加，所以热效率的提高不明显，而且热负荷的增加影响发动机的可靠性。

## 思考与练习

6-1　试分析三种内燃机的理论循环。

6-2　试分析四行程发动机的实际循环。

6-3　什么是内燃机的指示指标和有效指标，分别有哪些？

6-4　内燃机机械损失主要由哪几部分组成，测定内燃机机械损失的方法有哪些？

6-5　试述内燃机的热平衡。

# 第七章 发动机的换气过程

**内容提要**：本章主要介绍四冲程内燃机的换气过程，充量系数的概念，影响充量系数的因素，提高充量系数的措施。内燃机增压技术，废气再循环技术。

发动机的换气过程是指从排气门开启到进气门关闭的整个过程，包括排出本循环已燃烧的废气过程和为下一循环吸入新鲜充量的进气过程，这是保证四冲程发动机热功转换的工作循环得以周而复始不断进行下去的物质基础。对传统的发动机要求尽可能将前一个循环的燃烧废气排干净，以便使气缸吸入更多的新鲜空气或混合气。但随着节能和排放法规的日趋严格，对换气过程的要求不仅要尽可能的提高进入气缸的新鲜气体量，还要保证混合气的质量。因此，换气过程的主要作用是尽可能在提高进入气缸混合气量的同时，保证一定温度和压力的混合气成分。

为了控制燃烧温度以便降低 $NO_x$ 排放，现代车用发动机都采用废气再循环（Exhaust Gas Recirculation，EGR）系统，通过精确控制 EGR 率调节进入气缸的混合气成分。同时，采用增压中冷技术控制进气密度和温度，从而提高单位气缸容积的利用率，使得发动机的动力性、经济性和排放特性得到进一步的改善。

因此如何减小换气过程中的流动损失，尽可能提高气缸的充气效率，并控制混合气的成分，组织适合于燃烧过程的缸内气体流场，是改善发动机性能的重要环节。

## 第一节　四冲程发动机换气过程

发动机换气过程的基本任务，就是尽可能排净缸内废气，充入更多的新鲜气体。在实际发动机中，有一配气机构运动规律的限制以及气门惯性的存在，进排气门不可能瞬时完全打开，其开启流通截面积从关闭状态逐渐增加到最大开度，因此，开启初期，气门升程小，开启流通截面积小，节流损失大，进排气不流畅。同时，进排气系统中存在不可避免的流动损失，以及发动机结构上压缩容积的存在，燃烧后的废气不可能排净，充入气缸的新鲜空气不可能充满气缸工作容积。所以，为了更有效的利用气缸工作容积，应尽可能减少换气过程中的流动损失，保证更多的新鲜气体充入气缸，这是保证发动机动力性、经济性的前提。因此，了解四冲程发动机的换气过程及其损失是很重要的。

### 一、排气过程

排气过程是指从活塞膨胀终了在下止点前某一时刻，排气门开启到随活塞上行强制推出废气至上止点后某一时刻关闭为止的整个过程。随着排气门的开启和活塞的运动，气缸压力发生变化。如图 7-1 所示为换气过程中气缸压力的变化规律。为了掌握不同排气阶段中的排气损失，根据缸内废气经排气门排出时缸内压力的不同，将排气过程分为自由排气阶段和强制排气阶段。

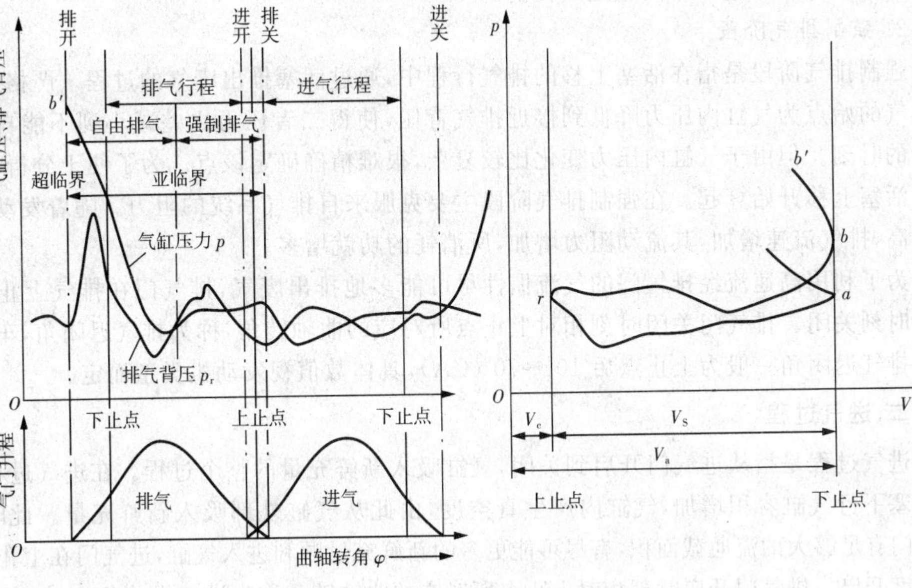


图 7-1　换气过程中气缸压力的变化规律

1. 自由排气阶段

自由排气阶段是指从排气门开启到排气下止点为止的这一段期间内，靠缸内气体压力与排气管内的排气背压之差，自行排出废气的过程。此时缸内压力较高，已燃气体一边推动活塞做功，一边自动从气缸排出。为了尽可能多的排气，同时减小排气行程中气门处的节流损失，以保证排气行程时气门有足够的开度和流通截面积，一般设置排气提前角。即在膨胀做功过程中，在下止点前某一曲轴转角位置提前开启排气门。车用发动机排气提前角的范围为 30°～80°(CA)。在这一段自由排气阶段，随着排气门的开启和废气排出，缸内压力迅速降低，造成缸压和排气背压之差随排气量而逐渐减小，使得自由排气速度随之降低。

根据排气流动的特点，又将自由排气阶段分为超临界排气和亚临界排气两个阶段。当排气门开启后的排气初期，由于缸内压力较高，气缸压力与排气背压之比往往大于临界值 $[(\kappa+1)/2]^{\kappa/(\kappa-1)}$。此时，缸内气体以当地声速 $c=\sqrt{\kappa RT}$ 经排气门排出，排出的废气量取决于缸内气体的状态和排气门有效流通截面积的大小，与发动机转速、排气背压等无关，这种排气现象称为超临界排气。随着气缸排气量的增加和活塞的下移，气缸压力迅速降低，使得气缸压力与排气背压之比逐渐降低到小于临界值 $[(\kappa+1)/2]^{\kappa/(\kappa-1)}$ 的状态，此时排气进入亚临界流动状态，称此排气过程为亚临界排气。亚临界排气阶段排出的废气量，取决于排气门的有效流通截面积和气缸压力与排气背压之差。这里，虽然超临界排气时间比较短，但由于废气排出的流速很高，所以在这一阶段排出的废气量可达到总排出量的 60%以上。如果加大排气提前角，则排气初期缸内压力和温度更高，超临界排气声速更高，排气量更多。但由于缸内更多的具有做功能力的气体排出缸外，直接影响发动机的动力性和经济性。如果为了保证缸内已燃气体充分膨胀做功，而推迟（减小）排气提前角，则自由排气阶段排出的废气量减少，大部分留给强制排气阶段，使得活塞推动废气排出时的损失增加，同样不利于发动机的动力性和经济性。所以，存在着最佳排气提前角，而且由于超临界排气速度与发动机转速无关，所以随着发动机转速的提高，超临界排气阶段所占的曲轴转角增加，因此排气提前角随发动机转速的升高应适当提前。

2. 强制排气阶段

强制排气阶段是指在活塞上移的排气行程中，通过活塞推出废气的过程。严格来讲，强制排气的始点为气缸内压力降低到接近排气背压，使得二者压力之差减小到不能自动排出废气的时刻。但由于气缸内压力变化比较复杂，很难精确确定该点。为了便于分析，且从下止点活塞上移开始算起。在强制排气阶段主要克服来自排气系统的阻力。随着发动机转速的升高，排气流速增加，其流动阻力增加，所消耗的功就增多。

为了利用高速流经排气门的气流惯性尽可能多地排出废气，排气门在排气上止点之后某一时刻关闭。排气门关闭时刻相对上止点所对应的曲轴转角，称为排气迟闭角，车用发动机的排气迟闭角一般为上止点后 10°～70°(CA)，具体数值视发动机类型而定。

## 二、进气过程

进气过程是指从进气门开启到关闭，气缸吸入新鲜充量的整个过程。在进气过程中，随着活塞下行气缸容积增加，气缸内产生真空度，由此从气缸外部吸入新鲜充量。此时，为了进气门有足够大的流通截面积，有尽可能更多的新鲜充量顺利进入气缸，进气门在上止点前某一角度开启。进气门开启时刻相对上止点所对应的曲轴转角称为进气提前角，一般为 0°～40°(CA)。在进气过程中，缸内前一个循环排气终了后仍留在气缸内的残余废气随活塞的下移膨胀，缸内压力减小，当减小到小于进气压力时，新鲜充量才充入气缸。在进气行程后段，由于活塞下移速度减慢，进入气缸的气流的动能转化为势能，使得缸内压力有所回升。在进气下止点时气门处仍有高速气流流入气缸，为了充分利用气流的惯性而多进气，进气门在活塞下止点后关闭。进气门关闭时刻相对下止点所对应的曲轴转角称为进气迟闭角，一般进气迟闭角为 20°～70°(CA)。随发动机转速的增加，气门处气流的惯性增大，所以要求进气迟闭角也相应地加大。即对应不同的转速都存在着不同的最佳进气迟闭角。进气迟闭角过小时，则具有进气能力的气流随着气门的提前关闭而被拒之门外，不仅气流惯性没有得到充分利用，反而使得高速气流对气门产生冲击作用；若进气迟闭角过大，则出现已进入气缸的气体倒流现象。因此，根据发动机工况，设计和控制最佳进气迟闭角，对改善发动机性能至关重要。

## 三、配气定时及气门叠开现象

由于进排气过程相对上下止点位置都分别存在着气门的开启提前角和关闭迟闭角，因此构成了如图 7－2 所示的四冲程发动机配气相位图（又称

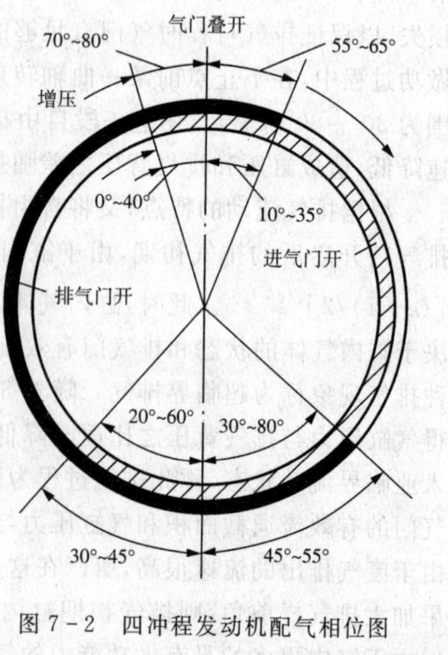


图 7－2　四冲程发动机配气相位图

配气定时图）。根据四冲程发动机的工作原理，在进气上止点，由于进气门提前开启、排气门迟后关闭而造成进排气门同时开启的现象，这种现象称为气门叠开。进气提前角和排气迟闭角之和称为气门叠开角。在气门叠开期间，进气管、气缸、排气管三者连通，气流的流动方向取决于三者间的压力差。

对于量调节的非增压点燃式发动机，通过节气门开度来控制负荷，因此进气管压力总是低于大气压力，小负荷时进气管负压更大。所以，如果此时进气提前角过大，高温废气有可能倒流到进气管，由于这种量调节式发动机进气过程中进入气缸的是混合气，很容易引起进气管回火。因此，这类发动机的气门叠开角不宜过大。而质调节的压燃式柴油机，由于进气过程中进入气缸的是纯空气，而且无节气门等节流损失，进气管压力始终接近大气压力，因此可以采用较大的气门叠开角。增压柴油机进气压力大于大气压力，新鲜空气在正压差的作用下进入气缸，此时采用较大的气门叠开角，使一部分空气通过气缸直接排到排气管。这种进气通过气缸直接排到排气管的现象称为扫气过程。通过适当的扫气过程，不仅能进一步排除气缸内的废气，有利于提高气缸的充气效果，而且通过冷空气的扫气作用，可以降低燃烧室以及排气门等高温零件的温度，这对强化程度较高的发动机提高其可靠性有显著的效果。但是过大的气门叠开角易造成气门和活塞运动的干涉。一般增压柴油机气门叠开角控制在 80°～160°(CA)范围，而非增压发动机控制在 20°～80°(CA)范围。

**四、换气损失**

换气损失如图 7-3 所示，它包括进气损失和排气损失。其中，排气损失主要包括自由排气损失 $W$ 和强制排气损失 $Y$。自由排气损失是指排气门提前开启而引起的部分具有做功能力的气体排出使膨胀功减小的部分，如图 7-3 中的 $W$，又称之为膨胀功损失。而强制排气损失是指活塞从下止点向上止点运动过程中推出废气所消耗的功 $Y$。排气损失（即 $W+Y$）的大小取决于排气提前角，如图 7-4 所示，当发动机转速一定时，若排气提前角过小，则虽然自由排气损失 $W$ 减小，但活塞推出废气的强制排气损失增加；反之，排气提前角过大，则自由排气损失增加而强制排气损失减小。因此，对应不同的转速，都存在最佳的排气提前角，使得自由排气损失 $W$ 和强制排气损失 $Y$ 之和（$W+Y$）为最小。

进气损失是指由于进气阻力的存在使进气过程中气缸压力低于大气压力的部分，如图 7-3 所示的 $X$ 部分，与排气损失相比，进气损失相对较小，但它影响发动机的充气效率，对发动机性能具有重要的影响。

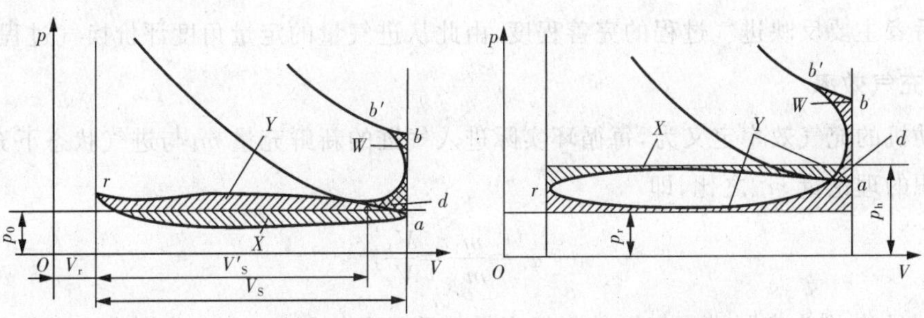


a)非增压　　b)增压

图 7-3　换气损失

$W$—自由排气损失　$Y$—强制排气损失　$X$—进气损失　$Y+X-d$—泵气损失

从循环角度来分析，压缩膨胀做功主要完成热功转换过程，而进气排气过程主要承担向

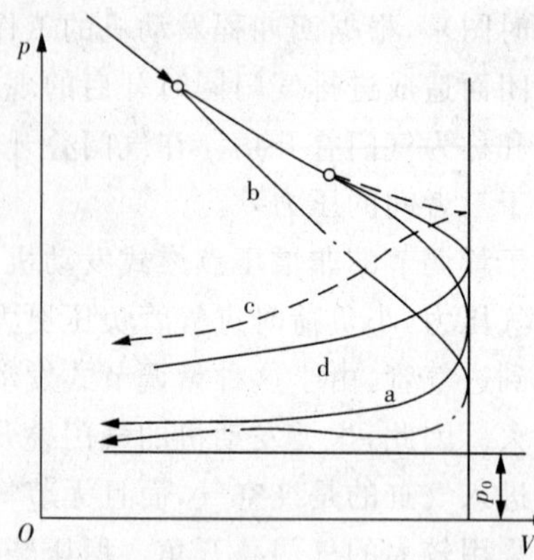

图 7－4 排气提前角对排气损失的影响

a－最合适 b－过早 c－过晚 d－排气门面积过小

缸内更换工质，为热功转换作物质准备的过程。从活塞的工作循环角度来分析，将整个损失可分为压缩膨胀做功损失和为气缸换气而损失的泵气损失两种。前者包括实际燃烧过程相对理论循环的各种损失和自由排气损失，而后者的泵气损失主要指活塞在强制排气过程和进气过程中所造成的损失。这里需要指出的是活塞在强制排气过程中的损失，并不等于前述的强制排气损失 $Y$，而是其中的一大部分，即活塞真正推出废气所消耗的功。在下止点附近膨胀终了的缸内气体压力仍然大于排气背压，因此直到下止点后某一曲轴转角为止，缸内废气仍然靠自身的压力与排气背压之差自动排气，这一部分可减轻强制排气损失。

减小泵气损失是改变发动机动力性和经济性，特别是提高升功率的有效措施。为此，应尽可能减小强制排气损失和进气损失，如合理匹配配气定时，尽可能加大气门流通截面积，减小进排气气管流动阻力，适当降低活塞的平均速度等都有利于减小泵气损失。对量调节式电控发动机通过采用排量可变技术，提高小负荷时的节气门开度，由此降低泵气损失，可有效改善发动机小负荷时的燃油经济性。

## 第二节　充气效率及影响因素

换气过程的好坏可以从两个方面进行评价，即气缸内前一个循环的废气被这一循环的新充量替换的程度和本次循环进入气缸新鲜充量的程度。前者从换气的本质上评价换气过程的完善程度，常用残余废气系数 $\varphi_r$ 表示，即气缸内残留的前一循环废气量 $m_r$ 和进入气缸的新鲜充量 $m_1$ 之比，即

$$\varphi_r=\frac{m_r}{m_1} \tag{7-1}$$

而后者主要反映进气过程的完善程度，由此从进气量的定量角度评价换气过程的好坏。

### 一、充气效率

发动机的充气效率定义为，每循环实际进入气缸的新鲜充量 $m_1$ 与进气状态下充满气缸工作容积的理论量 $m_{sh}$ 之比，即

$$\varphi_c=\frac{m_1}{m_{sh}}=\frac{V_1}{V_s} \tag{7-2}$$

式中：$m_1$、$V_1$ 分别为实际进入气缸的新鲜充量的质量和体积；$m_{sh}$、$V_s$ 分别为在进气状态下充满气缸工作容积的新鲜充量的质量和气缸工作容积。

这里，对非增压发动机而言，进气状态是指大气状态，而对增压发动机来说是指压气机的出口状态。

如前所述，换气过程的主要目的就是向气缸多充入新鲜充量，为下一步热功转换提供必要的物质基础。而充气效率正是描述每循环新鲜充量吸入气缸的能力，所以其大小直接影响发动机的动力性。

根据式(7-2)，在发动机台架试验中，通过流量计测量出发动机实际进入气缸的气体体积流量 $q_{v1}$ ($m^3/h$)，而气缸的当量理论充量 $q_v$ 由下式求出，即

$$q_v=\frac{V_s}{1000}\frac{in}{2}\times 60=0.03inV_s \tag{7-3}$$

由 $q_{v1}$ 和 $q_v$，根据式(7-2)就可求出该条件下的充气效率。

## 二、影响充气效率的因素

理论上在进气状态($p_s$，$T_s$)下，每循环充满气缸工作容积 $V_s$ 的新鲜充量为

$$m_{sh}=\frac{p_s V_s}{R_s T_s}=\rho_s V_s \tag{7-4}$$

假设在进气门关闭时气缸内气体的状态为 $p_a$、$V_a$、$T_a$，则气缸内气体的总质量 $m_a$ 为

$$m_a=\frac{p_a V_a}{R_a T_a}=\rho_a V_a \tag{7-5}$$

气缸内的气体总质量包括充入气缸的新鲜充量和残余废气量之和，即 $m_a=m_1+m_r$。由残余废气系数的定义式(7-1)，将发动机充气效率的表达式可改写为

$$\varphi_c=\frac{m_1}{m_{sh}}=\frac{\rho_a V_a}{\rho_s V_s}\frac{1}{1+\varphi_r} \tag{7-6}$$

这里，设气缸总容积(活塞在下止点时活塞顶部的总容积)为 $V_0$，并令 $\xi=V_a/V_0$(进气门关闭时的气缸容积与气缸总容积之比)，根据压缩比的定义 $\varepsilon=V_0/V_c=1/(1-V_s/V_0)$(其中，燃烧室体积 $V_c=V_0-V_s$)，则式(7-6)可整理为

$$\varphi_c=\xi\frac{\varepsilon}{\varepsilon-1}\frac{\rho_a}{\rho_s}\frac{1}{1+\varphi_r} \tag{7-7}$$

式(7-7)表示充气效率主要与发动机的结构参数(压缩比及配气相位)、进气密度、残余废气系数及进气状态密度等因素有关。

### 1. 进气终了状态的密度 $\rho_a$

进气终了状态下气缸内的气体密度 $\rho_a$，是由进入气缸的新鲜充量和气缸内残留的废气量决定的。一般残余废气系数很小，而且残余废气量基本保持不变。所以将进气终了的密度对充气效率的影响直接用新鲜充量密度来讨论。由式(7-7)可知充气效率与 $\rho_a$ 成正比，而进气密度与进气压力和温度之比成正比。所以一般提高进气终了压力和降低进气终了温度的措施都有利于提高充气效率。进气终了压力等于大气压力与流动损失压力之差，即 $p_a=p_s-\Delta p_a$，其中进气流动损失压力可表示为

$$\Delta p_a=\zeta\frac{\rho v^2}{2} \tag{7-8}$$

式中：$\zeta$ 为进气管阻力系数；$\rho$ 为进气状态下的气体密度($kg/m^3$)；$v$ 为气体流速($m/s$)，是指进气管内气体的平均流速。

因此，减小进气流动阻力的主要措施，就是尽可能减小进气管各段管道阻力系数 $\zeta$ 和气体流速 $v$。进气管长越长、转弯半径越小以及管道内表面越粗糙，管道阻力系数越大，进气流动损失就增加。而进气流动损失与气流速度的平方成正比，因此发动机高速运行时，进气阻力明显增加。解决高速充气效率低的问题的主要措施，有可变进气管控制措施，即在高速时，通过缩短进气管长度来减小进气管阻力系数，这对改善高速充气效率有明显效果。

采用增压中冷技术，可直接提高进气密度，这是改善车用发动机动力性的有效措施，因此得到广泛应用。

2. 残余废气系数 $\varphi_r$ 和压缩比 $\varepsilon$

残余废气量影响充气效率主要体现在两个方面，一是残余废气占有一定的气缸容积；二是残余废气温度高，对进入气缸的新鲜充量有加热作用，使其密度降低。

在排气终了进气初期，由于气缸内残余废气的压力大于进气压力而阻碍进气过程。随着活塞的下行，气缸容积的增加，残余废气膨胀，当其压力降低到进气压力时气缸才开始进入新鲜充量，因此残余废气系数直接影响气缸工作容积的利用效率。残余废气系数越大，残余废气对进气阻碍及加热影响越严重，充气效率就越低。同时，残余废气对燃烧也有阻碍作用，过多的残余废气量会影响燃烧过程，使热效率降低，所以从换气角度而言应尽可能减小残余废气系数。一般残余废气系数主要与气缸压缩容积有关，当发动机的压缩比确定后压缩容积也就确定了。因此，提高压缩比可以降低残余废气系数，有利于提高充气效率。对增压发动机，可通过合理设计气门叠开角，利用气门叠开期间的扫气作用，来降低气缸内的残余废气量。

一般汽油机的压缩比较低，进气有节流损失，气门叠开角又小，所以残余废气系数偏高，通常在 0.05～0.16 范围内。柴油机由于压缩比高，无进气节流损失，气门叠开角大，所以残余废气系数较小，一般在 0.03～0.06 范围内。而增压柴油机残余废气系数更小，在 0～0.03 范围内。

3. 配气定时

当进气迟闭角一定时，$V_a$ 也随之确定，所以 $\xi=V_a/V_c$ 为常数。由于进气过程是动态的，进气迟闭角对充气效率的影响主要体现在进气门关闭时刻气流惯性的利用情况，即与 $\xi\cdot\rho_a$ 有关。对一定转速，气流速度一定，所以对应该气流惯性的最佳进气迟闭角也一定。若进气迟闭角小于该最佳迟闭角，则气流惯性没有得到利用，进气量减小，$\xi\cdot\rho_a$ 变小；反之若迟闭角过大，则已进入气缸的新鲜充量出现倒流现象，同时 $\xi$ 减小，所以 $\xi\cdot\rho_a$ 也减小。随着发动机转速的提高，气流惯性增加，为了利用惯性多进气，需要合理选择配气相位。

4. 进气状态

进气状态的气体密度 $\rho_s$，主要取决于进气压力和温度，对自然吸气发动机就是指大气压力和温度。当大气温度 $T_s$ 高而压力 $p_s$ 低时，虽然充气效率有所提高，但由于进气状态的气体密度 $\rho_s$ 减小，发动机输出转矩反而下降，特别是高原地区由于空气稀薄，进入气缸的新鲜充量的密度小，发动机动力性下降，因此需要采取增压等相应措施来保证高原地区发动机的动力性。

## 第三节　提高充气效率的措施

根据充气效率影响因素的分析，提高充气效率的主要措施有以下几个方面，即减小进气系统的阻力，合理选择配气定时，有效利用进气管内压力波的动态波动效应等。

## 一、减少进气系统阻力

进气系统包括空气滤清器、进气总管、进气支管、进气道及进气门。减小各段的流动阻力，是提高充气效率的主要途径。为了便于分析，根据进气流动阻力的性质将进气系统阻力分为沿程阻力和局部阻力两部分。其中沿程阻力主要指管道的摩擦力，与管道长度、管道内壁表面粗糙度以及气流速度有关；而局部阻力主要指流动截面大小、形状以及流动方向变化造成局部产生涡流所引起的损失。对发动机进气流动过程而言，与沿程阻力损失相比，局部阻力损失更为重要，特别是减小气门座圈处的局部阻力损失对提高充气效率尤为更要。

1. 进气门

在进气系统中气门的流通截面积最小且截面积变化最大，所以提高气门的流通能力是提高充气效率的主要措施之一。

(1)气门的流通能力

气门的流通能力常用气门的时面值或角面值表示，即在气门开启期间随气门升程的变化，气门的开启截面积对时间(或曲轴转角)的积分。当发动机转速为 $n$ 时，根据曲轴转角与时间的关系 $\varphi=6nt$，气门的时面值和角面值之间的关系为

$$\int A_f \mathrm{d}t = \frac{1}{6n}\int A_f \mathrm{d}\varphi \tag{7-9}$$

式中，$A_f$ 为 $\mathrm{d}t$ 时间内(或 $\mathrm{d}\varphi$ 曲轴转角内)气门的开启截面积。

整个气门开启期间所能进入气缸的气体流量为

$$m = \rho v_m \int_{t1}^{t2} A_f \mathrm{d}t = \frac{\rho v_m}{6n}\int_{\varphi_0}^{\varphi_c} A_f \mathrm{d}\varphi \tag{7-10}$$

在实际发动机中角面值不随转速变化，只与气门升程规律(凸轮形线)有关，所以高速时时面值减小。如图 7-5 所示为气门升程及其开启面积随曲轴转角的变化关系。由此可见，提高气门的角面值是提高不同转速下进气量的主要措施。但是角面值的提高受到配气机构运动学的限制。

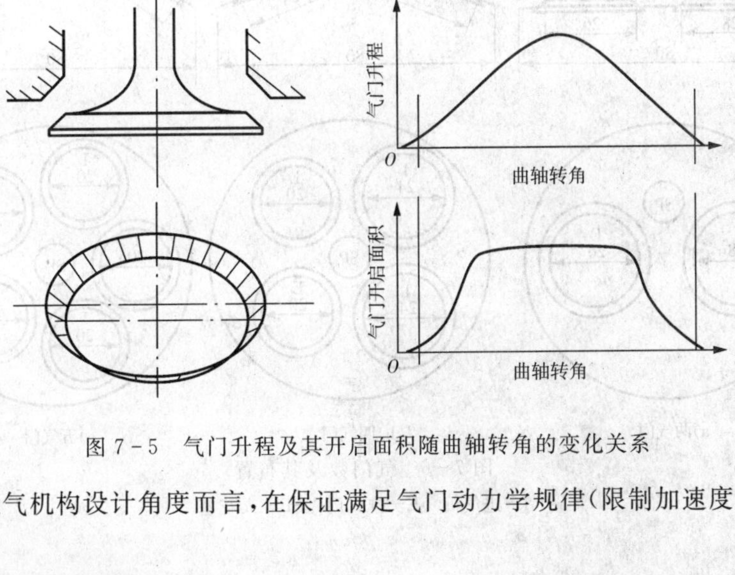


图 7-5 气门升程及其开启面积随曲轴转角的变化关系

所以从配气机构设计角度而言，在保证满足气门动力学规律(限制加速度以免出现气门

飞脱现象)的前提下,尽可能提高气门的开启和关闭速度,以提高气门角面值。

由于四气门结构可有效地提高进气时面值,所以可有效地提高充气效率,同时减小气门处的节流损失,有利于降低泵气损失,因而得到广泛应用。

(2)进气马赫数 $Ma$

气门处的流动损失与其开启截面积的大小有关,而且对一定的开启面积,还与该处的流动状态有关。将这种气门处的流动状态对充气效率的影响,用进气马赫数 $Ma$ 来评价,即气门处的气流总平均速度与当地当时的声速之比,成为进气马赫数 $Ma$,用公式表示为

$$Ma=\frac{v_m}{c}\infty\left(\frac{D}{d_v}\right)^2\frac{c_m}{c\mu_m(\varphi_c-\varphi_o)} \tag{7-11}$$

式中:$v_m$ 为气门处的气流总平均速度;$c$ 为当地当时的声速,$c=\sqrt{\kappa RT}$;$D$ 为气缸直径;$d_v$ 进气门喉口直径;$\mu_m$ 为进气门开启期间的平均流量系数,$\mu_m=\int_{\varphi_c}^{\varphi_c}\mu\,d\varphi/(\varphi_c-\varphi_o)$;$\varphi_c$、$\varphi_o$ 为进气门的关闭即开启时刻对应的曲轴转角位置;$c_m$ 为活塞的平均速度。

由此可见,$Ma$ 与气缸直径、进气门喉口直径以及活塞的平均速度等有关。大量试验结果表明,当 $Ma>0.5$ 时,充气效率急剧下降。所以,在设计进气系统时,需要通过活塞平均速度、气缸直径及气门直径优化匹配来控制 $Ma$。

(3)多气门结构

在相同条件下,增加进气门的流通面积是降低进气阻力,减小马赫数,提高充气效率的重要手段。

在气门升程(凸轮形线)一定的条件下,提高进气流动面积(角面值)的方法,主要有改变气门的布置方式、增加气门直径和气门数。对于一定的气缸直径,气门直径有限,所以如图7-6所示的进气门倾斜布置可增加气门直径,或增加气门数(多气门),可有效地提高进气门的流动面积,不仅减小进气阻力,同时也有利于减小排气阻力。

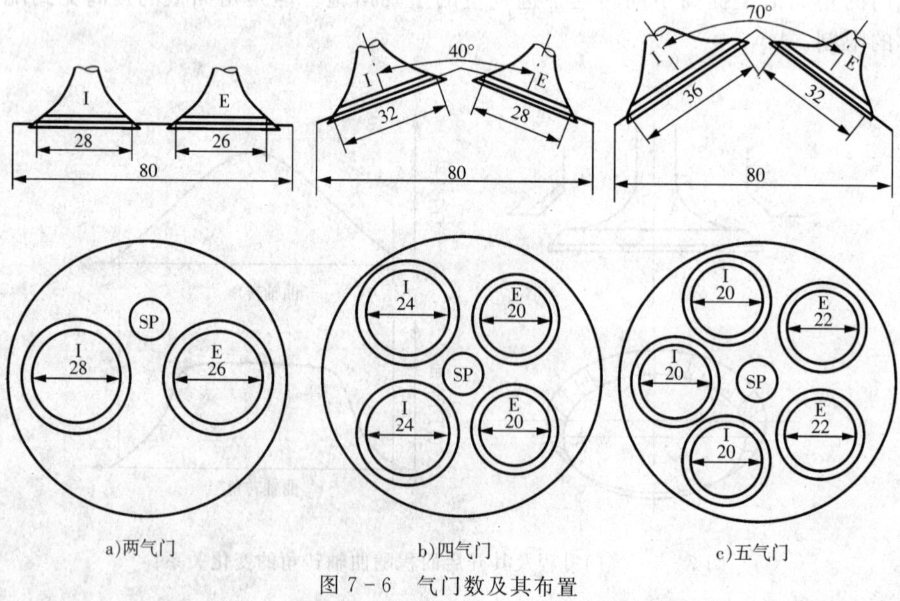


a)两气门　b)四气门　c)五气门

图7-6　气门数及其布置

I—进气门　E—排气门　SP—火花塞

采用多气门机构(四气门或五气门)的优点,除了增加流动面积,减小流动阻力损失外,对汽油机而言可以使火花塞中央布置,由此缩短火焰传播距离,提高发动机的抗爆性,从而可以提高压缩比,不仅提高经济性而且充气效率也有所提高。对于柴油机喷油器可以垂直布置,这对混合气的形成和燃烧,缸内空气的有效利用都极为有利。

(4)改善配气机构

现代车用发动机采用多气门机构已成为发展趋势,二进二排的四气门机构比较普遍。气门的驱动方式也逐步采用凸轮顶置(OHC)式,取消了凸轮下置式气门驱动方式的推杆,由凸轮直接驱动摇臂,减小了配气机构往复惯性质量,提高气门的响应特性,保证发动机高速配气定时。如图 7-7 中所示为各种气门的驱动方式。

当同名气门排成两列时,采用单凸轮轴顶置式(SOHC),通过 T 形驱动杆同时驱动气门。但这种方式由于同名气门在气道中的位置不同,二者工作条件和效果不同。同时,凸轮经摇臂控制进排气门(左右),所以气门对凸轮转速的响应性差,不利于改善高速时充气效率的动态响应特性,而且燃烧室形状也受到气门布置的限制。

若同名气门在同一列布置时,常采用双凸轮轴顶置式(DOHC)来驱动气门,由此改善单凸轮轴顶置式的上述缺点,而且进排气门对置布置,有益于进排气流动。但零件数增加,成本高,不利于轻量化。随着发动机转速的高速化发展,为改善气门高速动态响应特性,DOHC 型配气机构如图 7-7 所示取消了摇臂轴,在气门尾部设置压板,由此通过凸轮直接驱动气门,不仅提高凸轮到气门的刚度,进一步优化配气机构的运动特性,而且改善高速响应特性。但是凸轮升程的提高受凸轮和挺住接触表面上单位面积压力(比压力)的大小和配气机构往复惯性力的限制。

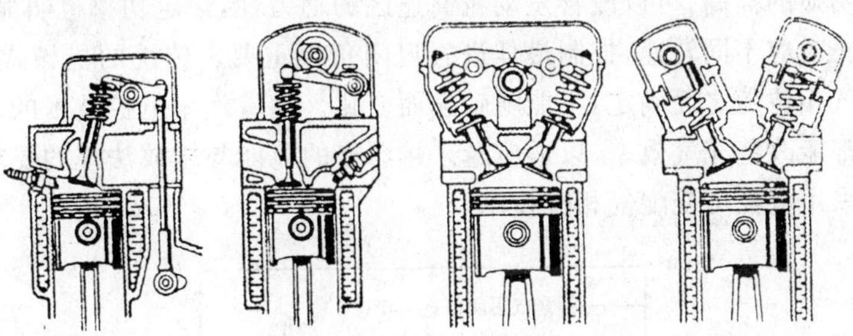

a)OHV 型　　b)OHC型　　c)SOHC型　　d)DOHC型

图 7-7　气门的驱动方式

2. 进气道形状及进气管长度

一般高速发动机为了在缸内形成进气涡流、滚流等定向的空气运动,以利于燃料与空气的混合和燃烧过程的快速进行,常利用进气道形状使气流在其中弯曲和旋转。但这直接引起流动损失增加,充气效率下降,特别是在高速下这种现象更为严重。所以,合理设计进气道,使其形状渐缩,内壁面过渡光滑、平稳,避免气流急转弯现象等,对减小进气系统阻力具有很重要的作用。传统的高速柴油机,喷射压力较低,为了通过燃烧室内高速气流帮助喷注雾化蒸发,故常采用螺旋进气道,由此在气缸内以牺牲充气效率为代价形成较强烈的进气涡流。随着现代柴油机电控高压喷射技术的发展,大大提高了喷射雾化质量,而进气涡流在压缩过程中又衰减较多,所以用牺牲充气效率组织强的进气涡流来改善喷注的雾化条件已得不偿失了。因此,改善进气道形状,适当减小进气涡流比,减小其流动损失,以提高充气效率，对改善发动机的性能更有益。

从减小进气流动损失角度而言，进气管长度越短越好。但是其长度受整个进气系统布置的限制，同时由于发动机的进气过程是动态的，所以在不同转速下为了充分利用进气管道内气流的波动效应来提高充气效率，要求合理设计进气管长度。特别是高速时尽可能缩短长度以减小高速流动损失；而低速时适当延长进气管长度，有利于利用进气压力动态波动效应来提高充气效率。

3. 空气过滤器

现代高速车用发动机空气过滤器的作用是清除空气中的杂质，保证清洁的空气进入汽缸，同时降低进气噪声。为此，在结构上设置滤芯和空腔，这对进气流动造成阻力。所以应在保证滤清效果、降低进气噪声的前提下尽可能减少空气滤清器对空气流动的阻力。

## 二、合理选择配气定时

合理选择配气定时，主要是指进、排气门提前角和迟闭角的确定。如图 7-8 所示为不同进气迟闭角对发动机充气效率及功率的影响。当进气迟闭角小[$\varphi_{c1}=40°(CA)$]时，充气效率的峰值出现在低速段某一转速 $n_1$，即在该转速下进气门刚要关闭时刻能充分利用气流惯性多进气。当低于该转速($n<n_1$)时，因气流惯性降低，已进入气缸的气流将出现倒流现象，转速越低倒流现象越严重，所以充气效率降低。而当转速 $n>n_1$ 时，虽然气流的惯性增加，但气门却早已关闭，不能利用这一部分的惯性充气，而且随着转速的增加进气系统流动损失增加，所以充气效率明显下降。如果加大进气迟闭角[$\varphi_{c2}=60°(CA)$]，虽然充气效率的峰值因高速流动损失增加而相对降低，但更重要的是峰值出现在高速区，而且高转速领域的充气效率得到明显的提高，可以改善发动机高速区的动力性，额定功率也明显得到提高。所以对车用发动机对应不同转速，控制最佳进气迟闭角很重要。传统的机械式发动机当凸轮轴确定以后配气相位随之而确定，不能随转速而变化。随着汽车电控技术的发展，为了在整个转速领域内都能改善充气效率，以适应越来越严格的节能与排放法规的要求，在现代车用发动机上逐渐采用电控可变配气相位技术。

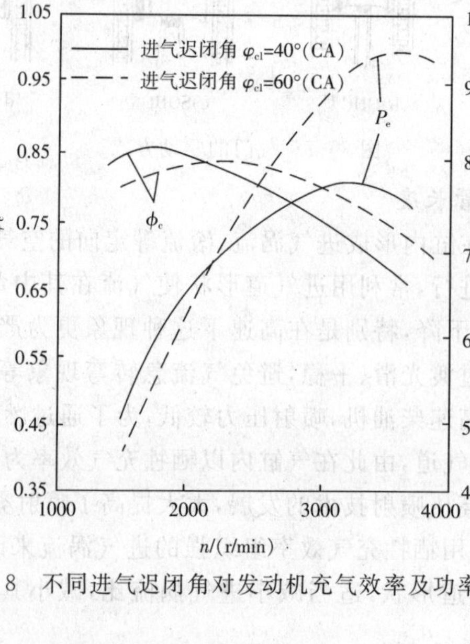


图 7-8　不同进气迟闭角对发动机充气效率及功率的影响

1. 可变配气相位机构

(1)VEC(Valve timing and lift Electronic Control)系统

VEC 系统是采用高低速两段式电控可变配气相位的控制机构，如图 7－9 所示为该系统的结构及其工作原理。VEC 系统主要由高低速凸轮、与此相应的摇臂、摇臂轴以及油压控制系统等组成。驱动气门的 T 形传动杆与摇臂轴刚性连接。高低速摇臂安装在 T 形传动杆的左右，并始终与各自的高低速凸轮相接触，且随凸轮轴的旋转而摆动。在摇臂和摇臂轴之间设有控制柱塞、控制油道及回位弹簧。摇臂和摇臂轴的传动靠此柱塞来完成。当柱塞连接时摇臂和摇臂轴变为一体而同步转动，否则，摇臂在摇臂轴上空转。VEC 系统根据 ECU 的控制指令，对应发动机的实际工况，通过油压控制柱塞的连续状态，以选择高低速凸轮中的某一个凸轮工作，由此驱动进气门，达到控制配气相位和气门升程的目的。

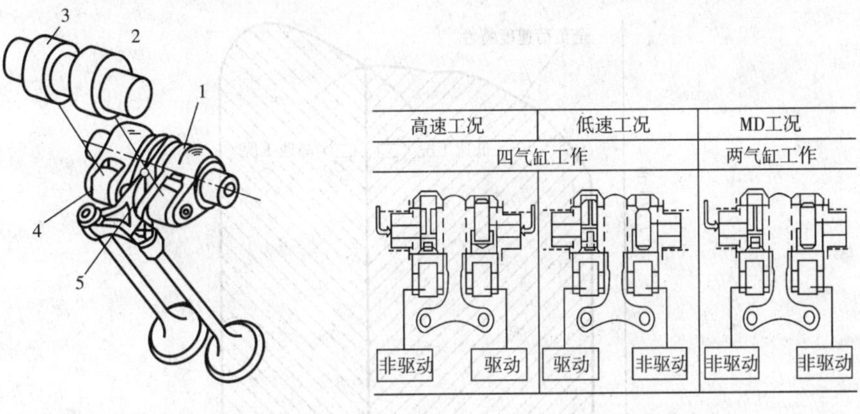


a)结构　　b)作用原理

图 7－9　VEC 系统的结构及其工作原理

1－高速摇臂　2－高速凸轮　3－低速凸轮　4－低速摇臂　5－T 形柄

当发动机低速时，控制油压不起作用，此时低速摇臂内的控制柱塞在其弹簧的作用下，连接低速摇臂和 T 形传动柄(摇臂轴)，此时摇臂在其弹簧力的作用下，与摇臂轴脱离连接使之在摇臂轴上自由转动；而当发动机高速时，控制油压通过专用油道分别进入低速摇臂柱塞的压油室和高速摇臂柱塞的压油室，低速摇臂内的柱塞在控制油压的作用下，克服弹簧力缩进摇臂轴内部，使低速摇臂与摇臂轴脱离联接，高速摇臂内的柱塞却在控制油压的作用下，使柱塞上移连接高速摇臂和摇臂轴。如图 7－10 所示为高低速凸轮的配气相位及气门升程的特性。高低速运行模态的切换是由 ECU 根据所设定的发动机转速，控制油压阀来完成。但是，如果在切换高低速运行状态时输出转矩突变的话，往往产生冲击式振动，影响驾驶的舒适性。因此，为了防止这种转矩突变现象的发生，在同一节气门开度下选择分别采用高速或低速凸轮时发动机输出转矩相同的点，并在该点上进行高低速运行模态的切换。如图 7－11 所示为采用 VEC 系统时发动机输出转矩的特性。

VEC 系统除了配气相位和气门升程可变控制以外，还很容易实现发动机排量可变控制功能，及 MD(Modulated Displacement)控制。排量控制是指如对总排量为 1.6L 的四缸发动机，根据发动机工作时负荷大小情况，有时四缸同时工作，此时排量为 1.6L；而小负荷时只有两缸工作，此时排量为 0.8L。这种可变排量控制方式，是通过 VEC 系统的停缸(停止个别缸工作)控制功能来实现。在 VEC 系统的低速工况模式下，对需要停缸控制的气缸控

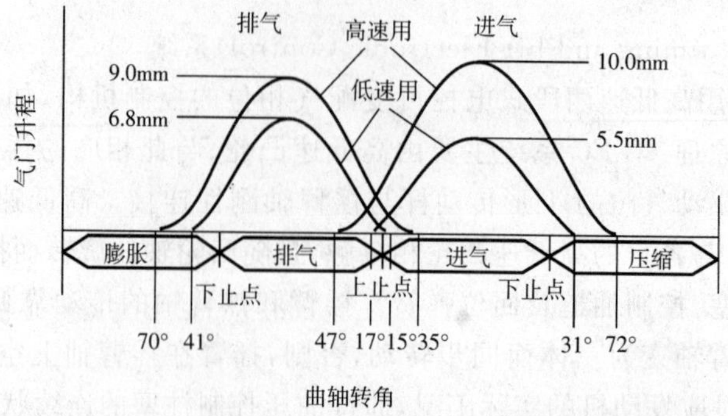


图 7-10　高低速凸轮的配气相位及气门升程的特性

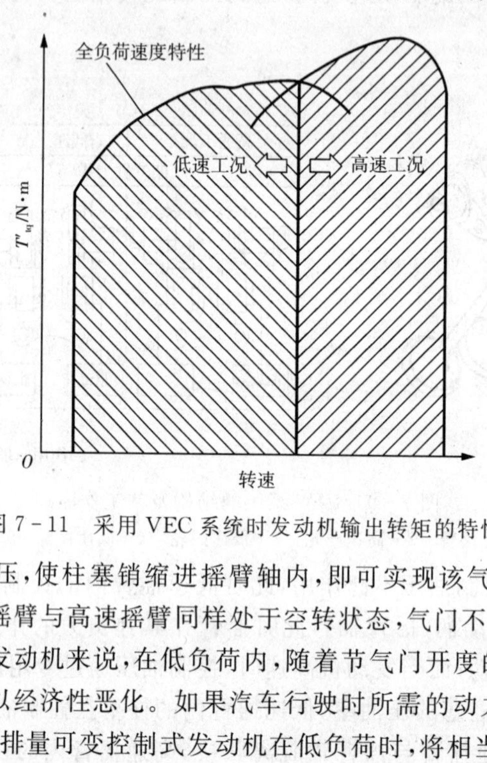


图 7-11　采用 VEC 系统时发动机输出转矩的特性

制其低速摇臂的控制油压，使柱塞销缩进摇臂轴内，即可实现该气缸的停缸控制（如图 7-9）。此时该气缸的低速摇臂与高速摇臂同样处于空转状态，气门不工作，由此实现排量可变控制。对排量不可控的发动机来说，在低负荷内，随着节气门开度的减少，进气管内的负压增加，泵气损失增大，所以经济性恶化。如果汽车行驶时所需的动力（牵引力），由 2 个气缸工作也能足够满足的话，排量可变控制式发动机在低负荷时，将相当于 4 个气缸工作时的进气量，只向 2 个工作气缸供给，而其余 2 个气缸停止工作，这样工作的 2 个气缸所需要的进气量增加，从而增大节气门开度。结果进气管内的负压降低，泵气损失减少，同时相当于 2 个气缸停止工作的部分机械损失（气门停止工作）、冷却损失以及排气损失也相应地减小，所以经济性得到明显的改善。试验结果表明，采用可变排量控制技术措施后，可减小发动机的机械损失约 44%，而热效率提高 17%左右。如图 7-12 所示，为采用 MD 控制改善经济性的具体效果。

(2)VVT—i(Variable Valve Timing，intelligent)系统

VVT—i 系统也是一种智能可变配气定时系统，它可适应发动机的工况而连续改变进气凸轮轴相对曲轴的位置，改变配气相位使之达到最佳状态，由此改善发动机的动力性、经济性和排放特性。如图 7-13 所示为 VVT—i 系统的结构，主要由 VVT—i 带轮、凸轮轴及其转角位置传感器、曲轴位置传感器、发动机控制单元 ECU 以及油压阀等组成。ECU 根据

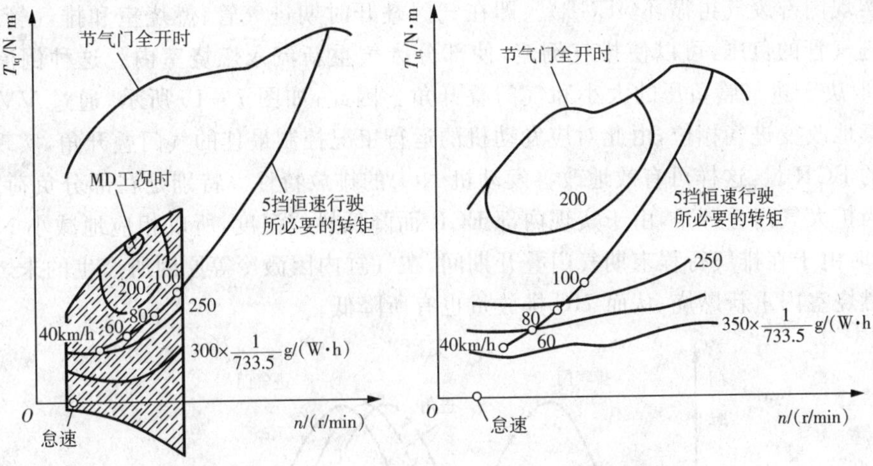


a)采用MD工况　　　　b)正常工况

图 7-12　采用MD控制改善经济性的具体效果

发动机的运行条件确定对应该工况下的最佳配气相位，并向油压控制阀发出控制指令。油压控制阀(Oil Control Valve，OCV)根据ECU的指令控制向VVT－i带轮传送的油压，由此改变凸轮轴相对曲轴的相位。

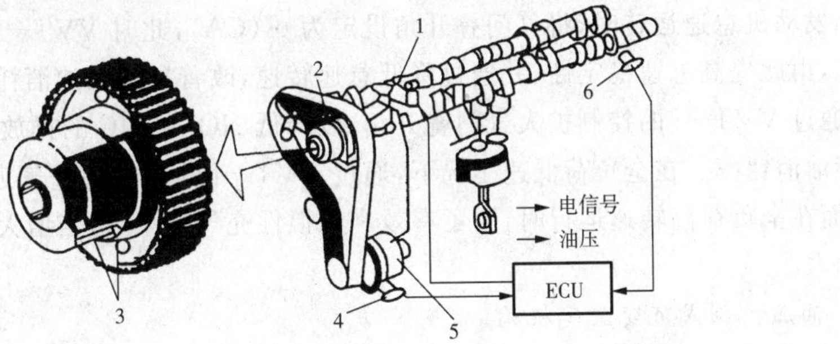


图 7-13　VVT－i系统的结构

1－OCV　2－VVT－i带轮　3－螺旋齿轮　4－曲轴位置传感器　5－机油泵　6－凸轮转角传感器

VVT－i带轮的结构如图 7-14 所示，主要由内齿轮和活塞齿轮构成的蜗轮蜗杆、外齿轮和带轮以及油道组成。柱塞齿轮在其内外表面形成反向的螺旋式齿轮，其内部螺旋齿与固定在凸轮轴上内齿轮(蜗杆)啮合，其外部反向的螺旋齿与固定在带轮上的外齿轮的内齿相啮合。柱塞齿轮的前后油压室内通过油压控制阀供给油压，控制柱塞的左右移动。随着柱塞的移动可连续地改变凸轮轴相对带轮的相位，达到配气相位可变的目的。

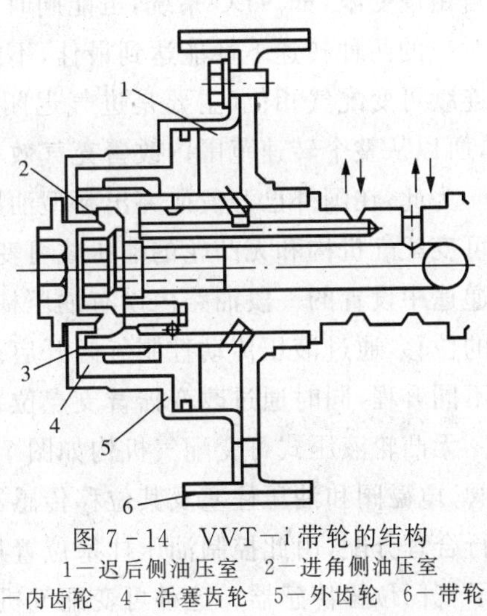


图 7-14　VVT－i带轮的结构

1－迟后侧油压室　2－进角侧油压室
3－内齿轮　4－活塞齿轮　5－外齿轮　6－带轮

一般地，在活塞进气上止点附近，由于排气迟闭角和进气提前角的存在，有进排气门同时开启的气门叠开时期。此时，通过气门叠开角的控制还可以实现内部废气再循环(IEGR)。即在气门叠开时期进气管、燃烧室和排气管相通，此时根据进气管的负压，可以使排气倒流，使部分废气重新流入燃烧室内。这种倒流的内部EGR量取决于进气管负压的大小和气门叠开角。因此，如图7-15所示，通过VVT-i机构可连续地改变进气相位，由此对应发动机的运行工况控制最佳的气门叠开角，实现适合于该工况的EGR量，这样可有效地改善发动机$NO_x$的排放特性。特别是在部分负荷工况下，如果适当扩大气门叠开角，由于实现内部EGR而降低燃烧温度，所以相应地减小$NO_x$的排放量，同时由于在排气行程末期气门叠开期间，在气缸内因激冷等原因所产生的未燃气体再次吸入燃烧室内重新燃烧，从而HC排放量也有所降低。

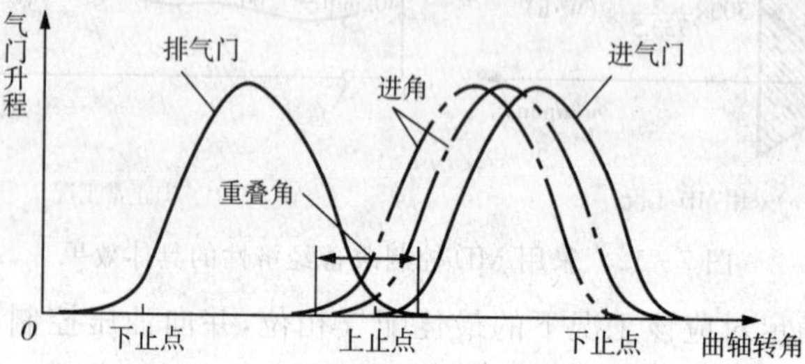

图7-15　气门叠开角的控制

当发动机怠速运转时，将气门叠开角设定为0°(CA)，此时VVT-i带轮处于迟闭角最小状态，由此提高怠速稳定性，并通过降低怠速转速，改善怠速燃油消耗率；在部分负荷下运行时，通过VVT-i的控制扩大气门叠开角，以降低$NO_x$和HC的排放量，同时改善部分负荷的燃油消耗率。在全负荷低速工况下，通过VVT-i的控制将进气迟闭角设定在下止点附近；而在全负荷高转速运行时，为了有效利用惯性充气效果，适当增大进气迟闭角，以提高高速动力性。

2. 油压控制式可变配气机构

如前所述，气门的角面值与气门的配气相位和气门升程有关。而上述的VEC和VVT-i两种可变配气相位控制系统，虽然不同程度地实现了配气相位的可变控制，但各自控制的自由度受限，如VEC系统，虽能同时改变气门升程和配气相位，但只能控制两段，即只有在对应的两种转速下性能达到最佳，不能随转速变化实现连续可变。而VVT-i系统虽然能连续可变配气相位(主要是进气迟闭角)，但气门升程不可变，而且进气提前角随之而变化，所以从整个转速范围内改善充气效率受到来自结构上的限制。

为此，在国外已开发研究出新型油压控制式可变配气机构，有通过凸轮驱动的油压控制式可变配气机构和无凸轮的油压式可变配气机构。前者如图7-16所示，在凸轮到气门的传递途中设置的一段油路内设有油压柱塞，凸轮工作时通过摇臂将凸轮升程转换为油压柱塞的位移，通过液压传动控制气门开启。此时，通过电磁阀控制油压腔内的油压来控制气门的不同升程，同时通过改变摇臂支点位置来控制配气定时。

无凸轮液压式可变配气机构如图7-17所示，它主要由高压共轨油压室、低油压室、三向阀、电磁阀和油压柱塞及其位移传感器等组成。通过电磁阀将高压共轨油压室内的油量进行合理分配，由此控制油压柱塞位置从而控制气门升程。为了精确控制气门升程，专门设置了气门位移传感器。这种可变配气机构的特点是控制自由度高，可有效提高进排气效率，

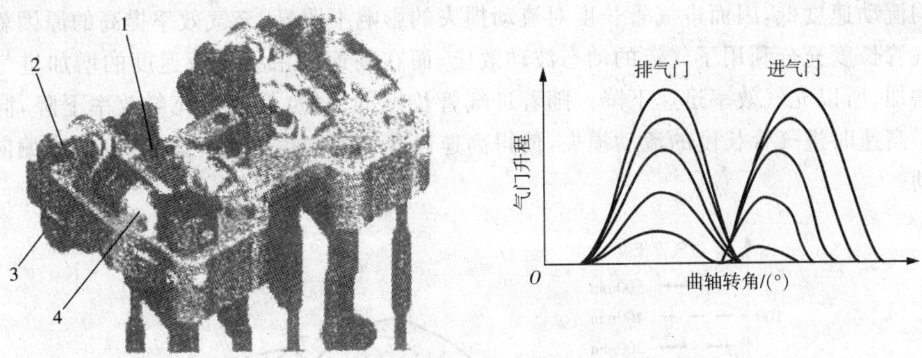


图 7-16 凸轮驱动的油压控制式可变配气机构

1—电磁阀 2—摇臂 3—凸轮 4—油压柱塞

使气门的丰满系数接近 1,即气门开启面积接近矩形。但其主要缺点是存在气门落座速度过高、电磁阀工作可靠性差以及成本高等问题。

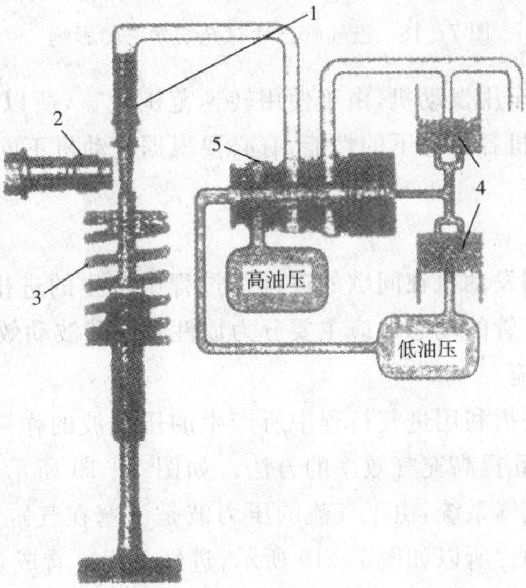


图 7-17 无凸轮液压式可变配气机构

1—油压柱塞 2—位移传感器 3—弹簧 4—数字脉冲 5—三向阀

**三、进气管长度及气流的动态效应**

进气管对充气效率的影响主要体现在两个方面。一方面是进气管长度,从减少进气系统阻力的角度而言,进气管长度越短越好;另一方面是进气管的波动效应,由于进气过程是动态过程,在进气管道内始终存在压力波动,这种压力波动直接影响进气效果。特别是在中低速区过短的进气管长度不能有效地利用气流的波动,反而不利于提高充气效率。

1. 可变进气管长度

如图 7-18 所示为在某一发动机的速度特性上进气管长度对充气效率的影响。当进气管长度增加时低速区的充气效率明显得到提高,而且峰值也提高。这就是说在低速区气流的平均流动速度低，因而进气管长度对流动损失的影响不明显，充气效率提高的原因就是由于进气管长度充分利用了气流的动态波动效应；而在高速区由于气流速度的增加进气阻力明显增加，所以充气效率迅速下降。随着进气管长度的缩短，低速区充气效率下降，同时因减小了高速时进气管长度的流动损失，使得高速区充气效率得到明显改善，峰值也偏向高速区移动。

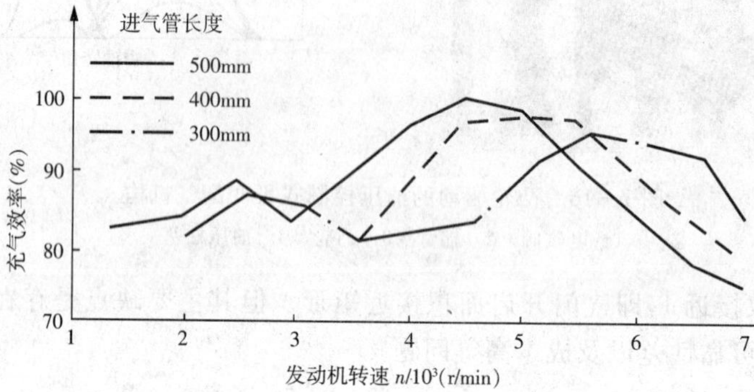


图 7－18　进气管长度对充气效率的影响

这一结果表明，对于车用发动机，由于使用转速范围较宽，所以为了提高各转速下的充气效率，以充分发挥发动机各工况下的性能，有必要根据发动机不同转速范围采用长短不同的进气管。

2. 动态效应

动态效应就是指利用发动机在间歇的进排气过程中产生的进排气管内的压力波，来提高充气效率的办法。进气管的动态效应主要分为惯性效应和波动效应两种。

(1)进气管的惯性效应

进气管的惯性效应是指利用进气行程中所产生的压力波的作用，在进气门关闭之前在进气门处出现正压波，由此提高充气效率的方法。如图 7－19 所示为这种惯性效应的原理示意图。对结构一定的进气系统，由于气流的压力波是活塞在气缸内运动时气缸容积的变化而产生的负压波引起的。所以如图 7－19 所示，进气过程可看成是以活塞为激振源、缸内容积为弹性体(弹簧)、进气管内的气流柱为惯性质量的气流的振动系统。

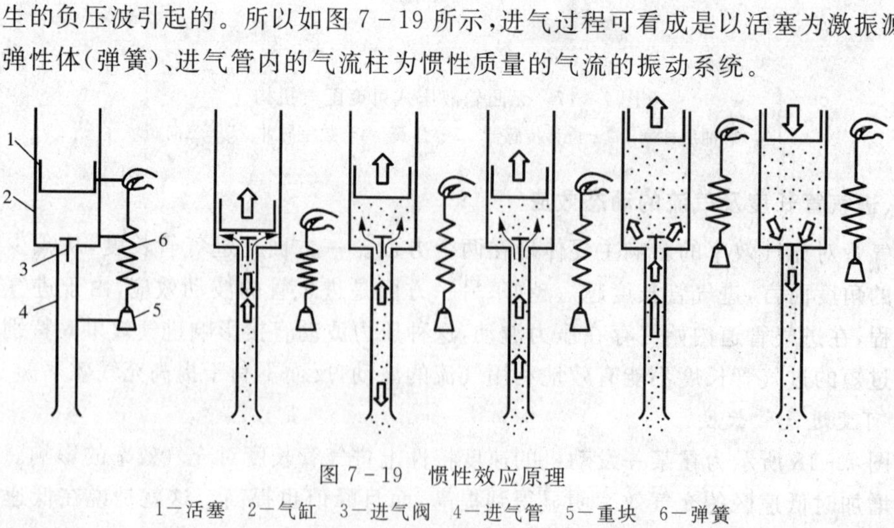


图 7－19　惯性效应原理

1—活塞　2—气缸　3—进气阀　4—进气管　5—重块　6—弹簧

进气过程开始时随活塞的下行气缸内产生负压，新鲜气体经进气门进入气缸的同时向外以声速传播负压波，当活塞下移到进气行程的一半位置时，负压波经气门、进气管等到达稳压室空腔开口端，此时由于活塞加速下移，又因压力波传播方向与气流速度方向相反，所以对气流如同弹簧被拉伸一样，气流速度逐渐减小。在进气行程的后半行程活塞减速移动，同时进气开口处反射出一个正压波向气缸方向传播，压力波传播方向和气流方向同步而加速，所以如同弹簧被压缩，进气密度增加。如果进气管长度设计适当，刚好在进气门关闭前夕正压波到达，则靠压差又可以向气缸多充入新鲜气体，达到提高充气效率的目的。因此，这种效果又称为气流的惯性增压。进气管长度越长，气流的惯性质量越大，其共振点转速就越低。

惯性效应进气压力波只有一个来回，所以固有频率为

$$f_g=\frac{c}{2L} \tag{7-12}$$

式中：$c$ 为进气管内气体的声速；$L$ 为进气管当量长度。

当转速为 $n$ 时，进气频率为

$$f_j=\frac{n}{60\times2}=\frac{n}{2} \tag{7-13}$$

则定义惯性效应的波动次数为

$$q_g=\frac{f_g}{f_j}=\frac{60c}{nL} \tag{7-14}$$

式(7－14)表示压力波固有频率与进气频率的配合关系，当 $q_g=60c/(nL)=1$ 时为共振。由此可确定需要惯性增压转速所对应的进气管长度。

(2)进气管的波动效应

进气管的波动效应是指利用进气门关闭后进气管内产生的压力波动，来提高气缸进气量的效果，主要靠进气管长度来调整(一般变得较长)。由于惯性效应和波动效应都通过进气管长度来调整，所以有必要同时考虑。在进气门关闭前夕，根据惯性效应气门处产生正压波，由此向气缸多充入新鲜气体，所以气门关闭时向外传播负压波，并在管端(如稳压箱等空腔)反射。因管端为开口边界，反射波与入射波相位相反，所以反射波为正压波。此正压波重新传播到达气门时，气门已关闭，称为闭口边界，所以仍反射正压波，正压波再次传播到管端开口，又反射回负压波，由此在进气管管道内气流的压力波周而复始地来回振动。通过适当的进气管长度，利用这种进气压力波的振动，使得正压波刚好与进气过程重合，由此达到进一步提高充气效率的目的。

对波动效应，气体压力波在进气管内通过两个来回完成一次振动，所以其压力波的固有频率为

$$f_b=\frac{c}{4L} \tag{7-15}$$

所以，波动效应的波动次数为

$$q_b=\frac{f_b}{f_j}=\frac{30c}{nL} \tag{7-16}$$

当 $q_b=1,2,\cdots$时，表明波动效应与进气同步，如图 7-20 所示，此时进气门开启期间与负压力波重合，所以不利于提高充气效率；而 $q_b=1.5,2.5,\cdots$时，下一个循环的进气门开启期间正好与正压波重合，所以有利于提高充气效率。

由以上分析可知，进气管的惯性效应和波动效应均与进气管的长度直接相关。当进气管长度增加时，可使充气效率的峰值向发动机的低速侧移动，反之向高速侧移动。由于这种现象与进气过程中气流的压力波传播特性有关，是进气管内的压力波谐振的结果。所以，为了充分利用谐振效果（惯性效应和波动效应），需要合理设计进气谐振管长度和管径。

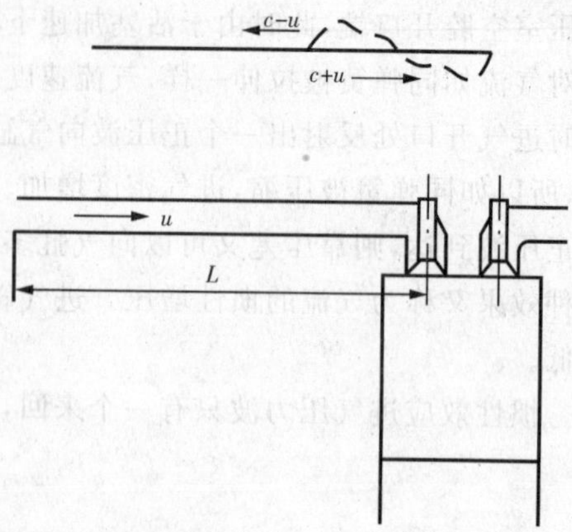


图 7-20　进气一阶压力波的次数与谐振

3. 惯性可变谐振增压进气系统

如图 7-21 所示为 V 型六缸发动机上利用进气谐振效果，在高低转速范围内提高充气效率的惯性可变谐振增压进气系统。同一侧的 1、3、5 缸和 2、4、6 缸各自采用独立的进气管（共振管）、稳压管和各自的进气支管。稳压箱以及各气缸的惯性增压系统。而长的进气管、稳压箱以及各气缸构成各自的共振系统。当第 1 缸进气终了进气门关闭前夕，由于进气压缩波的作用，两个稳压箱内的气体共振，其压力波反射到第 1 缸，从而提高进气充量，此时惯性增压系统停止工作。假设长进气管内（共振管）的气流质量简化为惯性质量（重块），两个稳压箱简化为两个弹簧。则共振管内气柱在两个弹簧的作用下振动。相对共振管进气支管（惯性系统）很短，随意惯性很小可忽略。进气过程中气缸内的容积与稳压箱相比也很小，所以可以看成一个硬弹簧。当发动机转速为 2000 r/min（低速）时惯性系统相对比较短，其共振点（转速）高，所以基本不振动，因此可简化成简单振型，此时通过长的共振管的谐振效果提高充气效率；而当转速为 4000 r/min（高速）时，共振管内的气流与两个大体积的稳压箱

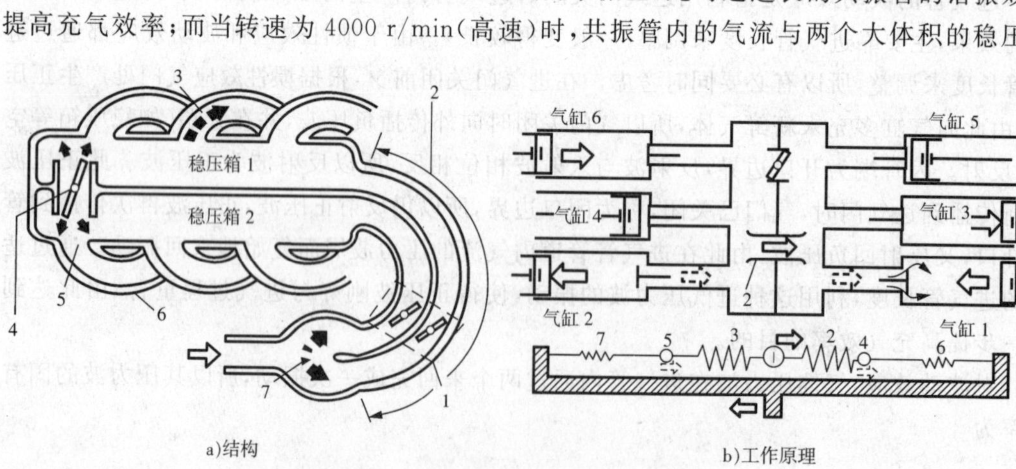


a)结构　　b)工作原理

图 7-21　惯性可变谐振增压进气系统

1—双节气门　2—共振管长　3—惯性增压　4—切换阀　5、7—共振增压　6—进气支管

(软弹簧)因其固有频率低而不共振,只有短的惯性系统的气柱共振,从而提高充气效率。当发动机转速为 3000 r/min 时,共振管内的气柱和惯性系统的气柱均不共振,或振动很小,因此充气效率低,转矩在该转速下出现低谷现象。为了解决这种低谷现象,在两个稳压箱之间设置切换阀,由此接通两个稳压箱,使之合成为一个大稳压箱,相当于一个软弹簧,可忽略其弹力,由此实施惯性增压,提高该转速下的充气效率,改善转矩低谷现象,使得整个转速领域具有良好的充气效率,充分提高发动机的整机性能。

**四、排气管的波动效应**

由于发动机排气过程中排气压力和温度高,排气能量大,因而排气压力波振幅大,且传播速度快,所以排气波动效应强烈。利用这种排气压力波的波动效应,在气门叠开期排气门处产生负压,由此多排气,减少残余废气量,同时也可减少泵气损失,有利于提高充气效率。但由于压力波传播速度快,在使用转速范围内,需要配以长的管路,因此要考虑排气管与消声器以及其他装置的组合及安装空间问题。

对二冲程发动机,利用排气波动效应也可有效地提高充气效率,从而提高发动机的动力性。

## 第四节　增压技术

所谓增压,就是通过压气机将空气或可燃混合气进行压缩,提高进气密度,再送入发动机气缸的过程。这项技术已作为提高发动机升功率、改善经济性和排放特性的重要措施而得到广泛应用。但是由于驱动压气机的方式不同,发动机增压效果不一样,使发动机性能改进效果也不同。

**一、增压器的分类和特点**

发动机输出的最大动力取决于气缸内可燃混合气量。而气缸内的可燃混合气是由进气过程中的空气量和对应进气量而确定的燃料喷射量来决定的。对一定排量的发动机,为了尽可能向气缸内多喷入燃料,以便提高发动机的动力性能,需要增加每循环的气缸的空气量。提高气缸内进气的主要措施,除了前一节所述的提高充气效率的几种措施以外,还有发动机的增压技术。车用发动机的增压技术就是利用某种能量驱动压气机,并对进气充量进行压缩,提高进气压力(密度),从而增加单位容积的进气量的一项措施。

根据驱动压气机的方式不同,发动机的增压方式可分为机械增压、废气涡轮增压和气波增压等几种型式。

1. 机械增压

机械增压是通过发动机曲轴直接驱动压气机(如图 7－22 所示的离心式、滑片式、螺旋式等),由此实现对进气充量的压缩。机械增压的特点是能有效地提高发动机的功率,与涡轮增压相比,其低速增压效果好。另外,机械增压器与发动机容易匹配,结构也比较紧凑。但其主要的缺点是,由于驱动增压器需要消耗发动机功率,因此机械损失增加,燃油消耗率比非增压发动机高。

2. 废气涡轮增压

废气涡轮增压是利用排气能量来驱动增压器,从而压缩进气的一种废气能量回收的增

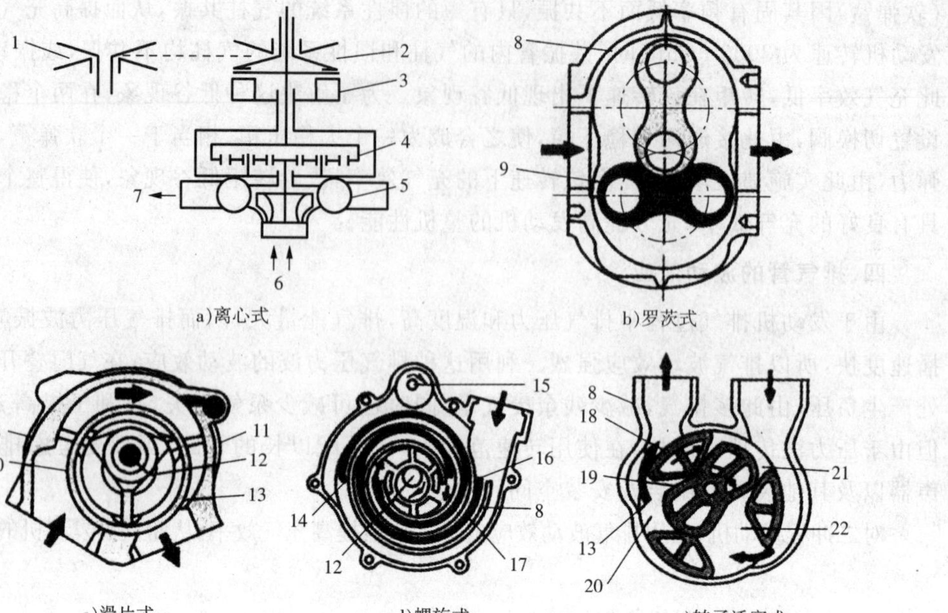


图 7-22　机械增压

1—初级变速带轮　2—次级变速带轮　3—电磁离合　4—增压行星齿轮系　5—压气机　6—进气口　7—排气口　8—外壳　9—旋转活塞　10—转子　11—滑片　12—驱动轴　13—出口边缘　14—二级工作室空气口　15—排气导向器　16—一级工作室空气口　17—抽气元件　18—外转子　19—内转子　20、21、22—工作腔

压方式。主要有涡轮机和压气机等构成，如图 7-23a 所示。发动机排出废气的能量直接驱动涡轮机，由此带动同轴相连的压气机，实现增压。因此，增压器的转速取决于流入废气涡轮的排气气流相对于涡轮旋转中心的动量矩，用这种方式能有效回收利用排气能量。因此，发动机的经济性比机械增压和非增压的发动机都好，并可大幅度地降低有害气体的排放和噪声水平。但是由于涡轮机是流体机械，转速取决于排气流速，而发动机是动力机械装置，要求低速时输出高转矩。因此，匹配废气涡轮增压器的发动机在发动机转速低时的增压效果不明显，发动机的转矩增加不多，而且发动机变工况时，涡轮增压的瞬态响应特性较差，致使汽车加速性，特别是低速加速性恶化。

3. 气波增压

气波增压是一种利用排气压力使空气受到压缩，以提高进气压力的方式，如图 7-23b 所示。气波增压内设特殊形状的转子，由发动机曲轴直接驱动。在转子中发动机排出的废气直接与空气接触，利用排气气波使空气受到压缩，以提高进气压力。气波增压结构简单，加工方便，工作温度不高，不需要耐热材料，也无需冷却。与废气涡轮增压相比，其低速转矩性能好，但体积大，噪声水平高，安装位置受到一定的限制，所以车用发动机上不常用。

在以上三种增压方式中，废气涡轮增压是目前车用发动机上广泛应用的增压方式。随着发动机的强化程度不断提高，以及节能与排放法规的要求日趋严格，一些重型柴油机上采用的多种增压方式加以组合，以获得更好的增压效果。根据增压方式组合不同，增压方式又可以分为复合增压和双级增压两种形式。

1. 复合增压

复合增压是指不同增压方式的组合，如机械增压和废气涡轮增压的组合；或涡轮机与废

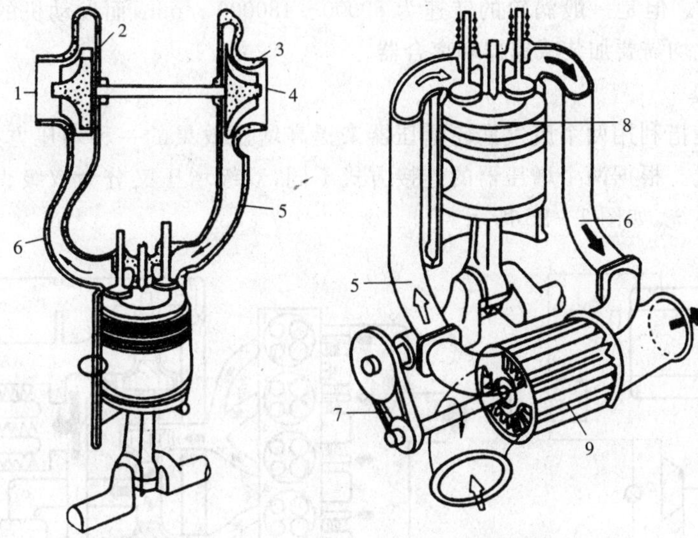


a)废气涡轮增压　　　　b)气波增压

图 7-23　废气涡轮增压和气波增压

1—排气口　2—涡轮式　3—压气机　4—进气口　5—进气管　6—排气管　7—传动带　8—活塞　9—转子

气涡轮增压的组合。根据涡轮回收废气量的方式不同，废气涡轮复合增压系统分为串联前复合增压、串联后复合增压及并联复合增压等三种方式，如图 7-24 所示。

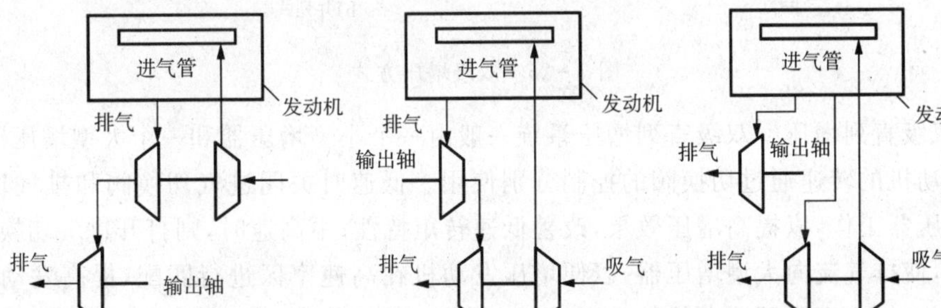


a)串联前　　　　b)串联后　　　　c)并联

图 7-24　涡轮机与涡轮增压器的组合

(1)串联前复合增压　串联前复合增压是在废气涡轮增压器前串联一个涡轮机，发动机排出的废气先流入前置涡轮机回收部分能量后，再排入到涡轮增压器中进行增压的系统，由此充分利用废气的能量。因此可以提高整机的效率，同时在增压器前利用涡轮事先回收废气的部分能量，所以可避免增压器转速过高现象。

(2)串联后复合增压　串联后复合增压是在增压器后再串联一个废气涡轮，其主要的目的就是进一步回收利用经增压器排出后的废气能量，以便提高整机的效率。

(3)并联复合增压器　并联复合增压器是将发动机排出的废气分为两路，同时排入一个废气涡轮和废气涡轮增压器。对排量较大的发动机通过这种复合系统来提高废气能量的再回收利用，以提高整机的热效率，同时可以减轻废气涡轮增压器的负担。

这种复合增压系统的共同点是在输出轴上都设置一个能回收废气能量的涡轮，只是涡轮设置的位置不同。但是一般涡轮的转速为 50000～180000 r/min,而发动机的转速为 1800～4000 r/min,因此均需要加装减速器和离合器。

2. 双级增压

双级增压是指利用两个废气涡轮增压器来提高增压效果的一种增压方式,主要用于大排量车用柴油机。根据两个增压器的连接方式不同,双级增压又分为双级直列增压和双级并列增压两种系统,如图 7－25 所示。

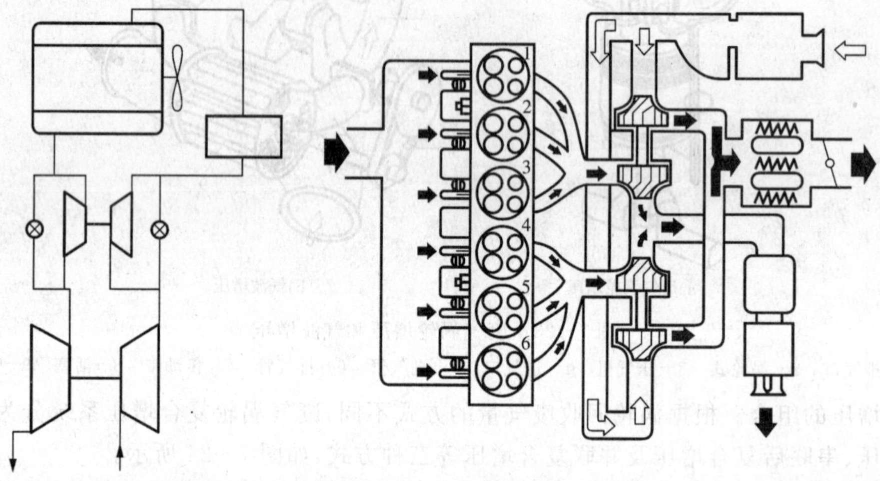


a)直列式　　b)并列式

图 7－25　双级增压方式

(1)双级直列增压　双级直列增压系统一般由一个小型增压器和一个大型增压器组成,并根据发动机的转速通过切换阀的控制分别使用。低速时关闭进气切换阀和排气切换阀,是小型增压器工作,以提高增压效果,改善低速转矩特性;中高速时,则打开进气切换阀和排气切换阀,使排气流向大型增压器,以便增压发动机在高速率区进行匹配,提高发动机的经济性能。此时,小型增压器涡轮的进出口压力相等,所以自动停止。

(2)双级并列增压　双级并列增压系统是根据多缸机的工作顺序,将排气管分为两部分,如六缸发动机分别为 1、2、3 缸和 4、5、6 缸两部分,分别采用相同的增压器。与六缸采用一个增压器相比,采用双级并列增压器后所流过的废气涡轮的排气量减少一半,所以可以采用小型增压器,由此可达到兼顾低速转矩特性和中高速在高效率区的良好匹配,以改善整机的性能目的。多缸发动机采用双级并列增压器的另一个目的就是避免出现各缸排气干扰现象。

总之,发动机的增压技术有以下几个方面的优点:

(1)发动机增压后提高了进气的密度,所以有效地提高了发动机的升功率和比质量功率,从而降低单位功率的造价,提高了材料的利用率,同时改善了经济性。

(2)与自然吸气发动机相比,由于排气能量得到进一步的回收利用,不仅提高了热效率,而且降低了排气噪声。

(3)对柴油机增压后,缸内压力和温度水平都得到提高,使滞燃期缩短,有利于降低压力升高率和燃烧噪声。

(4)增压后进气密度更大，采用较大的空燃比，可以降低 HC、CO 和碳烟的排放。

增压发动机存在的主要问题：

(1)增压后气缸的压力和温度明显上升。机械负荷和热负荷加大，直接影响发动机的可靠性和耐久性。所以对增压发动机有必要限制其最高燃烧爆发压力。

(2)对废气涡轮增压，由于发动机低速时排气的流量低而能量不足，造成压气机低速增压效果降低，影响车用发动机的低速转矩特性。

(3)废气涡轮增压，从排气能量变化到进气压力需要一定的时间，所以加速响应特性不如自然吸气发动机。

## 二、增压的衡量指标

### 1. 增压比

增压比(用 $\pi_k$ 表示)是指增压后气体压力 $p_k$ 与增压前气体的压力 $p_0$ 之比，简称压比，即：

$$\pi_k = \frac{p_k}{p_0} \tag{7-17}$$

一般地，增压比小于 1.5 时为低增压；在 1.5～2.5 时为中增压；在 2.5～4.5 时为高增压；大于 4.5 时为超高增压。

### 2. 增压度

为了说明发动机采用增压后输出功率的提高程度，引入增压度的概念，即发动机增压后增长的功率与增压前的功率之比，即

$$\varphi = \frac{P_{ez} - P_{e0}}{P_{e0}} = \frac{P_{ez}}{P_e} - 1 \tag{7-18}$$

式中：$P_{e0}$、$P_{ez}$ 分别为增压前后发动机的额定功率。

一般地，车用发动机的增压度在 0.1～0.6 范围内。

## 三、废气涡轮增压器的能量回收

废气涡轮增压器还可根据排气能量的利用方式不同，分为定压涡轮增压和脉冲涡轮增压两种。

### 1. 定压涡轮增压系统

定压涡轮增压系统是把发动机所有的排气事先收集到一个体积足够大的稳压箱内，然后再引入到涡轮，使涡轮入口处的压力不随各缸的排气压力脉冲的影响而相对稳定。如图 7-26 所示为定压涡轮增压系统对发动机排气能量的利用情况。图中，排气门开启瞬间缸内的废气状态为 $b$，在该状态下废气完全膨胀到大气状态所具有的理论上最大做功能力为相当于 $b-f-1-b$ 的面积。但是在排气初期气缸压力 $p_1$ 和排气管的压力 $p$· 压差较大，排气流速非常高，因此排气门、排气流道到总管涡轮入口处是存在较大的节流损失。当废气状态由 $b$ 膨胀到排气总管处的状态 $e$，即排气压力膨胀到 $p_T$ 所消耗的能量的面积为 $b-e-5-b$，这一部分能量在稳定箱内进一步转化为热量加热废气，使涡轮入口处的状态由 $e$ 变为 $e'$。所以，在涡轮机内废气推动涡轮旋转过程中，沿 $e'-f'$ 线从状态 $e'$ 膨胀到大气压力 $p_0$。由于气门叠开角的存在，实际推动涡轮工作的能量来自于面积 $2-4-e'-f'-2$ 表示的废

气在定压涡轮机内的膨胀功，和用面积 $i-g-4-2-i$ 表示的扫气空气直接进入涡轮而提供的能量。这一能量的面积 $i-g-e'-f'-i$ 与涡轮的机械效率 $\eta_T$ 乘积才是涡轮机推动压气机所消耗的能量。根据能量守恒定律，这一部分的能量与压气机工作所消耗的能量之和扣除压气机效率 $\eta_c$ 和增压器整机机械效率 $\eta_m$ 之积的结果相等。其中压气机消耗的用面积为$i-g'-a-0-i$表示的总能量，主要包括面积 $2-3-a-0-2$ 表示的进气压力 $p_b$ 压缩进入发动机气缸内的空气所需能量和面积 $i-g'-3-2-i$ 表示压缩扫气空气所需要的能量。增压后由于 $p_b>p_T$，所以在换气过程中获得相当于面积 $a-5-4-3-a$ 的泵气正功。这是增压发动机的特点之一。

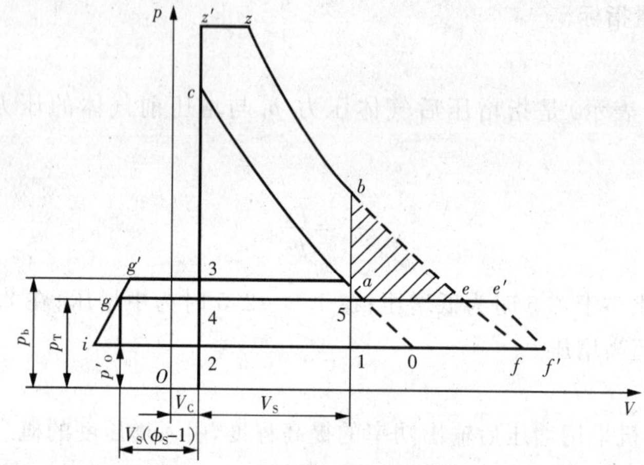


图 7-26　定压涡轮增压发动机的理论示功图

但是定压涡轮增压系统仅仅从能量(相当于 $5-b-e-5$)中回收一小部分，而大部分能量不可避免的损失掉了，所以排气能量利用率低，而且此种涡轮增压发动机的低转速特性和加速特性较差。

2. 脉冲涡轮增压系统

为了充分利用排气脉动能量，提高在定压系统中 $5-b-e-5$ 的损失能量的利用率，以改善增压效果，车用发动机常采用脉冲涡轮增压系统。其特点是排气管设计成短而细的形状，尽可能减少排气系统的容积，以便排气直接并迅速喷入涡轮机中膨胀做功，减小节流损失。同时，为了减小各缸排气中压力波相互干扰，常用几根排气支管将相邻发火气缸的排气相互隔开，这样在同一根排气管内没有别的气缸同时排气。对发火顺序为 1—3—4—2 的四缸发动机，第 1、4 缸用一根排气管，第 2、3 缸用一根排气管。这样当第 1 缸排气后，由于排气管短，排气管内的压力 $p$ 迅速升高到接近缸内压力 $p_1$，因而减小节流损失。随着排气流入涡轮做功，排气气缸和排气管内的压力迅速下降，此时，另一排气管第 3 缸紧接着排气，保证涡轮转速均匀。这样与第 1 缸共用一根排气管的第 4 缸排气时第 1 缸排气门已关闭，所以第 4 缸的排气压力波不会影响第 1 缸的换气过程。随着第 4 缸排气，排气管内的压力又迅速升高，而后又降低。于是，在排气管内形成周期性的压力脉动。第 2、3 缸排气管内的压力脉动情况与第 1、4 缸排气管相同。所以在涡轮入口处，随发动机一个工作循环各缸按发火顺序均排气一次而造成周期性压力脉动，由此推动涡轮机工作。

一般地，在排气系统设计良好的状态下，脉冲涡轮增压系统可以利用定压系统中所损失的可用能量(相当于面积 $b-e-5-b$)的 40%～50%,因此,比定压涡轮增压系统更好的利用排气能量,由此提高增压效果。

3. 定压涡轮增压系统与脉冲涡轮增压系统的比较

(1)在定压涡轮增压系统中,由于排气管容积大而排气脉冲能量几乎损失殆尽,而且排气节流所造成的排气能量损失比脉冲涡轮增压系统大,所以定压涡轮增压系统在有效利用排气能量方面不如脉冲涡轮增压系统。一般当增压比小于 2.5 时,采用脉冲涡轮增压系统。但增压比提高时,定压涡轮增压系统排气管内的压力也提高,排气能量损失有所下降,而且脉动能量在排气能量中所占比例也随增压比的增加而减小,所以当增压比超过 2.5 时采用脉冲增压的优势就不明显了。

(2)由于脉冲涡轮增压系统在气门叠开的扫气期间,排气管压力 $p_T$ 正处于波谷,因此即使在部分情况下,仍保持足够的扫气压力差 $p_b-p_T$,保证气缸良好的扫气,达到提高充气效率、减小燃烧室内高温零件热负荷的目的。而定压涡轮增压系统,由于排气管内的压力波动小,扫气压力差小,所以气缸内的扫气作用不如脉冲涡轮增压系统。

(3)因脉冲涡轮增压系统的排气管容积小,所以随发动机负荷的变化而引起的排气温度和压力变化很快传递到涡轮机,并直接反应到压气机。因此,脉冲涡轮增压系统的加速响应特性较定压涡轮增压系统好。而排气管容积较大的定压涡轮增压系统中,涡轮机前的压力变化比较缓慢,特别是在低速增压时,排气能量的利用率低,加速性能差,转矩特性也不如脉冲涡轮增压系统。

(4)从涡轮机的效率角度分析,由于脉冲涡轮增压系统在发动机排气初期的自由排气阶段,废气以很高的速度流入涡轮,所以流动损失增加,而且其涡轮前排气温度和压力都作周期性的变化,进入工作叶轮的排气流动方向也作周期性变化,使得气流撞击叶片的损失增加,而且脉动压力还造成涡轮机部分进气,因此脉冲涡轮增压系统涡轮的效率较低。而定压涡轮增压系统涡轮前的压力相对恒定,且涡轮全周进气,所以涡轮的效率较高。

(5)在结构上,与定压涡轮增压系统相比,脉冲涡轮增压系统的尺寸较大,而且排气管的结构也比较复杂。

综上所述,发动机低增压时宜采用脉冲涡轮增压系统,高增压时两种系统均可采用。车用发动机常在部分工况下工作,在大负荷下工作时间很少,而且对加速性能和转矩特性要求较高,所以多采用脉冲涡轮增压系统。

## 四、增压器的工作原理及特性曲线

车用发动机的废气涡轮增压器常采用离心式压气机和径流式涡轮机。为了使增压器和发动机能良好的匹配,需要掌握压气机的基本工作原理、特性曲线及其影响因素。

1. 离心式压气机

离心式压气机的结构如图 7-27 所示,主要由进气道、叶轮、无叶式扩压管以及蜗壳等组成。当涡轮驱动压力机旋转时,空气经进气道进入叶轮,在离心力的作用下沿着叶片之间形成的流道,从叶轮中心流向叶轮周边,此时空气吸收旋转叶轮的机械能,使其流速、压力和温度均有较大的提高,然后进入扩压管。扩压管为渐扩形流道,空气流过扩压管时减速增压,使其大部分动能转变为压力能,温度也进一步升高。压气机蜗壳的作用是收集从扩压管流出的空气,并将其引向压气机出口,空气在蜗壳中继续减速增压,完成其由动能向压力能转变的过程。

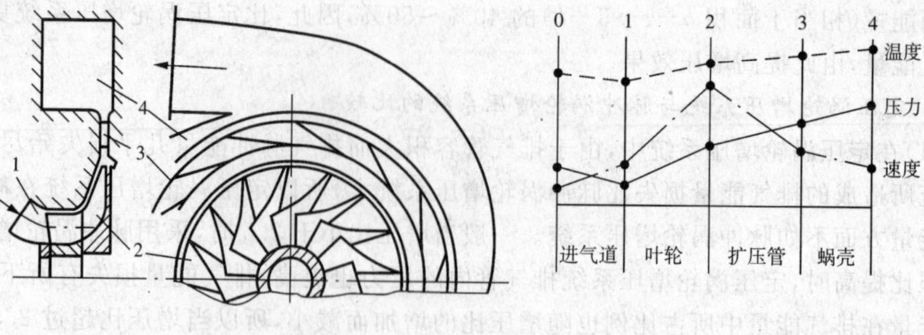


图 7-27　离心式压气机

1—进气道　2—叶轮　3—扩压管　4—蜗壳

(1)增压比及绝热效率

从能量转换角度分析,增压是空气在流经压气机时,将高速旋转的压气机叶片的机械能转换为动能,并在扩压管和蜗壳中再把动能转化为压力势能来实现的。而压气机的机械能是来自于废气涡轮的驱动力。压气机的增压程度常用式(7-19)所示的增压比,即压气机前后压力之比为

$$\pi_b=\frac{p_2}{p_0} \tag{7-19}$$

式中:$p_2$ 为压气机出口压力;$p_0$ 为压气机入口压力,当忽略压气机入口流动损失时直接用大气压力表示。

由于压气机工作转速高达每分钟几万转到十几万转,所以可忽略传热损失。其工作效率常用绝热效率,即压气机的绝热压缩功和实际压缩功之比表示。根据热力学第一定律、第二定律,绝热压缩功等于从压气机入口状态绝热压缩到出口压力状态($p_2$,$T_{2s}$)时所对应的焓降 $\Delta h_s=h_{2s}-h_0$。而压气机实际压缩过程是多变过程,伴随摩擦及流动损失等不可逆因素,使压气机出口状态的实际温度提高到 $T_2$($T_2>T_{2s}$),所以实际焓降为 $\Delta h=h_2-h_0$。所以,压气机的绝热效率为

$$\eta_b=\frac{h_{2s}-h_0}{h_2-h_0}=\frac{T_0}{T_2-T_0}(\pi_b^{\frac{\kappa-1}{\kappa}}-1) \tag{7-20}$$

压气机的绝热效率表明其流通部分的完善程度,即压气机实际消耗的机械功中,能量的有效利用程度。用于车用发动机的离心式压气机的绝热效率一般在 0.70~0.85 之间。

当忽略进气管道内的传热损失时,由式(7-20)压气机所消耗的机械功率为

$$P_b=q_{mb}c_p(T_2-T_0)=\frac{q_{mb}c_pT_0}{\eta_b}(\pi_b^{\frac{\kappa-1}{\kappa}}-1) \tag{7-21}$$

式中:$P_b$ 为压气机所消耗的功率;$q_{mb}$ 为流入压气机的空气流量;$c_p$ 为空气的比定压热容。

由此可见,在同等增压条件下,提高压气机绝热效率是减小压气机所消耗功的有效措施。所以在增压器与发动机匹配时,尽可能选用压气机高效率运行区。

(2)压气机特性曲线

为了分析增压器与发动机性能的匹配情况,常用压气机的特性曲线。在相同压气机转速下,增压比 $\pi_b$ 和压气机的绝热效率 $\eta_b$ 随压气机流量 $q_{mb}$ 的变化关系称为压气机的流量特

性，简称压气机特性。压气机的流量特性曲线如图 7－28 所示，以质量流量 $q_{mb}$（简称流量）为横坐标，增压比 $\pi_b$ 和效率 $\eta_b$ 为纵坐标，压气机转速 $n_b$ 为变参数，由此表示在各种工况下压气机主要工作参数之间的相互关系。

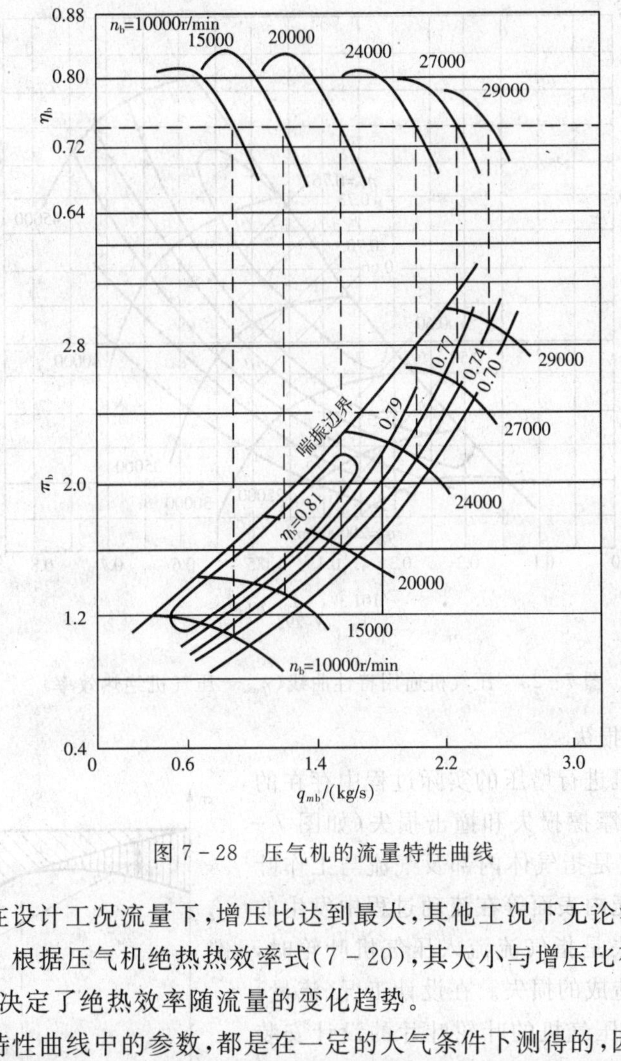


图 7－28　压气机的流量特性曲线

一般压气机在设计工况流量下，增压比达到最大，其他工况下无论流量增加还是减小，增压比都会降低。根据压气机绝热热效率式(7－20)，其大小与增压比有关，所以增压比随流量的变化特性，决定了绝热效率随流量的变化趋势。

由于压气机特性曲线中的参数，都是在一定的大气条件下测得的，因此其特性曲线受大气环境条件的影响差异很大，所以常采用根据气体流动相似原则，用折合参数(相似参数)绘制不受环境条件变化影响的压气机通用特性曲线，如图 7－29 所示。这里折合参数，是指把试验测得的参数根据流动相似原理换算成标准大气状态(101.33kPa\293K)下的参数值。换算后的折合参数分别为：

折合流量

$$q_{m\,\text{bnp}}=q_{m\,\text{b}}K_1 \tag{7-22}$$

折合转速

$$n_{\text{np}}=n_{\text{b}}K_2 \tag{7-23}$$

式中 $K_1$、$K_2$ 为折合系数，$K_1=\left(\frac{101.3}{p_0}\right)\sqrt{\frac{T_0}{293}}$，$K_2=\sqrt{\frac{293}{T_0}}$，其中 $p_0$、$T_0$ 分别为实验时所测得的大气压力和温度。

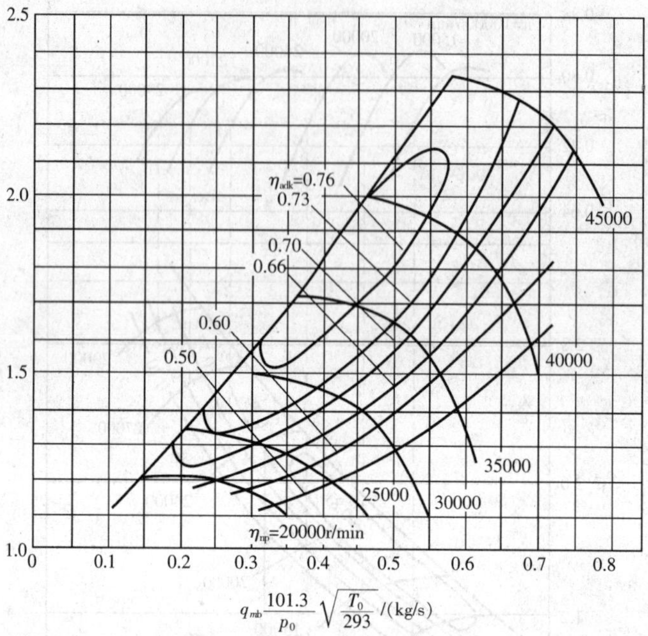


图 7-29　压气机通用特性曲线（$\eta_{adk}$—压气机绝热效率）

(3)压气机内的损失

在空气经压气机进行增压的实际过程中存在的能量损失，主要包括摩擦损失和撞击损失（如图 7-30 所示）。摩擦损失是指气体内部及气流与工作叶轮表面、扩压管、蜗壳内表面等在流动过程中发生的摩擦损失。撞击损失是指气流流入压气机叶轮时，气流与叶片撞击而造成的损失。在设计工况（流量）下，气流的入口角与压气机的叶轮叶片的设计安装角相等，所以此时气流冲击小，撞击损失最小。但压气机实际工作过程偏离设计工况时，气流流入叶片的角度发生变化，不能顺叶片进入而存在一定的冲角，造成气流与叶片的冲撞现象，使得叶片的内弧或外弧产生气流分离而产生损失。

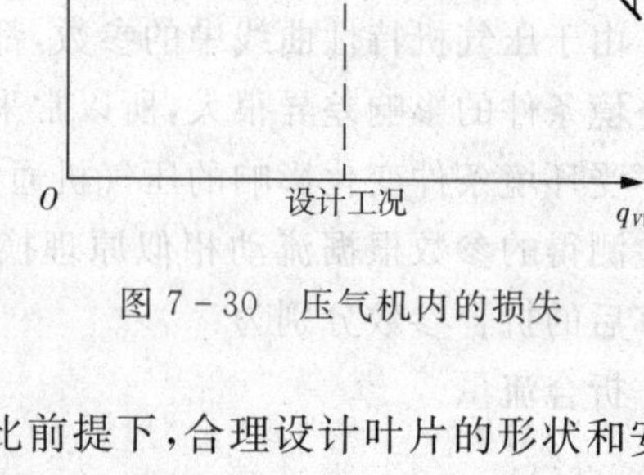


图 7-30　压气机内的损失

所以提高压气机效率的主要途径是，在设定增压比前提下，合理设计叶片的形状和安装角，以及扩压管和蜗壳的形状，以尽可能减小流动摩擦损失和撞击损失。

对确定的压气机其特性曲线有如下特性：

① 在压气机转速一定的条件下，当气体流量减小到一定程度后，气流在叶片或扩压管入口处出现边界层分离现象，导致产生涡流并迅速传播到压气机的其他部分，引起气流的强

烈振荡，工作叶轮强烈振动，并产生很大的噪音，这种现象称为压气机的喘振。在压气机各转速下喘振点的连线称为喘振线，是压气机稳定工作的左边界，使用中应注意避免压气机发生喘振。

② 另一方面，在一定的压气机转速下，流量超过设计工况点的流量后，增压比和效率随转速急速下降，而流量却不会再增加，这一现象称为压气机的堵塞。其产生的原因是在气流通道上某一截面的气流速度达到当地的声速（临界状态）后，其流动状态受结构的限制而确定，流量不再增加。因此，只能通过提高压气机的转速，获得更高的流量。对应压气机的不同转速的临界状态的流量称为压气机的堵塞流量，也是该转速下的最大流量。一般当压气机绝热效率降低到55%时即认为发生堵塞，而各转速下发生堵塞点的连线，就是压气机稳定工作的右边界。

2. 径流式涡轮机

涡轮机是将发动机排气能量转变为机械功的装置。径流式涡轮机结构如图 7-31 所示，主要由蜗壳、喷管、叶轮和出气道组成。蜗壳的进口与发动机排气管相连，发动机排气经蜗壳的引导下进入叶片式喷管。喷管是由相邻叶片构成的渐缩形流道。排气流过喷管时降压、降温、膨胀、增速，使排气的压力能转变为动能。由喷管流出的高速气流冲击叶轮，并在叶片所形成的流道中继续膨胀做功，推动叶轮旋转。

现代车用径流式涡轮机多采用无叶式喷管。涡轮机的蜗壳除具有引导发动机排气以一定的角度进入涡轮机叶轮的功能外，还有将排气的压力能和热能部分地转变为动能的作用。

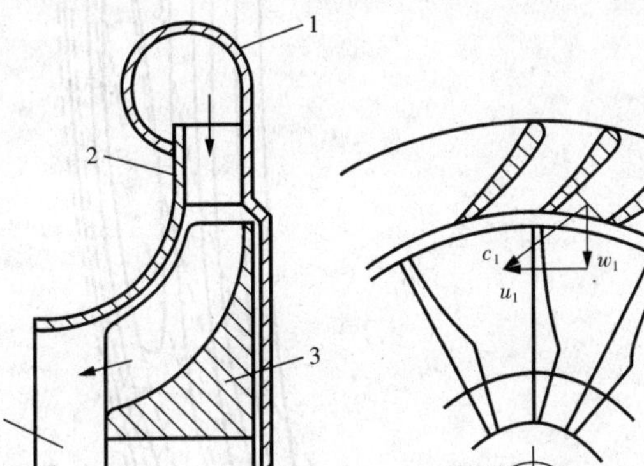


图 7-31　径流式涡轮机

1—蜗壳　2—喷管　3—叶轮　4—出气道

(1)涡轮机的效率

涡轮机中的废气的能量转换为机械功的有效程度，常用涡轮机效率来表示，即实际膨胀功和绝热膨胀功之比：

$$\eta_T=\frac{h_2-h_4}{h_3-h_{4S}}=\frac{T_3-T_4}{T_3-T_{4S}}=\frac{T_3-T_4}{T_3}\frac{1}{\left[1-\left(\frac{p_4}{p_3}\right)^{\frac{\kappa-1}{\kappa}}\right]} \tag{7-24}$$

式中：($p_3$，$T_3$)和($p_4$，$T_4$)分别为涡轮机入口处的压力温度状态和出口处的压力温度状态。若忽略涡轮通道内的传热损失，则涡轮机所输出的功率为

$$P_T = q_{mT} c_{pT} (T_3 - T_4) = q_{mT} c_{pT} T_3 \eta_T (1 - \pi_T^{\frac{1-\kappa}{\kappa}}) \quad (7-25)$$

式中：$\pi_T$ 为涡轮机的膨胀比，表示涡轮前后压力之比，即 $\pi_T = \frac{p_3}{p_4}$。

一般，涡轮机效率为 $\eta_T = 0.70 \sim 0.90$。

一台增压器的总效率 $\eta_{al}$ 是指压气机效率 $\eta_b$、涡轮机效率 $\eta_T$ 及增压器机械效率 $\eta_m$ 三者的乘积，即

$$\eta_{al} = \eta_b \eta_T \eta_m \quad (7-26)$$

涡轮机叶片一般在 900 ℃左右的高温排气冲击下工作，并承受巨大的离心作用力，所以要求涡轮机入口处的发动机排温限制在 700 ℃以内。同时，叶轮采用镍基耐热合金钢或陶瓷材料制造。用质量轻并且耐热的陶瓷材料可以使涡轮机叶轮质量大约减轻 2/3，涡轮增压加速滞后的问题也因此在很大程度上得到改善。

(2)涡轮机特性曲线

涡轮机特性曲线是指根据排气滞止参数计算膨胀比 $\pi_T$、排气流量 $q_{mT}$、涡轮转速 $n_T$ 以及涡轮的机械效率 $\eta_T$ 之间的变化关系。涡轮机的通用特性曲线也同样是根据相似原理，利用折合流量和折合转速来绘制的。如图 7-32 所示。

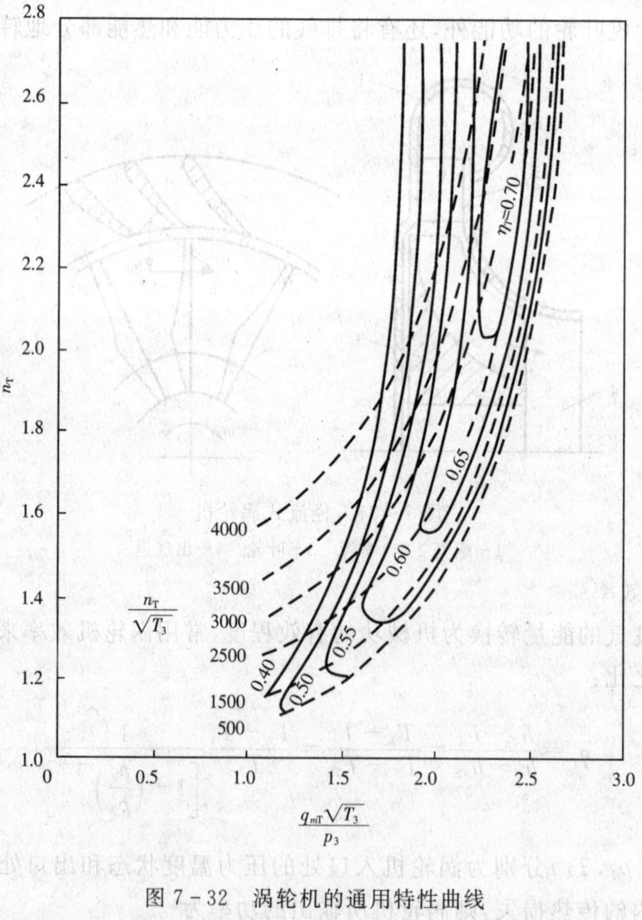


图 7-32　涡轮机的通用特性曲线

对一定的涡轮转速($n_T/\sqrt{T_3}$一定),随着膨胀比的增加,存在一个堵塞流量,即涡轮机内部流道上,如喷嘴出口截面上或叶轮通某处,排气流速已达到当地的声速。此时,再缩小流通截面不仅不能提高流速,反而会增加流动阻力。

涡轮机的效率与排气与在涡轮机内部的膨胀做功过程中的流动损失、撞击损失和余速损失有关。流速越高、流量越大,流动损失也越大。撞击损失和余速损失在设计工况点最小,偏离设计工况程度也越大,则撞击损失和余速损失也越大。

在设计车用发动机涡轮时,尽可能增加膨胀比,扩大流量范围,以适应发动机低速低排气流量时,有足够的涡轮效率和转速驱动压气机;同时保证大流量时,不至于出现堵塞现象,以免增加发动机的排气阻力而使发动机性能恶化。

**五、涡轮增压器与发动机的匹配**

发动机增压的目的就是提高进气密度,以提高单位气缸工作容积的做功能力。对车用发动机常采用废气涡轮增压。

车用发动机要求低速转矩特性,即随发动机转速降低转矩要增大,在低速区出现最大转矩,而高速区需要最大功率。而涡轮增压器其增压能力取决于增压器的转速。增压器的转速是由发动机排出的废气所具有的能量(排气流量和温度)在涡轮机上推动叶轮旋转而转换的。发动机的工况用其转速和负荷表示,在不同工况下发动机排出的废气能量不同。低速时排气流量低,所以涡轮转速低而压气机的增压效果降低。这与动力机械所要求的发动机转矩特性互相矛盾。而且发动机和增压器之间没有机械联系,只有气动联系。因此,作为动力机械的发动机和作为流体机械的增压器如何匹配,或对一台发动机如何选配增压器,一直是提高增压发动机性能的重要问题。

1. 增压比的选择

对自然吸气式发动机可根据提高功率的不同要求,选择不同增压度或设计不同增压比的增压器。但近年来随着节能与排放法规要求的日趋严格,和来自用户的舒适性等要求的不断提高,车用柴油机增压问题,已不再是单纯地追求高功率,而是在满足宽广的转速和负荷范围的同时满足汽车的动力性、经济性、排放以及成本等多方面的要求。因此,应根据具体要求选择不同的增压方式。

如图 7-33 所示为在缸径为 110mm 的六缸车用柴油机上增压比 $\pi_b$ 对发动机性能的影响。图中用 $\varphi_i$ 表示增压前后各项性能指标的影响因子,其定义式为

$$\varphi_i=\frac{X_{iB}-X_{iA}}{X_{iA}}\times 100\% \tag{7-27}$$

式中:$X_{iA}$、$X_{iB}$分别为增压前后的 $i$ 项性能指标。其中 $i$ 项性能指标包括输出功率 $P_e$ 和 $NO_x$、CO、HC、烟度(BSU)等排放指标。

当某项性能指标随增压比的提高而增大时,$\varphi_i$ 为正,反之随增压比而减小时为负。由此可见,在增压比为 $\pi_b<1.5$ 的低增压区,随增压比的增加发动机的动力性和 CO、HC 以及烟度的排放特性都有明显的改善,而且相对功率的提高 $NO_x$ 排放量增加不多。当增压比为 1.5 左右时,在 $NO_x$ 排放量增加不多的前提下,CO、HC 及烟度排放分别改善 83%、20%和 50%,而且输出功率提高 25%以上。但在增压比为 $2.5>\pi_b>1.5$ 的中增压范围内,CO、HC

以及烟度排放的改善程度基本保持不变，但输出功率和 $NO_x$ 排放量却明显增加，而且在此增压比范围内，随增压比的增加，缸内空气密度增加，同时进气温度升高，因此 $NO_x$ 排放量随增压比的增长速率比功率随增压比的增长速率还快，而且增压比越大这种差距越大。因此，从排放角度考虑时，可以选择低增压，但为了提高发动机的升功率，以提高动力性和经济性而采用中增压或高增压时，必须采取相应措施以降低 $NO_x$ 排放量。

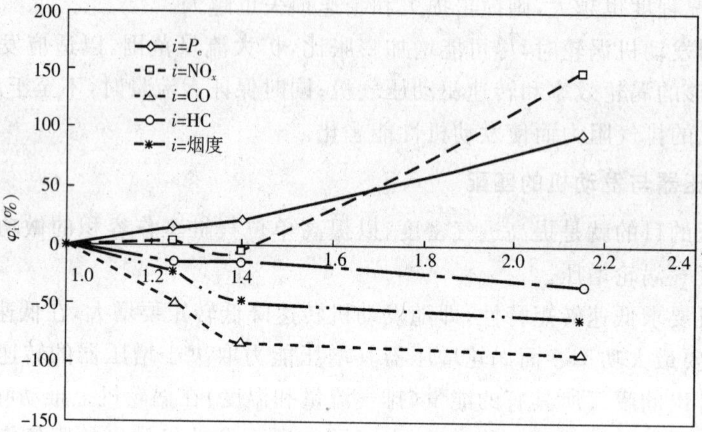


图 7-33　增压比 $\pi_b$ 对发动机性能的影响

2. 涡轮增压器与发动机的匹配原理

发动机的增压技术，实际上就是根据发动机性能要求选择合适的增压器。每个型号的涡轮增压器都有特定的使用流量范围，由压气机的喘振线、某一等效率线或堵塞线和增压器最高转速线围成。涡轮增压器与车用发动机匹配的目的，就是在保证发动机性能达到预期的目标值的前提下，使发动机整个运行区域与增压器良好匹配，即发动机工作区尽可能在压气机高效率运行区。为此，应根据发动机性能要求选择合适的增压器。

(1)增压器流量特性的选择

由于废气涡轮增压器是流体机械，由发动机排出的废气能量来驱动其涡轮，因此，随发动机的不同工况其工作状况不同，增压器效果也不一样。当发动机转速低时，由于发动机排出的废气流速低，其能量小，增压器的转速就低，所以增压效果弱。应该根据与发动机匹配的目的不同选择不同流量特性的增压器。

根据涡轮增压器由发动机排气能量驱动的特点，当发动机高转速运行时排气流速高，驱动涡轮机旋转的能量足够大，为了减小涡轮机内部高速流动损失和发动机的排气损失，以提高发动机的最大功率，如图 7-34 所示的Ⅱ型增压器，将涡轮入口（喷嘴）截面积设计的较大。但是，在发动机低速时由于排气能量小，驱动涡轮机的能量降低，增压器转速降低，所以压气机的增压效果减弱，直接影响发动机的低速特性。为了改善低速特性，缩小涡轮入口截面积（如图 7-34 所示的Ⅰ型增压器），保证低速工况下也有足够的喷入涡轮机废气的能量（流速），以提高增压器低速区的增压效果。但由于流动截面积小，在高速时流动损失增加，造成发动机排气阻力增大，使发动机高速性能恶化。在折中考虑发动机的高低速性能后，增压器就按常用的中速范围匹配。

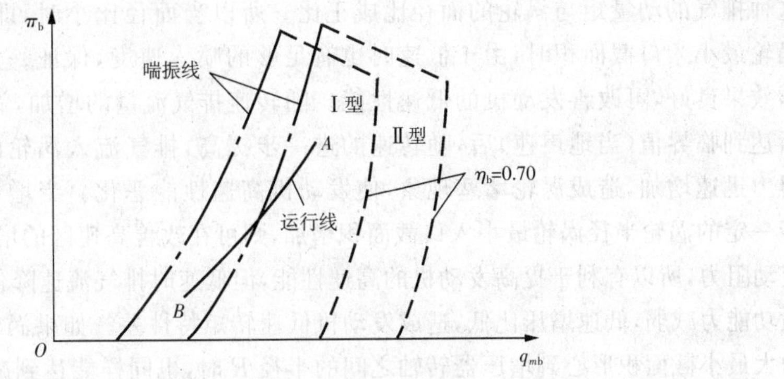


图 7-34　压气机流量范围的选择

(2)涡轮增压器与发动机的联合运行特性

为了使涡轮增压器和发动机良好匹配，对根据发动机设计要求初选的增压器和发动机联合运行的特性需要进行分析，为此制取如图 7-35 所示的联合运行特性曲线。首先，通过台架实验结果分析最高输出功率和最大输出转矩是否达到设计要求。其次，通过测量压气机前后压力和进气流量，计算各工况下的增压比和进气流量，并在压气机特性曲线上，绘制发动机的运行曲线，主要包括发动机最低转速下的负荷特性、全负荷速度特性和最高转速下的负荷特性，由此分析全负荷速度特性上的增压比是否符合设计要求。同时，分析发动机整个运行工况是否在压气机特性曲线上的高效率区。如果匹配计算结果，发动机低速区的全负荷特性线靠近压气机的喘振线，说明增压器相对该发动机而言使用流量范围偏大(如图 7-35 所示采用Ⅱ型增压器时)；反之，如果额定工况点落在压气机低效率($\eta_b$＜55%)区或堵塞线，说明所选择的增压器的使用流量范围偏小。二者均需要重新选择增压器或对增压器进行改进。

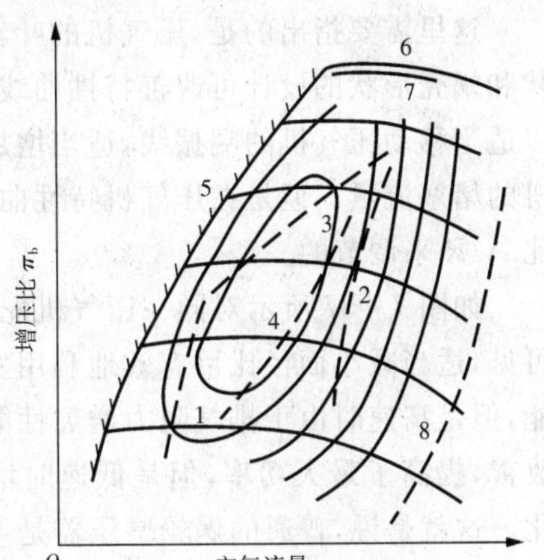


图 7-35　涡轮增压器与发动机的联合运行特性曲线

1—$n_{min}$负荷特性　2—$n_{max}$负荷特性　3—外特性　4—螺旋桨特性　5—喘振线　6—最高转速线　7—最高排温线　8—最低效率线

(3)涡轮增压器与发动机的匹配

为了说明增压器与发动机转速的匹配情况，引入增压器面径比的概念，如图 7-36 所示，涡轮喷嘴处(最小入口)截面积 $A$ 和该截面积的形心到增压器转轴的最短距离 $R$ 之比，称为增压器的面径比 $A/R$。

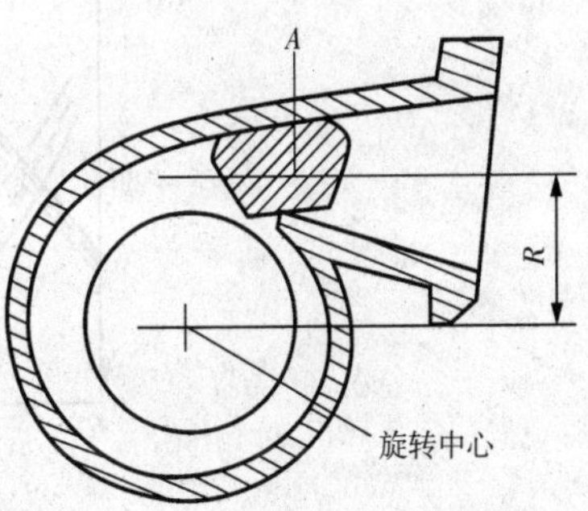


图 7-36　增压器的面径比

根据涡轮机内能量转换的原理，当排气按一定的流速喷入涡轮机内时，在气流对叶轮的冲击性作用和在弯曲的叶片之间的流道上高速流动的气流所产生的离心力的作用下，叶轮高速旋转。所以增压器(涡轮机)的转速实际上是与喷入涡轮的排气的动量矩有关，而这种排气的动量矩与涡轮的面径比成正比。所以当面径比小时，即对一定的涡轮半径缩小涡轮最小入口截面积时，由于低速时也有足够的喷入速度，保证一定的动量矩，从而低速增压效果良好，可改善发动机的低速性能。随转速排气流量的增加，涡轮入口处的气流速度逐渐达到临界值（当地声速）后，随转速的进一步提高，排气流入涡轮的速度不变，而排气流动阻力迅速增加，造成涡轮堵塞现象，使发动机高速性能恶化。当增压器的面径比大时，相当于一定的涡轮半径涡轮最小入口截面积增加，则可在改善高速区的增压效果的同时，减小高速流动阻力，所以有利于提高发动机的高速性能，但低速时排气流速降低，动量矩减小，增压器的做功能力减弱，低速增压比低，造成发动机低速转矩特性差。如果涡轮最小截面积 $A$ 不变，而增大最小截面积形心到增压器转轴之间的半径 $R$ 时，也同样能达到减小面径比的效果。但是半径 $R$ 的增加实际上就是涡轮直径的增加，将导致涡轮惯性质量增大，从而直接影响涡轮增压器的响应特性。因此，每一台增压器与发动机匹配时需要优化面径比 $A/R$。

这里需要指出的是，压气机的叶轮和蜗壳的设计决定压气机的特性曲线，通过叶片的形状和蜗壳形状的设计可改善特性曲线的形状。如改变叶片扩压器的进口角、喉口面积等可以适当移动压气机的喘振线，适当增加叶片扩压器喉口面积和叶轮喉口面积，可以提高压气机的堵塞流量。但是在压气机特性曲线上的发动机联合运行区域，则是通过涡轮机的面径比 $A/R$ 来调节的。

如图 7-37 所示对同一压气机配备不同面径比的涡轮机时对发动机性能的影响。由图可见，适当减小面径比可有效地利用发动机低速时的排气能量，有利于改善发动机的低速性能，但是高速时由于排气阻力增加性能降低；相反，若适当加大面径比时，高速性能明显得到改善，提高了最大功率，但是低速时增压器转速低，增压效果降低，使得发动机低速特性恶化。这就是说，普通的涡轮增压器是不能同时兼顾发动机的高速性和低速性。

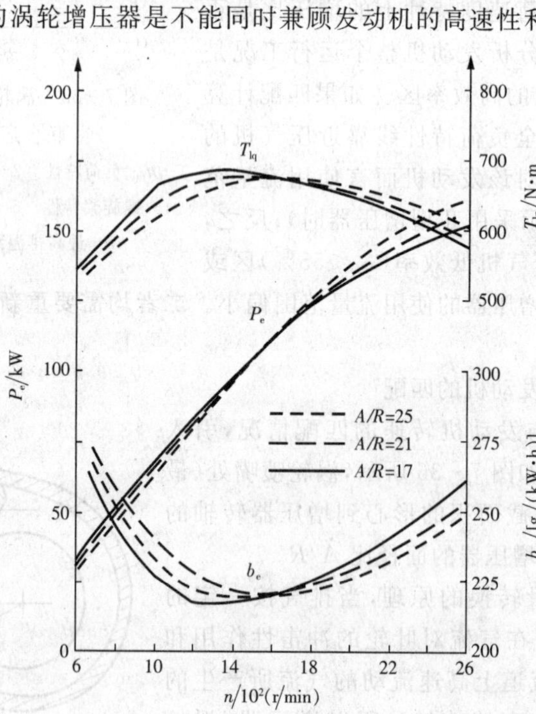


图 7-37　不同面径比的涡轮机对发动机性能的影响

(4)VGT 或 VNT

增压柴油机如何兼顾高低速性能,是增压发动机匹配所要解决的重要问题。为了使涡轮增压器同时兼顾发动机低速性和高速性,以满足车用发动机使用转速范围宽的特殊要求,可变涡轮面径比的技术已开发研究并投入应用。其典型的技术就是如图 7-38 所示的可变几何喷嘴截面积的涡轮增压器 VGT(Variable Geometry Turbocharger)或 VNT(Variable Nozzle Turbocharger)。这种可变面径比技术是在涡轮半径一定的条件下,根据发动机不同转速通过设在叶轮入口处的可动翼片来改变涡轮喷嘴截面积,实现面径比的可变。低速时减小面径比以提高低速增压比,改善低速转矩特性;而高速时扩大喷嘴截面积,增加面径比,由此降低排气阻力,保证发动机的高速性能。

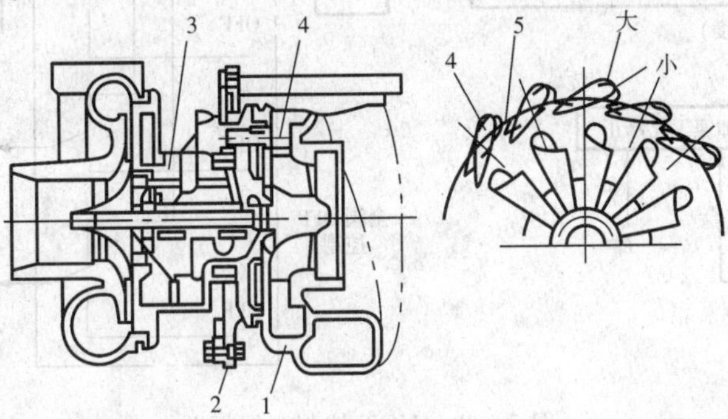


图 7-38 可变几何喷嘴截面积的涡轮增压器(VGT 或 VNT)

1—蜗壳 2—驱动柄 3—转承壳 4—可动翼片 5—连接环

这里,可动翼片是通过连接环和销与驱动柄相连接,并由驱动柄的不同位移来控制其不同开度,即可改变涡轮喷嘴截面积。而驱动柄的位移是由三个柱塞式控制阀(VGT A,VGT B,VGT C)来控制。根据三个控制阀的不同组合(表 7-1),将可动翼片的开度范围从最小开度到最大开度划分成 8 个段数(不同开度),这相当于 8 个不同面径比的增压器。

表 7-1 VGT 段数和三个 VGT 阀 ON/OFF 状态的对应关系

| VGT 段数 | 1 | 2 | 3 | 4 | 5 | 6 | 7 | 8 |
|---|---|---|---|---|---|---|---|---|
| VGT C | ON | ON | ON | ON | OFF | OFF | OFF | OFF |
| VGT B | ON | ON | OFF | OFF | ON | OFF | OFF | OFF |
| VGT A | ON | OFF | ON | OFF | ON | ON | OFF | OFF |

因此,对应发动机的不同工况要求,通过改变可动翼片的不同开度调节涡轮喷嘴截面积,由此兼顾发动机高低速性能,使得在整个使用转速范围内,充分发挥增压器的性能,达到增压器与发动机的优化匹配。

如图 7-39 所示为 VGT 控制逻辑框图。发动机在不同工况下运行时,都存在着其最佳 VGT 段数,此最佳段数可事先通过台架实验标定以三维脉谱图(MAP)的形式来给定,如图 7-40 所示,并存于 ROM 中。当发动机实际运行时,ECU 通过转速传感器和节气门开度传感器判定实际工况后,直接在 VGT 脉谱图中读取对应工况的最佳 VGT 段数,由此确定三个 VGT 阀的 ON/OFF 状态,并驱动三个 VGT 阀的驱动电路,控制 VGT A、VGT B、

VGT C 三个阀的开或关，达到随发动机转速控制改变涡轮喷嘴截面积的目的。如图 7－41 所示为 VGT 的控制效果，这样可兼顾增压发动机的高速和低速性能。

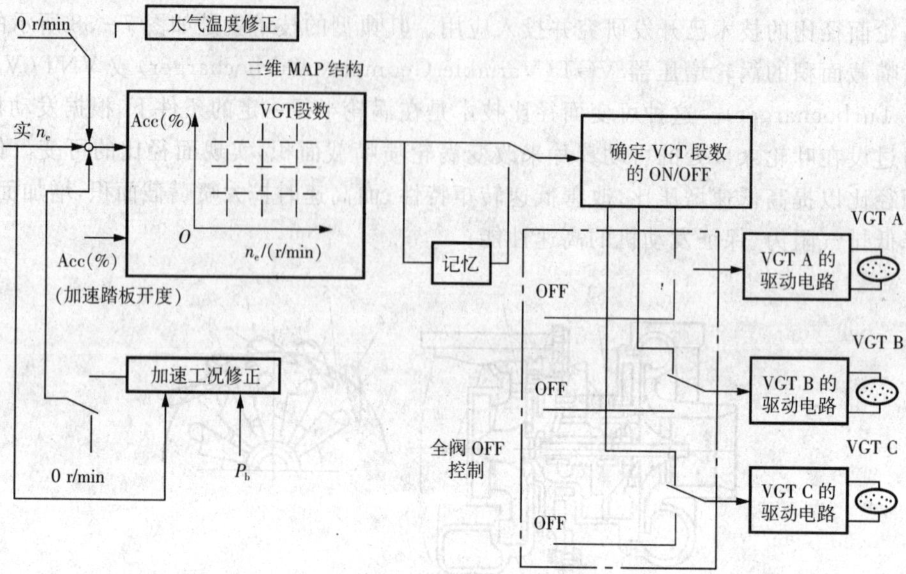


图 7－39　VGT 控制逻辑框图

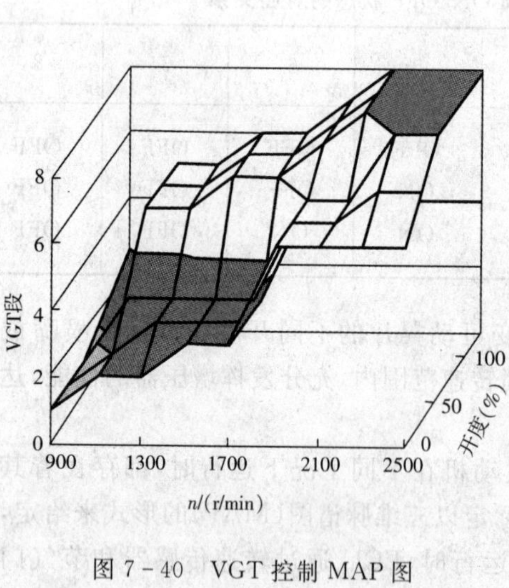


图 7－40　VGT 控制 MAP 图

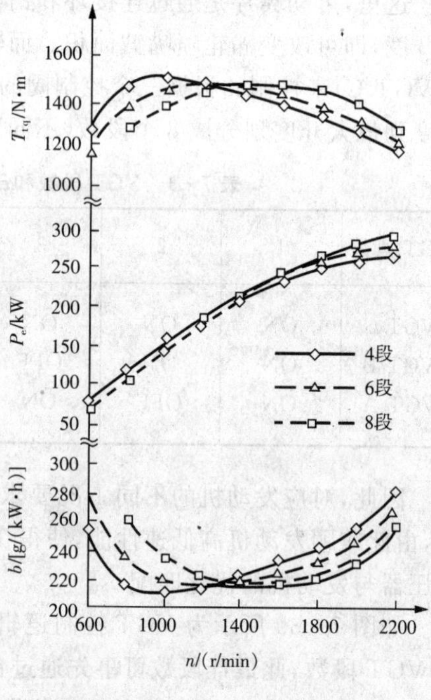


图 7－41　VGT 的控制效果

# 第五节 废气再循环(EGR)系统

## 一、概述

废气再循环 EGR(Exhaust Gas Recirculation)是在换气过程中,将已排出气缸的废气的一部分再次引入进气管与新鲜充量一起进入气缸的过程。需要指出的是,随着 EGR 的实施,气缸内的废气量增多,但这不等于残余废气系数的增加。残余废气系数是从评价气缸换气能力的角度定义排气后保留在气缸内的废气量的相对值。残余废气系数大,表明气缸换气效果不良,直接造成充气效率降低。而 EGR 是用来调节混合气的组成成分,提高混合气的总热容,由此控制燃烧速率,降低最高燃烧温度,达到在保持动力性和经济性基本不变的条件下,降低 $NO_x$ 排放量的目的。

可以这样认为,充气效率是以进入气缸的混合气的量,直接影响发动机的动力性;而 EGR 是以控制进入气缸的混合气的成分,影响发动机的排放特性。随着排放法规的日趋严格,现代车用发动机上 EGR 系统已成为不可缺少的一部分。但是过多的 EGR 使得气缸内废气量过多直接阻碍燃烧过程,造成经济性下降、碳烟排放恶化。因此,根据不同工况需要精确控制再循环废气量,即混合气质量成分,为此定义 EGR 率。通常的 EGR 率的定义式有以下两种。

(1)定义一:

$$\text{EGR 率}=\frac{q_{\text{VEGR}}}{q_{\text{Va}}}\times 100\% \tag{7-28}$$

式中:$q_{\text{Va}}$ 为无 EGR 时进入气缸的空气体积流量;$q_{\text{VEGR}}$ 为 EGR 的体积流量。

$q_{\text{VEGR}}$ 可通过测量空气体积流量求得,即 $q_{\text{VEGR}}=q_{\text{Va}}-q_{\text{VaEGR}}$。其中 $q_{\text{VaEGR}}$ 为与测量 $q_{\text{Va}}$ 时相同工况下实施 EGR 时进入气缸的实际空气体积流量。

这种方式计算比较简单而常用,但是由于再循环废气和空气的混合,使得进气温度变化,因此造成进气密度变化,所以这种定义并不是很严密的。

(2)定义二:

$$\text{EGR 率}=\frac{\varphi_{CO_2,\text{mix}}-\varphi_{CO_2,\text{O}}}{\varphi_{CO_2,\text{EGR}}-\varphi_{CO_2,\text{O}}}\times 100\% \tag{7-29}$$

式中:$\varphi_{CO_2,\text{mix}}$ 为 EGR 混合后 $CO_2$ 的体积分数;$\varphi_{CO_2,\text{EGR}}$ 为流经 EGR 管中气体 $CO_2$ 的体积分数;$\varphi_{CO_2,\text{O}}$ 为大气中 $CO_2$ 的体积分数。

这种定义式是从进气和排气中 $CO_2$ 的体积分数(或 $O_2$ 的体积分数),以及再循环废气与空气混合后进入气缸前 $CO_2$(或 $O_2$)的体积分数变化率来进行计算的,所以相对比较精确,但需要专用测试设备。

## 二、EGR 对发动机性能的影响

由于汽油机和柴油机混合气形成的特点及负荷调节的方式不同,EGR 对燃烧过程及 $NO_x$ 排放特性的影响也有所不同。

汽油机采用均匀混合气靠外部能源点燃的燃烧方式,采用量调节负荷调节方法。除启动、急加速等特殊工况以外，喷油量取决于进入气缸的空气流量。所以，在汽油机上实施 EGR 时虽然影响进气流量，但喷油量随进气流量变化而改变，因此，进入气缸的空燃比不受 EGR 的影响而基本保持不变。再循环的废气，对混合气有加热作用，同时和气缸内的残余废气一起稀释混合气，加大气缸工作混合气的总热容，影响燃料与空气的氧化反应(燃烧)速度，使着火后期延长，最高燃烧温度降低，从而降低 $NO_x$ 的排放量。但是如果 EGR 率过大，会造成燃烧不稳定，HC 排放及烟度增加，油耗加大。因此，实施 EGR 的关键是精确控制 EGR 率。汽油机实施的 EGR 率的范围一般在 0～25%，可使 $NO_x$ 排放降低约 50%～70%。在发动机怠速、暖机过程以及小负荷运转时，由于进气温度较低，$NO_x$ 排放不高，所以一般不实施 EGR。而接近全负荷时需要发动机保持足够的动力性，所以即使 $NO_x$ 排放高也停止实施 EGR。

而对柴油机这种质调节压燃式发动机，采用将燃料直接喷入缸内的高温高压的空气中强制雾化的混合气形成方式，燃料的喷射量不受进入气缸的空气量的限制，只取决于负荷的大小。而其工作时混合气的平均过量空气系数均大于 1.2，氧气充足，所以燃烧热效率高，同时 $NO_x$ 排放也高。当实施 EGR 以后，相应地减小进入气缸的空气流量，但喷油量不变，因此混合气变浓，不仅降低了气缸内工质的氧和氮的含量，而且高比热容的再循环废气的惰性作用，使混合气的热容增大，抑制混合气的燃烧，从而降低最高燃烧温度。所以，柴油机上实施废气再循环，其降低 $NO_x$ 排放的效果更明显，而且由于柴油机废气中含氧量远高于汽油机，而 $CO_2$ 含量较低，所以可实施较大的 EGR 率，最大 EGR 率可达到 40%～50%。有关研究表明，柴油机上实施一定的 EGR 以后，在燃油消耗率不变的前提下，可有效地降低 $NO_x$ 的排放量(如图 7-42 所示)。

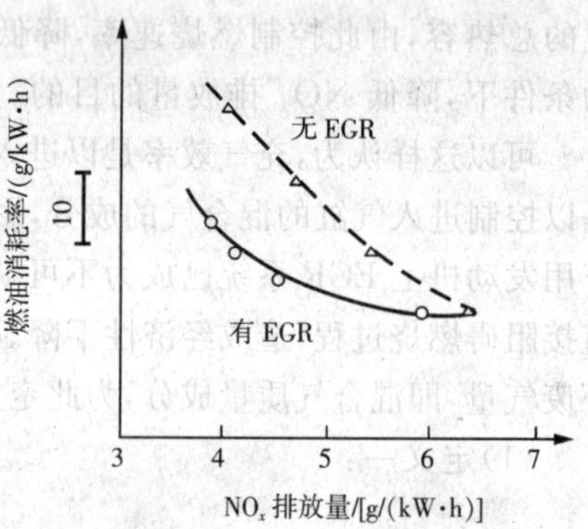

图 7-42　柴油机上实施 EGR 的效果

在压燃式发动机上也同样，当 EGR 率过大时，燃油消耗率和烟度均恶化，微粒排放量也增加。所以根据发动机不同工况，需要精确控制再循环废气量。

另一方面，利用 EGR 的上述特点，通过适当的 EGR 率，控制气缸内的燃烧温度，由此组织开发均质压燃(HCCI)或预混合压燃(PCCI)等清洁燃烧过程。

## 三、EGR 系统的分类

### 1. 汽油机的 EGR 系统

汽油机上所采用的 EGR 系统有机械式和电控式两种。机械式 EGR 系统是通过进气压力和排气压力来调节 EGR 阀开度，由此控制 EGR 率。其主要缺点是所能控制的 EGR 率较小，约为 5%～15%，而且控制自由度受限制，故只限应用于传统的化油器式汽油机。电控式 EGR 系统是通过电磁阀任意控制 EGR 率，不仅结构简单，而且可精确地实施较大的 EGR 率(15%～20%)。因此现代汽车电控发动机上，均采用电控式 EGR 系统。

电控式 EGR 系统主要由 EGR 阀及其控制系统组成。EGR 阀的结构如图 7-43 所示，基本上引用与机械式相同的结构，只是 EGR 阀的负压控制系统改成电控式，即用专门的电磁控制负压室的真空度，而控制用真空度是安装在发电机上的真空泵来提供。根据 EGR

的控制方式不同电控式 EGR 系统又可分为开环 EGR 控制系统和闭环 EGR 控制系统。开环 EGR 控制系统中，EGR 率只受 ECU 中预先设计的 EGR 控制 MAP 图的控制，不检测发动机运行时实际实施的 EGR 率或 EGR 阀的开度，以此作为反馈信息，并对 EGR 率的实际值与目标值进行比较，实现 EGR 率的反馈控制。

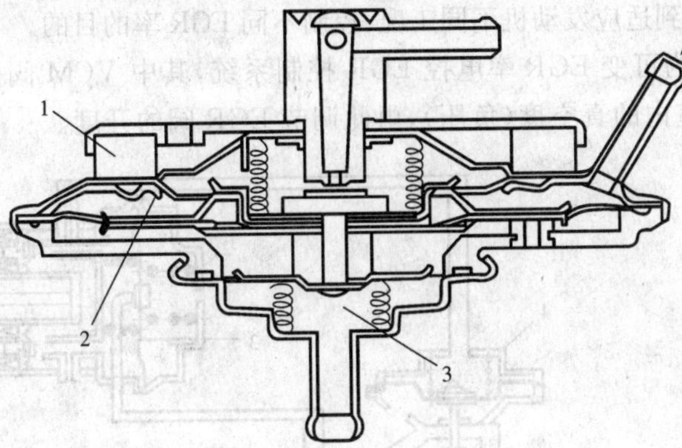


图 7-43　EGR 阀

1—大气压力室　2—进气压力室　3—排气压力室　4—进气管接头

(1)EGR 开环控制系统

电控开环 EGR 控制系统是在机械式 EGR 系统的基础上，通过 ECU 控制电磁阀，由此控制作用在 EGR 阀上的负压。根据 EGR 阀的控制特点，电控开环式 EGR 控制系统分为简单开关电控 EGR 控制系统、可变 EGR 率电控 EGR 控制系统和背压修正式电控 EGR 控制系统三种。

简单的开关式电控 EGR 控制系统，如图 7-44 所示主要由 EGR 阀、用于控制 EGR 阀的 EGR 电磁阀、节气门位置传感器、曲轴位置传感器、冷却水温度传感器、起动信号和 ECU 等组成。这种简单的电控开环式 EGR 控制系统，实际上在用进气管负压控制 EGR 阀的机械式 EGR 控制系统的基础上，在进气管负压通道上设置 EGR 电磁阀，用 ECU 根据发动机工况控制 EGR 电磁阀的开关，以此控制作用于 EGR 阀上的负压。

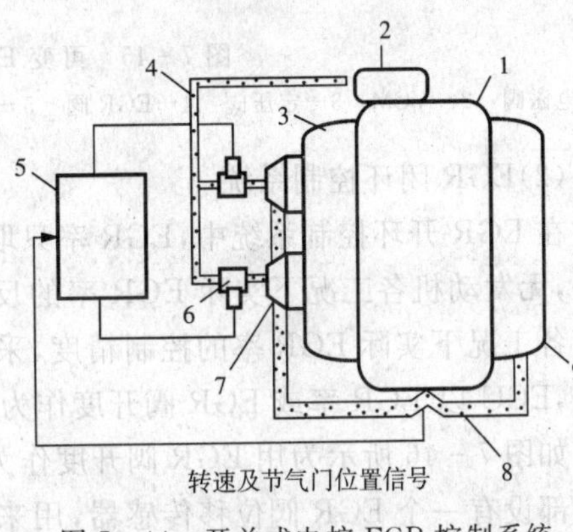


图 7-44　开关式电控 EGR 控制系统

1—发动机　2—真空泵　3—进气管　4—真空管　5—ECU　6—电磁阀　7—EGR 阀　8—EGR 回流管　9—排气管

当发动机处于起动工况，或怠速工况，或发动机冷却水温度低，以及发动机转速低于某一设定转速（如 900r/min）或超过某一设定转速（如 3200r/min）时，ECU 向 EGR 电磁阀发出“ON”信号，使电磁阀接通电源而关闭其阀门，切断 EGR 阀的负压通道，使 EGR 阀关闭，停止 EGR 的实施。否则，ECU 使 EGR 电磁阀断开电源而开启电磁阀，接通 EGR 阀的负压通道，使 EGR 阀开启而 EGR。这种简单的 EGR 控制系统不能实现根据发动机工况的变化改变 EGR 率。

可变 EGR 率的电控 EGR 控制系统，是根据事先通过发动机台架试验标定并存储于 ROM

中的 EGR 率发动机转速、进气量的三维 EGR 率脉谱(MAP)图,对应发动机不同工况,由 ECU 通过各种传感器信号,判断发动机具体运行工况之后,向 EGR 电磁阀(VCM 阀)输出相应的不同占空比的控制指令,由此控制 VCM 阀(Vacuum control Magneti,真空度控制电磁阀)的开启和关闭时间,于是调节通过 VCM 阀进入负压室的空气量,得到控制 EGR 阀不同开度所需要的各种真空度,从而达到适应发动机不同工况、控制不同 EGR 率的目的。

如图 7-45 所示为可变 EGR 率电控 EGR 控制系统,其中 VCM 阀的作用主要就是控制通往 EGR 阀膜片室内的真空度(负压),由此调节 EGR 阀的开度。

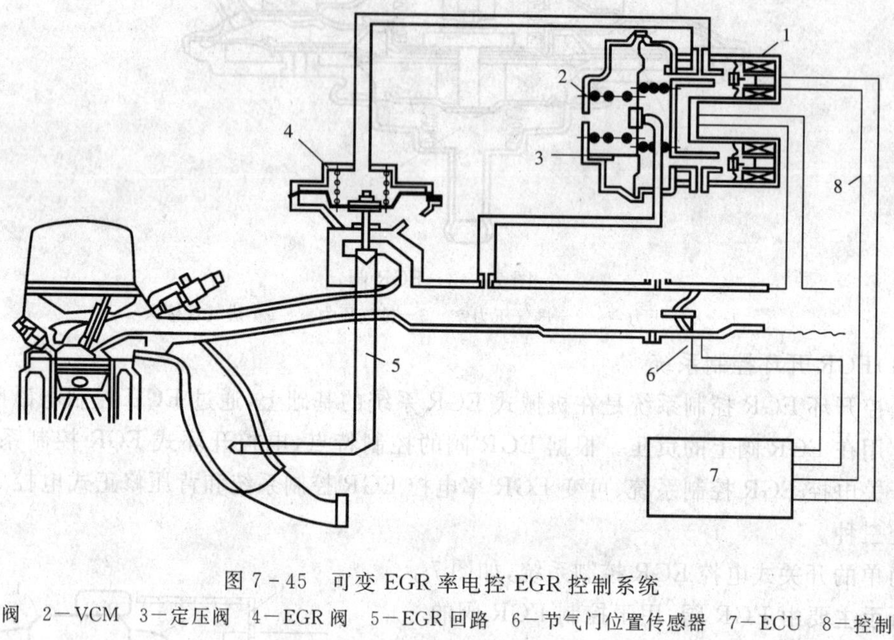


图 7-45 可变 EGR 率电控 EGR 控制系统

1—电磁阀 2—VCM 3—定压阀 4—EGR 阀 5—EGR 回路 6—节气门位置传感器 7—ECU 8—控制信号线

(2)EGR 闭环控制系统

在 EGR 开环控制系统中,EGR 率只取决于 ECU 内预先设置好的 EGR 脉谱图和控制程序,无发动机各工况下实际 EGR 率的反馈信号,因此其 EGR 控制精度相对较低。为了提高各工况下实际 EGR 率的控制精度,采用 EGR 的闭环控制系统。在 EGR 闭环控制系统中,ECU 以 EGR 率或 EGR 阀开度作为反馈信号实现闭环控制。

如图 7-46 所示为用 EGR 阀开度作为反馈信号的 EGR 闭环控制系统。其中,在 EGR 阀上部设有一个 EGR 阀位移传感器,用来检测 EGR 阀的开度,并用电位计将其信息转变为相应的电压信号后给 ECU,EGR 闭环控制的反馈信息。

还有一种办法是在进气稳压箱内设有 EGR 率传感器,由此直接检测不同工况下实施 EGR 后稳压箱内混合气的氧含量,以此作为反馈信号对 EGR 控制阀进行反馈控制,以调节 EGR 率,使其始终保持在最佳状态,从而有效地降低 $NO_x$ 的排放量。

2. 柴油机的 EGR 系统

柴油机的 EGR 控制相对汽油机比较复杂,一般都采用电控式 EGR 系统。从结构上看柴油机的 EGR 控制系统可分为外部 EGR 系统和内部 EGR 系统两种。

(1)外部 EGR 系统

外部 EGR 系统比较常见。所能实施的 EGR 率受排气管背压和进气管压力之差的影响。自然吸气式柴油机，由于进排气之间有足够的压力差，很容易实施 EGR。所以采用的 EGR 系统与汽油机类似。对于增压柴油机，如图 7－47 所示，根据 EGR 的入口相对压气机入口前或压气机出口后的位置不同，所能实施的 EGR 效果不一样。当 EGR 的入口位置设在压气机出口后时，在中低速的中小负荷范围内，由于增压程度较弱，进气压力相对较低，所以比较容易实施 EGR。但随着转速和负荷的增加，增压器的增压效果提高使进气压力升高，因此在高速下很难实现 EGR，特别是高增压时，有可能进气压力大于排气背压而造成倒流现象。解决这一问题的主要办法是，在保证发动机气缸正常排气的前提下，尽可能提高排

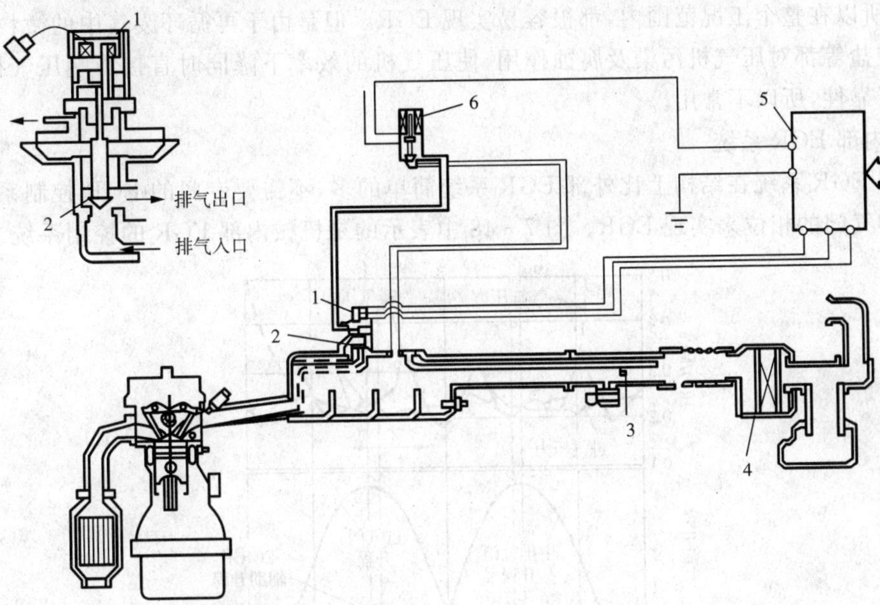


图 7－46　用 EGR 阀开度作为反馈信号的 EGR 闭环控制系统

1—EGR 阀位移传感器　2—EGR 阀　3—节气门　4—空滤器　5—ECU　6—电磁阀

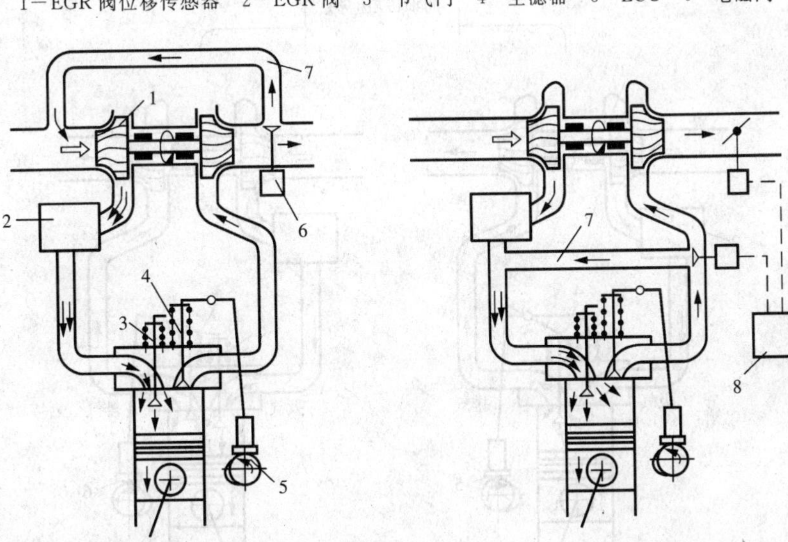


a)EGR 入口在压气机前　　b)EGR 入口在压气机后

图 7－47　外部 EGR 系统

1—增压器　2—中冷器　3—进气阀　4—排气阀　5—排气齿轮　6—EGR 阀　7—EGR 回流管　8—ECU

气压力与进气压力之差。如在进气系统中设置节流阀或 EGR 管采用 Venturi 管等，由此降低局部进气压力，以提高 EGR 率。但采用进气节流阀会增加泵气损失，不利于改善发动机经济性，而 Venturi 管虽然压力损失小，而且在喉管下游压力降可以得到部分恢复，但调节范围不大。对中重型柴油机在 EGR 系统中采用单向阀，以防止当增压压力大于排气背压时进气向排气管倒流的现象。采用 VGT 或 VNT 的增压方式，可通过减小涡轮最小喷嘴截面积来提高排气压力，由此增大 EGR 率。

当 EGR 回流口设在压气机的入口前时，不管什么工况，EGR 入口处的压力始终低于排气压力，所以在整个工况范围内，都很容易实现 EGR。但是由于再循环废气中的微粒(PM)以及硫酸盐等都对压气机污染及腐蚀作用，使压气机的效率下降同时直接影响压气机的耐久性和可靠性，所以不常用。

(2)内部 EGR 系统

内部 EGR 系统在结构上比外部 EGR 系统简单的多，不需要专门的 EGR 控制系统，只是通过排气门的相位来实现 EGR。图 7-48 中表示的是机械内部 EGR 的控制系统。其机

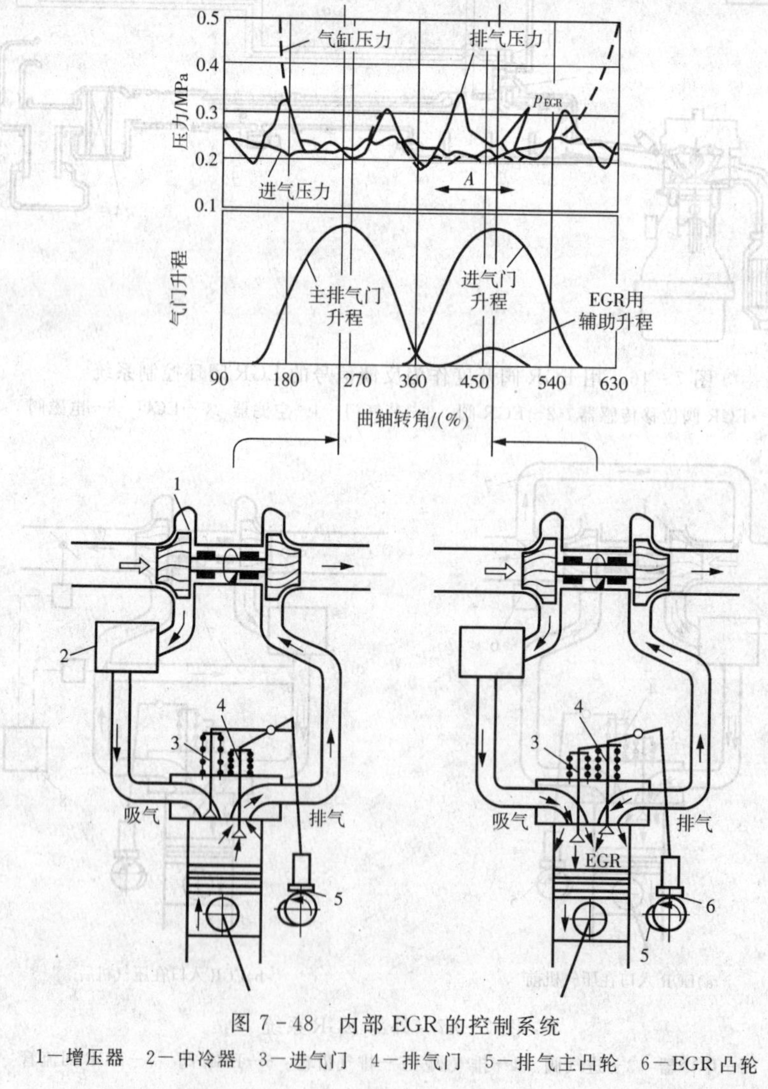


图 7-48 内部 EGR 的控制系统

1—增压器 2—中冷器 3—进气门 4—排气门 5—排气主凸轮 6—EGR 凸轮

构特点是在排气凸轮之后专门设置一个 EGR 凸轮。这样每缸排气过程结束后的进气过程中,在合适的时刻通过该 EGR 凸轮,再次打开排气门。此时由于各缸排气支管的谐振作用,使得该进气过程的气缸的排气管中产生正压波,废气通过再次打开排气门随进气行程进入气缸,实现 EGR。这种内部 EGR 率是通过 EGR 凸轮的升程的半包角以及 EGR 凸轮工作时刻来控制的。

随着柴油机电控技术的发展,已开发应用配气相位可变技术。这种配气相位可变的电控发动机,实现内部 EGR 要容易的多,只要根据 ECU 精确控制排气门的配气相位,在一定范围内随不同工况可以精确控制 EGR 率。但是要实现大量 EGR 率还是有限的,而且再循环废气未经过冷却直接回流到气缸,所以气缸内的混合气的温度升高,直接影响 EGR 对 $NO_x$ 排放的抑制效果。所以内部 EGR 降低 $NO_x$ 排放效果不如外部 EGR 明显,但因为简单、方便而受到重视。

采用 EGR 以后对发动机不利的影响主要体现在耐久性和可靠性上。一般在轻柴油中含有质量分数为 0.2%左右硫磺成分,所以在燃烧后的排气之中含有 $SO_2$ 成分。排气过程中 $SO_2$ 氧化成 $SO_3$ 后生成硫酸($H_2SO_4$),当低温时硫酸被析出腐蚀 EGR 管路等部件。

当存在机油时硫酸被中和,机油中的硫酸值降低,部分硫酸被附着在气缸壁、活塞、活塞环上,腐蚀表面。而且不管有无 EGR,燃烧气体中的 $NO_x$ 在气缸壁以及活塞环槽部均有可能形成硝酸($HNO_3$),与硫酸同样促进腐蚀及磨损。EGR 中的碳粒通过缸内涡流的作用附着在气缸壁以及活塞环附近的润滑油上,混入到润滑油之中,也加速了润滑系统零部件的磨损。

## 思考与练习

7-1 发动机的进、排气门为何要提前开启和迟后关闭?

7-2 四行程发动机换气过程包括那几个阶段,这几个阶段是如何界定的?

7-3 什么是充气效率?影响充量效率的因素有哪些?提高充气效率可以采取哪些措施?

7-4 二冲程发动机换气过程和四冲程发动机换气过程有何异同?

7-5 如何评价二冲程发动机的换气效果?

7-6 发动机增压技术的分类有哪些?何谓增压比和增压度?

7-7 试述车用废气涡轮增压器的基本工作原理。

7-8 涡轮增压器与发动机如何匹配?

7-9 废气再循环系统的分类有哪些?废气再循环对发动机性能有何影响?

# 第八章 内燃机的燃料与燃烧

**内容提要**：本章主要介绍内燃机使用的常规燃料的基本性质，燃烧热化学及燃烧的基础理论。

## 第一节 内燃机燃料

燃料是内燃机产生动力的来源。可以说内燃机的产生与发展、汽油机与柴油机在结构与性能上的差异、对环境的污染程度等，与燃料的种类和品质有着密切的关系。

### 一、石油中烃的分类及性质

内燃机传统的燃料是汽油和柴油，它们都是石油制品。石油主要由碳和氢两种元素构成，其质量分数约为97%～98%，还有少量的硫、氧、氮等。石油是多种碳氢化合物的混合物，分子式可以写为$C_nH_m$，通常称为烃。烃中的碳原子数和分子结构对其性质有重要影响。

1. 碳原子数的影响

根据烃分子中碳原子数的不同，可构成相对分子质量和沸点不同的物质。炼制汽油和柴油最简单的方法就是利用不同的沸点进行分馏，依次得到石汽油、汽油、煤油、轻柴油、重油，见表8-1。

表8-1 烃分子中碳原子数对理化性质的影响

| C原子数 | 沸点/℃ | 品 质 | 相对分子质量 | 理化性质的变化趋势 |
|---|---|---|---|---|
| $C_1$～$C_4$ | 常温 | 石油气 | 16～58 | 质轻↑ 易挥发↑ 粘度增大↓ 化学安定性变好↑ 易自然↓ 易点燃↑ |
| $C_5$～$C_{11}$ | 50～200 | 汽油 | 95～120 | |
| $C_{11}$～$C_{19}$ | 180～300 | 煤油 | 100～180 | |
| $C_{16}$～$C_{23}$ | 250～360 | 轻柴油 | 180～200 | |
| $C_{23}$以上 | ＞360 | 重油 | 220～280 | |

2. 分子的化学结构对性能的影响

在碳氢化合物中，除碳原子数对烃的性能有影响外，分子结构对烃燃料的性能也有很大影响，见表8-2。

**表 8-2　烃分子化学结构分类及对烃性能的影响**

| 分类 | 分子通式 | 结构式举例 | 性　能 |
| --- | --- | --- | --- |
| 烷烃 | $C_nH_{2n+2}$ | 直链<br>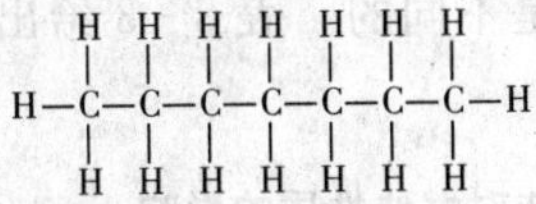<br>正庚烷 $C_7H_{16}$ | 正构物呈饱和的开链式结构，碳原子数越多，结构越紧凑。常温下化学性能比较稳定，在高温下易分解，自燃的滞燃期较短，是柴油的良好成分。异构物在高温下较稳定，是抗爆性好的汽油成分 |
| 烷烃 | $C_nH_{2n+2}$ | 支链<br>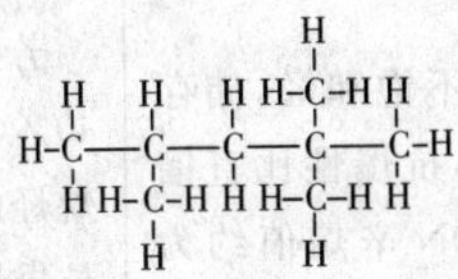<br>异辛烷(2,2,4—三甲基戊烷 $C_8H_{18}$) | 正构物呈饱和的开链式结构，碳原子数越多，结构越紧凑。常温下化学性能比较稳定，在高温下易分解，自燃的滞燃期较短，是柴油的良好成分。异构物在高温下较稳定，是抗爆性好的汽油成分 |
| 烯烃 | $C_nH_{2n}$ | 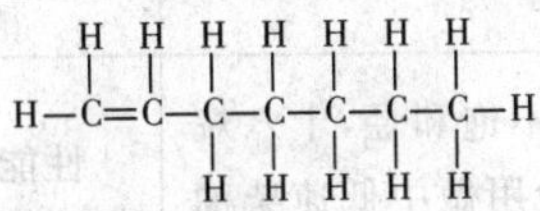<br>庚烯 $C_6H_{12}$ | 非饱和开链式结构有一个双链，比烷烃难于自燃，是抗爆性好的汽油成分，但由于不饱和结构常温下化学安全性差，长期储存易氧化生成胶质 |
| 环烷烃 | $C_nH_{2n}$ | 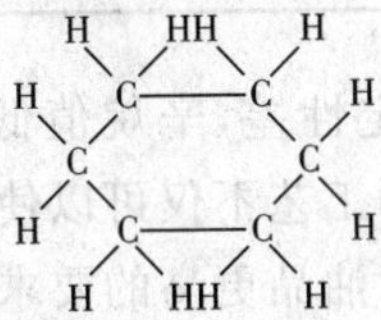<br>环己烷 $C_6H_{12}$ | 饱和的环状分子结构，不易分裂，热稳定性和自发火温度均比直链烷烃高，适宜作点燃式汽油机燃料 |
| 芳香烃 | $C_nH_{2n-6}$ | 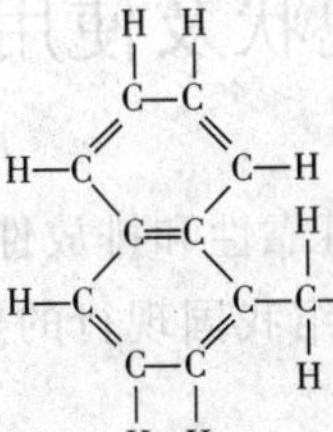<br>苯 $C_6H_6$<br>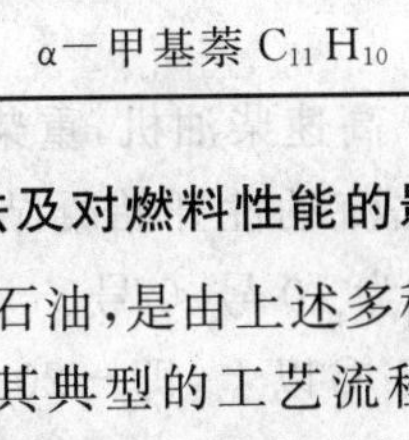<br>α—甲基萘 $C_{11}H_{10}$ | 基本化合物是苯，所有芳香烃都含有苯基成分，在石油中含量较少，结构紧固，热稳定性比烷烃、烯烃和换烷烃均高，是汽油中良好的抗爆剂 |

## 二、燃料的提炼方法及对燃料性能的影响

从地下开采出来的石油，是由上述多种烃类组成的混合液体。为了取得可用的液体燃料，要将原油加以炼制，其典型的工艺流程有直接蒸馏、裂解以及催化重整和加氢精制等。直馏法是将原油在炼油塔中进行加热蒸馏。根据不同的分馏温度得到不同成分的燃油，最

终获得的燃油约占原油的25%～40%。热裂解和催化裂解是将蒸馏后的重油等一些高分子成分通过不同的技术手段裂解为相对分子质量较小成分的过程。其中通过加热加压的方法进行裂解的过程称为热裂解法，使用催化剂进行裂解的过程称为催化裂解法。

不同的炼制工艺得到的燃油，其理化性质是不同的。表8-3给出了不同炼制方法对燃油性质的影响。

**表8-3　不同炼制方法对燃油性质的影响**

| 燃油 | 直馏法 | 热裂解法 | 催化裂解法 |
|---|---|---|---|
| 汽油 | 稳定性好，体积分数为90%～95%的烷烃与环烷烃，芳香烃的体积分数不超过5%～9%，不含不饱和链状烃，其MON辛烷值大致在50～70 | 含有较多的不饱和烃，储存中易产生胶质，抗爆性比直馏汽油好，其MON辛烷值约为58～68范围内 | 芳香烃的体积分数约32%～40%，烷烃的为50%～60%，环烷烃的为8%～10%。品质高，抗爆性好，辛烷值可达77～84，RON可达90以上 |
| 柴油 | 含有体积分数为20%～30%的芳香烃具有较高的十六烷值 | 含有大量不饱和烃，十六烷值较低，一般用做中低速柴油机燃料 | 性能较好，可作为高品质柴油使用，用于高速柴油机中 |

热裂解法虽然工艺简单，但所得到的燃油稳定性差，辛烷值低。为了得到高品质的燃油，可以采用加氢精制或催化重整工艺。加氢精制工艺不仅可以使烯烃变成饱和烃，还具有可以脱碳、脱氮、脱氧以及脱金属等作用，以满足对油品更高的要求。

催化重整工艺使正构烷烃或环烷烃在催化剂作用下转化成异构物烃和芳香烃。副产品氢气还可以作为加氢精制工艺的氢气来源。

由于不同炼制工艺得到的燃油性质不同，为了满足内燃机对燃油的要求，需把不同炼制工艺的燃油按适当的比例进行调和。因此，每一种商品燃料不仅是多种烃类的混合物，而且也是各种炼制工艺所得燃油的调和物。

## 第二节　传统燃料的现状及使用特性

燃料的特性对内燃机的功率输出、燃油消耗及可靠性和排放性能均有较大的影响，同时不同内燃机对燃料的要求也是不同的。下面分别介绍我国现行的柴油和汽油的规格及使用特性。

### 一、柴油

柴油主要用于各类柴油机中，其中轻柴油用于高速柴油机，重柴油用于中、低速柴油机。轻柴油的牌号是按凝点命名的，凝点是指柴油失去流动性开始凝结的温度。对应不同的凝点，10 ℃、0 ℃、−10 ℃、−20 ℃和−35 ℃，分别称为10号、0号、−10号、−20号和−35号柴油。选用柴油时，应按最低环境温度高出凝点5 ℃以上，即−20号柴油是用于最低环境温度为−15 ℃的场合，中国轻柴油规格见表8-4。

**表 8-4　中国轻柴油标准(GB252—2000)**

| 项　目 | 技术指标 | | | | | | | 试验方法 |
|---|---|---|---|---|---|---|---|---|
| | 10号 | 5号 | 0号 | −10号 | −20号 | −0号 | −50号 | |
| 色度、号　不大于 | 3.5 | | | | | | | GB/T6540 |
| 氧化安定性总不溶物密度/(mg/100ml)　不大于 | 2.5(为规定) | | | | | | | SH/T0175 |
| 含硫量(质量分数)(%)　不大于 | 0.2 | | | | | | | GB/T380 |
| 酸度/[mg(KOH)/100ml]　不大于 | 7 | | | | | | | GB/T258 |
| 10%蒸余物残碳(质量分数)(%)　不大于 | 0.3 | | | | | | | GB/T268 |
| 灰分(质量分数)(%) | 0.01(0.02) | | | | | | | GB/T508 |
| 铜片腐蚀(50 ℃,3h),级　不大于 | 1 | | | | | | | GB/T5096 |
| 水分(体积分数)(%)　不大于 | 痕迹 | | | | | | | GB/T260 |
| 机械杂质 | 无 | | | | | | | GB/T511 |
| 运动粘度(20 ℃)/($mm^2/s$) | 3.0～8.0 | | | | 2.5～8.0 | 1.8～7.0 | | GB/T265 |
| 凝点/℃　不高于 | 10 | 5 | 0 | −10 | −20 | −35 | −50 | GB/T510 |
| 冷滤点/℃　不高于 | 12 | 8 | 4 | −5 | −14 | −29 | −44 | GB/T0248 |
| 闪点(闭口)/℃　不低于 | 55 | | | | 45 | | | GB/T261 |
| 十六烷值　不小于 | 45 | | | | | | | GB/T386 |
| 馏程 50%回收温度/℃　不高于 | 300 | | | | | | | GB/T6356 |
| 90%回收温度/℃　不高于 | 355 | | | | | | | |
| 95%回收温度/℃　不高于 | 365 | | | | | | | |
| 密度(20 ℃)/($kg/m^3$) | 实测 | | | | | | | GB/T1884<br>GB/T1885 |

柴油的理化性能指标很多,但对车用柴油而言,其常用的主要性能指标有以下几种。

1. 十六烷值

十六烷值是评价柴油自燃性好坏的指标。它与柴油机的起动性和工作粗暴性有密切关系。自燃性好的燃料,着火延迟期短,在着火延迟期内,气缸中形成的可燃混合气少,着火后缸内压力升高率低,工作柔和。而且,自燃性好的燃料,冷起动性好。

测定柴油机的十六烷值时,需要在特殊的单缸试验机上按照规定的条件对待测柴油和标准燃料的自燃性进行对比试验。所谓标准燃料是由正十六烷和 α—甲基萘按不同的比例混合而成。由于正十六烷容易自燃,规定其十六烷值为 100,而 α—甲基萘不容易自燃,规定其十六烷值为 0。标准燃料的自燃性可用其中十六烷的不同含量来调节。当被测定柴油的自燃性与所配置的标准燃料的自燃性相同时，标准燃料中十六烷的体积分数就定义为该种柴油的十六烷值。

柴油的十六烷值与燃料的分子结构及相对分子质量均有密切关系，如图 8-1 所示燃料的不同分子结构对十六烷值和自燃性的影响。由此可见，十六烷值可以通过选择原油的种类、炼制方法以及添加剂来予以控制。一般直链烷烃比环烷烃的十六烷值高，在直链烷烃中，相对分子质量愈大（碳原子数愈多），十六烷值愈高。因此，尽管燃料的十六烷值高，对于缩短着火延迟期及改善冷起动性有利，但十六烷值过大，将带来燃料相对分子质量加大，使燃油的蒸发性变差以及粘度增加，导致排气冒烟加剧，同时燃料经济性下降。有关试验表明十六烷值一般规定在 40 到 55 之间。

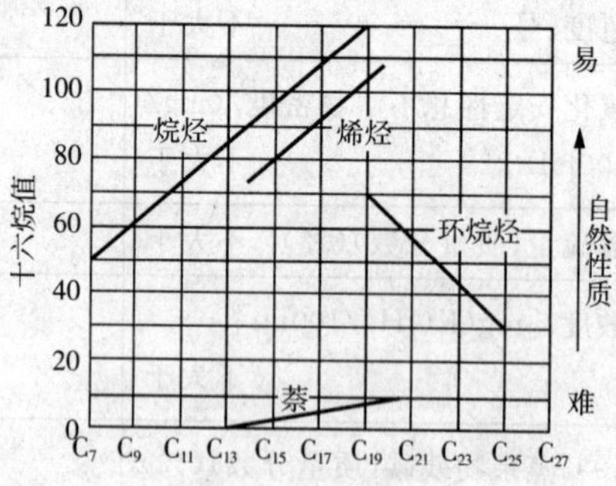


图 8-1　燃料的不同分子结构对十六烷值和自燃性的影响

2. 馏程

馏程是评价柴油蒸发性能的主要指标，可用一定体积的燃油馏出某一体积百分比时的温度范围来表示。常用 50%馏出温度和 90%馏出温度或 95%馏出温度表示。

50%馏出温度表示柴油的平均蒸发性。50%馏出温度低，说明柴油中轻馏分含量多，蒸发快，有利于混合气的形成。50%馏出温度低主要影响柴油机暖机性能、加速性和工作稳定性。

90%馏出温度和 95%馏出温度标志柴油中难以蒸发的重馏分（重质成分），直接影响燃料能否及时燃烧。如果重馏分过多，在高速柴油机中燃料来不及蒸发以形成可燃混合气，则不容易进行及时和完全燃烧，易排气冒烟。因此，在着火前形成大量可燃混合气，一旦着火，所形成的可燃混合气同时燃烧，使压力升高率过大，造成柴油机机工作粗暴。

3. 粘度

粘度表示分子间内聚力大小，表现为抵抗分子间相对运动的能力，表示柴油的流动性的好坏，它直接影响柴油机喷射系统的喷雾质量。当其他条件相同时，粘度越大，雾化后油滴的平均直径也越大，使燃油与空气不易混合，造成柴油机的燃油消耗率增加，排气冒烟。此外，粘度还影响供油系统中喷油器等偶件的润滑性。柴油机的粘度常用动力粘度和运动粘度表示。

动力粘度，是指液体流动速度梯度等于 1 时，单位面积的内摩擦力的大小，用 $\mu$ 表示。在 SI 单位制中其单位是 Pa·s 或 mPa·s。

运动粘度，是指动力粘度与同温度下密度的比值，用 $\nu$ 表示，即 $\nu=\mu/\rho$，单位为 $m^2/s$。

4. 凝点

凝点表示柴油失去流动性而开始凝固的温度，主要用于许定柴油的低温流动性。一般地，对应不同的环境温度，应采用不同的凝点的柴油。

5. 热值

热值是指 1kg 燃料完全燃烧所释放的热量。热值越大的燃料，其单位燃料完全燃烧所放出的能量越大。因此，在相同的燃烧条件下，所能转换的机械能越多，做功能力就越强。柴油机燃烧后排除废气时，$H_2O$ 以水蒸气状态排出，其汽化热不能有效利用，因而柴油的热值采用低热值，一般为 $h_u = 42700kJ/kg$ 左右。

柴油除了具有上述主要使用性能指标以外，还有与柴油储、运、使用有关的指标，如闪点、冷滤点；与柴油机磨损、腐蚀等有关的指标，如机械杂质、水分、灰分、含硫量、酸度、残碳等，具体选用时须兼顾这些性能指标。

## 二、汽油

汽油在内燃机燃料中占有重要地位，主要用于汽油机，特别是汽车和摩托车用汽油机。汽油是由 100 多种烃类组成的复杂的混合物。

国产车用汽油的技术要求和试验方法见表 8-5 。影响汽油机使用性能的主要指标有抗爆性和馏程等。

**表 8-5　车用汽油的技术要求和试验方法(GB7930—2006)**

| 项　目 | | 质量指标 | | | 试验方法 |
|---|---|---|---|---|---|
| | | 90 | 93 | 97 | |
| 抗爆性： | | | | | |
| 研究法辛烷值(RON) | 不小于 | 90 | 93 | 97 | GB/T 5487 |
| 抗暴指数(RON+MON)/2 | 不小于 | 85 | 88 | 报告 | GB/T 503、GB/T 5487 |
| 铅含量[①]/(g/L) | 不大于 | 0.005 | | | GB/T 8020 |
| 馏程： | | | | | GB/T 6536 |
| 10%蒸发温度/℃ | 不高于 | 70 | | | |
| 50%蒸发温度/℃ | 不高于 | 120 | | | |
| 90%蒸发温度/℃ | 不高于 | 190 | | | |
| 终馏点/℃ | 不高于 | 205 | | | |
| 残留量(体积分数)(%) | 不大于 | 2 | | | |
| 蒸气压(kPa)： | | | | | GB/T 8017 |
| 11 月 1 日至 4 月 30 日 | 不大于 | 88 | | | |
| 5 月 1 日至 10 月 31 日 | 不大于 | 74 | | | |
| 实际胶质/(mg/100ml) | 不大于 | 5 | | | GB/T 8019 |
| 诱导期/min | 不大于 | 480 | | | GB/T 8018 |
| 硫含量[②](质量分数)(%) | 不大于 | 0.05 | | | GB/T 380、GB/T 11140、GB/T 17040、SH/T 0253、SH/T 0689、SH/T 0742 |
| 硫醇(需要满足下列要求之一)： | | | | | |
| 博士试验 | | 通过 | | | SH/T 0174 |
| 硫醇硫含量(质量分数)(%) | 不大于 | 0.001 | | | GB/T 1792 |

（续表）

| 项　目 | | 质量指标 | | | 试验方法 |
|---|---|---|---|---|---|
| | | 90 | 93 | 97 | |
| 铜片腐蚀(50 ℃,3h)(级) | 不大于 | 1 | | | GB/T 5096 |
| 水溶性酸或碱 | | 无 | | | GB/T 259 |
| 机械杂质及水分 | | 无 | | | 目测[3] |
| 苯含量[4](体积分数)(%) | 不大于 | 2.5 | | | SH/T 0693、SH/T 0713 |
| 芳烃含量[5](体积分数)(%) | 不大于 | 40 | | | GB/T 11132、SH/T 0741 |
| 烯烃含量[5](体积分数)(%) | 不大于 | 35 | | | GB/T 11132、SH/T 0741 |
| 氧含量（质量分数)(%) | 不大于 | 2.7 | | | SH/T 0663 |
| 甲醇含量[1](质量分数)(%) | 不大于 | 0.3 | | | SH/T 0663 |
| 锰含量[6]/(g/L) | 不大于 | 0.018 | | | SH/T 0711 |
| 铁含量[1]/(g/L) | 不大于 | 0.01 | | | SH/T 0.12 |

注：① 车用汽油中，不得人为加入甲醇以及含铅或含铁的添加剂。

② 在有异议时，以 GB/T 380 方法测定结果为准。

③ 将试样注入 100mL 玻璃量筒中观察，试样应当透明，没有悬浮和沉降的机械杂质和水分。在有异议时，以 GB/T 511 和 GB/T 260 方法测定结果为准。

④ 在有异议时，以 SH/T 0713 方法测定结果为准。

⑤ 对于97 号车用汽油，在烯烃、芳烃总含量控制不变的前提下，可允许芳烃的最大值为 42%(体积分数)。在含量测定有异议时，以 GB/T 11132 方法测定结果为准。

⑥ 锰含量是指汽油中以甲基环戊二烯三羰基锰形式存在的总锰含量，不得加入其他类型的含锰添加剂。

1. 抗爆性

汽油的抗爆性常用辛烷值来评价。在汽油机的燃烧过程中，可能出现一种不正常的自燃现象，称为爆燃。燃油的品质是影响爆燃的重要因素之一。汽油的抗爆性越高，则其抗爆燃能力就越强。国产汽油的牌号是用研究法辛烷值来命名的。

测定汽油的辛烷值是在专门的试验机上进行。测定时，用容易爆燃的正庚烷（设定其辛烷值为 0）和抗爆性好的异辛烷（设定其辛烷值为 100 ）按不同的比例混合而成标准燃料，与待测的汽油进行抗爆性对比试验。在专用的试验机上的相同试验条件下，当标准燃料与待测汽油的抗爆程度相同时，则标准燃料中异辛烷的体积分数就被定义为待测汽油的辛烷值。评定汽油的抗爆性可采用两种试验工况，分别为马达法（MON）和研究法（RON）。这两种试验条件见表 8－6。

**表 8－6　测定辛烷值时的试验条件**

| 条件＼方法 | 马达法(MON) | 研究法(RON) |
|---|---|---|
| 转速/(r/min) | 900±9 | 600±6 |
| 吸入空气的温度/℃ | 38±14 | 51.7 |

（续表）

| 条件＼方法 | 马达法(MON) | 研究法(RON) |
|---|---|---|
| 湿度/(g/kg) | 3.5～7 | 3.5～7 |
| 可燃混合气温度/℃ | 149～150 | 混合气不预热 |
| 点火提前角 | 可变化 | 不变，150°(CA) |
| 压缩比 | 4～10 | 4～10 |
| 冷却液温度/℃ | 100±1.5 | 100±1.5 |
| 润滑油(100 ℃)运动粘度/($m^2$/s) | $(9.3\sim12.5)\times10^{-6}$ | $(9.3\sim12.5)\times10^{-6}$ |
| 油压/$10^2$kPa | 1.8～2.1 | 1.8～2.1 |
| 油温/℃ | 57±8.5 | 57±8.5 |
| 火花塞间隙/mm | 0.508 | 0.508 |
| 空燃比 | 调整到爆燃最强 | 调整到爆燃最强 |

马达法规定的试验转速及混合气的温度比研究法规定的要高，所以马达法测出的辛烷值比研究法测出的辛烷值要低，两者的差值称为燃料的灵敏度 $S_a$，即 $S_a=\text{RON}-\text{MON}$，表示燃料对工况的灵敏度和适应能力。

由于汽车在实际使用中，发动机的工作情况有别于实验室内的辛烷值测定情况，所以提出了道路法辛烷值的概念。即用不同辛烷值的标准燃料与待测汽油，在汽车行驶过程中进行抗爆性的对比试验。当汽车的节气门全开时，用不同辛烷值的标准燃料测出开始出现轻微爆燃时的点火提前角，画出产生爆燃时的点火提前角随标准燃料辛烷值的变化曲线，如图 8-2 所示。然后，在用待测汽油进行同样的试验，测出产生轻微爆燃的点火提前角所对应的辛烷值，即为待测汽油的道路法辛烷值。

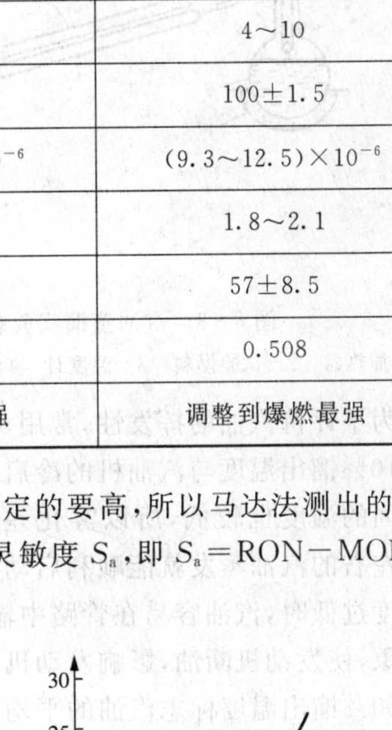


图 8-2　产生爆燃时的点火提前角随标准燃料辛烷值的变化曲线

汽油辛烷值的大小主要取决与汽油的组成部分、炼制方法以及添加剂等。根据燃料的化学结构，辛烷值的高低顺序依次为烷烃＜烯烃＜环烷烃＜芳香烃。为了提高汽油的辛烷值，常使用抗爆添加剂，常用的甲基叔丁基醚(MTBE)、乙基叔丁基醚(ETBE)、乙醇(Ethanol)以及甲级叔戊基醚(TAME)等。

2. 馏程和蒸汽压

馏程和蒸汽压是评定汽油蒸发性的重要指标。汽油及其它石油制品是多种烃类的混合物，没有一定的沸点。随着温度的升高，它按照馏分由轻到重依次沸腾。汽油的馏出温度的范围称为馏程。汽油的馏程可用如图 8-3 所示的蒸馏仪测定，将 100ml 试验燃料放入烧瓶中，加热产生蒸汽，经冷凝器冷却燃料蒸汽使其凝结，并滴入量筒内。将第一滴凝结的燃料量筒时的温度称为出馏点。随着温度的升高，依次测出对应蒸馏量的馏出温度，由此绘出馏出一定蒸馏量所对应的温度随相对蒸发量的变化曲线，即如图 8－4 所示的蒸馏曲线。

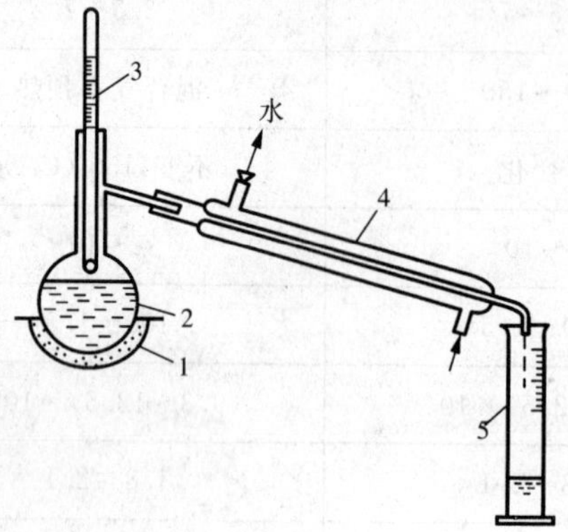


图 8－3　汽油蒸馏实验装置

1—加热器　2—试验燃料　3—温度计　4—冷凝器　5—量筒

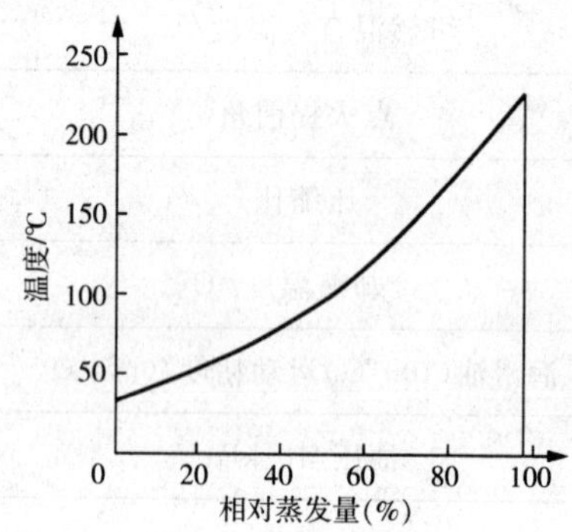


图 8－4　汽油蒸馏曲线

为了评价汽油的挥发性，常用 10％、50％和 90％等几个特殊的馏出温度作为代表。

10％馏出温度与汽油机的冷启动性有关。汽油机冷启动时，转速和空气的流速很低而且壁面的温度也较低，所以雾化差，汽油蒸发量小。因此，一般供给混合气，只要其中有 10％左右的汽油蒸发就能顺利启动。10％馏出的温度底，汽油的冷启动性能就越好。但是此温度过低时，汽油容易在管路中输送时受发动机高温零件的加热而变成蒸汽，进而形成气阻现象，使发动机断油，影响发动机运转。所以，一般要求 10％馏出温度小于 70 ℃。

50％馏出温度标志汽油的平均蒸发性，直接影响发动机的暖机时间、加速性以及工作的稳定性。50％馏出温度低说明这种汽油的平均蒸发性好，在较低温度下可以有大量的燃料挥发并与空气混合，这样可以缩短暖车时间，而且从低负荷向高负荷过渡时，能够及时的供给所需的可燃混合气。国家标准要求 50％的馏出温度小于 120 ℃。

90％馏出的温度标志燃料中含有难于挥发的重馏分的数量。当 90％馏出温度过高时，说明燃料含有较多的重质成分，在气缸中不易挥发而附在气缸壁上，燃烧时容易产生积碳，或者沿着气缸壁流入油底壳而稀释润滑油，同时不易完全燃烧，影响燃烧效率。国家标准要求 90％馏出的温度小于 190 ℃。

此外，饱和蒸汽压的大小也反应汽油的蒸发性好坏，用来标志抵抗产生气阻现象的能力。

### 三、汽油和柴油性能的差异对发动机性能的影响

1886 年 Daimler 发明了汽油机，燃用石油的轻馏分(40 ℃～200 ℃)，使汽油得到了广泛的运用。1897 年 Diesel 发明了柴油机，使用了石油的中间馏分(180 ℃～360 ℃)，为石油中间馏分的使用创造了广阔的前景。由于内燃机的发展，使石油的身价大为提高，开采量和加工量飞速提高，加工工艺也不断发展和提高。为了增加汽油和柴油的产量，1913 年 Bunton 发明了热裂装置，从重油中生产汽油和柴油。以后又陆续出现了催化裂解、加氢裂化、催化重整等许多工艺来满足内燃机对燃料的需求。

汽油和柴油性质上的差异是造成汽油机和柴油机在混合气形成与燃烧方式上的不同的主要原因。

1. 混合气的形成和负荷调整方法的不同

汽油挥发性强(从 40 ℃开始至 200 ℃左右蒸发完毕),可在较低温度下以较充裕的时间与气缸外部进气管中形成均质的混合气。通过节气门开度控制进入气缸的混合气量,而混合气的热值基本不变(因混合气含量基本保持不变),由此调节汽油机的功率输出,这种负荷的调节方法称为“量调节”。

柴油的蒸发性差(180 ℃开始馏出至 350 ℃结束)。粘性比较好,不易在低温下形成混合气。所以用喷油泵和喷油器形成以高压直接向气缸喷油,使柴油强制雾化后再与燃烧室内的一定量空气形成混合气。对于柴油机,吸入气缸的空气量基本保持不变,而通过喷油量的调节,改变混合气的热值,由此控制柴油机的功率的输出,这种调节方法称为“质调节”。

2. 着火和燃烧的方式不同

汽油的自燃温度很高,但点燃的温度较低,即汽油蒸汽在外部引火条件即使环境温度较低也很容易着火。因而其着火方式不适宜压燃,而采用利用外部能源在特定的局部地区进行点燃的方式。点火后,以火焰传播方式燃烧燃烧室内的混合气。因此,这种燃烧方式的放热规律取决于火焰的传播速度。为了防止火焰传播过程中燃烧室内末端混合气的自燃而引起爆燃,汽油机的压缩比不宜过高。

柴油的自燃点低,采用压缩自燃的方式。为了可靠自燃,压缩比不宜过低,且在压缩上止点时直接向气缸喷入燃油。这种燃烧方式,混合气的形成时间短,即开始喷射的燃料在气缸内高温高压空气的作用下预混燃烧,而后续喷射的燃料则在已燃气体、空气、燃料之间相对扩散过程中,边混合,边燃烧,因而燃烧的时间长。这种燃烧方式规律主要取决了燃料的喷射规律和扩散燃烧速度。

## 第三节 代用燃料及其特性

自然界的石油资源是有限的。随着世界石油储量日益减少,在发动机上使用代用燃料的趋势正在加速。目前用于发动机上的代用燃料主要有:天然气、醇类燃料、生物柴油以及氢气等。

### 一、气体燃料

气体燃料主要有天然气,液化石油气。天然气是以自由状态或与石油共存于自然界中的一种气体,主要成分是甲烷。液化石油气是天然气或石油炼制过程中产生的石油气,主要成分是丙烷、丙烯、丁烷、丁烯及其异构物。近年来天然气燃料发展很快,已成为第三大支柱性能源。它应用于汽车发动机一般有两种形式:一种是压缩天然气,通常以 20 MPa 的压力压缩储存于高压气瓶中;另一种是液化天然气,将天然气以 −162 ℃低温液化储存于隔热的液化气罐中。与压缩天然气相比,液化天然气具有能量密度高,储运性好、行驶距离长等优点,但需要低温技术而成本高。常用液体和气体燃料的理化性质见表 8-7。

表 8-7 常用液体和气体燃料的理化性质

| 项目 \ 燃料 | | 天然气(NG) | 液化石油气(LPG) | 甲醇 | 乙醇 | 汽油 | 轻柴油 |
|---|---|---|---|---|---|---|---|
| 来源 | | 以自由状态存于油气中,以 20 MPa 压力压缩储存为压缩天然气(CNG),在 −162 ℃以下隔热状态呈液态保存为液化天然气(LNG) | 在石油炼制过程中产生的液态气体 | 由 CO 和 $H_2$ 化学合成 | 植物淀粉物质发酵蒸馏 | 石油炼制产品 | 石油炼制产品 |
| 分子式 | | 含 $C_1-C_3$ 的 HC,主要成分是 $CH_4$ | 含 $C_3-C_4$ 的 HC,主要成分是 $C_3H_8$ | $CH_3OH$ | $C_2H_5OH$ | 含 $C_5-C_{11}$ 的 HC | 含 $C_{15}-C_{23}$ 的 HC |
| 质量分数 | $\omega_C$ | 0.75 | 0.818 | 0.375 | 0.522 | 0.855 | 0.87 |
| | $\omega_H$ | 0.25 | 0.182 | 0.125 | 0.130 | 0.145 | 0.126 |
| | $\omega_O$ | — | — | 0.50 | 0.348 | — | 0.004 |
| 相对分子质量 | | 16 | 44 | 32 | 46 | 114 | 170 |
| 液态密度/(kg/L) | | 0.42 | 0.54 | 0.78 | 0.80 | 0.70~0.75 | 0.82~0.88 |
| 沸点/℃ | | −161.5 | −42.1 | 64.4 | 78.3 | 25~220 | 160~360 |
| 蒸发热/(kJ/kg) | | 510 | 426 | 1100 | 862 | 334 | — |
| 理论空气量 | kg/kg | 17.4 | 15.8 | 6.52 | 9.05 | 14.9 | 14.5 |
| | $m^3$/kg | 13.33 | 12.12 | 5 | 6.95 | 11.54 | 11.22 |
| | kmol/kg | 0.595 | 0.541 | 0.223 | 0.310 | 0.515 | 0.50 |
| 自燃温度/℃ | | 632 | 504 | 500 | 420 | 220~250 | — |
| 闪点/℃ | | −162 以下 | −73.3 | 10~11 | 9~23 | −45 | 50~65 |
| 燃料低热值/(kJ/kg) | | 50050 | 46390 | 20260 | 27000 | 44000 | 42500 |
| 混合气热值/(kJ/$m^3$) | | 3230 | 3490 | 3557 | 3660 | 3750 | 3750 |
| 辛烷值 | RON | 130 | 96~111 | 110 | 106 | 90~106 | — |
| | MON | 120~130 | 89~96 | 92 | 80 | 81~89 | — |
| 蒸汽压/kPa | | 不能测定 | 1274 | 30.4 | 15.3 | 49~83 | |

天然气燃料具有如下优点:

(1)天然气的主要成分是甲烷($CH_4$),CO 排放量少,未燃 HC 成分引起的光化学反应低,燃料中几乎不含硫的成分。

(2)辛烷值高达 130,可采用高压缩比,获得高热效率。

(3)天然气燃料的着火界限范围宽,稀薄燃烧特性优越,所以可在广泛的运转范围内降低 $NO_x$ 生成。

(4)由于是气体燃料，低温启动及低温运转性能良好。

但是天然气燃料存在以下几方面的主要缺点：

(1)常温常压下是气体，储运性能比液体燃料差，一次充气可行驶距离短。

(2)由于储气压一般达 20 MPa，使燃料容器加重。

(3)由于呈气态吸入气缸，使发动机容积效率降低。与液体燃料相比，单位体积的混合气热值低，所以功率降低 10%以上。

天然气作为一种车用燃料，价格低廉，而且汽车的有害排放量低，所以已在城市公交车和出租车中得到广泛应用。

**二、醇类燃料**

醇类燃料主要指甲醇和乙醇，甲醇可以从天然气、煤、生物质等原料中提取。而乙醇可以从含淀粉和糖的农作物中提取。原料来源广泛，并且可以再生。有较好的燃料特性，能满足汽车对燃料的基本要求。与汽油相比，它的特点是：

(1)醇类燃料热值低，但醇中含氧量大，所需理论空气量比汽油少，所以两者的混合气热值差不多，从而保证发动机的动力性能不降低。

(2)醇的汽化热是汽油的 3 倍左右，燃料蒸发汽化可以促进温度进一步降低，增加充气量，但是冷启动困难，需要加热。

(3)醇的辛烷值高，抗暴性能好，对提高压缩比有利。

(4)醇的沸点低，产生气阻的倾向比汽油大。

(5)甲醇对视神经有损伤作用，有一定的毒性，在储运及使用中要注意安全。另外，甲醇对金属有一定的腐蚀作用，应采用防腐蚀措施。

乙醇由于没有毒性，美国、巴西、中国已经把其加入到汽油中，构成汽油醇混合燃料而广泛应用。

**三、生物柴油**

生物柴油是由动物脂肪或植物油通过酯化反应而得到的长链脂肪酸甲(乙)酯组成的新型燃料，具有与石油柴油相近的性质(见表 8-8)，主要有以下特点：

(1)优良的环保性。含硫量低，不含芳香烃，不增加大气中 $CO_2$ 排放。

(2)较好的燃料性能。十六烷值高，燃烧性能好，润滑性能好。

(3)较好的安全性。闪点高，可溶解，对土地和水的污染小，可大大减轻意外泄漏时对环境的污染。

(4)可再生，资源不会枯竭。

(5)能与石油柴油以任何比例相溶，柴油机不需改动即可与柴油混烧或纯烧生物柴油，可直接应用现有的柴油机供油系统和加油站系统。

生物柴油作为柴油机的替代燃料，已在欧洲、美国和中国得到了应用。

**表 8-8 生物柴油与柴油、汽油主要性质参数的对比**

| 性 质 | 美国 D2 柴油 | 生物柴油 | 汽 油 |
|---|---|---|---|
| 分子式 | $C_{10}-C_{21}$ | 随油类和脂类而异 | $C_4-C_9$ |
| 沸点/℃ | 188～343 | 182～238 | 266～222 |

（续表）

| 性　质 | 美国 D2 柴油 | 生物柴油 | 汽　油 |
|---|---|---|---|
| 37.8 ℃下雷氏蒸汽压/kPa | <1.37 | —— | 55～103 |
| 十六烷值 | 40～55 | >48 | 13～17 |
| 自燃温度/℃ | 316 | —— | 257 |
| 理论空燃比(质量比) | 15.0 | 13.8 | 14.5 |
| 着火上限(体积分数)(%),浓 | 7.6 | —— | 6.0 |
| 着火下限(体积分数)(%),稀 | 1.4 | —— | 1.0 |
| 低热值/(MJ/kg) | 43.05 | 38.39 | 43.05 |
| 动力粘度/cP① | 40(20 ℃) | 3.5(37.8 ℃) | 3.4(20 ℃) |
| 15.6 ℃时相对密度 | 0.86 | 0.880 | 0.750 |
| 密度/(g/mL) | 0.848 | 0.878 | 0.747 |

注：$1cP=10^{-3}Pa\cdot S$

## 第四节　燃烧热化学

不管燃烧过程多么复杂，其本质都是燃料与空气中的氧气发生氧化反应而放热的过程。作为内燃机燃料的石油产品，其主要成分是碳氢化合物，对已知的燃料，其各元素的含量可以测得，同时空气的成分，即空气中的氧和氮的比例又是一定的。因此通过化学反应机理，可分析燃烧过程中的有关燃料、空气及其产物的一些化学当量关系，为发动机的设计及调试提供依据。

### 一、1 kg 燃料完全燃烧所需的理论空气量

燃料中的主要成分是碳(C)、氢(H)和氧(O)，其他成分数量很少，计算时可以忽略不计。

若以质量分数表示 1 kg 燃料中各元素的含量，则有

$$w_C + w_H + w_O = 1 \tag{8-1}$$

式中：$w_C$、$w_H$ 和 $w_O$ 分别为 1kg 燃料中 C、H、O 的质量分数。

空气中的主要成分是氧气($O_2$)和氮气($N_2$)。按体积分数计，$O_2$ 约为 21%，$N_2$ 约为 79%；按质量分数计，$O_2$ 约为 23%，$N_2$ 约为 77%。

燃料中的 C 和 H 完全燃烧时，其化学反应方程式分别为

$$C + O_2 = CO_2 \tag{8-2a}$$

$$H_2 + \frac{1}{2}O_2 = H_2O \tag{8-2b}$$

按照化学反应的当量关系，可求出 1 kg 燃料完全燃烧时所需要的理论空气量。

$$L_0\left(\frac{\text{kmol}}{\text{kg}}\right)\qquad L_0=\frac{1}{}\left(\frac{w_C}{12}+\frac{w_H}{4}-\frac{w_O}{32}\right)\tag{8-3a}$$

$$L'_0\left(\frac{\text{kg}}{\text{kg}}\right)\qquad L'_0=\frac{1}{}\left(\frac{8}{3}w_C+8w_H-w_O\right)\tag{8-3b}$$

$$L''_0\left(\frac{\text{m}^3}{\text{kg}}\right)\qquad L''_0=\frac{22.4}{0.21}\left(\frac{w_C}{12}+\frac{w_H}{4}-\frac{w_O}{32}\right)\tag{8-3c}$$

主要燃料的质量分数及理论空气量见表 8-7。

**二、过量空气系数**

在发动机工作中，实际供给的空气量往往并不等于理论空气量。燃烧 1 kg 燃料实际供给的空气量 $L$ 与完全燃烧 1kg 燃料所需要的理论空气量 $L_0$ 之比，称为过量空气系数 $\varphi_a$：

$$\varphi_a=\frac{L}{L_0}\tag{8-4}$$

当 $\varphi_a=1$ 时称为理论混合气，当 $\varphi_a>1$ 时称为稀混合气，而当 $\varphi_a<1$ 时称为浓混合气。

过量空气系数 $\varphi_a$ 与发动机的类型、混合气的形成方式、发动机的工况（负荷与转速）及功率的调节方法等因素有关。

汽油机燃烧时所用的混合气可以认为是预先混合好的均匀混合气，混合比只在狭小的范围内变化（$\varphi_a=0.8\sim1.2$）。发动机的输出功率依靠节气门调节进入气缸的混合气数量来调节，即量调节。当负荷变化时，如图 8-5 所示，$\varphi_a$ 略有变化。

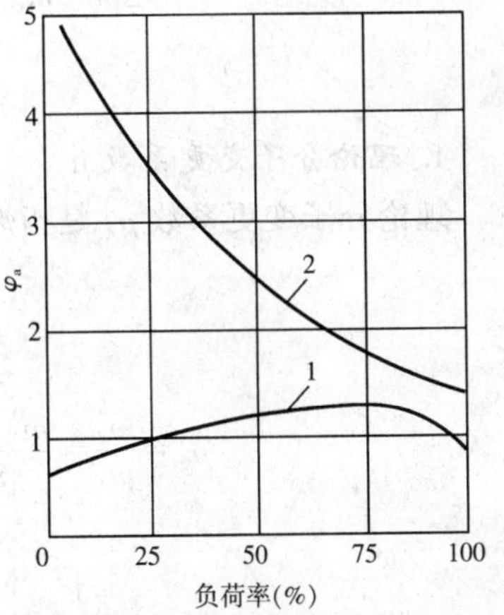

图 8-5

柴油机工作时，进入气缸的空气量基本不变，其功率输出依靠调节喷入气缸的燃油量来调节，即质调节。由于这种负荷调节方式 $\varphi_a$ 的变化范围很大，混合气形成很不均匀，所以 $\varphi_a$ 总是大于 1 的。一般车用高速柴油机全负荷时 $\varphi_a=1.2\sim1.6$，增压柴油机 $\varphi_a=1.8\sim2.2$。

混合气的含量，也有直接用燃烧时的空气量与燃料量的比值，即空燃比 $\alpha$ 表示：

$$\text{空燃比}\ \alpha=\frac{\text{空气量}}{\text{燃料量}}=\frac{\text{燃料量}\times\varphi_a L'_0}{\text{燃料量}}=\varphi_a L'_0\tag{8-5}$$

汽油化学当量（$\varphi_a=1$）的空燃比为 $L'_0$。

**三、$\varphi_a>1$ 时完全燃烧的产物及数量**

1. 燃烧前混合气的数量

对于汽油机，燃烧前新鲜混合气主要由空气和燃料蒸气组成。若燃烧的相对分子质量为 $M_T$，则 1 kg 燃料所形成的混合气量 $m_1$（kg/kg）为

$$m_1=\varphi_a L_0+\frac{1}{M_T}\tag{8-6}$$

对于柴油机，压缩终了时向气缸内喷入液态燃料，其体积不及空气的 1/10000，可忽略不计，认为燃烧前气缸内是纯空气，即

$$m_1=\varphi_a L_0 \tag{8-7}$$

2. 燃烧产物的数量

在 $\varphi_a>1$ 的情况下，完全燃烧时的产物是由 $CO_2$、$H_2O$ 剩余的 $O_2$ 以及未参加反应的空气中的 $N_2$ 组成。根据化学反应方程式，由式(8-8)可以求出燃烧产物的总数量 $m_2$（kg/kg)，即

$$m_2=\varphi_a L_0+\frac{w_H}{4}+\frac{w_O}{32} \tag{8-8}$$

3. 燃烧后产物的增量

由式(8-7)和(8-8)，可求得燃烧后产物的增量为

$$\Delta m=m_2-m_1=\begin{cases}\dfrac{w_H}{4}+\dfrac{w_O}{32}\cdots\cdots\cdots\text{柴油机}\\ \dfrac{w_H}{4}+\dfrac{w_O}{32}-\dfrac{1}{M_T}\cdots\cdots\text{汽油机}\end{cases} \tag{8-9}$$

4. 理论分子变更系数 $\mu_o$

理论分子变更系数 $\mu_o$ 是指燃烧后产物的总量与燃烧前混合气量之比，即

$$\mu_o=\frac{m_2}{m_1}=\frac{m_1+\Delta m}{m_1}=\begin{cases}1+\dfrac{\dfrac{w_H}{4}+\dfrac{w_O}{32}}{\varphi_a L_0}\cdots\cdots\cdots\text{柴油机}\\ 1+\dfrac{\dfrac{w_H}{4}+\dfrac{w_O}{32}-\dfrac{1}{M_T}}{\varphi_a L_0+\dfrac{1}{M_T}}\cdots\cdots\text{汽油机}\end{cases} \tag{8-10}$$

由此可见，这种 C、H 化合物构成的液体燃料燃烧后分子变更系数为 $\mu_o>1$ 。汽油机一般 $\mu_o=1.04\sim1.12$，在理论混合气下燃烧时 $\mu_o=1.055$；柴油机燃烧过程中因空燃比较大，所以理论分子变更系数较小，一般在 $\mu_o=1.03\sim1.06$ 范围内。

## 四、燃料热值与混合气热值

1. 燃料的热值

1 kg 燃料完全燃烧所放出的热量，称为燃料的热值。

在高温的燃烧产物中水以水蒸气状态存在时，水的汽化热不能利用，待温度降低后，水的汽化热才能释放出来。因此，水凝结后计入水的汽化热的热值称为高热值。在高温下不计入水的汽化热的热值称为低热值。内燃机排气温度较高，水的汽化热不能利用，因此使用燃料的低热值。

2. 混合气的热值

当气缸工作容积和进气条件一定时，每循环对工质的加热量取决于单位体积可燃混合气的热值，而不是取决于燃料的热值。即混合气的热值被定义为：单位混合气量完全燃烧时

所放出的热量，其单位以 kJ/kmol 或 kJ/m$^3$ 计。若 1 kg 燃料形成的可燃混合气的数量为 $m_1$，它所产生的热量的低热值为 $H_u$。因此，单位数量可燃混合气的热值 $Q_{\text{mix}}$(kJ/kmol)为

$$Q_{\text{mix}}=\frac{H_u}{m_1}=\frac{H_u}{\varphi_a L_0+\frac{1}{M_T}} \tag{8-11a}$$

或 $Q_{\text{mix}}$(kJ/kmol)为

$$Q_{\text{mix}}=\frac{H_u}{22.4\times\left(\varphi_a L_0+\frac{1}{M_T}\right)} \tag{8-11b}$$

当 $\varphi_a=1$ 时，燃料与空气形成的可燃混合气的热值称为理论混合气热值，各主要燃料的混合气热值见表 8-7。

## 第五节　燃烧的基本知识

一般燃料的燃烧过程，都可分为着火和燃烧两个阶段。着火阶段是燃烧的准备过程。在这一阶段内燃料受到混合气中氧气的氧化作用，进行燃烧前的化学准备过程。在此期间，因氧化放热反应所产生的热逐渐积累起来，最终可能导致自燃，自燃是氧化反应加快的结果，它能够使过程转入到第二阶段，即燃烧。

### 一、自燃着火理论

#### 1. 着火热理论

设有一容器，其中充满燃料与空气的混合气。若加热这个容器时，由于气体分子受热后其运动能量增加，燃料分子与氧分子之间相互碰撞的几率也增加，因此促进化量反应的进行。此时，并不是所有分子间的相互碰撞都能够进行化学反应，只有那些能量大于反应活化能 E 的活化分子相互碰撞时才能打破分子的化学键而引起化学反应。令容器中的总分子数为 $M$，而具有超过活化能 $E$ 的活化分子数为 $M^*$，按照能量分配定律，可以得出活化分子数 $M^*$ 占总分子数 $M$ 的比例关系式为

$$\frac{M^*}{M}=e^{-\frac{E}{RT}} \tag{8-12}$$

式中：$R$ 为气体常数 [J/(kmol·K)]，$E$ 为活化能 (J/kmol)，$T$ 为热力学温度(K)。

由式(8-12)中可以看出，当 $T$ 增加时，活化分子所占比例也增加，因此化学反应速率加快。这里，定义反应速率 $v$ 为单位时间内单位体积中出现的氧化产物的分子数，则 $v$ 与 $\frac{M^*}{M}$ 成比例，即：

$$v=C_1\frac{M^*}{M}=C_1 e^{-\frac{E}{RT}} \tag{8-13}$$

式中：$C_1$ 为与反应物的反应常数和容器内的气体压力有关的系数。

燃料因氧化反应而放出热量，放热度与氧化反应速度成比例。若单位时间内氧化反应

而放出的热量为

$$\frac{\mathrm{d}q_1}{\mathrm{d}t}=C_2\mathrm{e}^{-\frac{E}{RT}} \tag{8-14}$$

式中：$C_2$ 为与分子的反应热及气体的压力有关的系数。

由于氧化反应放出的热量，一部分使混合气体受到加热而温度升高，另外一部分则通过容器壁向外传热，设容器壁的温度 $T_0$ 保持不变，则单位时间内通过容器壁向外传热的热量为$\frac{\mathrm{d}q_2}{\mathrm{d}t}$，则

$$\frac{\mathrm{d}q_2}{\mathrm{d}t}=A(T-T_0) \tag{8-15}$$

式中：$A$ 为与容器的材料及气体的热导率有关的系数。将式(8-14)和式(8-15)以曲线的形式表示于图 8-6 上。

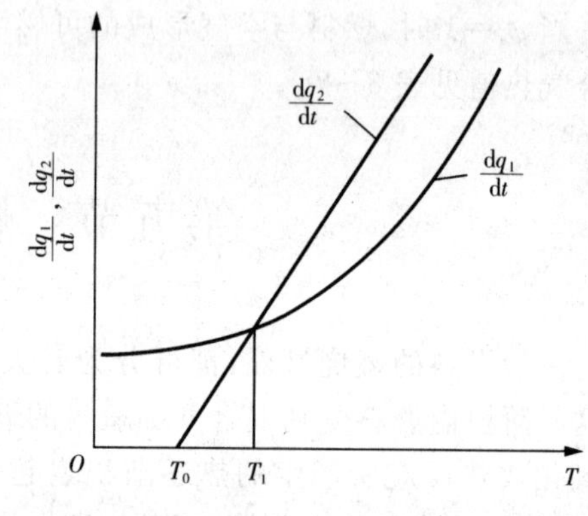


图 8-6　反应生成热与外界导热之间的关系

从图中可以看出，燃料每单位时间因氧化反应而放出的热量，即反应放热率$\frac{\mathrm{d}q_1}{\mathrm{d}t}$为一指数曲线。而单位时间通过容器壁向外传热的热量$\frac{\mathrm{d}q_2}{\mathrm{d}t}$为一直线。两者交叉点的温度为 $T_1$。当混合气的温度低于 $T_1$ 时，反应放热率大于容器壁的导热率时，即$\frac{\mathrm{d}q_1}{\mathrm{d}t}>\frac{\mathrm{d}q_2}{\mathrm{d}t}$，混合气体本身有热量积累，使温度升高，氧化反应能够继续进行。在 $T_1$ 点，$\frac{\mathrm{d}q_1}{\mathrm{d}t}=\frac{\mathrm{d}q_2}{\mathrm{d}t}$，即反应放热率等于容器壁的导热率，此时反应虽可继续进行，但是没有能量积累，不能引起自燃。若对混合气气继续加热，温度超过 $T_1$ 时，$\frac{\mathrm{d}q_1}{\mathrm{d}t}<\frac{\mathrm{d}q_2}{\mathrm{d}t}$，则此时虽然外界加热，但是热量无法积累，依旧不能引起自燃。

若保持容积不变，通过改变其中气体压力的方法来改变反应条件。由于压力的提高，容器内混合气的密度增加，尽管$\frac{M^*}{M}$不随气体密度的变化而变化，但是压力提高后，混合气中 $M^*$ 的绝对数是增加的，所以当容器内的压力提高后，$M^*$ 的增加引起了反应速度的增加，因此氧化反应放出的热量也增加了。不同压力下，反应放热率曲线的变化特性如图 8-7 所示。图中画出三个不同压力下的放热率曲线，他们压力之间的关系是 $p_3>p_2>p_1$，而容器壁导热率的曲线由$\frac{\mathrm{d}q_2}{\mathrm{d}t}$直线表示。从图中可以看出容器壁的导热率$\frac{\mathrm{d}q_2}{\mathrm{d}t}$与压力 $p_2$ 的放热率曲线相切，在切点处$\frac{\mathrm{d}q_1}{\mathrm{d}t}=\frac{\mathrm{d}q_2}{\mathrm{d}t}$，在这一点存在不稳定平衡。如果在 $T_C$ 的温度下向气体送入热量，即使是局部的，反应加速促使混合气着火，因此 $T_C$ 就是着火温度。如果反应过程按压力 $p_3$ 的曲线进行，则由于$\frac{\mathrm{d}q_1}{\mathrm{d}t}$曲线都在$\frac{\mathrm{d}q_2}{\mathrm{d}t}$曲线之上，所以整个反应过程都有热量积累，最终导致自燃。

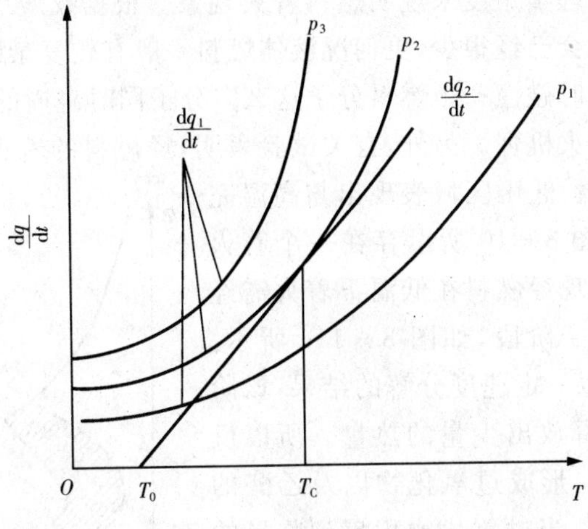


图 8－7　不同压力下，反应放热率曲线的变化特性

用着火热理论来分析着火条件，可以得出以下三条结论：

(1)着火温度 $T_C$ 不仅与可燃混合气的物理化学性质有关，而且还与环境温度、压力、容器形状及散热情况有关。即使同一燃料，因条件不同，着火温度有可能不一样。

(2)着火临界温度与压力明显地影响着火区域。如图 8－8 所示，在低压时需要很高的着火温度。

(3)存在一个可燃混合气着火上限(富油极限)和下限(贫油极限)。如图 8－9 所示，随温度和压力的升高，着火界限有所加宽，但温度和压力上升得再高，着火界限的加宽也是有限的。另一方面，当温度与压力过低，低于临界值时，则燃料无论在什么含量下，均不能着火。

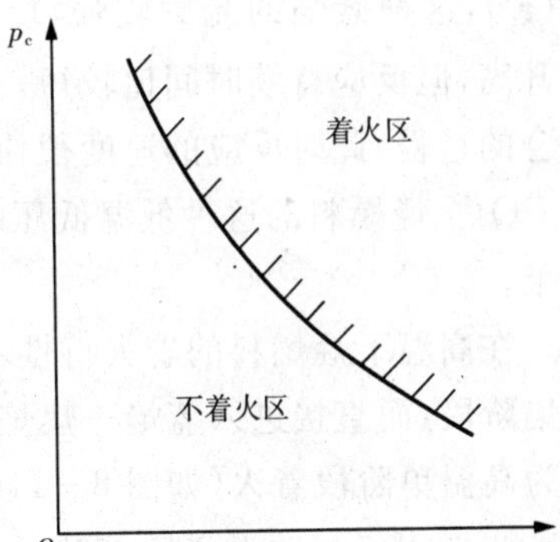


图 8－8　临界压力和温度对自燃界限的影响

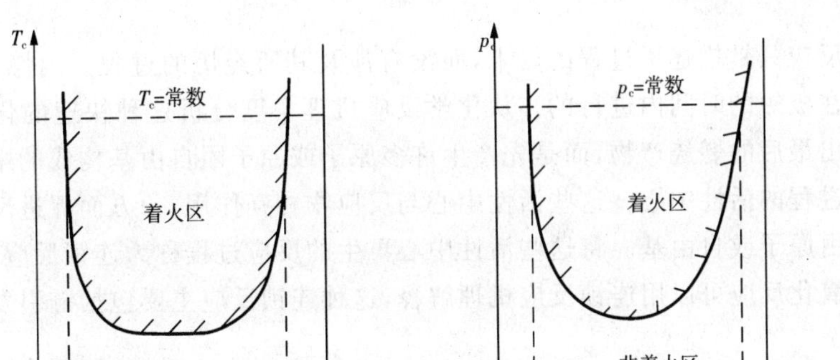


图 8－9　自然温度及临界压力与混合气着火界限的关系

着火热理论是从物理学角度来说明燃料着火现象。根据反应中分子的碰撞理论，三个活性分子同时碰撞的机会已经很少，更何况液体燃料一般有较复杂的分子结构，若完全燃烧则需要许多个氧分子同时碰撞一个燃料分子这么多分子同时碰撞的机会就更少。所以着火理论还不能完全说明着火机理。另外，有关试验表明，烃燃料的着火区域并不完全象图 8－8 那样变化，特别在低温、低压区域表现出与高温完全不同的着火规律，如图 8－10 所示存在一个着火半岛。通过光谱分析发现烃燃料在低温下着火需经历冷焰、蓝焰和热焰三个阶段，如图 8－11a 所示。其中，冷焰是过氧化物以一定速度分解的结果，该阶段主要反应物是甲醛，释放出少量的热量。所以反应温度低，反应速度低。形成过氧化物以及乙醛的过程成为冷焰诱导期 $\tau_2$，当过氧化物积累到临界的含量时分解出冷焰($\tau_2$)。蓝焰阶段是冷焰阶段中产生的甲醛达到临界含量时，通过甲醛的支链反应产生($\tau_3$)，这种蓝焰的光辉较强，反应物的压力、温度都升高，但反应持续时间比较短，主要产物是 CO。热焰阶段是蓝焰阶段中产生的 CO 与氧结合的过程，此时反应的速度很快而产生爆炸性火焰，释放大量的热量，热焰期的主要产物是 $CO_2$。烃燃料的这种低温低压时的着火规律，是后述的连锁反应机理中退化支链反应的结果。

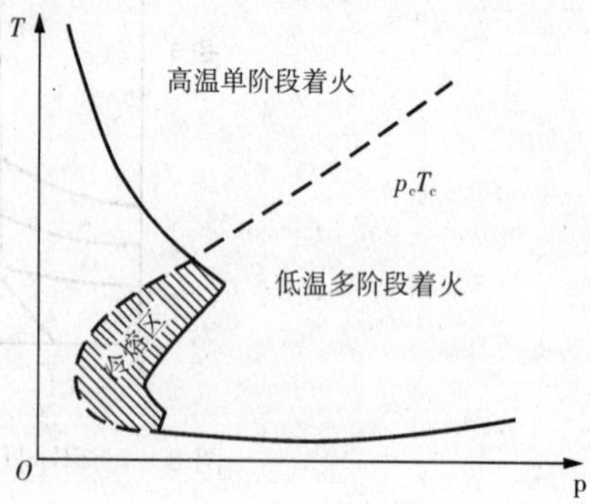

图 8－10　着火半岛

在高温下烃燃料的着火特性不同于低温低压时的着火规律，甲醛的退化支链反应不经冷焰阶段，而直接进入蓝焰—热焰阶段。由于蓝焰—热焰阶段很难区分，故将这种着火过程称为高温单阶段着火(如图 8－11b 所示)

2. 连锁反应自然着火理论

烃的氧化反应可写成

$$C_nH_m+\left(n+\frac{m}{4}\right)O_2=nCO_2+\frac{m}{2}H_2O \tag{8-16}$$

但这个反应只是描述了过程的始末，而没有涉及其所经历的过程。内燃机中燃料的着火和燃烧是在极短的时间内进行的。从化学反应机理角度分析这种快速的化学反应时，并不是直接得出最后的燃烧产物，而是先产生许多原子或原子团自由基构成的中间产物，他们形成了反应过程的活性中心。这些活性中心与反应物相互作用，一方面促进反应，另一方面生成新的自由原子或自由基。将这些活性中心再生的反应过程称为连锁反应。

烃类的氧化反应可以用连锁反应机理解释，这种连锁反应主要包括链引发、链传播及链中断等过程。

所谓链引发是反应物受到某种因素的激发(如受热分解、光辐射作用等)分解成自由原子或自由基的过程。这种自由原子和自由基(H、O 和 OH 等)具有很强的反应能力，成为反映的活性中心，使新的化学反应得以进行。

所谓链传播是已生成的自由原子或自由基与反应物作用，一方面将反应物推进一步，另一方面又生成新的自由原子或自由基的过程。如果在某一反应过程的每一步中间反应过程中，都是有一个活性中心与反应物作用产生的一个新的活性中心，则这一反应过程的整个反应是以恒定的速度进行，这样的反应称为直链反应。如果一个活性中心引起的反应，同时形成两个以上的活性中心，这时链就产生了分支，反应速度将急剧增加，可以达到极快的程度（连锁爆炸），这种反应称为支链反应。快速燃烧或爆炸可以看做是支链反应的结果。不过，不少烃的氧化物是先通过直链反应，生成一个新的活性中心和某种过氧化物或高级醛的中间产物，然后再由过氧化物或高级醛引起新的直链反应。它的总反应速度比支链反应慢，但具有自动加速的特点，这种反应通常称为退化的支链反应。像柴油机的着火过程，就是一种退化的支链反应。

在链锁反应中由于具有很大反应能力的自由原子或自由基有可能与容器壁面或惰性气体分子碰撞，使反应能力减小，这种无效碰撞不引起反应，这一过程称为支链中断。每一次链中断都会引起总体反应速度的降低以及减少反应继续发展的可能性，在某些不利情况下还可以使反应完全终止。

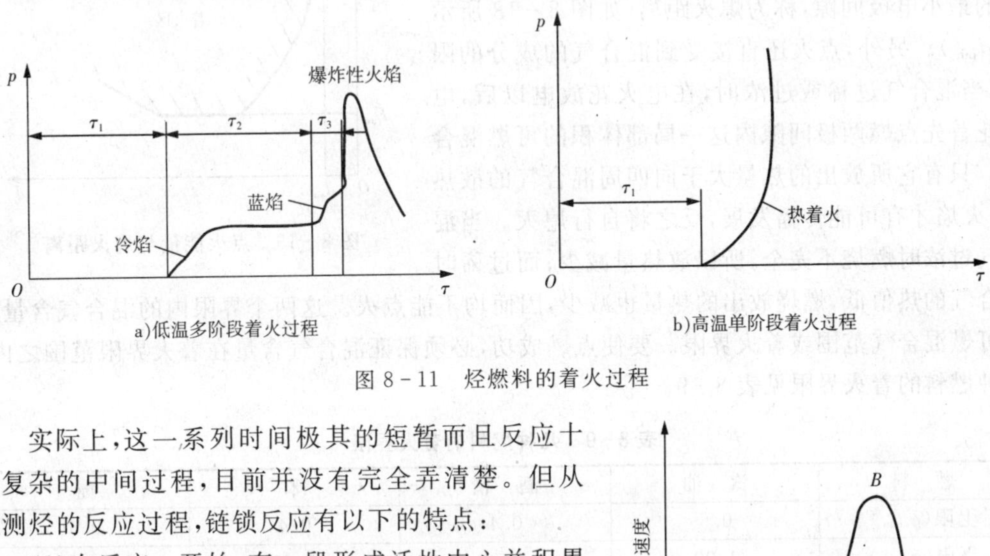


a)低温多阶段着火过程　　b)高温单阶段着火过程

图 8-11　烃燃料的着火过程

实际上，这一系列时间极其的短暂而且反应十分复杂的中间过程，目前并没有完全弄清楚。但从观测烃的反应过程，链锁反应有以下的特点：

(1)在反应一开始，有一段形成活性中心并积累的过程，这段时间称为诱导期(图 8-11 中的 $\tau_1$)。当活性中心积累到一定程度后，反应速度便急剧增加。这个诱导期不仅是与反应物的物性有关，而且还与反应物的含量、温度以及容器的形状与材料有关。

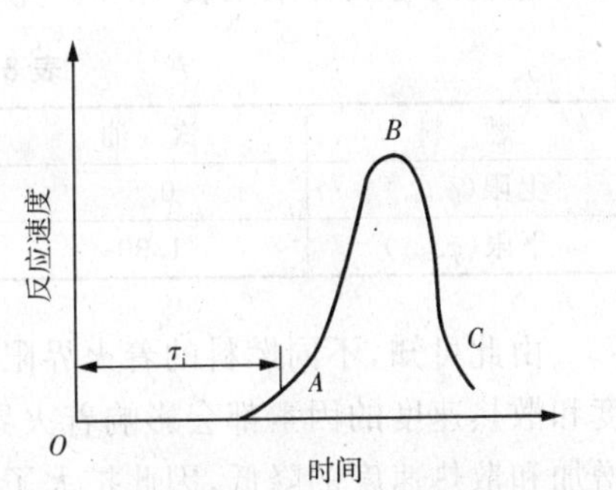


图 8-12　烃的反应速度与事件的关系

(2)即使反应物处在低温下，只要某种原因能激发出活性中心，便能引起链锁反应。也就是说燃烧爆炸的原因并不一定是高温。

(3)反应速度是自动加速的。在反应的前阶段，如图 8-12 的 $AB$ 段反应速度随温度而急剧增高，而后随着反应物含量的减少，反应速度便迅速下降，如 $BC$ 段。

(4)如果在反应气体中加入惰性气体时，反应速度将会迅速降低。而加入某种添加剂时，将会促使反应加速。

3. 点燃

点燃是指利用电火花等外部能量在可燃混合气中产生火焰核心并引起火焰传播的过程。实际上，在电火花点火之前，由于可燃混合气受到压缩时温度升高，此时已有缓慢氧化的先期反应现象。在电火花点火以后靠电火花提供的能量，不仅使局部混合气的温度升高，而且引起了电火花附近的混合气的电离，形成活性中心，促使化学反应明显加速，随着化学反应范围的扩大以及反应程度的加深，出现明显发热、发光的小区域，最终形成火焰核。为了让电火花所产生的火焰成长起来，并使火焰开始传播，必须对靠近火焰核的未燃混合气供给足够的能量，而这种能量主要来自点火能量以及反应开始后由化学反应本身所释放出来的热量。

为了使点燃成功，必须使火花塞提供的放电能量大于某一个最小点火能量，而这个最小点火能量受很多因素的影响，如燃料的种类，混合气的成分，空气中氧的含量、压力及温度，点火处气流的运动状况，电火花的性质，电极的几何形状和距离等。

电极间隙 $d$ 与点火能量 $E$ 有很大的关系。如果电极间隙适合，需要的点火能量就小；如果间隙过小，无论点火能量多大都不能着火。这个不可能着火的最小电极间隙，称为熄火距离（如图 8－13 所示的 $d_{min}$）。另外，点火还直接受到混合气的成分的限制，当混合气过稀或过浓时，在电火花放电以后，电火花首先点燃两极间隙内这一局部体积的可燃混合气。只有它所放出的热量大于向四周混合气的散热量，火焰才有可能传播发展，反之将自行熄灭。当混合气过浓时燃烧不完全，所以放热量减少；而过稀时混合气的热值低，燃烧放出的热量也减少，因而均不能点火。这两个界限内的混合气含量称为可燃混合气范围或着火界限。要使点燃成功，必须保证混合气含量在着火界限范围之内。几种燃料的着火界限见表 8－9。

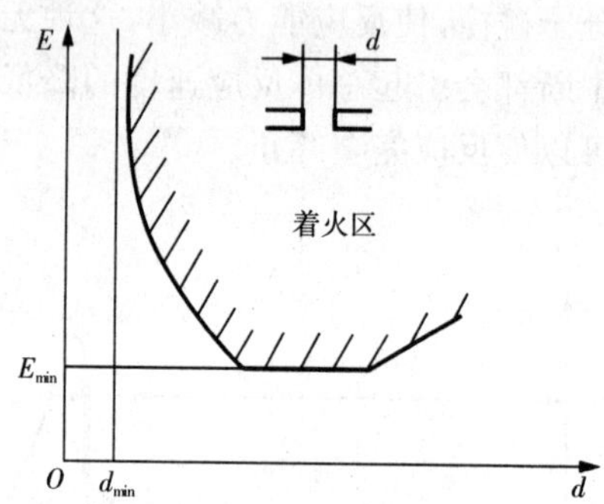


图 8－13　点火能量与熄火距离

**表 8－9　几种燃料的着火界限**

| 燃　料 | 汽　油 | 酒　精 | 苯 | 醚 |
|---|---|---|---|---|
| 上限（$\varphi_{amin}$） | 0.5 | 0.4 | 0.4 | 0.4 |
| 下限（$\varphi_{amax}$） | 1.30 | 1.70 | 1.25 | 1.25 |

由此可知，不同燃料的着火界限范围是不同的。另外，所有影响可燃混合气初期放热速度和散热速度的因素都会影响着火界限。例如，可燃混合气的温度提高，有利于放热速度的增加和散热速度的降低，因此扩大了着火界限。而残余废弃系数的增加，会降低初期放热速度，着火界限将缩小。

正因为火焰核的形成，是由于局部的混合气吸收电火花能量后，经化学反应过程热量（或活性中心）的累积所致，所以这部分混合气的组成和吸收电火花能量情况不同，以及气流扰动对火焰核的干扰使火焰核的形成所用的时间不同，造成实际汽油机在同一气缸稳定工况下连续循环的情况下不可能完全一致，因而产生了燃烧循环变动。这种燃烧不稳定情况，在汽油机低负荷及在稀薄混合气中尤为突出。

**二、内燃机的燃烧方式**

1. 预混合燃烧

这种燃烧方式的主要特点是，在着火前燃料与空气按一定的比例预混合而形成可燃混合气，燃烧室空间各点上的压力和温度不均匀，在局部地区点燃后形成火焰核，然后在预混合气体中以火焰传播形式完成燃烧过程。

汽油机的燃烧过程是这种预混合燃烧的典型示例。电火花跳火后形成火焰核心。由于燃气的高温向外热辐射以及因燃烧产生的活性中心向外扩散，使临近的均匀混合气着火形成一个新的燃烧层。这个燃烧层称为火焰前锋，它将燃烧室内的气体分为燃烧产物相和未燃混合气体相两相，如图 8－14 所示。在贯穿整个容器的 $AB$ 坐标上，同一时间(例如时间 1)各点的温度并不相等。在任一时间内，已燃区温度最高，燃烧区温度次之，未燃区温度最低。

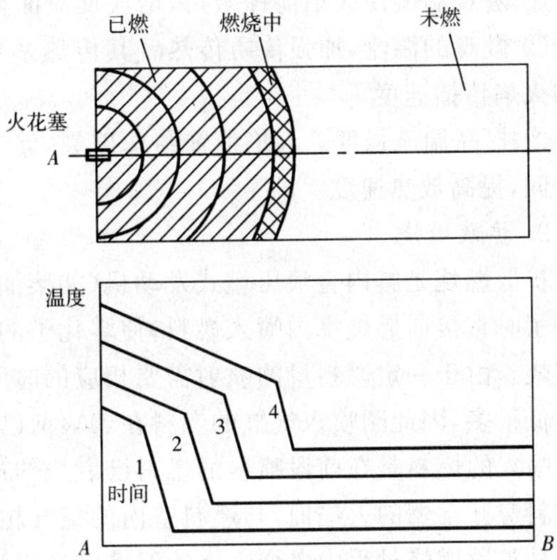

图 8－14 预混合燃烧

由于火焰前锋的向前推移，使燃烧传播到整个燃烧室容积内，因而燃烧速度取决于火焰的传播速度。这种预混合气中的火焰传播过程，可根据混合气的气流特性分为层流火焰传播过程和湍流火焰传播过程。

(1)层流火焰传播

这种火焰的前锋面为球面，一般在静止或气流速度很低时形成。其特点是将燃烧室以层流火焰面为界分为已燃和未燃两个区，而且在只有 1/10～1/100 mm 厚的很薄的层流火焰面上进行强烈的燃烧反应。

由于层流火焰面很窄，且温度和混合气含量变化又很大，引起火焰中强烈的传热和传质现象，促使邻近混合气的快速化学反应，造成火焰的空间移动现象，即火焰传播。这种层流火焰的传播速度，主要取决于预混合气的性质。

对汽油机，层流火焰传播速度一般为 $v_L=0.4\sim0.5$ m/s。当 $\varphi_a=0.8\sim0.9$ 时，反应温度最高，层流速度最快；当 $\varphi_a=1\sim1.15$ 时，层流速度降低 10%～15%；混合气含量过浓或过稀时，由于反应温度过低不能维持正常的火焰传播。

如果在气缸内间隙等火焰传播空间过窄，火焰不能继续传播。将这种火焰不能传播的最小缝隙称为猝熄距离。当火焰传播到靠近低温壁面时，也不能继续传播。这些因素是汽油机生成 HC 的主要原因。

(2)湍流火焰传播速度

湍流是气流中不同尺度涡旋的不断形成、发展、分解与消失的不稳定流动过程。湍流产生的主要原因是粘性气体的流速增加到一定值后，由于边界的阻碍、外部的干扰等，促使气流内部形成许多个涡旋而造成的。其特点是，各种不同尺寸的涡流组成连续的涡旋谱，而且在空间、时间上错乱无序变化，但有随机性质。常用湍流尺度和湍流强度来评价。湍流尺度，是指涡旋翻滚一个周期所作用的空间范围。宏观湍流决定其力学性质，而微观湍流，则在流体粘性的作用下将湍流的运动能量转化为热能而消失。湍流强度是脉动速度的均方根，表示湍流的能量，主要影响湍流火焰传播速度。

一般湍流火焰传播速度为 $v_T = 20 \sim 70$ m/s。

湍流对火焰传播速度的作用,主要体现在以下几个方面:

① 宏观湍流使火焰前锋皱折,增大反应面积,但层流火焰前锋结构不变。

② 微观的湍流,加强传质传热。其传热系数相对层流热导率增大100倍,由此提高湍流的火焰传播速度。

③ 提高湍流强度。火焰前锋结构破裂,促进已燃气体和未燃气体的迅速混合,缩短反应时间,提高放热速度。

2. 扩散燃烧

扩散燃烧是缸内直喷压燃式发动机(如柴油机)的主要燃烧方式。这种发动机在接近压缩终了时直接向燃烧室内喷入燃料,使雾化了的燃料在燃烧室内与高温高压的空气边混合边燃烧。由于一定燃料量的喷射需要相应的时间,而且液体燃料的蒸发温度一般比其着火温度低很多,因此刚喷入气缸的燃料在着火前已蒸发而形成可燃混合气并自行燃烧。然后,后续喷入的燃料是在前段喷射的燃料已燃烧的过程中与空气混合燃烧。这就要求后续喷入的燃料避开已燃的火焰面,与燃料室内的空气相互渗透混合,由此形成扩散燃烧过程。由于在这种扩散燃烧过程中燃烧室内的温度已经很高,所以只要燃料与空气混合,其化学反应就可以进行得很快。因此,扩散燃烧过程完全取决于燃料和空气的混合过程,即混合气形成速度决定扩散燃烧速度。这是扩散燃烧不同于以火焰传播为特征的预混合燃烧的主要区别。另一方面,由于扩散燃烧过程并不是液体燃料的直接燃烧,而是气液两相的混合燃烧过程,所以首先液体燃料要充分汽化。如图 8-15 所示为单滴油滴的扩散燃烧模型,在油滴表面上形成一层燃油蒸气,已汽化了的燃料与周围的空气在相互扩散的过程中进行混合,因此沿油滴半径方向坐标上已形成混合气含量逐渐稀薄的梯度分布,并在混合气含量和温度合适的区域发生着火。油滴的燃烧实质上是燃油蒸汽和空气的一种气相性质的燃烧过程。为了改善液体燃料的蒸发汽化条件,常采用高压喷射法进行强制雾化,使喷入气缸体的燃料形成无数个均匀细小的小油滴,依次来提高单位时间内的蒸发速度,同时在燃烧室内组织适当的空气流动。因此,实际发动机的扩散燃烧过程与单油滴的扩散燃烧模型有很大的区别。

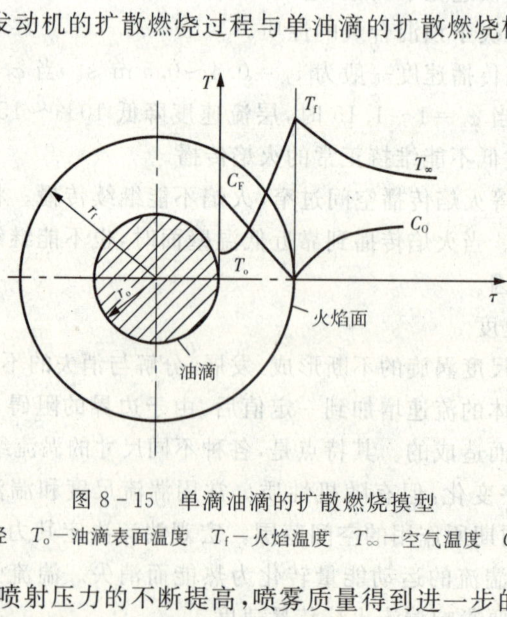


图 8-15 单滴油滴的扩散燃烧模型

$r_o$—油滴半径 $r_f$—火焰面半径 $T_o$—油滴表面温度 $T_f$—火焰温度 $T_\infty$—空气温度 $C_O$—氧含量 $C_F$—油蒸气含量

随着柴油发动机的喷射压力的不断提高,喷雾质量得到进一步的改善。因此,向燃烧室内喷入燃料后，很容易形成更多的细小油滴，在燃烧室空间分布而蒸发汽化形成可燃混合气，只要环境温度符合着条件，这些可燃混合气就会在多点同时着火，易使气缸内的压力急剧变化，使发动机的工作粗暴。所以，有必要控制着火期间所形成的可燃混合气。这种扩散燃烧方式，其燃烧过程与在整个燃烧室内的空燃比无关，不像均匀混合气那样，具有严格的空燃比着火范围，因而与预混合燃烧相比，扩散燃烧具有更广泛的稳定燃烧范围。

在扩散燃烧期间，燃烧室内将同时存在三个相，即可燃混合气相、空气相、燃烧产物相。由于在实际燃烧室内存在细小的油滴群与空气的相对运动，所以燃烧产物总是留在反应区的后面，而燃料蒸汽总是和炽热的空气直接接触，这有助于燃料的完全燃烧。因此，燃烧室内的气流运动的控制，对扩散燃烧具有重要的意义。

3. 稀薄气体的均质低温压燃

在液体燃料与空气的上述两种混合燃烧过程中，在气缸内释放出大量的热量而产生高温高压。在这种燃烧过程中高温高压下的工质在推动活塞对外输出功的同时，空气中的氮气和氧气在高温下生成 NO，而且燃料在高温下分解或不完全燃烧形成碳烟、HC 和 CO 等有害排放物。这些有害排放物对环境造成严重的污染。所以，面对石油能源危机，对以石油燃料为主的内燃机而言，节能与超低排放已成为其所面临的重要的课题。为此，开发研究出许多新的内燃机的燃烧技术，其中具有代表性的就是混合气的均质压燃技术，即 HCCI (Homogeneous Charge Compression Ignition)或 CAI(Compersssion Auto Ignition)燃烧。这种燃烧方式的特点：一是燃烧室的充量均质化，即燃烧室内燃料和空气的混合气在着火前已均匀地混合好，且燃烧室空间上各点的温度和压力基本保持一致。二是压燃，即混合气的着火过程是受到可燃混合气的化学动力学的控制。这种燃烧方式在混合气进行化学反应时，各点的反应速度和加速度是一致的，在同一时间里进行同时燃烧，所以具有爆炸燃烧的特点。三是不论在燃烧前还是燃烧后，在燃烧室的任一瞬间只存在一个相。在燃烧前是正在进行火焰前反应的混合气相，在燃烧后是燃烧产物相。四是为了实现高效率超低排放，HCCI 燃烧方式采用均质混合气的低温稀薄燃烧。由于混合气均匀稀薄，燃烧不产生碳烟，而稀混合气的燃烧火焰温度又低，所以氮氧化物生成量很低，同时这种燃烧方式等容度方式很高，因此热效率高。HCCI 燃烧方式是一种很有潜力的高效低污染的燃烧方式。

实现 HCCI 燃烧的关键技术就是稀薄混合气在气缸内的均质化和低温稳定燃烧。混合气的均质化，常用喷射时期和内部 EGR 的协调控制来实现；而低温稳定燃烧是通过燃烧和空气的混合比的精确控制，结合压缩比和大量 EGR 率的精确控制来实现。为此，开发了配气相位连续可变的 VVT(Variable Valve Timing)控制技术和以此为基础的 Miller 循环，实现有效压缩比可变控制技术以及内部 EGR 的控制技术等。

如图 8－16 所示为实现 HCCI 或 CAI 燃烧的示意图。这里通过 VVT 技术实现负气门重叠现象 NVOL(Negative Valve Overlap)，由此实现较均匀的且高温的内部 EGR，以改善着火条件。适应这种条件，当早期(膨胀过程)喷射时，虽然能实现 HCCI 或 CAI，但由于部分混合气随废气排出，所以不符合节能与降低排放的要求。而中期(进气过程中)喷射或后期(压缩喷射)喷射时，均能实现 HCCI 或 CAI 燃烧。但在中期喷射时很容易引起爆燃，而在后期喷射时，实际上在气缸内存在明显的混合气含量的梯度分布，因此燃烧过程实际上是预混压缩自燃的扩散燃烧，因而存在不完全燃烧的产物一氧化碳。所以，实际能实现 HCCI 或高效率的 CAI 燃烧的运转区域是有限的。

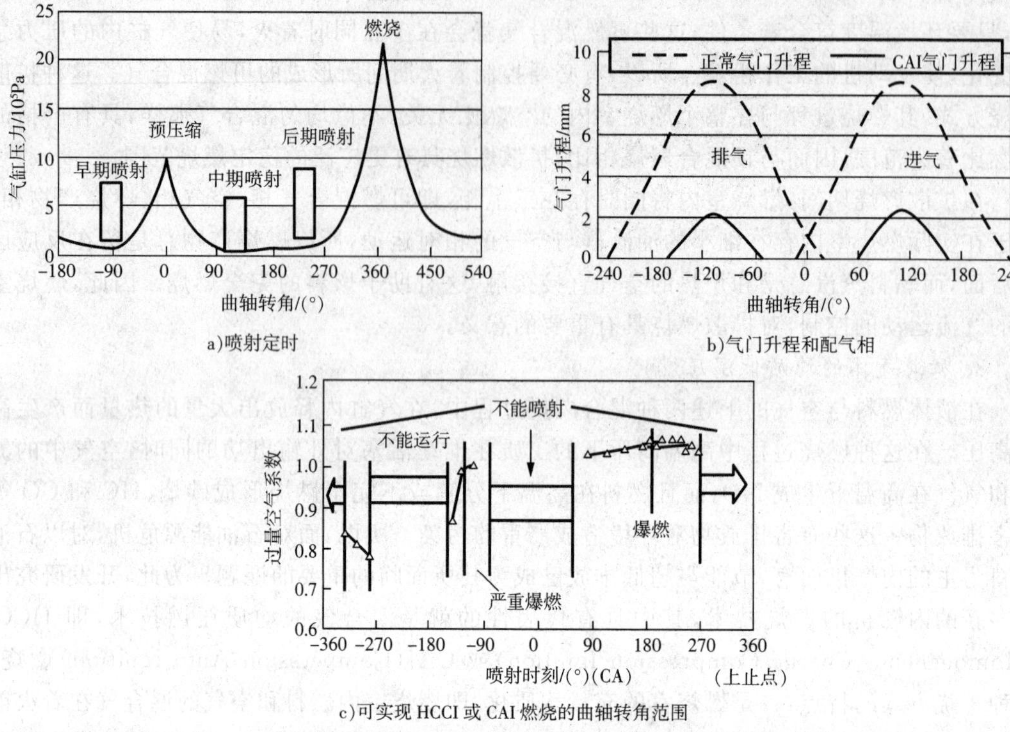


图 8-16　实现 HCCI 或 CAI 燃烧示意图

(上止点前 75°(CA)排气门关闭，上止点后 70°(CA)进气门开启，发动机转速 1800r/min)

正是因为 HCCI 燃烧是同时燃烧，所以其最大缺点就是可造成过大的压力升高率，由此限制这种燃烧方式的使用运转区域。而 HCCI 燃烧压力升高率取决于混合气的热值和同时燃烧的混合气量，而混合气的热值因燃料的性质及其混合比的不同而有所差别。为了限制压力升高率，需要控制混合比和混合气量，因此 HCCI 燃烧方式只能在内燃机一定的小负荷范围内实现。

总之，对以四冲程理论为基础的内燃机，HCCI 燃烧方式虽然是同时解决节能和排放的一种很有效的燃烧方式，但不能在内燃机整个负荷领域内实现，从而不能在整个运转领域内解决内燃机的节能和排放问题。为此，近年来有提出混合燃烧模型控制的概念，即小负荷时采用 HCCI 燃烧方式，而在中、大负荷时采用以混合气含量和梯度分布为主的扩散燃烧方式。

## 思考与练习

8-1　汽油和柴油分别有哪些主要性能？发动机在选取燃料是有何依据？

8-2　什么是汽油的抗爆性？如何提高汽油的抗爆性？

8-3　天然气作为发动机的燃料有何优缺点？

8-4　什么是过量空气系数和空燃比？

8-5　燃料热值和混合气热值的区别？

8-6　内燃机的燃烧方式一般有哪些？

# 第九章　汽油机混合气的形成和燃烧

**内容提要**：本章主要介绍汽油机的混合气形成的基本原理，分析汽油机燃烧过程，不正常燃烧的形式，影响汽油机燃烧过程的因素，汽油机燃烧的组织方式和燃烧室，汽油机的排放及处理。

## 第一节　汽油机混合气形成

由于汽油挥发性好，所以汽油机以前常采用外部形成混合气的方法。即在进气过程中，汽油燃料喷入进气管中，随气流一起进入气缸并压缩，在流动过程中充分混合形成可燃混合气。由于汽油易蒸发，而且从进气过程到压缩过程混合气形成时间相对很长，所以压缩到上止点附近开始点火燃烧时，缸内早已形成均匀的可燃气体。此时，如果压缩比过高，使得终燃混合气的压力和温度过高，可能造成爆燃。因此，为了避免爆燃现象的发生，汽油机压缩比一般控制在6～12之间，这就限制了汽油机循环热效率的提高。

为了保证均匀混合气在气缸内可靠着火燃烧，汽油机采用外部能源强制点燃的方式。这样确定了汽油机缸内均匀混合气，在某一固定点点燃并以火焰传播方式燃烧放热而推动活塞做功的独特热功转换模式。这种混合气形成和燃烧模式决定了汽油机的动力性、经济性、排放性和振动噪声等性能。

随着电子技术和自动控制技术的发展，以及节能和排放控制日益严格，汽油机的混合气形成方式由传统的化油器式发展到电控汽油喷射式，由外部混合气形成方式发展到缸内直喷的内部混合气形成方式。

### 一、外部混合气的形成特点

汽油机外部混合气的形成方式，根据燃料喷射方式的不同分为化油器（机械）式和汽油喷射式两种。

1. 化油器式混合气形成原理及特点

如图9-1所示为化油器的基本结构。其混合气形成就是利用了空气动力学的基本原理，燃料被吸入高速流动的空气中形成混合气。为此，在化油器中设置了喉管，由此加速气流速度从而在喉管处产生真空度，喉管处安装了燃料喷管。为了保证喷入燃料的稳定，专门设置了浮子室，浮子室内存有汽油，其表面与大气相通。当发动机工作时空气经化油器进入气缸时，由于喉管作用在喉部气流加速而负压（喉管真空度）。在真空度的作用下浮子室内燃油经主量孔由喷管喷出。喷管的出口位置对着气流方向设置,所以喷出来的燃料在高速气流的作用下,被冲散、雾化、蒸发而与空气形成混合气。一个多世纪以来,化油器为汽车工业的发展,发挥了不可估量的巨大作用。但是,地球资源问题和环境问题越来越紧迫,而当前节能与排放控制法规日趋严格,化油器因其结构上的致命缺陷满足不了现代排放法规和经济性的要求而不得不退出历史舞台。

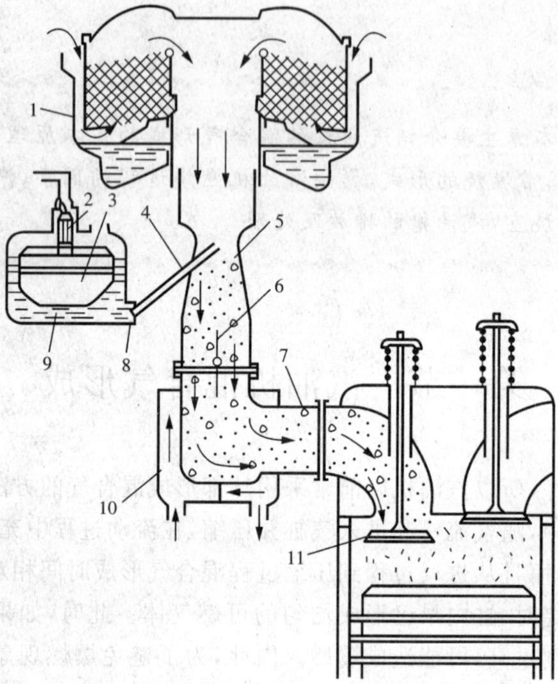


图 9-1　化油器的基本结构

1—空气滤清器　2—针阀　3—浮子　4—喷管　5—喉管　6—节气门　7—进气管
8—量孔　9—浮子室　10—进气预热装置　11—进气门

首先,化油器通过喉管的节流作用产生高速负压吸油,以实现空气和燃料的混合,其最大的缺陷就是喉管节流损失所造成的进气阻力损失,使发动机充气效率下降,泵气损失增加,直接影响发动机的动力性和经济性。其次,多缸发动机采用一个化油器,从化油器到缸的距离不同,使得各缸进气支管长度不同,造成各缸进气不均匀性较大,也直接影响发动机的动力性。

随着电子技术和计算机控制技术的发展,电控汽油喷射技术也得到了开发应用,由于它克服了化油器所存在的固有缺陷,同时具有空燃比控制精度高的优点而得到广泛应用,已经基本替代了化油器。

2. 电控汽油喷射(EFI)式混合气的形成

汽油喷射系统与化油器相比,有以下明显优点:

(1)进气阻力小,充气效率高。

(2)可以对混合气空燃比进行精确控制,且各缸分配均匀性好。

(3)无结冰、气阻现象。

(4)加减速响应特性好。

(5)启动性好,过渡圆滑。

(6)可以采用较高的压缩比。

电控汽油喷射系统的混合气形成特点是,进入气缸的空气量和燃油量分别控制。汽油机的混合气形成方式,从化油器方式发展到机械式喷射方式和电控汽油喷射方式以后,液体燃料蒸发雾化已不成问题,即汽油喷射有效地改善了液体燃料的雾化特性。所以,进入电控汽油喷射化以后,电控汽油喷射系统的主要问题已转化为如何根据不同工况下进入气缸空气的空气量,精确控制燃料喷射量,以控制适应该工况的最佳混合气。

电控汽油喷射系统,需要解决两个关键问题。一是确定发动机不同工况所需求的目标空燃比;二是为了精确确定不同工况下燃料喷射量,需要精确测量每一工况下进入气缸的空气量。

所以,电控汽油喷射系统对混合气的控制,主要体现在以下三个方面:

(1)事先根据发动机的台架试验,确定不同工况所对应的最佳混合气含量及其影响因素,并制成空燃比的控制脉谱图(MAP),存储在 ECU 的 ROM 中。

(2)在进气系统中设置专门的进气流量测量装置,如空气质量流量计,或进气压力传感器和温度传感器以及转速传感器等,由此测量每一工况进入气缸的空气量,作为控制喷油量的主要依据。

(3)由 ECU 根据来自各种传感器的信息,准确判断现行工况,并根据目标空燃比的控制 MAP 图,确定该工况的目标空燃比,并由进气流量的测量信息,演算确定喷射量后,转换成控制信号(喷油器通电脉宽),控制喷油器按照一定的喷射压力将一定的燃料量(喷射脉宽)强制喷入到进气管,随空气流进入气缸并压缩的过程中,完成混合气的形成过程。

## 二、缸内直喷式混合气形成

随着节能与排放法规日趋严格的要求,电控汽油喷射技术从进气道多点喷射向缸内直喷(GDI)化发展。但是由于控制目的不同,缸内直喷式电控汽油喷射系统混合气形成的特点也有所不同。从利用三效催化转化器降低排放的角度考虑,以均质的理论混合气控制为目的时,要根据实际进入气缸内的空气量和目标空燃比演算得到一定的燃料量,在进气过程的某一时刻进行喷射,并利用缸内的适当气流形成均匀的可燃混合气。但是以节能为目的组织稀薄燃烧过程时,需要在气缸内形成混合气含量的梯度分布。为此,通过进气道及燃烧室形状组织气缸内的定向气流(滚流等)运动,并与喷射时刻相配合。为了控制喷雾,采用喷射压力 2～5 MPa 的高压旋流式喷油器。

缸内直喷的混合气形成方式特点是,避免了进气道喷射方式在进气道黏附油膜现象,这种油膜的蒸发,不仅导致额外油耗,而且对发动机快速起动、瞬时响应特性及其精确控制混合气成分都不利。

## 三、混合气成分与发动机性能的关系

### 1. 混合气成分对发动机性能的影响

理论上,当过量的空气系数 $\varphi_a=1$(理论混合气)时燃料可完全燃烧。但实际上由于在气缸内不可能绝对均匀形成混合气,而且残余废气等对混合气有稀释作用并直接影响燃烧过程。所以,实际上 $\varphi_a=1.03\sim1.1$ 的稍稀的混合气下,因氧气充足,燃料与氧气充分结合,使燃料尽可能完全燃烧。而且此时燃烧速度也较快，所以热效率最高，使燃油消耗率最低。因此，称此混合气为经济混合气。同时，在此经济混合气下，由于氧和氮气的含量较丰富，且燃料温度高，所以 $NO_x$ 排放也最多。

当 $\varphi_a>1.03\sim1.1$ 时，虽然混合气中氧气丰富，燃料可完全燃烧，但由于反应带内燃料密度小，燃烧放热量少，燃烧压力和温度低，燃烧速度减慢。所以发动机的动力性、经济性下降，$NO_x$ 排放也降低。

当过量空气系数增加到 $\varphi_a=1.3\sim1.4$ 左右时，由于混合气过稀，燃料分子之间距离增大，即使是与氧进行氧化反应，燃烧放热量也少，而向周围易散热，所以热量不能积累，反应温度得不到提高，火焰难以传播而熄火。所以称该混合气含量为着火下限。

相反，当混合气含量比理论混合气稍浓时，即当 $\varphi_a=0.8\sim0.9$ 时，混合气中相对空气燃料密度较高，而且氧气含量也足够，所以燃烧速度最快，热损失最小，因此发动机的动力性最好。称此混合气为功率混合气。但是在功率混合气下，部分燃料得不到完全燃烧，所以热效率有所降低，同时 CO 和 HC 排放也偏高。

当 $\varphi_a<0.8\sim0.9$ 时，由于混合气过浓，氧气不足，更多的燃料不能完全燃烧，所以燃料放热量减少，燃烧速度降低，使发动机动力性能下降、经济性恶化。同时缸内容易积炭，CO 排放增多，冒烟加重。

当过量空气系数减小到 $\varphi_a=0.4\sim0.5$ 时，混合气严重缺氧，绝大部分燃料不能燃烧，使得火焰不能传播而熄火。所以称该混合气含量为着火上限。

由此可见，这种液体燃料的混合气形成和燃烧方式，所对应的最佳动力性和最佳经济性的混合气成分是不一致的，而且存在混合气成分的着火界限范围。对汽油燃烧，其着火界限为 $\varphi_a=0.4\sim1.4$。所以，为了保证发动机可靠而稳定运行，一般将 $\varphi_a$ 控制在 0.8～1.2 范围之内。

2. 汽油机各种工况对 $\varphi_a$ 的要求

车用发动机的工况可概括为起动、怠速、中小负荷、全负荷、加速和减速等 6 个工况。每个工况对 $\varphi_a$ 的要求各不相同。

起动工况的主要特征是发动机转速、温度最低，节气门开度也小，进气流速低，所以燃料喷雾及油膜的蒸发雾化混合条件最差。所以，为了保证气缸内可燃混合气的含量，多喷油而供给较浓的混合气(如 $\varphi_a=0.4\sim0.6$)。因此起动过程中 CO 和 HC 排放较严重。随着排放法规日趋严格，冷起动排放控制已成为人们关注的焦点。所以，首次喷射完爆率成为起动控制的主要目标。从起动机拖动转动开始，什么时候开始喷射，首次喷射多少燃料量，完爆后随发动机转速的变化如何控制喷油量，以及整个起动过程中，点火时期的控制方法等，都直接影响发动机的起动性及其排放特性，所以根据不同冷起动条件而进行标定。

怠速工况的主要特点是发动机输出功率等于零，此时节气门开度最小，发动机转速 $n$ 和温度也较低，残余废弃系数较大。虽然混合气形成条件比起动工况要好一些，但在怠速暖机过程中，随冷却水温的提高，由于油膜蒸发不同，直接影响气缸内的混合气含量。所以，为了保证怠速稳定，电控汽油喷射系统对喷射量进行相应的加浓修正，使 $\varphi_a=0.6\sim0.8$。为了缩短暖车时间，以提高汽车使用效率和怠速经济性，现代电控汽车发动机都采用快怠速系统，如图 9-2 所示。对非电控节气门，与节气门并列相对怠速系统独立设置专用的快怠速空气阀，由此根据发动机冷却水温的不同，自动控制快怠速所必要的额外的空气量，提高怠速转速，达到快怠速，缩短暖车时间的目的。对于电控节气门，则直接通过节气门的控制，随不同冷却水温的变化控制节气门的不同开度，实现快怠速。

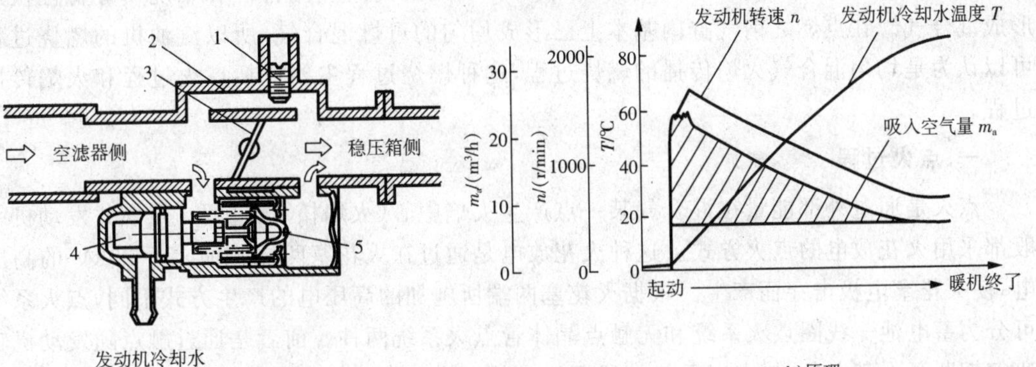


a)系统　　b)原理

图 9-2　快怠速系统及原理

1—怠速调节螺钉　2—怠速通道　3—节气门　4—热敏元件　5—空气阀

当发动机进入到中小负荷时，工作温度逐步升高，燃料蒸发雾化条件得到改善。而且此时随节气门开度的增加，进气量增多，残余废弃系数 $\varphi_r$ 减小。所以，残余废气对混合气的稀释作用和对燃烧过程的阻碍作用逐渐减弱。因此，对喷油量的加浓修正量减少，使 $\varphi_a$ 随节气门开度而有所增加。在日常的中等负荷，可用经济混合气即 $\varphi_a=1.03\sim1.1$ 工作。目前均以三效催化转化器（TWC）来净化汽油机的CO、HC和 $NO_x$ 排放，而TWC只能在理论混合气的很窄的窗口下，才同时有效净化这三种排放物。所以，要求用氧传感器反馈控制，使混合气含量严格控制在理论混合气上，即 $\varphi_a=1$。

但是，当节气门接近全开或全负荷状态下，要求发动机输出最大功率。因此，此时供给功率混合气即 $\varphi_a=0.8\sim0.9$，而对经济性和排放问题暂时不予考虑。一般地，汽车在实际运行时发动机全负荷状态下工作几率很少。

当发动机加速或减速运行时，由于节气门开度突变，进气流量相应地变化，使进气压力发生变化。因此，直接影响进气道内表面和进气门背面上形成的油膜的蒸发量，由此影响气缸内的混合气含量。当加速时，随进气量的增加，进气压力加大，作用在油膜表面的压力升高，阻碍油膜的蒸发，所以气缸内的混合气变稀；当减速时，则相反，随进气量的减少，进气压力降低，降低了作用在油膜表面上的压力，使其蒸发量增加，造成气缸内的混合气变浓。因此，造成汽车加速时游车的现象。所以，必须相应的进行喷油量的加减修正。具体修正量根据不同发动机，通过台架标定试验进行确定。

## 第二节　汽油机燃烧过程

液体燃料燃烧的特点，首先是将液体燃料通过雾化变成气态后，与空气混合形成可燃混合气。液体燃料形成可燃混合气的过程，根据燃料的性质采取不同的方式。同时，由于不同燃料着火特性不同，而采用点燃式或压燃式不同的着火方式。根据混合气的形成和着火特点，将混合过程比燃烧反应快或者在火焰到达之前燃料与空气已充分混合的燃烧方式称为预混合燃烧。而混合过程和燃烧过程同时进行，或燃烧速度取决于燃料和空气相对扩散速度的燃烧方式称之为扩散燃烧。

汽油机利用喷嘴将燃料在进气道或气缸内，利用缸内的气流特性和燃烧喷雾特性快速形成混合气。在点燃之前气缸内基本上已形成均匀的可燃混合气，所以汽油机的燃烧过程可以认为是均匀混合气火焰传播的燃烧过程，这种燃烧过程主要包括点火过程和火焰传播过程。

## 一、点火过程

点火是通过外部能量在混合气某一点产生火焰中心（火焰核）的过程。点燃式发动机一般都采用火花放电的点火方式。这种火花放电是通过在火花塞两端施加 15～30kV 的高压电，使火花塞电极击穿而产生。根据火花塞两端所施加的高压电的产生方式不同，点火系统可分为蓄电池—线圈点火系统和无触点晶体管点火系统两种。前者是通过触点随发动机转速定期断开由蓄电池、触点以及初级线圈组成的初级电路，此时在初级线圈中产生感应电压的同时，在次级线圈中，产生与初级电流的有效值及次级线圈匝数成正比的高压电。而无触点晶体管点火系统，则利用晶体管的放大作用，通过多级放大实现高压电。实际火花点火过程是很复杂的，至今有许多方面仍不十分清楚。但整个火花塞放电过程一般可分为以下三个阶段。

### 1. 击穿阶段

一般火花塞两个电极之间的间隙为 0.8～1 mm，在普通电压条件下为绝缘。但当电极两端施加 10～15 kV 以上电压时，电极之间的气体被击穿而产生离子流，离子流从火花塞负极流向正极，使得间隙阻抗迅速降低，形成一个很窄的圆柱状离子化气体通道使之导通，使局部温度达到 60000 K，压力上升到数百个大气压，形成一个强烈的激波向四周传播。这一阶段，原绝缘的气体被离子化，导通的过程称为击穿阶段，此时通过火花塞间隙的峰值电流高达 200 A，但整个击穿阶段的时间极短，约为 10 ns。

### 2. 电弧放电阶段

电弧放电阶段是指在击穿阶段末期，电极间隙处形成离子化气体的电流通道后，形成电弧的放电过程。此时电压较低，但电流仍很高。与击穿阶段的电极间隙处气体完全电离或离子化相反，在电弧放电阶段，离子化程度较低（约 1%）。由于击穿末期已离子化的等离子体迅速膨胀，与外界的热交换和扩散作用增强，使其电压迅速下降，电弧中心区的温度降低到 6000 K 左右。一般认为，在电弧放电阶段火焰核已形成，并开始传播。

### 3. 辉光放电阶段

随着电弧放电阶段，离子化气体通道的体积膨胀，离子化气体扩散而密度降低，并与外界进行热交换的作用，使离子化气体温度进一步降低到 3000 K 左右，流通电流也低于 200 mA，电极两端的电压降到 300～500 V。这一过程称为辉光放电阶段。在此阶段间隙处气体的离子化程度更低（低于 0.01%），而且绝大部分点火能量到此时已基本放完。在此阶段能量损失较大。

对车用发动机，由于工况变化范围较宽，而且不同工况气缸内混合气状态不同，所需点火能量也不同。对于静止的均匀的理论混合气点火能量只需要 0.2 mJ 就可以可靠点燃，但实际发动机工作时，火花塞附近的气流状态、压力和温度以及混合气成份等条件不同，所需要的点火能量不一样。为了保证起动、高低速等不同工况下可靠点火，一般要求点火系统保证提供 30 ～ 50 mJ 的点火能量，而且随着节能与排放法规要求的日趋严重，为避免各种不同工况下缺火现象的发生，以及改善点燃式发动机的循环变动，点火能量仍有不断提高的发展趋势。

## 二、正常燃烧过程

### 1. 正常燃烧过程的示功图分析

汽油机在接近压缩终了，通过火花塞点燃均匀混合气使之燃烧放热的同时，工质的压力和温度迅速提高，由此推动活塞做功，实现热功的转换。而这种能量转换的效率主要取决于燃烧放热过程。为了便于研究，从工程热力学角度，常用燃烧过程中缸内工质状态参数的变化，如气缸压力随活塞位移（或曲轴转角）的变化规律——示功图，来分析或评价这种燃烧过程。根据汽油机燃烧过程中气缸压力变化的特点，将其燃烧过程分成为以下三个阶段（如图 9－3 所示）。

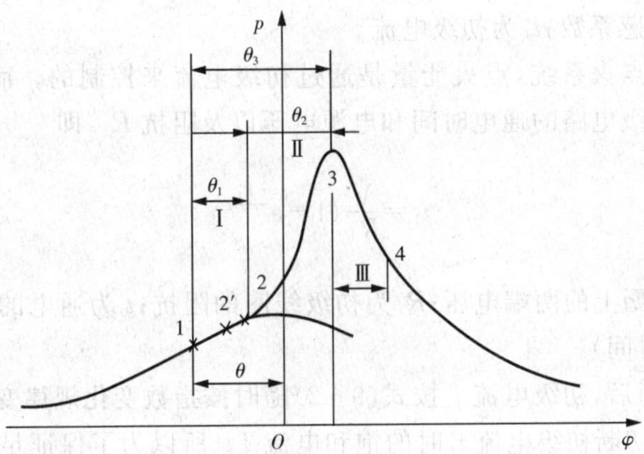


图 9－3 汽油机燃烧过程

第Ⅰ阶段称为着火延迟期，是指火花塞跳火到缸压形成火焰中心阶段（点火过程）。在此阶段主要形成火焰中心，气缸压力基本保持不变，所以又称为滞燃期。但一旦形成火焰中心之后马上迅速向外传播，使气缸压力明显提高。因此，从示功图上把点火时刻开始点 1 至气缸压力明显脱离压缩线的 2 点所经历的时间或曲轴转角，作为滞燃期 $\tau_i$（或着火延迟期）。滞燃期实际上就是通过点火过程形成火焰中心的过程。影响滞燃期 $\tau_i$ 的因素主要有以下几方面：

(1)燃烧特性和混合气成份

燃烧中碳链长的烷烃类成分越多，自燃性越好，滞燃期 $\tau_i$ 就越短。对确定的燃料，当过量空气系数为 $\varphi_a=0.8 \sim 0.9$ 时，化学反应速度最快，所以 $\tau_i$ 最短。

(2)点火时刻气缸内的压力和温度

压缩比越高，缸内压力（混合气的密度）和温度越高，反应速度越快，所以 $\tau_i$ 缩短。

但汽油机压缩比受爆燃的限制。

(3)残余废气量

残余废气是上一个循环的燃烧产物，其热容高。所以废气量越多，混合气的化学反应速度越慢，$\tau_i$增加。

(4)气缸内气流强度

由于气缸内气流的存在，火焰中心不一定就在电极间隙处产生，也可能在火花塞电极间隙处附近。当气流强度过强，特别是火花塞附近的气流强度越强，火焰中心的散热损失就增加，所以 $\tau_i$增加。

(5)点火能量

发动机冷态或高速下是否可靠点燃，除了与混合气含量有关以外，还取决于点火能量。点火能量的提高，使得电极间隙处的混合气更容易击穿而导通，所以 $\tau_i$缩短。

对蓄电池—线圈点火系统，其点火能量一般与在初级电流切断之前初级线圈所储蓄的能量 $E$ 成正比。线圈储蓄的能量 $E$ 由式(9-1)表示，即

$$E=\frac{L_1 i_1^2}{2} \tag{9-1}$$

式中：$L_1$为初级的自感系数；$i_1$为初级电流。

因此，对确定的点火系统，点火能量是通过初级电流来控制的。而流通初级线圈的电流 $i_1$，主要取决于初级电路的通电时间和电源电压以及阻抗 $R_1$，即

$$i_1=\frac{V}{R_1}(1-e^{\frac{-R_1}{L_1}t}) \tag{9-2}$$

式中：$V$ 为施加在线圈上的两端电压；$R_1$为初级线圈的阻抗；$t$ 为通电的时间(即通电开始到断电为止所经历的时间)。

当点火开关接通后，初级电流 $i_1$按式(9-2)随时按指数变化规律变化，而点火线圈的次级电压 $E_B$又取决于切断初级电流 $i_1$时的饱和电流 $I$。所以为了保证足够的次级电压，要求通电时间 $t$ 延长到 $i_1$饱和为止。所以通常点火能量是通过初级线圈的通电时间来控制。但是通电时间 $t$ 越长，初级电流越大，同时由于电的热效应使线圈发热。因此，通电时间的控制目标就是尽可能使初级电流 $i_1$达到饱和状态而线圈又不过热的最佳闭合时间。

对点燃式发动机，由于不同工况气缸内的着火时间(如图 9-3 所示的 2 点)可以通过点火提前角 $\theta_g$ 来控制，所以滞燃期 $i_1$的长短对汽油机工作影响不大。

第Ⅱ阶段称为明显燃烧期(或急燃期)，是指从形成火焰中心(如图 9-3 所示 2 点)至气缸压力达到最高点(如图 9-3 所示的 3 点)。该阶段主要以火焰传播形式烧遍整个燃烧室，所以又称为火焰传播阶段。火焰传播速度取决于层流火焰传播速度、混合气的湍流状态以及燃烧室的形状。在这一阶段，压力急剧升高，其变化程度用压力升高率评价，即用单位曲轴转角气缸压力的变化量 $dp/d\varphi$ 表示。当火焰传播速度越快，明显燃烧期越短，燃烧等容放热程度就越高，发动机动力性、经济性越好，但 $dp/d\varphi$ 增加。当 $dp/d\varphi>(0.2\sim0.4)$ MPa/(°)(CA)时，发动机工作粗暴，振动噪声增加。所以，为了保证汽油机工作柔和，一般将压力升高率限定在 $dp/d\varphi=(0.175\sim0.25)$MPa/(°)(CA)范围内。

最高燃烧压力相对活塞压缩上止点出现的曲轴转角位置(如图 9-3 所示的 3 点)，对发动机的输出功率和燃油消耗率影响很大。如果 3 点到达过早，表明混合气过早点燃，从而活塞压缩负功增加，压力升高率增加。最高燃烧压力过高，不仅发动机动力性、经济性下降，而

且引起机械负荷热负荷以及振动噪声增加。相反，如果最高燃烧压力出现点离上止点过远，表明混合气着火过迟，燃烧过程中活塞已下行，从而膨胀比减小，同时燃烧容积增加，燃烧高温膨胀期传热表面积增加而造成传热损失增多，所以循环热效率下降。因此，实际发动机常通过点火提前角 $\theta_g$ 来控制最高燃烧压力出现的曲轴转角位置。

第Ⅲ阶段称为后期，指从最高压力点(如图 9-3 所示的 3 点)至可燃混合气基本上完全燃烧(如图 9-3 所示的 4 点)为止。大部分混合气在明显燃烧期已基本燃烧，而温度较低的缸壁附近和缝隙处及火焰面上的高温分解产物等，这些未燃烧燃料及分解物在膨胀过程中再次氧化而形成后燃。在后燃期随活塞加速下移，气缸容积迅速增加，气缸压力和温度下降，同时明显燃烧期内产生的燃烧产物的作用，使得燃烧速度降低。

后燃期内燃烧的量越多，则排气温度就越高，表明急燃期内没有充分燃烧缸内的混合气，或燃烧系统结构设计不良而造成激冷面或缝隙容积过大。所以排气温度是评价燃烧过程好坏的重要评价指标。应尽量减少后燃，以降低排气温度。

通过上述示功图，分析以下参数对把握内燃机燃烧过程具有十分重要的意义：

(1)最高燃烧压力 $P_{zmax}$ 及其对应的曲轴转角 $\varphi_{p\ zmax}$，最高燃烧温度 $T_{max}$ 及其对应的曲轴转角 $\varphi_{t\ max}$。最高燃烧压力和最高燃烧温度可代表燃烧过程中的机械负荷和热负荷，由其各自出现的曲轴转角位置，评价燃烧过程组织得是否及时。

(2)最大压力升高率 $(dp/d\varphi)_{max}$ 及其对应的曲轴转角($\varphi_{amax}$)，最高放热率峰值 $dQ_B/d\varphi_{max}$ 及其对应的曲轴转角($\varphi_{qmax}$)。由此主要表明燃烧速度的控制情况。

(3)放热率曲线面心对应的曲轴转角 $\varphi_c$，用式(9-3)计算，由此表明放热规律的控制情况。$\varphi_c$ 越小，表明燃烧越靠近上止点，燃烧的等容度和热效率就越高。

$$\varphi_c = \frac{\int_{\varphi_b}^{\varphi_c} \frac{d\,Q_B}{d\varphi}\varphi\,d\varphi}{\int_{\varphi_b}^{\varphi_c} \frac{d\,Q_B}{d\varphi}d\varphi} \tag{9-3}$$

2. 火焰传播速度

现在汽油机转速都很高，一般在 $n=5000\sim8000$ r/min 的范围，燃烧时间极短，只有几毫秒，所以需要有足够的火焰的传播速度。一般通过火焰传播速度控制明显燃烧期，由此控制点燃式发动机的放热效率。火焰传播速度与气缸内的可燃混合气的燃烧速度和气流状态等有关。

(1)层流火焰传播速度 $S_L$

层流火焰传播是指火焰前锋面相对未燃混合气的速度，直接影响可燃混合气的质量燃烧速度。质量燃烧速度定义为单位时间内燃烧的混合气质量，可用式(9-4)表示，即

$$\frac{dm}{dt} = \rho_T S_L A_T \tag{9-4}$$

式中：$\rho_T$ 为未燃混合气密度；$S_L$ 为层流火焰传播速度；$A_T$ 为火焰前锋面积。

所以控制质量燃烧速度，由此控制放热规律的措施主要为：提高混合气的密度、改变火焰前锋面积和层流火焰传播速度。混合气密度的提高，主要通过增压中冷手段来实现，而火焰前锋面积与燃烧室结构设计有关。

对燃烧室结构和混合气形成方式已确定的发动机，燃烧速度与层流火焰传播速度 $S_L$ 成正比。而影响 $S_L$ 的主要因素，有燃烧特性和气缸内压力和温度状态等。实际计算常用式(9-5)表示的经验公式，即

$$S_L=S_{L0}\left(\frac{T_u}{288}\right)^{\alpha}\left(\frac{p}{101.3}\right)^{\beta} \tag{9-5}$$

其中

$$S_{L0}=30.5-\frac{54.9}{\varphi_a}(1-1.21\varphi_a)^2$$

$$\alpha=21.8-\frac{0.8}{\varphi_a}(1-\varphi_a)$$

$$\beta=\frac{0.22}{\varphi_a}(1-\varphi_a)-0.16\varphi_a$$

式中：$\varphi_a$ 为过量空气系数；$p$、$T_u$ 分别为火焰前锋面未燃气体的压力(kPa)和温度(K)。

当过量空气系数 $\varphi_a=0.8\sim0.9$ 时，层流火焰传播速度最快，所以质量燃烧速度达到最大，放热速度最高，使发动机输出最大功率，故称这时的混合气为功率混合气。当 $\varphi_a=1.05\sim1.15$ 时，$S_L$ 降低不多，但混合气中有足够的氧气，促进完全燃烧。所以经济性最好，因此称这时的混合气为经济混合气。如果 $\varphi_a$ 过大，混合气中燃料量过少，火焰带反应温度降低，$S_L$ 太慢，所以热效率降低；当 $\varphi_a>1.3\sim1.4$ 时，火焰不能传播，称该过量空气系数为火焰传播下限；而当 $\varphi_a<0.4\sim0.5$ 时，混合气严重缺氧，火焰也不能传播，故称该过量空气系数为火焰传播上限。

因此，使火焰能正常传播的着火界限范围为 $\varphi_a=0.4\sim1.4$.

(2)湍流火焰传播速度 $S_T$

湍流由大体上具有一定流动方向的涡流运动和无数个小气团的无规则运动组成。由气体质点所组成的气团大小不一，流动速度、方向也不相同，但宏观流动方向一致，构成大尺度湍流。大尺度湍流使火焰前锋面发生扭曲，增大其面积，同时将火焰前锋面分裂成许多个燃烧中心，达到扩大了火焰前锋燃烧区的厚度 $\delta$(如图 9-4 所示)。同时，小尺度的湍流可加大火焰面中燃料分子与新鲜混合气分子之间的相互渗透，加快湍流火焰传播速度。

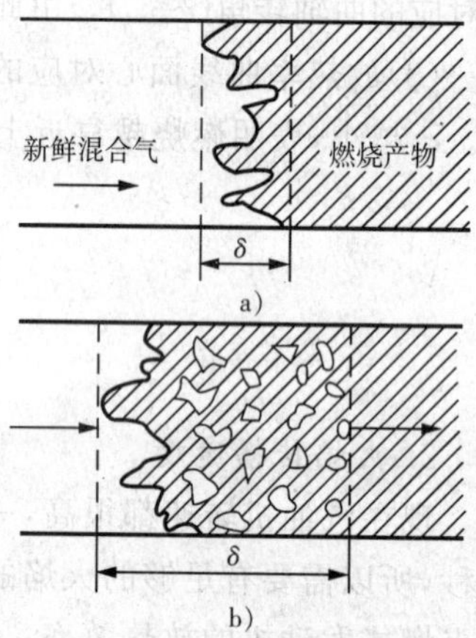

图 9-4 火焰前锋形状(湍流时)

令湍流火焰传播速度 $S_T$ 与层流火焰传播速度 $S_L$ 之比为火焰速度比 $F_{SR}=S_T/S_L$。所以有

$$S_L=F_{SR}S_L \tag{9-6}$$

当发动机转速 $n$(r/min)和气缸内湍流强度不高时，湍流火焰传播速度与层流火焰传播速度之间近似成线性关系，有经验公式(9-7)表示，即

$$S_L=S_L(1+0.00197n) \tag{9-7}$$

(3)火焰传播速度 $S_f$

这里定义火焰传播速度为火焰前锋面相对燃烧室壁面传播的绝对速度。可用式(9-8)计算

$$S_f = S_T + S_e \tag{9-8}$$

式中：$S_e$ 为已燃区的膨胀速度，有

$$S_e = \frac{1}{A}\left(\omega \frac{V_b}{V}\frac{dV}{d\varphi} - A_p v_p\right) \tag{9-9}$$

式中：$A_p$、$v_p$ 分别为已燃区在活塞上的投影面积和活塞速度；$V_b$ 为已燃区体积；$V$ 为气缸容积；$\omega$ 为曲轴角速度。

在发动机实际燃烧过程中，火焰传播速度与湍流强度之间并非线性关系。但在湍流强度不高时，两者之间近似线性关系。当湍流强度达到一定强度后，随湍流强度的增加火焰传播速度呈非线性增加。如果湍流过强，火焰传播速度有可能随湍流强度的增加而降低。所以，有效组织适当强度的湍流有助于提高火焰传播速度，但太强的湍流不仅不利于提高火焰传播速度，反而会使火焰在传播中猝熄，这也是造成 HC 排放增加的原因之一。

3. 不规则燃烧现象

不规则燃烧现象是指稳定正常运转的情况下，每循环之间的燃烧变动和各缸之间的燃烧差异。这是点燃式发动机燃烧过程的一大特征。

(1)燃烧循环变动

循环变动是指发动机某一稳定工况下，每一循环的燃烧过程随机变化的现象，具体体现在每循环火焰传播情况、气缸压力及发动机性能不同(如图 9-5 所示)。

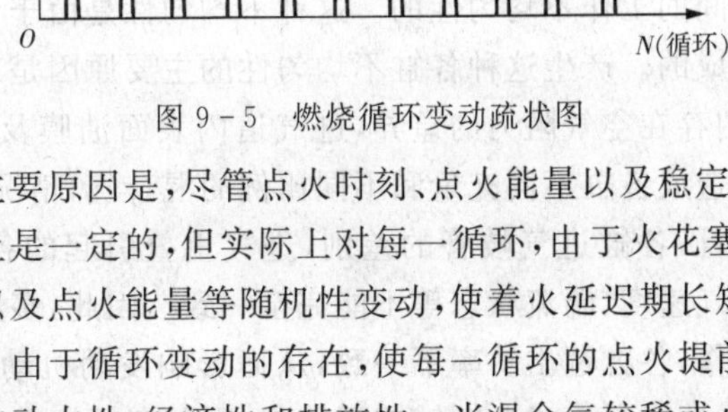


图 9-5 燃烧循环变动疏状图

循环变动产生的主要原因是，尽管点火时刻、点火能量以及稳定工况下气缸内的混合气含量及气流状况理论上是一定的，但实际上对每一循环，由于火花塞附近的过量空气系数、气流状态(湍流强度)以及点火能量等随机性变动，使着火延迟期长短不同，造成整个燃烧过程及示功图形状不同。由于循环变动的存在，使每一循环的点火提前都不可能处在最佳值，所以直接影响发动机的动力性、经济性和排放性。当混合气较稀或小负荷低速转运行时，这种循环变动更大。

一般发动机的最佳点火提前角是根据平均循环的要求确定的。所以循环变动大时，表明绝大多数循环中点火提前角不一定是最佳值。而且压缩比和燃料辛烷值是根据最倾向爆燃的条件确定的，因此燃烧循环变动的存在影响压缩比的提高。所以，尽可能的减小燃烧循

环变动,对改善发动机性能具有重要的意义。

循环变动导致与燃烧相关的参数都在变动,主要有最高燃烧压力($p_{zmax}$)及其对应的曲轴转角($\varphi_{pzmax}$)、最大压力升高率$(dp/d\varphi)_{max}$及其对应的曲轴转角($\varphi_{\lambda max}$)、发动机平均指示压力 $p_{mi}$、最大燃烧速度、火焰半径及火焰前锋面积等。这些参数的变化直接造成 CO、HC 以及 $NO_x$ 排放量的变动。

但是作为评价循环变动的参数,由于气缸压力容易测量而且直观,所以常用最高燃烧压力的变动系数或平均指示压力的变动系数来评价循环变动。

最高燃烧压力的变动系数为

$$C_oV_{pz}=\frac{\sigma_{pz}}{\bar{p}_z} \tag{9-10}$$

其中

$$\sigma_{pz}=\sqrt{\sum_{i=1}^{N}\left[p_{zi}-\bar{p}_z\right]^2/N}$$

式中:$N$ 为循环数;$\bar{p}_z$为 $N$ 次循环最高燃烧压力的平均值。

平均指示压力的变动系数为:

$$C_oV_{pmi}=\frac{\sigma_{pmi}}{\bar{p}_{mi}} \tag{9-11}$$

其中

$$\sigma_{pmi}=\sqrt{\sum_{i=1}^{N}\left[p_{mi(i)}-\bar{p}_{mi}\right]^2/N}$$

式中:$N$ 为循环数;$\bar{p}_{mi}$为 $N$ 次循环平均指示压力的平均值。

一般要求 $C_oV_{pmi}\leqslant 10\%$。

改善循环变动的主要措施,是尽可能保证火花塞附近的混合气含量、点火时刻和点火能量以及气流运动状态参数等影响着火条件的参数最佳,且保持恒定不变。

(2)各缸燃烧的不均匀性

燃烧循环变动是描述气缸的燃烧不稳定性的,而各缸不均匀性是用来评价多缸发动机在稳定工况下各气缸之间的工作不均匀性的。这种不均匀性是由于各缸之间存在混合气含量及充气量的差异而造成的。产生这种各缸不均匀性的主要原因是对外部混合气形成的方式,以及在各进气管道内存在空气阻力的差异,进气道内表面油膜及其蒸发的差异、大小不一的雾化油粒等。由此造成各缸不同充量和不同比例的混合气,情况非常复杂,很难做到混合气各缸均匀分配。而且,各缸进气岐管的差别,进气重叠引起的各缸间的进气干涉等现象,导致各缸进气量、进气速度、湍流状态等不能完全一致。因此,多缸汽油机各气缸不可能在统一的最佳状态下工作,各缸输出功率不一致,从而影响发动机动力性、经济性以及排放性。同时,各缸的不均匀性也是造成曲轴转速不均匀,引起车辆振动的主要因素。

汽油机实现电控多点喷射以后,进气管可按动力性要求设计,使得各缸进气岐管形状和长度基本保持一致,有效地改善了各缸不均匀性。但是进气管燃油喷射造成的进气管内壁以及进气门处油膜的存在,各进气岐管、进气道温度状态以及各缸湍流状态的不完全一致性,各缸的不均匀性在一定程度上仍然存在。汽油机缸内直喷(GDI)技术,可以进一步改善各缸的不均匀性。

4. 燃烧室壁的熄火作用

在正常燃烧过程中，火焰前锋面传播到燃烧室壁面时，由于燃烧室壁面的冷却作用，使火焰温度降低而造成熄火，中断火焰传播。这种现象称为燃烧室壁面的熄火作用。构成燃烧室的气缸壁、气缸盖均有冷却水冷却，所以其内表面温度较低，使链反应中断，生成大量未燃尽 HC。所以燃烧室壁面的熄火作用是汽油机产生 HC 排放物的主要来源之一。在理论混合气时，熄火厚度最小；混合气加浓或变稀，都使熄火厚度增加；大负荷，燃烧温度压力提高，或加强缸内湍流强度，可以减小熄火厚度。减小燃烧室的面容比 $A/V$ 可以有效地降低汽油机的 HC 排放。

## 三、不正常燃烧

汽油机的不正常燃烧现象主要有爆震燃烧和表面点火。

1. 爆震燃烧

爆震燃烧（爆燃）是指火花塞点火后，离火花塞最远的末端气体，受到火焰前锋面的热辐射和压缩作用，使其压力、温度升高，导致在火焰前锋到达之前自行燃烧的现象。产生爆燃后的特征是缸内燃烧速度极快，可达每秒数百米，造成很大的压力梯度和温度梯度，而形成缸内压力冲击波。在示功图上，气缸压力变化特征在急燃期后期出现高频大幅度的波动（如图 9-6 所示）。

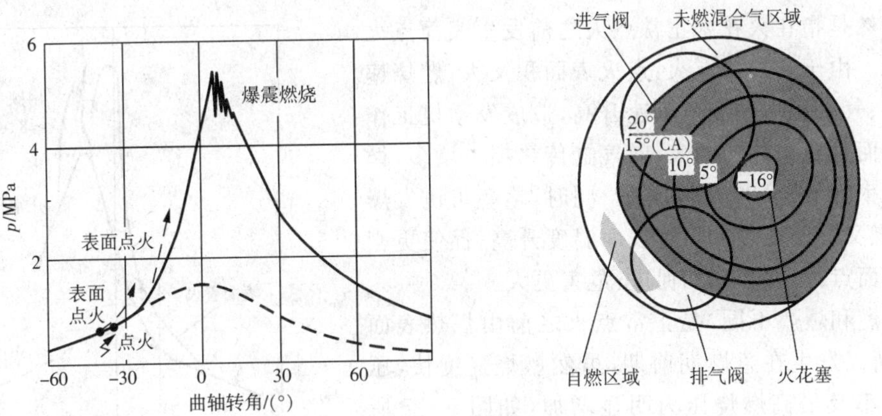


a)示功图　　b)火焰传播模型

图 9-6 爆震燃烧

发生爆燃时一般发出高频的金属敲击（敲缸）声，这种声音是压力冲击波在气缸内传播时撞击缸壁而产生的。轻微爆燃时，自行燃烧的末端气体量很少，因燃烧速度加快，发动机的功率有所增加。但强烈爆燃时，发动机功率下降，经济性恶化，工作不稳定，而且压力冲击波破坏缸壁表面附面层，高温燃气直接向气缸壁传热，造成发动机过热。甚至造成活塞、气门、火花塞绝缘体等的烧坏。故汽油机不允许在严重爆燃的情况下工作。

根据末端气体在火焰锋面传播到达之前自行燃烧的特点，爆燃可以用点火开始到火焰传播到达末端气体时间 $t_1$，和点火开始到末端气体自行燃烧所需要的时间 $t_2$ 来判断或控制。当 $t_1>t_2$ 时可认为发生爆燃，所以，一切使 $t_1$ 延长或 $t_2$ 缩短的因素，均使爆燃倾向增加。反之，从控制爆燃角度，尽可能缩短火焰传播时间 $t_1$ 或延长末端气体自燃所需时间 $t_2$。

影响爆燃的主要原因有：

(1)燃料的性质。燃料的辛烷值越高，抗爆性越强。

(2)末端气体温度和压力。提高末端气体的压力和温度的因素，均使爆燃倾向增加。如压缩比的提高或增压，都使气缸内压力和温度升高，因此爆燃倾向增加。气缸或缸盖冷却不均匀，使某一缸温度偏高，使得该气缸爆燃倾向增加。

(3)负荷和转速。一般随发动机转速的增加，气缸内气流流速加快，火焰传播速度提高，所以爆燃倾向减小。低速大负荷时，火焰传播速度减小，但发动机温度升高，所以爆燃倾向增加。当低速大负荷工作下发生轻微爆燃时，提高发动机转速可自然消除爆燃。

(4)火焰前锋传播到末端混合气的时间 $t_1$。减少 $t_1$，有利于避免爆燃。例如增加气体的紊流度，考虑火花塞的设计位置或增加火花塞数量等均可有利于避免爆燃。气缸直径越大，火焰传播距离越长，爆燃倾向就增加。所以，一般汽油机的气缸直径限制在 $D<120\text{mm}$ 以内。这也是汽油机功率覆盖范围受限制的主要原因。

2. 表面点火

凡是不依靠电火花点火，而是由燃烧室内部炽热表面点燃混合气的现象，称为表面点火。当发动机长期在高负荷下工作时，燃烧室内的排气门、火花塞裙部，以及积碳等沉积物往往可以成为炽热表面。表面点火的主要特点是，炽热表面积比电火花面积大，所以燃烧速度快，而且混合气着火时刻不可控制。根据表面点火发生的时刻不同，表面点火又可分为早燃和后燃。

早燃是指在火花塞正常点火之前发生表面点火的现象。由于它提前点火，点火表面积又大，燃烧速度加快、气缸压力和温度迅速升高，造成发动机工作粗暴。而且压缩负功增大，向气缸传热损失增多，循环热效率降低，输出功率下降。同时，早燃可诱发爆燃，爆燃又会使更多的炽热表面温度升高，促使更剧烈的表面点火，两者互相促进，危害更大。

早燃和爆燃不同，是正常点火之前由炽热表面点火，所以发生在急燃期前期，虽然燃烧速度快，压力升高率及最高燃烧压力明显增加（如图 9-7 所示），但仍以火焰传播形式燃烧，所以没有压力冲击波，对外发出低频沉闷的声音。

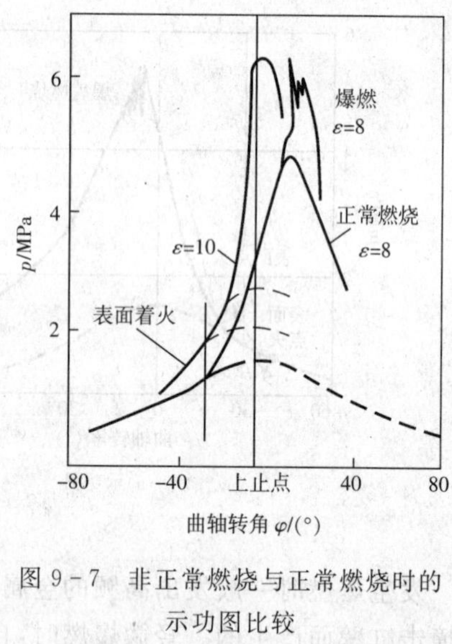


图 9-7 非正常燃烧与正常燃烧时的示功图比较

后燃是指在火花塞正常点火后发生的表面点火的现象。此时炽热点表面温度较低，火花塞点火以后，在火焰传播过程中，炽热点受到火焰前锋面的热辐射加热，使其温度达到点燃温度以后再点燃其余混合气，相当于两次点火，火焰前锋仍正常转播，促进急燃期中后期的燃烧。虽然后燃对发动机影响不大，或在某种程度上可能会提高发动机性能。但是由于燃烧室内部已经形成炽热点，使零件的热负荷增加，影响其工作寿命和可靠性。同时，后燃一旦发生，即使发动机停火，发动机仍像有火花塞点火一样继续运转，直到炽热点温度降低到一定程度，不能再点燃为止，发动机才能停止运转。

## 四、使用因素对燃烧过程的影响

1. 混合气浓度

发动机燃烧过程的好坏，直接表现在发动机对外输出的性能上。所以，混合气浓度对燃烧的影响，可通过燃料调整特性来评价。所谓燃料调整特性，是指当汽油机转速和节气门开度一定，点火提前以及发动机温度状态已调整到最佳状态时，发动机的性能随混合气浓度（过量空气系数）的变化规律。混合气的浓度，可通过改变燃料喷射来调节。如图 9-8 所示在某一转速和符合（节气门开度）下，喷油量对性能的影响。

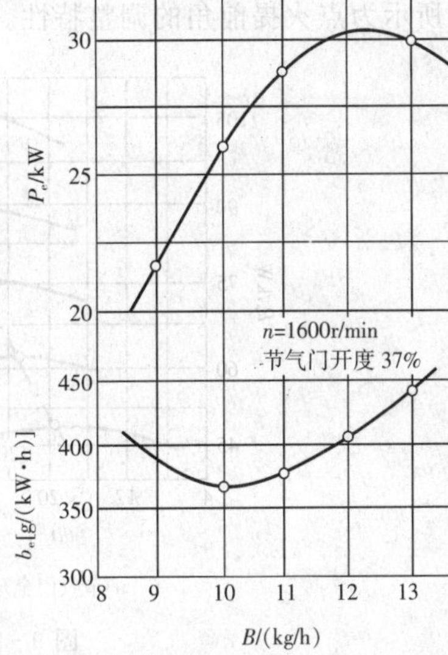


图 9-8 燃料调整特性

如前所述，在功率混合气（$\varphi_a=0.8\sim0.9$）时，滞燃期最短，燃烧速度最高，发动机输出功率达到最大值。当（$\varphi_a<0.8\sim0.9$）时，在火焰带内因氧气不足而层流火焰传播速度降低，压力温度降低，燃烧时间延长，传热损失和不完全燃烧损失增加，所以功率下降，燃油消耗率增加，而且 CO 和 HC 排放也明显增加。而在经济混合气（$\varphi_a=1.03\sim1.1$）下，虽然与功率混合气相比，燃烧速度减慢一些，但降低不多；相反，此时对喷入的燃料而言氧气相对充足，促进燃料完全燃烧，循环热效率达到最高，所以燃料消耗率最低，但功率有所降低，而且因燃烧温度高、氧气充足，使得（$NO_x$）排放达到最大值。表明这种混合气的形成和燃烧方式不兼顾动力性和经济性以及排放特性。

另一方面，在气缸内燃料、空气和残余废气不能绝对均匀混合，所以不可能刚好在理论混合气（$\varphi_a=1$）下获得完全燃烧。但如果混合气过稀，$\varphi_a>1.03\sim1.1$ 时，随着 HC 的增加层流火焰传播速度明显降低，燃烧过程拉长，使热效率明显降低，造成功率下降，燃油消耗率增加，HC 排放增加。

这就说明，均质混合气燃烧过程，混合气含量对发动机性能影响很大，必须严格控制。氧传感器反馈控制式电控汽油喷射系统，在常用工况下，将混合气含量控制在理论混合气（$\varphi_a=1$）上，其主要原因是由于三效催化转换器只有在（$\varphi_a=1$）的狭窄窗口范围内，才能同时有效地净化 CO、HC 和、$NO_x$ 排放。因此，为了降低排放，在经济上有所牺牲。当要求输出最大转矩时，停止氧传感器的反馈控制，使混合气含量控制在功率混合气上。

2. 点火提前角

如前所述，由于汽油机整个燃烧过程不是瞬间完成，而是存在着火阶段、急燃期和后燃期等燃烧过程。为了保证燃烧过程尽可能在上止点附近完成，以提高膨胀比，获得更大的做功能力，往往在压缩上止点前某一曲轴转角点火。该点火时刻相对上止点所对应的曲轴转角为点火提前角。但是点火提前角过大，燃烧也提前，使得活塞压缩负功、压力升高率以及最高燃烧压力增加，循环热效率低，工作粗暴，而且发动机机械负荷和热负荷增加，使得工质的做功能力减弱，同时散热损失增加，因而循环热效率也降低。所以，每一工况都存在着其最佳的点火时刻。

为了确定不同工况所对应的最佳点火时刻，制取点火提前角调整特性，以分析点火提前角对发动机性能的影响。所谓点火提前角调整特性是指当汽油机转速和节气门开度一定，混合气浓度以及发动机温度等条件一定时，发动机的性能随点火提前角的变化规律。如图 9-9 所示为点火提前角的调整特性。

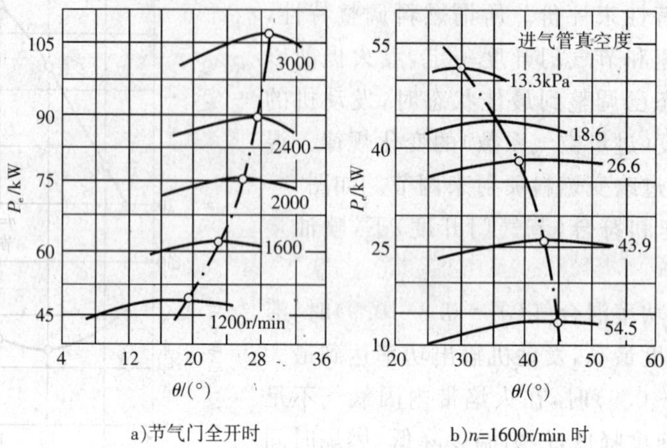


图 9-9　点火提前角的调整特性

在点火提前角调整特性上，当转速和负荷一定时，每小时耗油量 $B$ 也就确定。随着点火提前角($\theta_{ig}$)的变化，当输出功率达到最大值($P_{emax}$)时，由($b_e=1000B/P_e$)，燃油消耗率也同时达到最低值($b_{emin}$)。因此，可确定使输出功率最大($P_{emax}$)同时使燃油消耗率最低($b_{emin}$)的点火提前角为最佳点火提前角。由于最佳点火提前角随工况而发生变化，所以有必要根据不同工况确定对应的最佳点火时刻。

3. 转速

当发动机转速增加时，气缸内的湍流强度增加，火焰传播速度提高，所以燃烧过程所占时间 $t$ 及一个循环所占时间都缩短，所以爆燃倾向减小，但是由曲轴转角和时间的对应关系($\varphi=6nt$)，相对转速 $n$ 的变化，燃烧过程所占时间 $t$ 变化量很小，故随转速 $n$ 的升高，燃烧多对应的曲轴转角($\varphi$)加大，所以最佳点火提前角也随之增加。

4. 负荷

汽油机是量调节，根据汽车行驶过程中不同转矩的需求，通过节气门开度来进行调节负荷大小。但转速一定负荷增加时，节气门开度加大，进入气缸的新鲜充量 $m_1$ 增多，残余废气系数($\varphi_r$)减小。故残余废气对混合气的稀释及阻碍燃烧作用减轻，燃烧条件随负荷的增加而逐步得到改善，燃烧所需时间 $t$ 缩短，由($\varphi=6nt$)，燃烧过程所占的对应曲轴转角减小，所以需减小最佳点火提前角。但随着负荷的增大，气缸压力和温度升高，爆燃倾向增加。

## 第三节　汽油机燃料喷射量的控制

汽油机混合气的形成是其火焰转播燃烧的准备过程。自从在汽油机上普及电控汽油喷射技术以来，在汽油机混合气形成过程中，液体燃料的雾化已不成问题，而重要的是根据工况的变化如何精确地控制燃油喷射量，以精确控制混合气成份的问题。由于电控汽油喷射系统的控制策略不同，电控汽油喷射系统及其燃油喷射量的控制方法有所不同。

## 一、电控汽油喷射系统

### 1. 电控汽油喷射系统的分类

电控汽油喷射系统(EFI)，有多种不同的分类方式。例如可根据进气量的测试方式不同将其分类为质量流量式、速度—密度式和节气门—速度式三种。其中，质量流量式是通过空气流量计直接测量进入气缸的空气流量。根据所用的空气流量计的不同，质量流量式又分为热线式、板式和卡门涡式三种。速度—密度式是通过发动机转速和进气压力推算进入气缸的空气量；而节气门—速度式是根据节气门开度和发动机转速来推算进入气缸的空气量。

对上述三种电控汽油喷射系统，根据喷油器的喷射位置不同又分为缸内直喷式(GDI)和进气道喷射式(PFI)两种。缸内直喷式是将喷油器安装在气缸盖上直接向气缸内喷射燃料的方式，所以喷油器受燃气的高温、高压的影响，而且在结构设计以及布置上要求保证喷油器的安装空间。进气管喷射式，根据喷油器的安装位置又分为单点喷射(SPI)和多点喷射(MPI)两种。

(1)单点喷射(SPI)

单点喷射方式是指在节气门体上安装一只或两只喷油器，向进气总管进行喷射而形成可燃混合气的方式。单点喷射系统发动机的性能介于化油器式和多点喷射方式发动机的性能之间，是混合气形成方式从化油器式过渡到电控多点喷射的过度产品。其特点是由于喷油器的安装位置离气缸距离较远，因此喷油器工作时受到温度的影响较小，不易产生气阻现象，而且成本也低。但是，进气管设计自由度受限制，不能有效地改善各缸均匀性。

(2)多点喷射(MPI)

多点喷射方式是指在每缸进气管上都安装一个喷油器，各缸喷油器互相独立。因此进气管设计自由度大，可按动力性设计，有效地改善各缸均匀性。但是由于喷油器安装位置离气缸近，所以受气缸温度的影响而易产生气阻现象。

目前已经普及的电控汽油喷射系统，其喷射方式采用间歇式，特点是喷油器为封闭式。当需要喷油时开启喷油器针阀进行喷射，并通过喷油器针阀开启持续时间来控制喷油量。间歇式喷射方式根据喷油器的喷射时期又分为同期喷射和非同期喷射。

(1)同期喷射

同期喷射方式包括独立(顺序)喷射、同时喷射、分组喷射。这种喷射方式其喷射时刻是根据曲轴转角来确定的，因此喷射时刻与发动机转速同步。

独立(顺序)喷射是将每次燃烧所需要的燃料量，在每一个气缸最合适的喷射时期按各缸发火顺序依次独立喷射的方式。这种喷射方式可以扩大稀薄燃烧的空燃比界限，可有效地提高经济性。但是由于各缸独立控制，所以需要气缸判别信号和与气缸数相同的喷油器驱动电路，所以结构相对复杂。

同时喷射是每工作循环各缸的所有喷油器同时喷射的一种喷射方式。这种喷射方式只限于进气管喷射式，不需要气缸判别信号，且喷油器驱动电路可以共用，所以结构简单。但对四缸汽油机每缸喷油器在循环均喷油 4 次，其中 3 次是分别陪同其他 3 个气缸的进气过程而喷油的，故对油耗及排放不利。

分组喷射式按发动机工作顺序将各缸分组进行喷射的方式，如四缸，4 个缸分 2 组，每循环每组 2 个缸各同时喷射 2 次。其性能介于顺序喷射和同时喷射之间。

(2)非同期喷射

非同期喷射式喷射时刻与曲轴转角位置无关的一种随机性的喷射方式,通常在启动、怠速或急加速等工况,由此提高过度响应特性。

喷射方式按喷射压力可分为高压喷射和低压喷射。喷射压力是指向喷油器供给的压力和进气压力之差。当喷射压力大于200 kPa时称为高压喷射;当喷射压力低于200 kPa时称为低压喷射。高压喷射的特点是不易形成气阻现象,主要用于喷油器工作温度较低的单点喷射上。表9-1表示不同喷射方式的性能比较。

表9-1　不同喷射方式的性能比较

| 类　型 | 基本性能 | | | | 其他特性 | | | | | |
|---|---|---|---|---|---|---|---|---|---|---|
| | 功　率 | 空燃比精度 | 响应特性 | EGR的影响 | 特性恶化可靠性 | 高原修正 | 对增压的影响 | 氧传感器的必要性 | 安装性 | 成　本 |
| 卡门涡式 | 较好 | 好 | 较好 | 好 | 好 | 一般 | 较好 | 较好 | 一般 | 一般 |
| 板式 | 一般 | 好 | 一般 | 好 | 一般 | 一般 | 较好 | 较好 | 一般 | 一般 |
| 热线式 | 较好 | 好 | 较好 | 好 | 较好 | 较好 | 较好 | 较好 | 较好 | 一般 |
| 节气门—速度式 | 好 | 一般 | 较好 | 一般 | 一般 | 一般 | 一般 | 差 | 好 | 好 |
| 速度—密度式 | 好 | 一般 | 好哦 | 一般 | 好 | 较好 | 较好 | 差 | 好 | 较好 |

2. 电控汽油喷射系统的组成

电控汽油喷射系统主要由空气系统、燃料系统和控制系统三大部分组成,如图9-10所

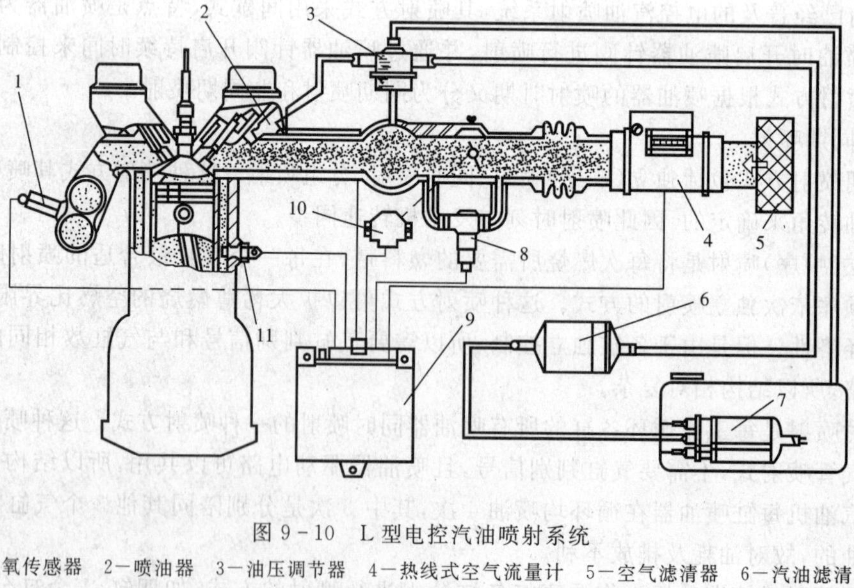


图9-10　L型电控汽油喷射系统

1—氧传感器　2—喷油器　3—油压调节器　4—热线式空气流量计　5—空气滤清器　6—汽油滤清器　7—电动气油泵　8—怠速空气调节器　9—电子控制单元　10—节气门位置传感器　11—冷却液温度传感器

示。其中质量流量式喷射系统的空气系统由空气滤清器、空气流量计、节气门体、空气阀以及稳压箱等构成，其主要作用是控制和计量进入气缸的空气量，保证一定量的清洁空气进入气缸。燃料系统主要作用是根据发动机不同工况实际进入气缸的空气量，由 ECU 发出的控制指令，定时定压地将清洁的一定量的燃油喷入气缸，以精确控制空燃比。其中调压器安装在共轨中，以控制器压力相对进气压力之差保持一定，即喷射压力 250～300 kPa，控制系统主要由传感器、输入/输出电路以及微机等组成，是控制系统的指挥部。控制单元 ECU 根据来自传感器的信息，进行工况判断、演算，并向执行器输出控制指令，以确定喷油器的开启时刻和关闭时刻，由控制喷射时刻和喷射脉宽。

## 二、质量流量式电控汽油喷射系统喷射量的控制

如前所述，电控汽油喷射系统对混合气的控制，实际上是根据空气流量计所测量的不同工况实际进入气缸的空气量，由 ECU 进行处理演算出对工况下的燃油喷射量，并向喷油器发出指令以达到目标空燃比的控制目的。所以，首先需要确定目标空燃比，然后根据进气量控制喷油量。

### 1. 目标空燃比的确定

目标空燃比是综合考虑发动机的动力性、过渡响应性、排气净化特性以及燃油消耗率等特性来确定的。目前，在进气管多点喷射为主的电控汽油喷射系统中，考虑到利用三效催化转化器来同时净化 CO、HC 和 $NO_x$ 排放物，以适应排放法规的要求，将常用工况的目标空燃比严格控制在理论空燃比上。而以缸内直喷式电控汽油喷射系统的目标空燃比，则取决于所能达到的稀薄燃烧控制技术水平。但对起动、怠速以及加速等不适合用于三效催化转化器的工况所对应的目标空燃比，则通过事先台架标定试验来确定。

### 2. 进入气缸的空气量的确定

如前所述，由于进入气缸的空气流量的确定方式不同，电控汽油喷射系统分为质量流量式、速度一密度式以及节气门一速度式三种，而且所采用的控制方式也不同。

(1)热线式(Hot Wire－Type)空气流量计

热线式空气流量计是利用放置在流场上的热线(导线)向流体传递的热量与流场空气质量流量成比例的关系来测量的。

图 9－11 所示为热线式空气流量计以及其测量原理示意图。在空气流场中放置的一根发热体(热线)，向周围流动空气放热而冷却。根据热线与空气气流之间的传热现象，设表面系数为 $\alpha$，即

$$\alpha=a+b\sqrt{q_m} \tag{9-12}$$

式中：$a$、$b$ 为常数；$q_m$ 为空气质量流量。

对热线，由热平衡关系，热线由电热效应产生的热量与其向周围空气传递的热量相等，即

$$VI=\alpha A(T_H-T_a)=(a+b\sqrt{q_m})A(T_H-T_a) \tag{9-13}$$

式中：$A$ 为热线传热面积；$T_H$ 为热线温度；$T_a$ 为空气温度；$I$ 为热线电流；$V$ 为热线两端电压。

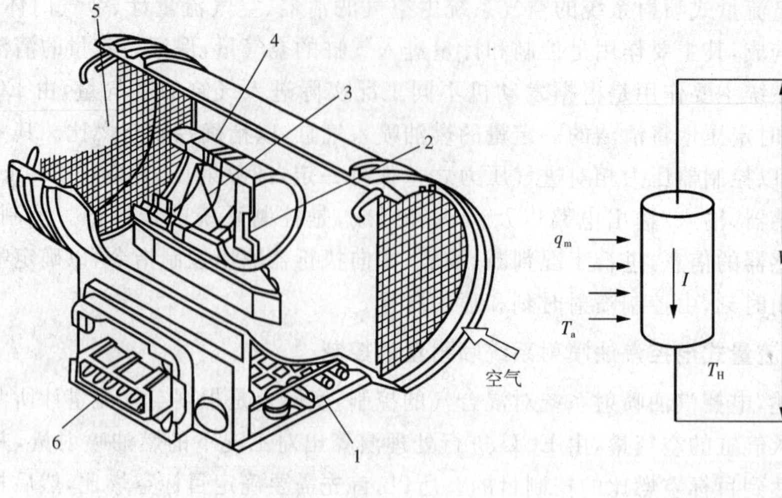


图 9-11　热线式空气流量计及其测量原理示意图

1—电路　2—温度传感器　3—热线　4—采样器　5—防止回火栅　6—插座

当热线与空气的温度($T_H-T_a$)保持一定时,有 $VI \propto a+b\sqrt{q_m}$,又因 $V=IR$,所以

$$I=\sqrt{a+b\sqrt{q_m}} \tag{9-14}$$

即流通热线电流的大小与空气的质量流量$q_m$ 成比例。所以通过单臂电桥控制流经热线电流,使温差$T_H-T_a$ 保持一定,则测量流经热线的电流的大小,就可以得出进入气缸的空气的质量流量。

热膜式空气质量流量计的测量原理和热线式空气流量计完全一样。但结构上有所不同,热膜式不使用铂丝作为热电阻,而是将铂电阻、补偿电阻、精密电阻等用厚膜工艺制作在同一陶瓷基排片上构成热膜,由此可降低制造成本。而且发热体不直接承受进气流动所产生的作用力,从而增加了发热体的强度,不但使流量计的可靠性和使用寿命得到进一步提高,而且也使误差减小,测量更稳定,克服了热线流量计的高速气流对热线冲击使其颤动而造成信号不稳定的缺点。

热膜式空气质量流量计具有进气阻力小,响应速度快,测量精度高且耐用特点,并且可以识别进气回流,消除进气脉动对测量精度的影响。因此,热膜式空气质量流量计可提高进气质量流量的测量精度,有利于更精确地控制空燃比,所以对日益严格的排放法规有更好的适应性。所以,现在车用汽油机电控系统多采用热膜式空气流量计。

(2)卡门旋涡式空气流量计

卡门旋涡式空气流量计的结构与测量原理如图 9-12 所示。在层流流场中放置一个涡发生体,则在其后按一定频率产生一群涡,这种涡称之为卡门涡,卡门涡产生的频率与层流速度成正比,即

$$f=Sr\,\frac{v}{d} \tag{9-15}$$

式中:$Sr$ 为斯特劳哈尔数,当雷诺数 $Re=10\sim10^4$ 时,$Sr=0.138\sim0.148$;$d$ 为涡发生体的特征尺寸;$v$ 为层流速度。

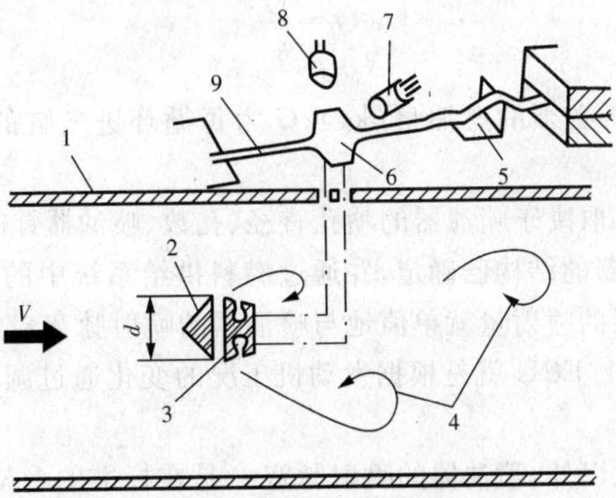


图 9-12　卡门旋涡式空气流量计

1—测量管　2—涡发生体　3—导压孔　4—卡门涡　5—扳弹簧

反射镜　7—光敏二极管　8—LED　9—支撑杆

实际流场一般都是湍流状态，所以为了满足卡门涡频率式(9-15)成立的条件，在发动机进气系统中先通过整流器将进气流动进行整流，使其雷诺数控制在 $Re=10\sim10^4$ 范围内，由此保证 $Sr$ 为常数(0.138～0.148)。这样，当测量系统结构参数一定时，由式(9-15)通过测量卡门涡频率 $f$，就可以计算出进入气缸的空气流速 $v$，再根据卡门空气涡流流量计流通截面积 $A$，可求得空气的体积流量 $q_v$，即

$$q_v = Av = \frac{Ad}{Sr} = K_1 f \tag{9-16}$$

其中 $K_1 = Ad/Sr$ 。

另一方面，在标准大气条件($p_0$，$T_0$)下，进气密度为 $\rho_0$，此时流经卡门涡式空气流量计的质量流量为 $q_{m0}=\rho_0 q_v$。而当时进气压力、温度及密度分别为 $p$、$T$、$\rho$ 的任意条件下，实际进入气缸的空气质量流量为 $q_m=\rho q_v$。对卡门涡式流量计，进气密度的变化不影响测量结果。所以，考虑到状态方程 $p/\rho_0=RT$，有

$$\frac{q_m}{q_{m0}} = \frac{\rho q_v}{\rho_0 q_v} = \frac{\rho}{\rho_0} = \frac{T}{T_0}\frac{p_0}{p} \tag{9-17}$$

在标准大气压下，$p_0$、$T_0$、$\rho_0$ 为常数，所以把式 9-17 改写为

$$q_m = K_2 \frac{T}{p} q_v = K \frac{T}{p} f \tag{9-18}$$

式中：$K_2$ 为常数，$K_2 = p_0\rho_0/T$；$K=K_1K_2$

可见，只要测出卡门涡的频率就可以求得进气体积流量，同时测量进气压力和温度，即可求得进气质量流量了。

3. 喷油量的控制

喷油量的控制是 ECU 根据发动机不同工况所测量的实际进入气缸的空气量和对应该工况的目标空燃比，按式(9-19)求出该工况所必须的燃油喷射量之后，向喷油器发出相应的控制指令，即喷油器开启持续时间喷油脉宽来完成喷油量的控制。

$$G_f=\frac{G}{\alpha_T} \tag{9-19}$$

式中：$G_f$ 为每循环燃烧所必须的燃油量(kg)；$G$ 为每循环进气缸的空气质量；$\alpha_T$ 为目标空燃比。

喷油器的喷油量 $G_f$ 取决于喷油器的喷孔直径、孔数、喷油器针阀升程、喷射压力和喷油器的开启时间。当喷油器的结构已确定，并通过燃料供给系统中的设置的调压器保证喷射压力为常数以后，喷油器的喷射量就单值地与喷油器的喷射脉宽 $t_i$ 成正比，即 $G_f=K_0 t_i$($K_0$ 为常数)。所以，实际是上 ECU 就是根据发动机工况的变化通过调节喷射脉宽 $t_i$ 来完成喷射量的控制。

一般，除起动等工况以外，喷油器的喷射脉宽 $t_i$ 是在标准的台架实验条件下，根据进入气缸的空气质量和目标空燃比确定的基本喷射时间 $t_p$、用来补偿实际工作条件相对标准实验条件差别的修正系数 $F_c$ 以及喷油器的无效喷射时间 $t_v$ 来表示，即

$$t_i=t_p F_c+t_v \tag{9-20}$$

式中：$t_i$ 为喷油器的实际通电时间(喷射脉宽)；$t_p$ 为基本喷射时间；$F_c$ 为基本喷射时间的修正系数；$t_v$ 为喷油器的无效喷射时间。

基本喷射时间 $t_p$ 是在标准实验条件下实现目标空燃比(一般为理论空燃比 14.7)所需要的喷射时间，而修正系数 $F_c$ 是用来补偿实际运行工况下，由 $t_p$ 确定的空燃比偏离目标值的修正量。无效喷射时间 $t_v$ 如图 9-13 所示，是指针阀开启时间 $t_o$ 和关闭时间 $t_c$ 之差，即 $t_v=t_o-t_c$。针阀开启时间是指喷油器通电开始到针阀升程达到最大升程 $h_{max}$ 所需要的时间。而针阀关闭时间 $t_c$ 是指喷油器断电开始到针阀落座关闭所需要的时间，一般 $t_o>t_c$，由于 $t_o$ 随电源电压的增加而缩短，因此 $t_v$ 随电源电压变化，故实际控制 $t_i$ 时需要根据电源电压进行修正(图 9-14)。

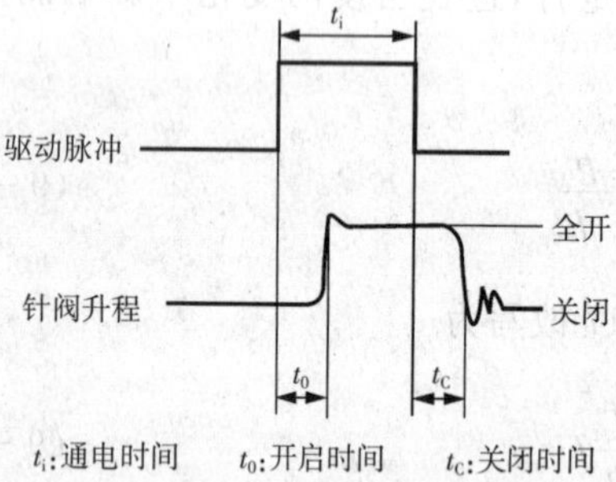


图 9-13　针阀升程和无效喷射时间

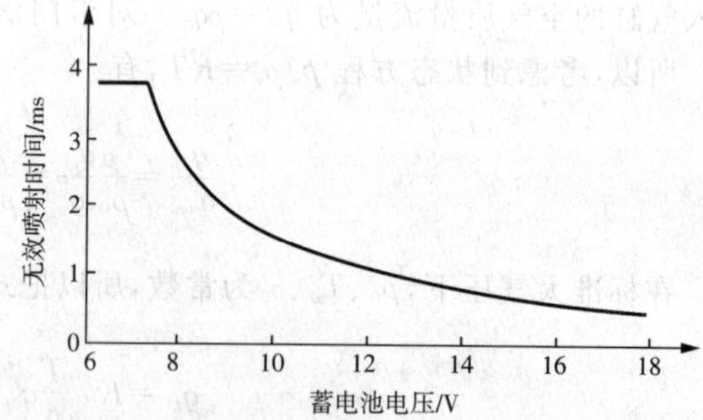


图 9-14　电源电压修正

(1)$t_p$ 的确定

由于热线式空气流量计可直接测量进入气缸空气的质量流量，所以不需要进气温度和大气压力的修正。由于空气流量计测量的是单位时间进入气缸的质量 $q_m$，而喷油器是按每转喷射的(如分组喷射)，所以对应的基本喷射时间，可按下式确定，即：

$$t_p=\frac{q_m/n}{k_0\ \alpha_T} \tag{9-21}$$

式中：$q_m$ 为空气质量流量；$n$ 为发动机转速；$\alpha_T$ 为目标空燃比；$K_o$ 为由喷油器结构尺寸、喷射方式以及气缸确定的常数。

由于热线式空气流量计的输出信号响应特性好，会受到进气压力脉动的影响。所以，为了提高控制精度，需要以比进气脉动频率更快的采样速度，对空气流量计的输出信号进行 $A/D$ 转换，并按点火间隔时间进行平均化处理，以求得进气行程中的平均输出信号。热线式空气流量计的输出电压随空气质量流量的变化关系式非线性的，所以需要先进行线性化处理，然后再求出基本喷射时间。

设线性化处理后的空气质量流量为 $q_{mL}$；则基本喷射时间 $t_p$ 可用下式表示，即

$$t_p = K\frac{q_{mL}}{n}$$

式中：$K$ 为常数，取 $K = 1/(K_0\alpha_T)$。

对于卡门涡式空气流量计，设在标准大气压状态下，$p_0 = 101$ kPa，$T_0 = 293$ K，则由式(9-17)，进气温度和大气压力的修正量分别为

$$\frac{T_0}{T} = \frac{293}{T} \tag{9-22}$$

$$\frac{p}{p_0} = \frac{p}{101} \tag{9-23}$$

如图 9-15 所示为进气温度和大气压力的修正特性图。根据式(9-16)、式(9-17)、式(9-19)可求得相对质量流量的基本喷射时间 $t_p$，即

$$t_p = K\frac{f}{n}\frac{293}{T}\frac{P}{101} \tag{9-24}$$

式中 $K = K_1/(K_0\alpha_T)$。

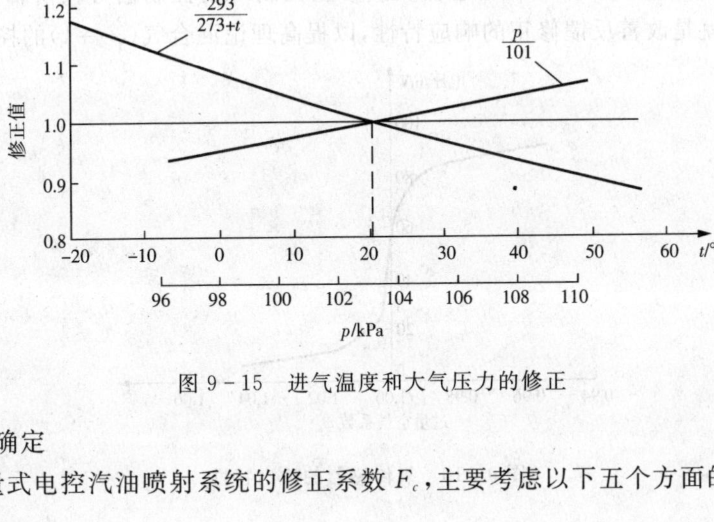


图 9-15　进气温度和大气压力的修正

(2) $F_c$ 的确定

质量流量式电控汽油喷射系统的修正系数 $F_c$，主要考虑以下五个方面的因素，即

$$F_c = f(F_{ET}, F_{AD}, F_0, F_L, F_H) \tag{9-25}$$

① 温度修正系数 $F_{ET}$　其主要考虑温度不同影响燃料喷雾质量而造成的对混合气形成过程的影响。特别在低温启动时，由于燃料雾化蒸发不良，往往造成混合气过稀，甚至使发动机熄火。当发动机温度过高时，汽油在输送管路中易蒸发，而减少实际喷射量。特别是在高温再启动时很容易产生"气阻"现象，影响高温再启动性，这就是说，发动机在高、低温条件下按基本喷射时间 $t_p$ 喷射的燃油量均使混合气过稀。所以必须进行加浓修正。否则，将发生怠速不稳、高温再启动时易熄火以及游车等现象。

② 加减速修正系数 $F_{AD}$　当发动机加速运行时，随着节气门开度的增大，进气量增多，进气门压力也增加，使得进气管内壁表面附着的油膜蒸发速度降低，从而造成缸内混合气变稀。相反，在减速时，随节气门开度的减少，进气量减少，进气压力也随之降低，使得进气管内壁表面附着的油膜蒸发速度加快，造成缸内实际混合气变浓。当油膜附着部分的表面温度越低，油膜蒸发速度越慢，所以也影响气缸内的混合气含量。因此，当发动机加减速运行时，只靠基本喷射量控制喷油量，空燃比会偏离目标值，使发动机工作不稳定，车辆前后方向振动，而且排气中的有害成分也增加。因此，必须要进行相应的修正。在进行加减速修正时，首先要正确、快速地判断加减速工况。为此，常利用节气门开度信号的变化率进行工况判断。如由 ECU 每隔一定时间，读入节气门开度信号，则在该时间内节气门的变化率超过某一规定值时，就判定为加减速。

③ 氧传感器反馈修正系数 $F_0$　一般汽油机均采用三效催化转化器来同时净化 CO、HC 和 $NO_x$ 排放。而三效催化转化器只有在理论空燃比下，才同时有效净化 CO、HC 和 $NO_x$ 三项有害排放物。空燃比的开环控制不能精确控制理论空燃比。所以，在排气管中安装氧传感器，测量排气中氧的含量。因此检测实际燃烧过程的空燃比，并对基本喷射时间进行反馈修正，实现理论空燃比的反馈控制（闭环控制）。

如图 9－16 所示为氧传感器的输出特性，在理论混合气（$\varphi_a=1$）附近其输出电压急剧变化。根据氧传感器的这种输出特性，ECU 首先将氧传感器的输出电压与表示理论空燃比的基准电压进行比较，判断演算混合气的含量。当 $\varphi_a<1$（浓混合气）时，降低反馈修正信号；反之，增加反馈修正信号。实际氧传感器反馈修正控制时的控制信号按阶梯变化（如图 9－17 所示），目的就是改善反馈修正的响应特性，以提高理论混合气（$\varphi_a=1$）的控制精度。

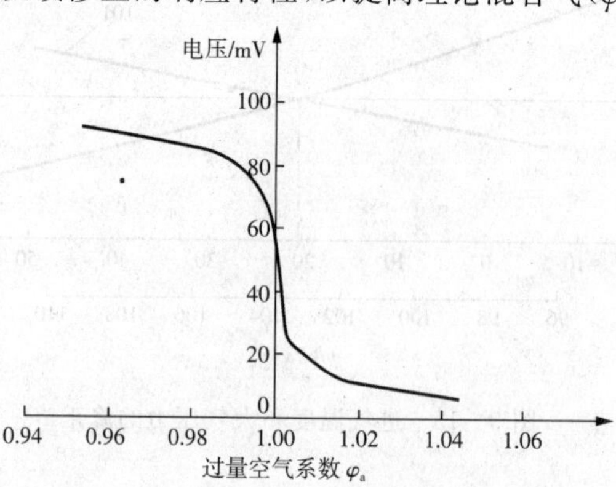


图 9－16　氧传感器的输出特性

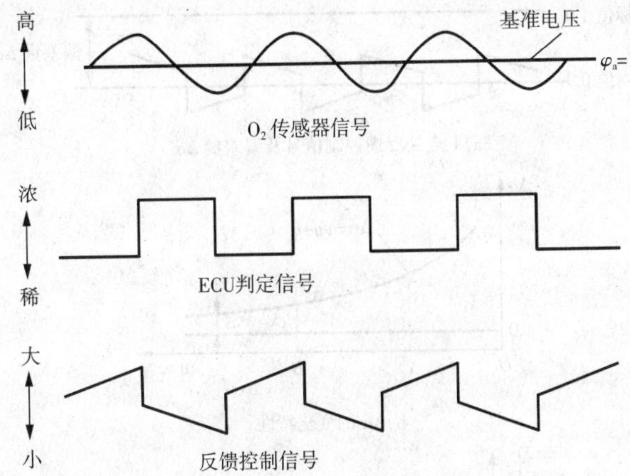


图 9-17　氧传感器反馈修正控制

另一方面，在发动机实际工作过程中，当氧传感器的温度过低时，不能准确地检测空燃比。所以，在起动过程中以及起动后冷却水温 $T_w$ 还比较低的一段时间内，停止反馈控制。此外，当发动机全负荷高转速运行时，要求发动机输出最大转矩。此时为了保证汽车的大负荷行驶特性，将空燃比 $\alpha_T$ 设定在较浓的功率混合气状态，所以也要停止空燃比的发馈控制。

④ 学习控制修正系数 $F_L$　学习控制修正的目的，就是修正由于某种原因（如发动机长期使用使一些零部件磨损等）使反馈控制的空燃比偏离目标值的部分。学习修正控制主要由以下三部分构成：首先，求出实际混合气含量相对理论空燃比偏差量 $\Delta\alpha$，称为学习阶段；其次，求出修正该偏差量的修正系数并寄存，称为记忆过程；然后，将所记忆的学习修正量直接反应在现行工况下的喷射时间里，完成学习控制过程，称为实施过程。

a. 理论空燃比偏差量的求法（学习过程）。以怠速空气量的学习为例，假设空燃比反馈控制的偏差量符合 $\Delta\alpha=a/q+b$ 的变化规律，其中 $q$ 为进气量，$a$、$b$ 为待定常数。在 A 点，开环控制时混合气的过量空气系数 $\varphi_a$ 比目标值（$\varphi_a=1.0$）大 10%，所以反馈修正系数的平均值为 0.9 。令反馈修正数的平均值用 $\alpha_{f0}$ 表示，而混合气的过量空气系数目标值 $\varphi_a$ 为 1.0，则反馈修正系数的平均值 $\alpha_{f0}$ 偏离目标值 $\varphi_a=1.0$ 的偏差量为

$$\Delta\alpha=1.0\pm\alpha_{f0} \tag{9-25}$$

根据初始条件确定常数 $b$ 之后，由 $\Delta\alpha=a/q+b$ 关系式确定常数项 $a$，由此确定空燃比反馈控制的偏差量随进气量的变化规律。

b. 学习修正量的确定（记忆过程）。学习控制的目的就是使开环控制时的空燃比等于理论空燃比。所以，需要求出使反馈控制的 $\varphi_a$ 的平均值等于 1.0 学习修正量。如图 9-18 所示，在 $A$ 点的学习修正量为 0.9。即学习修正量取为与偏差量对称的值（如图 9-18c 所示），并直接反映到燃油喷射时间中。

在发动机起动开始到氧传感器的温度和冷却水温度达到规定值之前的一段时间内，不能进行氧传感器的反馈控制。此时，也可以通过学习控制，将空燃比控制到目标值。另外，当发动机零部件等在使用过程中因磨损等原因，造成空燃比偏离理论空燃比的任一工况，都可以通过学习控制加以修正。因此，一般将学习修正量储存在即使关闭点火开关都能保存的永久性存储器中。

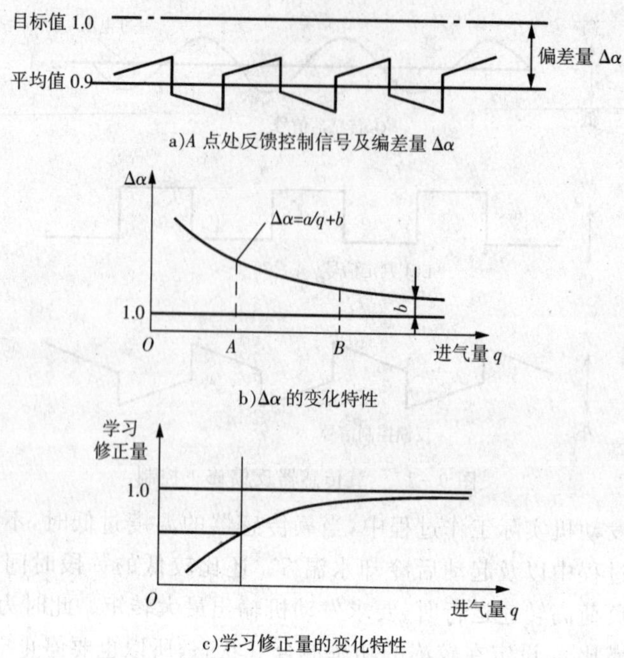


图 9-18 学习控制修正

c. 学习修正的效果。只要发动机运转条件确定，学习修正量就直接反映在喷射时间里。所以可提高过度工况下空燃比的控制精度。如图 9-19 所示在过渡工况下有反馈控制时，有无学习控制时对空燃比控制效果的比较情况。当从 A 工况过渡到 B 工况时，若没有实施学习控制，则由于 ECU 积分运算的反馈控制程序的运行速度一般为百分之几秒的数量级，所以当空燃比有偏差时，在发动机高速运转的以几十毫秒数量级变化的过渡工况中，是不可能实现理论空燃比的反馈控制，因此在过渡过程中实际空燃比偏离理论值。而当有学习控制时，因学习修正值直接反映在变化的运行工况中，所以能实现理论空燃比的控制。

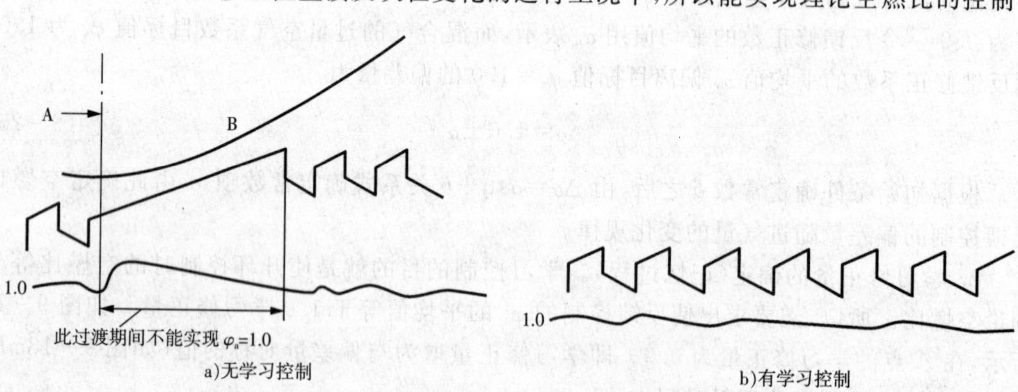


图 9-19 学习控制对空燃比的控制效果

⑤ 大负荷高转速的增量修正系数 $F_H$。一般发动机在部分负荷下运行时，空燃比的控制主要考虑在保证排放性能的提前下，尽量提供经济混合气，已得到最低燃油消耗量。但当汽车在节气门全开的大负荷情况下，要求发动机输出最大的转矩，即需要功率混合气 $\varphi_a$ = 0.8～0.9. 在实际控制中，ECU 根据节气门传感器的信息判断全负荷状态，并采用开环控

制方法实现大负荷修正控制。此时，在基本喷射时间的基础上乘以修正系数1.18即可实现大负荷增量修正，同时必须停止氧传感器的反馈控制。

当发动机在高速运行时即汽车高速行驶时，同大负荷行驶时一样将空燃比$\alpha$控制在12.5附近。

另外，当空燃比减少时，由于燃油的汽化热作用和燃烧效率的降低（因氧含量不足），使燃烧温度下降，则排温也下降。所以，当空燃比$\alpha=12.5(\varphi_a=0.8\sim0.9)$下运行时，如果排气系统部件（排气管、氧传感器、三效催化转化器）的温度超过许用温度的话，将空燃比设置的更小一些，由此降低温度。

### 三、速度－密度式电控汽油喷射系统

速度－密度式电控汽油喷射系统，是通过在进气稳压箱中设置的进气压力传感器和温度传感器的测量值，结合发动机转速传感器信息来推算进入气缸的进气流量。而目标空燃比的确定方法与质量流量式相同。

#### 1. 进入气缸的空气流量

设进气管内的空气密度一定，则每进气行程中进入气缸的空气质量$m_a$可用下式表示，即

$$m_a=\rho V_h\varphi_c \tag{9-26}$$

式中：$\rho$为进气管内的空气密度；$V_h$为气缸工作容积；$\varphi_c$为充气效率。

由理想气体状态方程：$\rho=p/RT$，得

$$m_a=K\frac{p}{T}\varphi_c \tag{9-27}$$

式中：$K$为常数$(K=V_h/R)$，$R$为气体常数，$p$为进气压力，$T$为进气温度。

由式(9－27)可知，如果已知各工况下的充气效率$\varphi_c$，则通过进气压力和温度，可以求得该工况下进入气缸的空气质量。充气效率$\varphi_c$与发动机转速、负荷、配气定时、排气压力以及废气再循环(EGR)量等多参数有关。在这些参数中大部分是在汽车行驶过程中都发生变化的，所以$\varphi_c$随发动机工况变化特性复杂。因此，可事先通过台架试验方法确定对应发动机各种工况下的充气效率$\varphi_c$。大气条件的变化对充气效率的影响，可通过喷油量的修正方法来解决。

#### 2. 喷油量

速度－密度式喷油量的确定方式，与质量流量式基本相同，通过式(9－20)计算喷射脉宽，即

$$t_i=t_pF_c+t_v$$

但不同的是，由于速度－密度或（节气门－速度）式是通过发动机转速和进气管压力、温度（或节气门开度）等参数来推算进入气缸的空气流量的。所以基本喷射时间$t_p$的具体确定方法与质量流量式不同。此外，基本喷射时间的修正参数$F_c$也考虑以下七个方面。即：

$$F_c=f(K_a,K_w,K_k,K_p,K_f,K_s,K_i) \tag{9-28}$$

式中 $K_a$ 为进气温度修正系数；$K_w$ 为怠速暖车修正系数；$K_k$ 为加减速修正系数；$K_p$ 为节气门开度修正系数；$K_f$ 为反馈修正系数；$K_s$ 为启动后增量修正及油耗控制修正系数；$K_i$ 为怠速修正系数。

(1)$t_p$ 的确定

由于速度－密度式确定进入气缸空气流量的方法与质量流量式不同，所以其基本喷射时间的确定方法也不同。

根据式(9－27)可知，已知充气效率 $\varphi_c$，则通过进气管压力和温度可以求出进入气缸的空气流量。通过试验标定确定发动机各种工况下的充气效率 $\varphi_c$ 以后，根据发动机转速和进气管压力，就可以确定各种工况下的 $t_p$ 脉谱（如图 9－20 所示）。

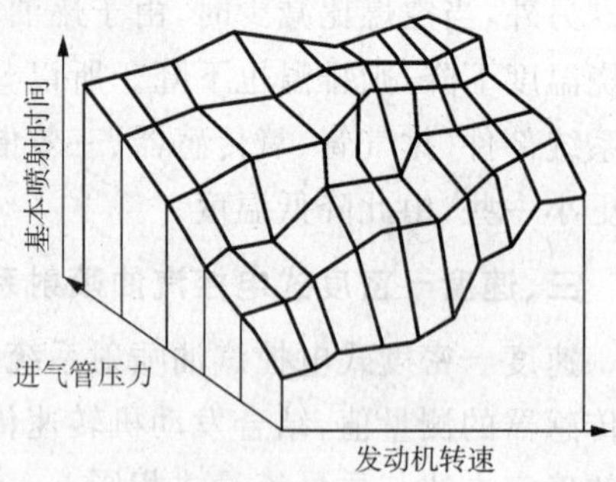


图 9－20　基本喷射时间的三维脉谱图

在设定基本喷油时间的三维脉谱 $t_p = f(n, p)$ 时，首先确定进气管压力。然后，根据当前的进气管压力和转速确定 $t_p$。当 $t_p$ 脉谱的设定工况点和充气效率数据脉谱的节点工况不相同时，可利用四点插值法求出对应喷射时间脉谱设定工况点上的充气效率。

当发动机实际运行工况在基本喷射时间脉谱节点之间时，用该点周围的四个节点数据进行二次线性插值法，计算求得该工况点的喷射时间。如图 9－21 所示的 $E$ 工况点的喷射时间 $t_{pE}$，按以下步骤进行插值计算。

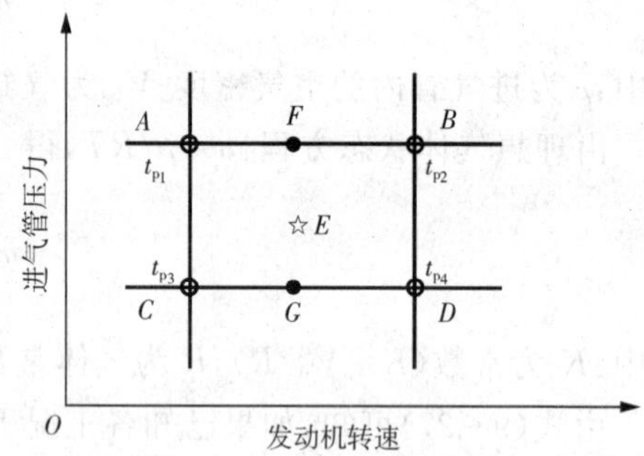


图 9－21　四点插值法

在转速相同的条件下，任意负荷点上的基本喷射时间，如与 $E$ 点负荷相同的 $F$ 点或 $G$ 点，通过一次线性插值，求得：

$$t_{pE} = \frac{\overline{FB}t_{p1} + \overline{AF}t_{p2}}{\overline{AB}}, t_{pG} = \frac{\overline{GD}t_{p3} + \overline{CG}t_{p4}}{\overline{CD}}$$

然后，在负荷相同的条件下，按转速进行第二次线性插值，求得：

$$t_{pE} = \frac{\overline{EG}t_{pF} + \overline{EF}t_{pG}}{\overline{FG}} \tag{9-29}$$

当发动机实际运行工况点在脉谱图的设定转速线或负荷线上时，一次插值即可求得该工况的基本喷油时间。

用三维脉谱的方法设定基本喷油时间的特点是，需要设置的数据较多，但可以比较细致地设定数据谱，而且通过空燃比的反馈控制和学习控制，可进一步提高空燃比的控制精度。

(2)修正系数的确定

速度－密度式的基本喷油时间的修正系数 $F_c$ 由式(9－28)确定，主要考虑七个方面的因素。其中，与发动机温度相关的修正系数、加减速修正系数等，其修正原理与质量流量式类似，但由于速度－密度式对进入气缸的空气流量的确定方式与质量流量式不同，所以其修正系数的具体确定方法有所差别。

① 进气温度修正系数 $K_a$　由于基本喷射时间是在进气温度为 20 ℃的基准下确定的，所以当进入气缸的空气温度发生变化时，需要适应空气密度的变化对基本喷射时间进行修正。速度－密度式的进气温度修正量，理论上按式(9－30)确定。但是随着温度的变化也受到燃油密度变化的影响，所以实际应用时需取偏小的值。

$$K_a = \frac{293}{T_a + 273} \tag{9-30}$$

式中：$T_a$ 为进气温度(℃)，当 $T_a = 20$ ℃时修正系数为 1，并以每 20 ℃间隔设定的数值按线性插值来求得各种工况下的修正系数。

② 怠速暖车修正系数 $K_w$　速度密度式的怠速修正原理与质量流量式相同，用来修正当发动机冷却水温低时燃油油膜汽化迟后的部分。$K_w$ 的修正时在水温－30 ℃～90 ℃范围内，每隔 20 ℃设定一个修正系数，并以脉谱形式储存于寄存器中。当发动机实际工作时的冷却水温不在脉谱节点时，可用线性插值法求得对应的修正系数。当冷却水温超过 90 ℃或低于－30 ℃时，修正系数保持不变。一般当冷却水温在 70 ℃以上时，修正系数设定为 1，而当冷却水温为 30 ℃时，修正系数设定在 1.2 左右，冷却水温在－10 ℃时，修正系数设定在 1.5 左右。

③ 加减速修正系数 $K_k$　速度－密度式的加减速修正原理基本上与质量流量式相同，是用于发动机加速或减速的过渡状态下，修正空燃比偏离目标值的修正系数。对速度－密度式，同时监测发动机每转的进气压力和节气门开度位置的变化量，当其中某一项变化量的绝对值超过其设定值时，根据超过设定值的该参数来确定修正系数。当进气压力和节气门开度的变化量同时超过设定值时，取两者修正系数之间较大的值作为修正量(如图 9－22 所示)。实际应用时修正值随发动机每一转速的变化，按一定比例递减(或增加)。

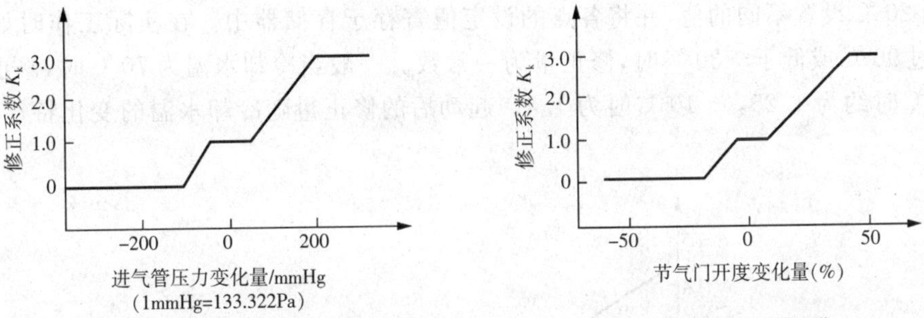


a)进气管压力变化　　b)节气门开度变化

图 9－22　加减速修正系数

④ 节气门开度修正系数 $K_p$　在相同的进气管压力条件下，充气效率随节气门开度而变化。节气门开度修正系数就是用来修正充气效率随节气门开度变化而造成的空燃比的偏差量。特别是对采用多重节气门系统的发动机，随节气门开度的变化修正空燃比更为重要。所谓多重节气门系统，是指在每个气缸的进气管中分别设置节气门的方式。其目的是减小节气门下游容积，以提高发动机的响应特性。

常用的一个节气门方式，其进气管压力是在稳压箱内测得的，所以节气门开度对进气管压力测定值的影响比较小，测定值相对稳定。但是对多重节气门系统，由于进气压力是在节气门下游的进气管上测量的，而节气门下游的进气管内空气的流动状态，随节气门开度变化很大，直接影响进气压力的测量精度。故必须修正由于节气门开度变化造成进气管压力测量误差所引起的空燃比的偏差量，否则，即使是在进气管压力相同的条件下，由于开度的变化使空燃比的控制产生误差。

节气门开度的修正值是以节气门开度和转速的三维脉谱形式给出，在设定节点之外的修正值，可通过四点插值法求得。

当节气门开度超过某一设定值以上时，表示需要发动机输出高效率，因此，此时与质量流量式的大负荷高转速修正相同，进行功率增量修正。此时，直接利用 $K_p$ 进行修正，即取 $K_p$ 为 1.8，使空燃比达到 12.5。

⑤ 反馈修正系数 $K_f$　反馈修正控制是基于氧传感器的输出信号，改变反馈修正系数的处理过程。其修正过程与质量流量式相同，一般每隔一定时间（如隔 0.2 s）监视并判定氧传感器的输出电压相对目标空燃比对应的设定电压是高还是低。当氧传感器输出电压比目标值偏高（浓）时，按一定的比例减小修正系数 $K_f$；相反，若低（稀）时增加 $K_f$。一般修正系数 $K_f$ 值是在 1.2～0.8 之间变化。

当起动增量修正过程或怠速暖车修正过程，或功率增量修正过程以及燃油切断控制等需要停止反馈控制时，将修正系数 $K_f$ 固定在 1.0 上。当发动机起动后，混合气含量一次也没有达到浓的状态，或稀薄状态下持续工作 8 s 以上时，ECU 判定氧传感器处于还没有充分预热状态，从而使修正系数 $K_f$ 设定为 1.0。

⑥ 起动后增量修正及油耗修正系数 $K_s$　一般起动后增量修正和油耗修正共用一个修正系数 $K_s$。起动后的增量修正是发动机起动成功后，发动机转速大于或等于某一设定转速（如 400 r/min）时，根据此时的冷却温度确定修正量的初始值，然后根据发动机的转速按一定的比例减小修正量，以保证发动机的 HC 等排放特性。初始值一般在 −30～90 ℃范围内，每隔 20 ℃设置不同的值，并将各点的设定值寄存于存储器中。在实际工作时如果冷却水温超过 90 ℃或低于 −30 ℃时，修正量为一常数。一般当冷却水温为 70 ℃时，修正系数为 1.2，30 ℃时约为 1.25，−10 ℃时为 1.4。起动后的修正量随冷却水温的变化特性如图 9-23 所示。

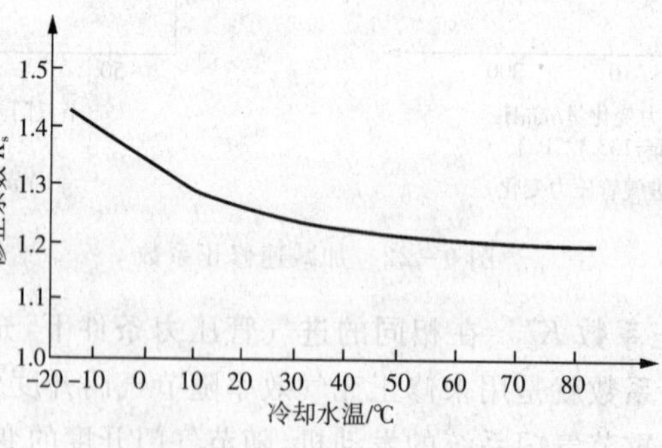


图 9-23　起动后的修正量随冷却水温的变化特性图

所谓油耗控制是指发动机在小负荷状态下运转时，将空燃比控制在比理论空燃比稍小的范围，以达到改善油耗的目的。小负荷状态是通过进气管压力和发动机转速来判断的。当发动机在小负荷状态下持续工作 5 s 以上，且空燃比反馈修正系数在 $K_f$＝1.03～0.97 范围内时，进入油耗控制状态。一旦进入油耗控制状态后，就立即停止空燃比的反馈修正控制，并将油耗修正系数 $K_s$ 限制在 0.8～0.85（空燃比为 18.4～17.3）范围之内。当加大油门或提高转速，使发动机运行工况点超出小负荷范围时，油耗修正系数 $K_s$ 值立即恢复到 1.0，以进入正常的反馈控制状态。通过这种油耗控制，在高速公路行驶时，可改善油耗达 10%以上。

由于起动后增量修正和油耗控制修正并不是同时进行的，所以可共用一个修正系数。

⑦ 怠速修正系数 $K_i$　怠速修正系数 $K_i$ 是速度－密度式特有的修正系数。由于这种方式的基本喷油时间是通过进气压力来确定，而在过渡工况下进气压力的变化相对发动机转速的变化有迟后现象。当节气门下游进气容积增加，或怠速转速降低时，这种响应迟后现象更为严重。结果，进气压力的变动导致发动机输出转矩的变动。因此，在这一段迟后时间内将会造成当发动机转速升高时转矩也提高，反之，当转速降低时转矩也减小的现象，使发动机转速持续波动。导致车辆振动加剧，直接影响怠速稳定性和车辆舒适性。

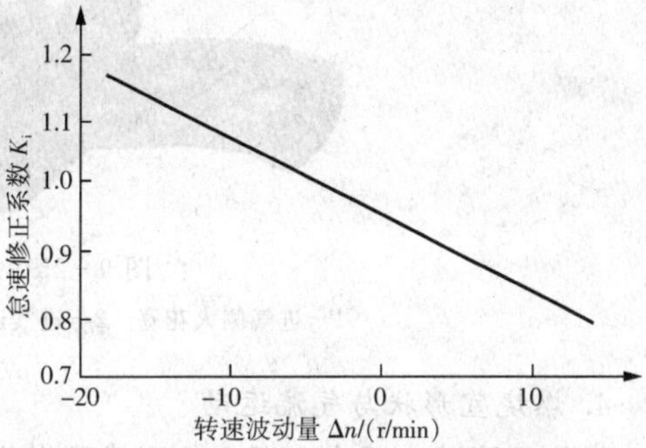


图 9－24　怠速修正系数的特性曲线

解决这种现象的措施就是通过怠速修正控制，与转矩变动相反方向进行空燃比的修正，以消除转矩变动。如图 9－24 所示为怠速修正系数的特性曲线。

## 第四节　汽油机的燃烧室

### 一、对燃烧室的基本要求

燃烧室的结构形状直接影响混合气的形成、火焰传播速度、放热规律、传热损失以及爆燃倾向等，进而影响汽油机的动力性、经济性和排放性。所以，正确设计燃烧室结构是改善汽油机性能的重要环节。由于不同汽油机其混合气形成和燃烧组织方式不同，燃烧室结构有很大的区别，在设计时一般有以下几点要求：

1. 结构要紧凑

燃烧室结构的紧凑程度常用面容比 $A/V$ 表示，即燃烧室表面积和燃烧室体积之比。由此表征燃烧室内火焰传播距离、散热面积以及熄火面积等特征。如 $A/V$ 值小，表明散热面积小、火焰传播距离短，而且熄火面积也小，所以有助于提高热效率和动力性，而且抗爆燃能力强，可减小 HC 排放。

2. 具有良好的充气性能

气缸的充气性能取决于燃烧室的形状与进气门、进气道的布置。燃烧室结构设计时应允许有较大的进气流通面积，如适当增大进气门直径、采用多气门布置等。同时，保证进气流线短、转弯少且转弯半径尽可能大，以减小气流的流动损失。

3. 火花塞位置

对已确定形状的燃烧室，或在设计燃烧室结构形状时，必须考虑火花塞的正确位置。要求尽可能缩短末端气体的火焰传播距离，同时有利于控制火焰传播速度，而且要设置在气流特性稳定、残余废气影响小的位置上，以保证可靠稳定地点燃混合气，由此减小循环变动。若空间允许可安装两个火花塞（如图 9-25 所示），则燃烧速度更快，抗爆燃能力强，可以适当提高压缩比，而且循环变动也小。

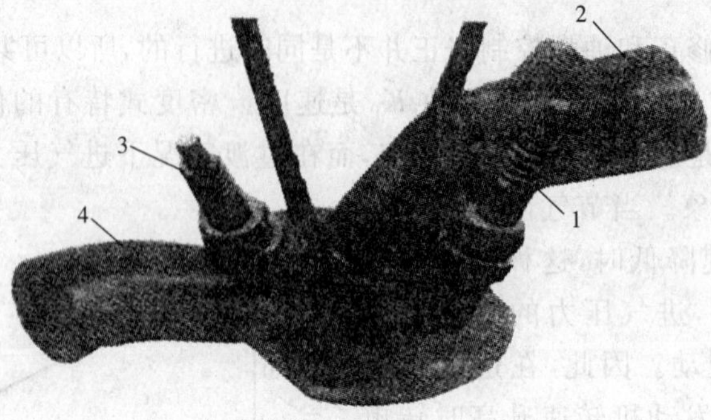


图 9-25　双火花塞的布置

1—进气侧火花塞　2—进气道　3—排气侧火花塞　4—排气道

4. 燃烧室形状与气流运动

燃烧室形状应适合于混合气形成及燃烧方的要求，在气缸内组织适当的气流，在满足速燃要求的同时，通过火焰前锋面积，控制燃烧速度和放热速度（如图 9-26 所示）。在保证发动机动力性和经济性的前提下，减小发动机振动噪声和改善排放特性。但是过强的气流将使热损失增加，还可能吹熄火焰核心而失火，造成 HC 排放增加。所以，通过燃烧室形状与进气系统的合理配合，组织燃烧室内适当的气流，可控制燃烧的过程，是改善发动机性能的重要环节。同时，用什么样的参数指标评价燃烧室内的气流状态，也是分析研究内燃机混合气形成和燃烧过程的重要手段。

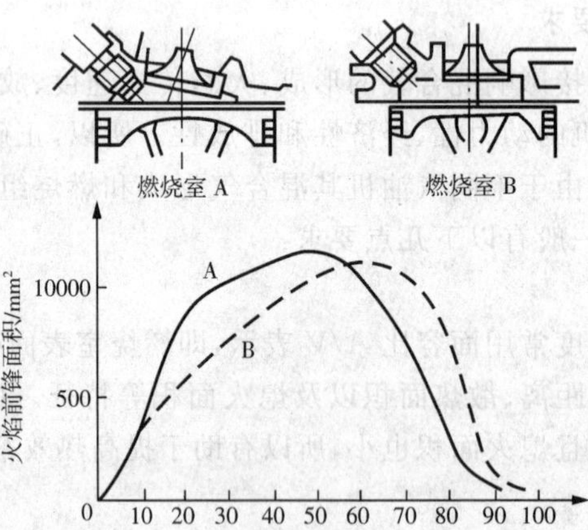


图 9-26　燃烧室形状对燃烧过程的影响

## 二、燃烧室内的气流特性

为适应日趋严格的节能与排放法规要求，汽油机燃烧室形状也呈多样化发展，应充分利用喷注特性和燃烧室内的各种气流特性，以组织适合的混合气形成和燃烧方式。为了便于分析与评价燃烧室内的气流特性，如图 9－27 所示，定义燃烧室内宏观气流运动特性。即在进气过程中绕气缸中心线（$z$ 轴）旋转的气流称为涡流，而绕着垂直于气缸中心线且与缸心距连线平行的 $y$ 轴旋转的气流，和绕着垂直于气缸中心线同时垂直与缸心距连线的 $x$ 轴旋转的气流统称为滚流，后者亦可称为侧滚流。

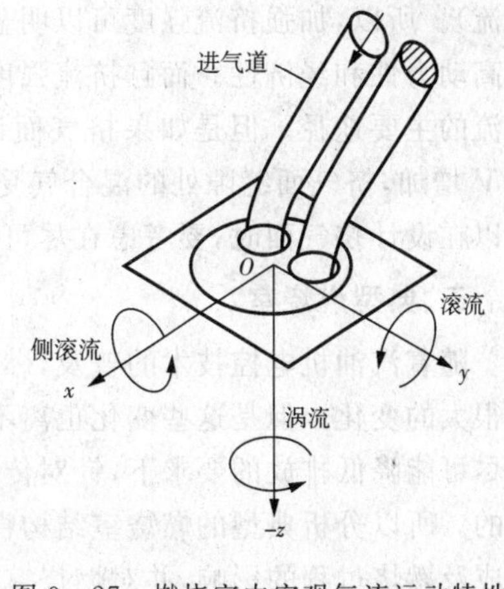

图 9－27　燃烧室内宏观气流运动特性

组织燃烧室内气流的方式，主要有通过进气系统和燃烧室形状配合组织的进气涡流方式，以及在压缩过程中通过燃烧室的结构形状在燃烧室内形成挤流两种方式。

滚流是指气流在气缸内整体运动的现象，而挤流是气流在燃烧室内运动的现象。

进气涡流是通过进气口和进气道形状（如螺旋进气道或切向进气道）的导向作用或多气门的控制方式来组织的，在进气过程中在气缸内形成螺旋状的进气涡流，但是这种涡流在压缩过程中，随压缩程度其强度逐渐衰弱。由于进气涡流加强了对喷雾的搅拌和蒸发，促进混合气的形成和均匀化，从而缩短着火延迟期，有助于提高其火焰传播速度。但这种进气涡流强度是通过螺旋进气道等相应的措施来实现，增加进气道的气流阻力，降低了充气效率。因此，汽油机在大负荷时为了保证足够的充气效率，一般不组织强的进气涡流（如图 9－28 所示的两个进气门全开），但在节气门开度小的中小负荷区，为了改善燃烧速度，往往通过多气门机构对气门的控制方式，如图 9－28 所示，即关闭一个进气门，组织气缸内较强的进气涡流。

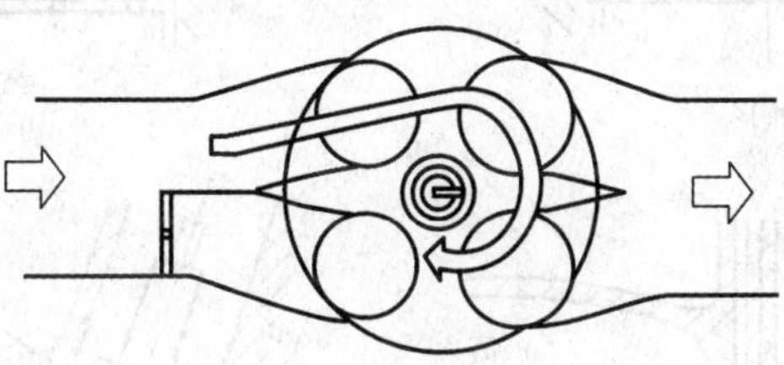
a)低速时

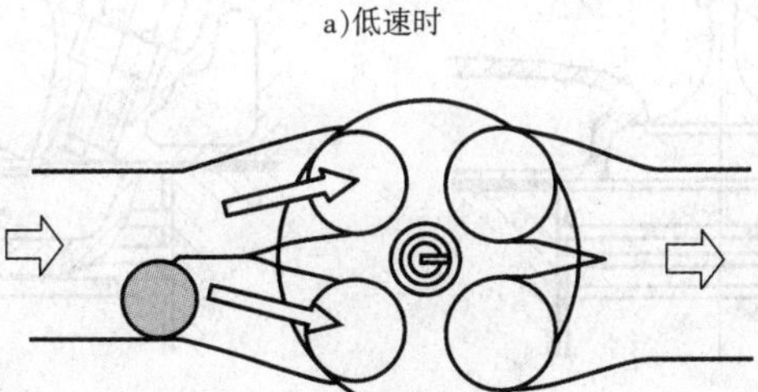
b)高速时

图 9－28　多气门组织进气涡流

挤压涡流（挤流）是通过在燃烧室设计时留有的挤气面积，在压缩过程中利用活塞顶部将挤气面（挤气间隙）上的混合气挤入燃烧室内形成的燃烧室纵剖面上的滚流。随着压缩过程挤流强度的增加，在压缩上止点前达到最大值，上止点后随活塞的下移形成反向挤流（逆挤流)。所以,加强挤流强度可以明显提高燃烧期内的火焰传播速度,缩短燃烧时间,有利于提高动力性和经济性。而且挤流强度不会引起充气效率的降低,因此是汽油机组织气缸内湍流的主要途径。但是如果挤气面设计得过大,虽然提高挤流强度,但使燃烧室的面容比 $A/V$ 增加,挤气面缝隙处的混合气受到强烈冷却,容易产生熄火而产生大量的 HC 化合物。所以在设计挤气面时,要考虑在尽可能减小燃烧室面容比的前提下有效组织挤流。

## 三、典型燃烧室

随着汽油机电控技术的普及,燃烧、排放控制技术的不断完善,汽油机燃烧室的结构有了很大的变化。但是这些变化也离不开前述的燃烧室设计的基本要求,是在改善燃烧速度并尽可能降低排放的要求下,针对传统燃烧室结构所存在的特点,结合混合气形成方式而改进的。所以分析典型的燃烧室结构特点,有利于正确理解燃烧室结构形状对汽油机混合气形成及燃烧过程的影响,并对燃烧室结构的设计具有重要意义。

传统典型的燃烧室如图 9-29 所示,有楔形燃烧室、半球形燃烧室、浴盆形燃烧室和碗形燃烧室等几种。

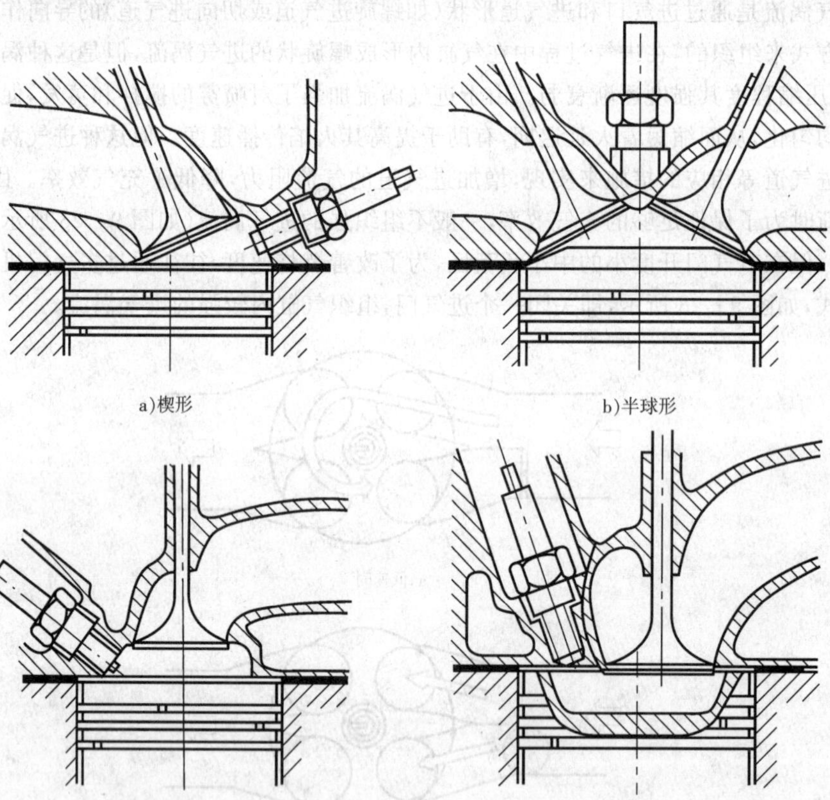

a)楔形　b)半球形　c)浴盆形　d)碗形

图 9-29　几种典型的燃烧室

### 1. 楔形燃烧室

楔形燃烧室设在气缸盖上,其结构特点如图 9-29a 所示。在压缩过程中,利用挤气面积在燃烧室内产生较强的挤流,以提高火焰传播速度。它是一种结构比较紧凑、火焰传播距离短的燃烧室，所以压缩比可高达 9～10。由于这种燃烧室气门倾斜(6°～30°)布置，气门直径较大，气流弯曲小，可减小进气阻力，有利于提高发动机的充气效率，所以发动机具有较高的动力性和经济性。而且火花塞安装在楔形高处的进、排气门之间，利于用新鲜充量扫除火花塞附近的废气，从而可改善点火稳定性，减小循环变动。但是，因初期燃烧速度高，压力升高率较大，使发动机工作粗暴，$NO_x$ 排放量较高。同时，由于挤气面积较大，其缝隙处的混合气冷却作用较强，同时在缝隙作用下，火焰熄火倾向增加，所以 HC 排放量较多。因此，需要合理控制挤气面积的大小。

2. 半球形燃烧室

半球形燃烧室，又称为屋脊形燃烧室(如图 9－29b 所示)，也是设在气缸盖上，其火花塞在中央布置，是一种结构紧凑、$A/V$ 值小、火焰传播距离最短的燃烧室。配合双行倾斜排列布置的进、排气门，采用稍微凸起的活塞顶，加上气流进、出入气缸时的转弯半径最小，所以其换气效果好，残余废气系数小，充气效率高。因此，发动机的动力性和经济性好，HC 排放量也少，而且高速适应性强，常用于高速汽油机。

但是由于这种燃烧室火花塞附近有较大的容积，初期燃烧速度快，压力升高率大，工作粗暴，噪声较大，同时气门双形倾斜布置，常采用双顶置凸轮轴，配气机构比较复杂。

半球形燃烧室受结构特点的限制，一般缸内部组织挤流，所以湍流强度较弱，因此在低速大负荷时容易引起爆燃。为了改善这种发动机中低速燃烧问题，采用四气门机构，且两个进气道设计成不同形状，由此组织气缸内的涡流，以提高燃烧速度。

3. 浴盆形燃烧室

如图 9－29c 所示，它是设在活塞顶上的一个回转体，而气缸盖采用平底结构。这种燃烧室的特点是结构很紧凑，火焰传播距离短，挤气效果好，有助于提高燃烧速度。而且压缩比可高达 9～13，滞燃期缩短。因此，可适当推迟点火提前角，以利于降低排放。

但与平顶活塞相比，这种燃烧室的面积比较大，散热损失增加。而且其挤流效果与燃烧室口径、深度和顶隙等有关，所以在设计时需要优化这些燃烧室结构参数。

### 四、汽油机分层燃烧和稀薄燃烧系统

1. 分层燃烧

前述的均匀混合气的燃烧方式，其特点是常用空燃比变化范围比较窄(空燃比 $\alpha=12.6\sim17$)，而且均匀混合气在较高的温度下很容易自燃，引起汽油机爆燃。所以，汽油机压缩比不能太高。这是汽油机的热效率远不如柴油机高的主要原因。同时，一般汽油机在起动、怠速、小负荷以及全负荷等工况，采用较浓的混合气($\varphi_a<1$)，此时 CO、HC 排放较高，而常用的中负荷工况则采用经济混合气($\varphi_a=1.15$)，此时 $NO_x$ 排放比较高。

为了解决传统汽油机混合气形成和燃烧方式的这种缺陷，从根本上改善汽油机的经济性和排放性能，人们提出了分层给气稀薄燃烧的一种新的混合气形成和燃烧方式。

分层燃烧的主要特点，是通过喷雾和气流的配合，在气缸内形成浓度梯度分布的混合气，在火花塞附近形成较浓的混合气(空燃比 $\alpha=12\sim13.4$)，而在燃烧室其他区域为梯度分布的混合气，由此保证火花塞可靠点燃，并向缸内平均混合气含量小但梯度分布的混合气传播火焰。而这种混合气含量的梯度分布，主要是靠燃烧室内组织适合的气流，并与喷射方式相配合而实现的。由于喷射方式不同，气缸内气流的组织方式也不一样。所以，根据燃料的喷射方式，分层给气燃烧方式分为进气道喷射式和缸内直喷式两种。

(1)进气道喷射式分层燃烧

这种分层燃烧方式根据缸内组织的气流特性又分为轴向分层稀薄燃烧方式和横向分层稀薄燃烧方式。

① 轴向分层稀薄燃烧

组织轴向分层稀薄燃烧的关键技术,在于喷射时期与气缸内的空气涡流的匹配。为此,喷油器在进气晚期喷射,配合缸内组织强烈的涡流,实现混合气浓度的轴向梯度分布。这种方式,喷射时刻决定缸内浓混合气的位置,也就决定火花塞的安装位置。

如图 9-30 所示为这种轴向分层的工作原理示意图。在进气过程早期只要空气进入气缸,并在气缸内形成强烈的涡流。当进气门开启接近最大升程时,将燃料喷入进气道。这样气缸内在进气涡流的作用下,混合气的形成产生上浓下稀的分层效果。在压缩过程中,虽然缸内涡流强度衰弱,但若缸内涡流的径向分量比轴向分量大时,就能维持混合气含量的轴向分层,并在火花塞附近形成一层较浓的混合气。若缸内涡流越强,则分层效果保持的越好。但这种涡流强度一般都是通过进气道形状来控制的,所以进气阻力增加,充气效率下降。混合气轴向分层稀薄燃烧时,空燃比 $\alpha$ 可达 22,与均匀混合气燃烧方式相比,燃油消耗率可降低 12%。

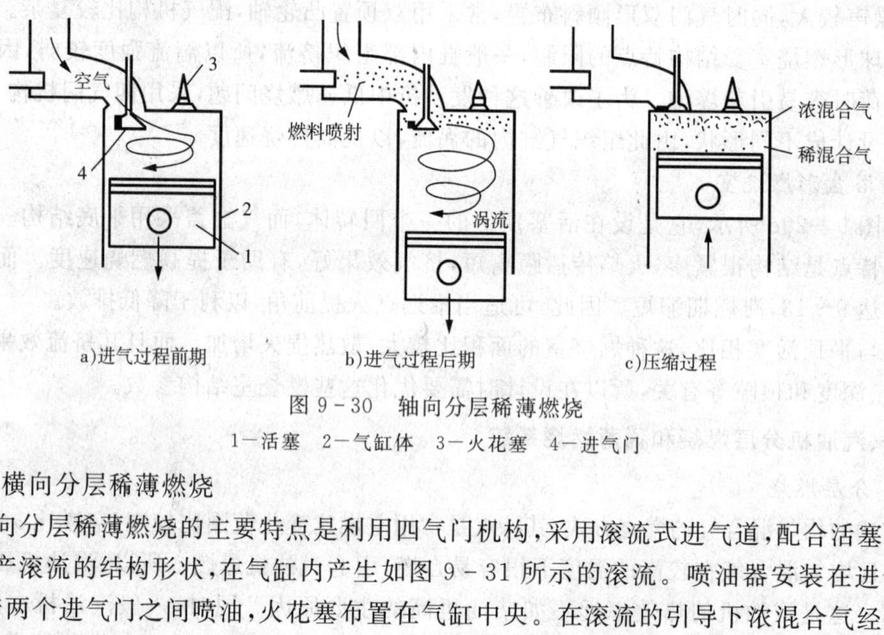


图 9-30　轴向分层稀薄燃烧

1—活塞　2—气缸体　3—火花塞　4—进气门

② 横向分层稀薄燃烧

横向分层稀薄燃烧的主要特点是利用四气门机构,采用滚流式进气道,配合活塞顶部有助于生产滚流的结构形状,在气缸内产生如图 9-31 所示的滚流。喷油器安装在进气支管上,向着两个进气门之间喷油,火花塞布置在气缸中央。在滚流的引导下浓混合气经过气缸中央布置的火花塞,而火花塞两侧则为纯空气,由此形成以火花塞为中心的横向混合气含量梯度分布。这种方式可实现空燃比为 23 下的稳定燃烧,经济性比传统汽油机提高 6%~8%,$NO_x$ 排放量(体积分数)可降低 80%。

(2)缸内直喷式稀薄燃烧

进气道喷射式分层给气稀薄燃烧方式,相对均匀混合燃烧方式,在经济性和排放特性方面,虽然都得到相应的改善,但结构上仍存在着以下几个方面的问题而限制了其性能进一步的完善:

a. 保留节气门,所以中小负荷泵气损失增加,充气效率减小,燃烧效率降低,不利于动力性和经济性的提高。

b. 在配制混合气时,由于是向进气道喷射,所以存在进气道黏附油膜的现象。这种油

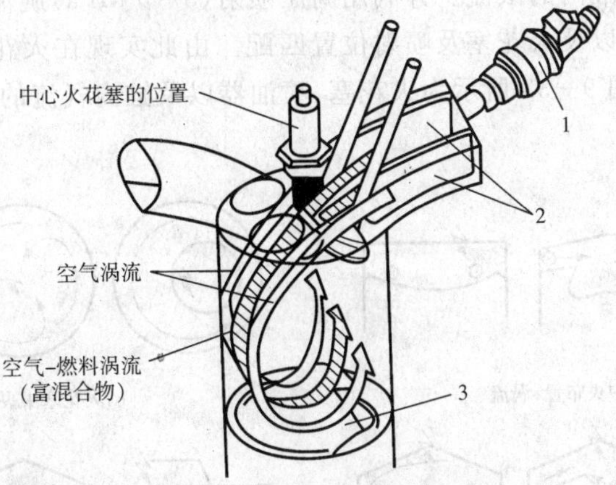


图 9-31　横向分层稀薄燃烧

1—喷油器　2—进气口隔板　3—滚流控制活塞

膜的蒸发，导致额外耗油，而且不利于发动机快速起动、瞬时响应特性以及更精确控制混合气含量。

c. 混合气含量稀薄燃烧范围有限，空燃比 $\alpha<27$。

为了进一步改善汽油机的性能，以适应日趋严峻的能源紧缺与排气污染的问题，开发研究出了汽油机的缸内直喷式稀薄燃烧技术。

如图 9-32 所示为缸内直喷式与进气道喷射式的比较情况。缸内直喷式将喷油器安装在气缸盖上直接向燃烧室内喷油，因此更容易控制缸内混合气的形成。通过喷射时期的控制可实现均匀混合气燃烧、分层稀薄混合气燃烧以及均质混合气压燃燃烧（HCCI）。现阶段缸内直喷式主要用于分层稀薄燃烧，而 HCCI 技术是发展趋势。

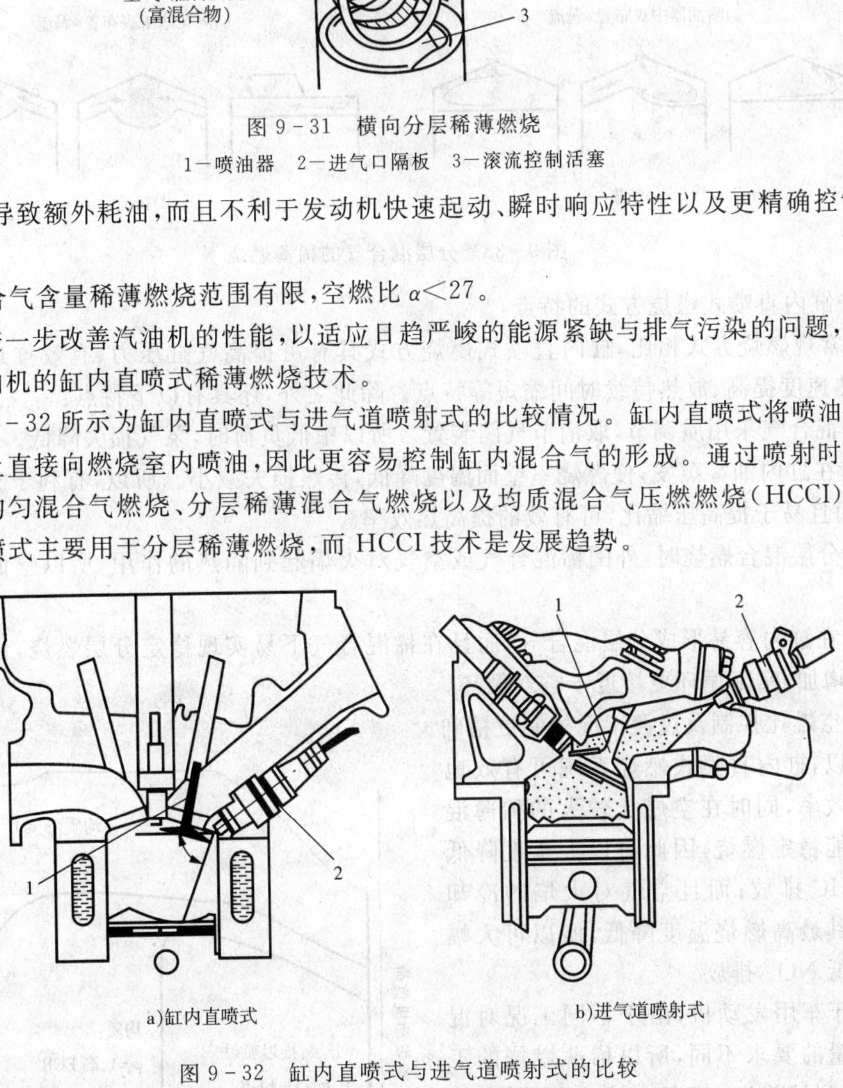


图 9-32　缸内直喷式与进气道喷射式的比较

1—进气门　2—喷油器

① 缸内直喷式混合气的形成机理

缸内直喷式燃烧系统混合气的形成，主要是通过缸内直接喷射的喷雾与缸内组织的气流，形成混合气含量的梯度分布。因此，实现缸内直喷的关键技术在于通过进气系统和活塞顶的燃烧室形状，组织缸内的滚流。并利用高压喷射(3～5 MPa)旋流式喷油器等措施控制喷雾与缸内气流配合，以及火花塞及喷射位置匹配。由此实现在火花塞附近形成浓混合气的分层稀薄燃烧。如图 9－33 所示为火花塞、喷油器以及缸内气流的不同配合，形成缸内分层混合气的几种方式。

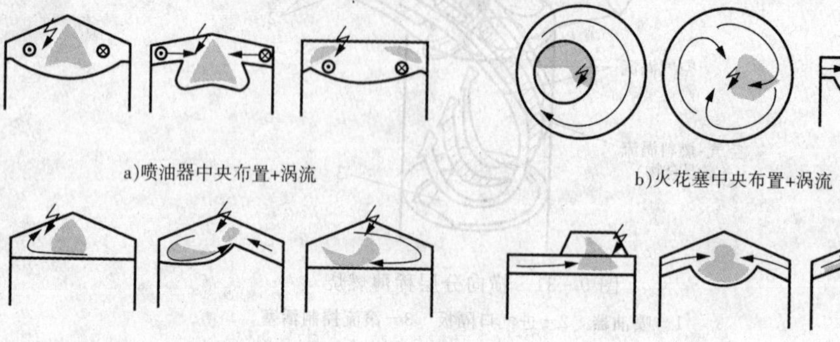


图 9－33　分层混合气的稀薄燃烧

② 缸内直喷式燃烧方式的特点

与常规燃烧方式相比，缸内直喷式燃烧方式具有可提高气缸压力、有效推迟点火提前角、放热速度提高、放热持续时间缩短等特点。除此之外，还具有以下特点：

a. 混合气采用质调节，取消节气门装置。所以中低负荷时，泵气损失降低。

b. 在缸内油雾蒸发，使燃烧室壁面温度降低，传热损失减小。所以，有利于充气效率的提高，而且易于提高压缩比，可有效的提高热效率。

c. 分层混合燃烧时，外围稀混合气或空气对火焰起到隔热的作用，所以壁面传热损失减小。

d. 在缸内容易形成分层混合气，而且在稀混合气下易实现稳定分层燃烧，使工质的多变系数增加，实际循环更接近于空气循环。

e. 空燃比控制及过渡工况控制更精确。

所以，缸内直喷式燃烧系统可有效地提高热效率，同时在空燃比较大的稀薄混合气下能稳定燃烧，因此可以大幅度降低 CO 和 HC 排放；而且空气对火焰的冷却作用使其最高燃烧温度降低，所以可大幅度地降低 $NO_x$ 排放。

对于车用发动机，由于不同工况对混合气含量的要求不同，所以稀薄燃烧的工况范围，到目前为止只限于中小负荷区(如图 9－34 所示)。在中小负荷区，在压缩行程后期喷油，形成上浓下稀的分层混合气，点火后能高效率稳定燃烧；而在大负荷或全负荷区，在进气行程中提前喷油，喷油量

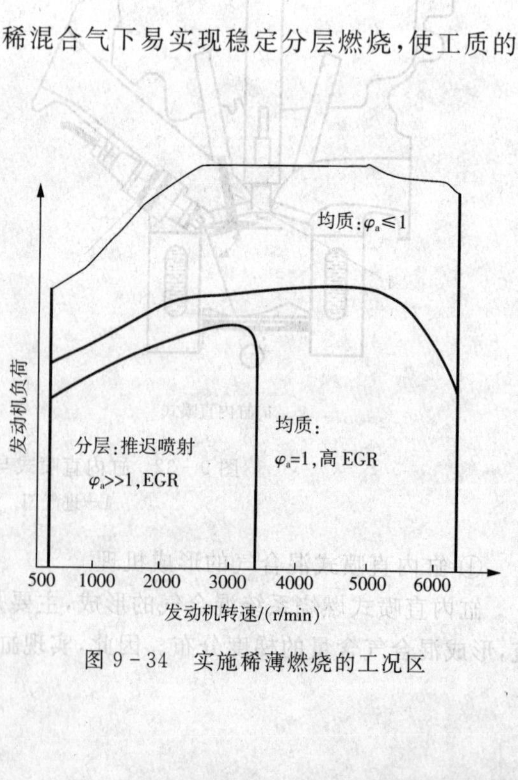


图 9－34　实施稀薄燃烧的工况区

根据所需的目标空燃比确定。这样混合气形成时间较长，在火花塞点火时，缸内可形成一定混合气含量的均匀混合气。

③ 典型的缸内直喷式分层稀薄燃烧系统

a. TCCS燃烧系统（Texaco Controlled Combustion Process）。这种燃烧系统利用螺旋进气道或导气屏，在气缸内形成强烈的有规则的进气涡流。喷油器在压缩上止点前30°（曲轴转角）左右，以 2000 kPa 的喷射压力，将燃油顺着气流喷入燃烧室。喷雾在扩散雾化过程中，在强烈涡流作用下，气流外缘形成较浓的混合气。火花塞正好安装在喷油器喷注油束下游的边缘（图 9－35）混合气较浓的位置，所以很容易点燃。着火后火焰和燃气随着气流扩展运动，靠已燃气体和未燃气体的密度差，使已燃气体被涡流带离火花塞区，而新鲜的空气被涡流带入燃油喷射区域，实现分层燃烧过程。这种燃烧系统在燃烧过程中，不一定利用气缸内的全部空气。在小负荷时燃烧产物扩展区域并不大，随着负荷的增加，喷油持续期延长，燃烧产物的扩展区也随之增大。因此，空燃比可以较大，而且末端气体为空气，温度也较低，不易自燃，所以压缩比可提高到 12。但是，由于初期燃烧是在较浓的局部混合气下进行的，火焰前锋面积大，初期燃烧速度高，压力升高率大，不利于降低最高燃烧温度，所以 $NO_x$ 排放量较高，发动机工作粗暴。如果喷注与气流匹配不良而造成混合气分层不良时，在大负荷时碳烟排放将会增加；低负荷时会造成混合气过稀，而使 HC 排放量增加。

因此，虽然这种分层给气稀薄燃烧对经济性和排放特性具有良好的效果，但由于控制技术高，适应变工况的能力差，所以实用上还有一定困难。

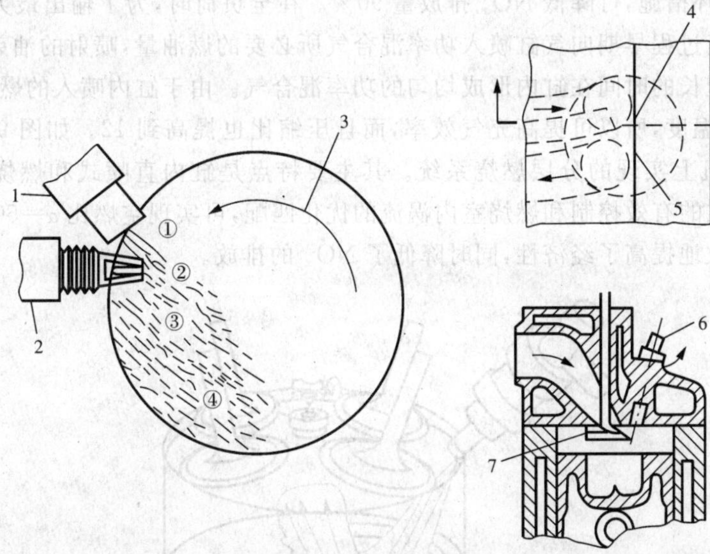


图 9－35　TCCS燃烧系统

1、4、6—喷油器　2、5—火花塞　3—空气流动方向　7—挡板阀

①—空气区　②—浓混合气区　③—着火燃烧区　④—已燃气体区

b. 缸内直喷式滚流分层稀薄燃烧系统。这种系统采用纵向直进气道，配合设在活塞顶上的半球型燃烧室，在气缸内形成强烈的顺时针方向的反滚流。靠滚流和喷雾匹配，从火花塞至燃烧室空间形成由浓至稀的分层分布的混合气。

为了提高经济性，在部分负荷时采用分层稀薄燃烧。如图 9－36a 所示，在进气行程后

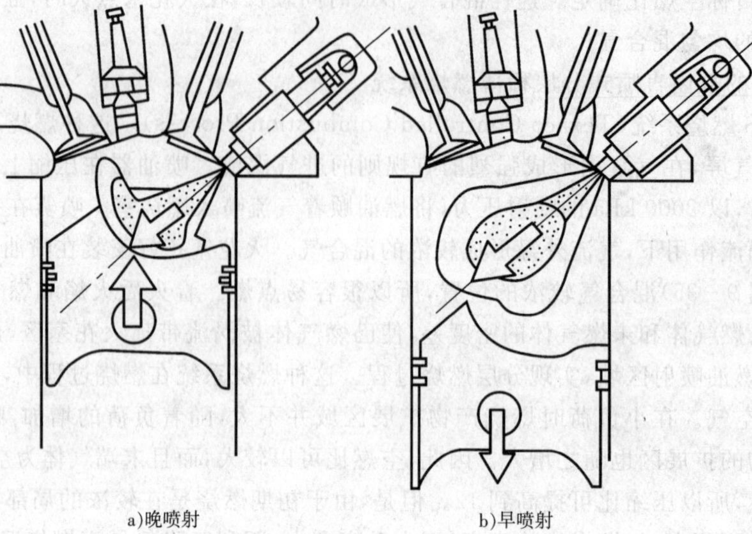


图 9-36　三菱 GDI 分层燃烧系统

期或压缩过程中，用喷雾锥角为 70°～80°的电磁阀旋流式喷油器，以 5 MPa 的喷射压力，向活塞顶燃烧室内喷射，由此保证良好的燃油雾化，并利用滚流在火花塞附近形成浓混合气。由此实现空燃比 $\alpha=40$ 下的稳定燃烧，可降低燃油消耗率 30%。同时，结合采用 EGR 率为 40%的废气再循环措施，可降低 $NO_x$ 排放量 90%。在全负荷时，为了输出最大转矩供给功率混合气，在进气过程早期向气缸喷入功率混合气所必要的燃油量，喷射的油束不与活塞顶接触，这样利用较长的时间在缸内形成均匀的功率混合气。由于缸内喷入的燃油蒸发吸热，降低缸内冲量的温度，所以可提高充气效率，而且压缩比也提高到 12。如图 9-37 所示为丰田 D4 型汽油机上实现的分层燃烧系统。其主要特点是缸内直喷式和燃烧室形状相配合，通过喷射方式的有效控制和燃烧室内涡流的优化匹配，可实现空燃比 $\alpha=50$ 下稳定的分层稀薄燃烧，有效地提高了经济性，同时降低了 $NO_x$ 的排放。

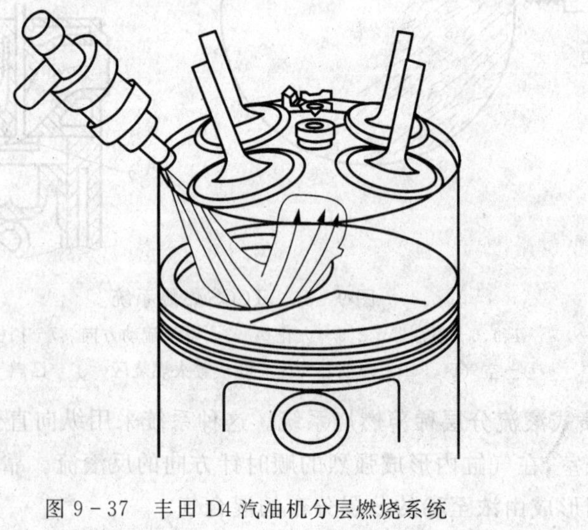

图 9-37　丰田 D4 汽油机分层燃烧系统

(3)缸内直喷式分层稀薄燃烧存在的问题及发展趋势

虽然通过缸内直喷式分层稀薄燃烧技术，使汽油机的经济性达到或接近直喷柴油机的水平，而且在动力性、瞬时响应特性、起动性以及冷启动 HC 排放特性等诸方面都有不同程度的改善。但这种混合气形成和燃烧方式也存在着以下几方面的问题：

① 分层燃烧对燃油蒸汽在气缸内分别要求很高，需要喷油时刻、点火时刻空气运动、喷雾特性和燃烧室形状的良好的匹配，否则燃烧不稳定。

② 低负荷时 HC 多，高负荷时 $NO_x$ 多，且会生成碳烟。

③ 喷油器易堵，且无自洁作用，所以长期使用影响雾化特性。

④ 三效催化转换器因技术的问题不能采用。稀薄燃烧专用催化转化器的成本高，技术难度大。

⑤ 气缸和燃料系统的磨损增加。

目前汽油机节能与排放控制新技术中，有新型的预混合压燃方式(Premixed Charge Compression Ignition，PCCI)。这种预混合压燃方式是通过高压缩比，利用多点着火方式实现预混合稀薄燃烧，由此在降低燃油消耗率的同时，实现低 $NO_x$ 排放。

汽油机的预混合压燃与缸内直喷式分层稀薄燃烧及柴油机燃烧过程的区别，在于缸内直喷式分层稀薄燃烧和柴油机是在进气行程后期或压缩行程后期在高温高压的缸内，以高压(汽油机 3～5 MPa 柴油机 80～250 MPa)喷射燃烧，而预混合压燃是用电磁阀在进气管内以 0.3 MPa 的压力喷射，经缸内压缩过程，在气缸内自行燃烧。当空燃比为 32～41 时，预混合压燃的燃油消耗率达到低于柴油机的水平；若空燃比为 40 左右时 $NO_x$ 排放远低于缸内直喷式汽油机和柴油机。但这种预混合压燃方式，存在混合气形成不均匀的问题。所以，目前的研究阶段，通过两端或多端喷射，形成预混合气着火后，使主喷射燃烧稀薄化，由此力图实现预混合压燃高负荷燃烧。

2. 稀薄燃烧的控制

稀薄燃烧时 CO 和 HC 排放很小，所以控制稀薄燃烧的主要目的，就是精确控制稀薄燃烧的混合气成份，以提高经济性。但是如果稀薄混合气成份控制不当，不仅经济性改善效果不明显，反而使 $NO_x$ 排放量较多。如果稀薄限空燃比设定的过大，会造成发动机输出转矩变动大，工作不稳定。因此，稀薄燃烧控制技术的关键，就是如图 9－38 所示，将稀薄燃烧的空燃比 $\alpha$ 精确地控制在使转矩变动值在允许的界限范围内，同时满足发动机油耗最佳、$NO_x$ 排放量最低的平均稀混合气含量。

为了精确控制稀薄燃烧的空燃比，常采用空燃比反馈控制式和气缸压力反馈控制式。空燃比反馈控制式稀薄燃烧系统，是通过空燃比传感器检测空燃比，由此反馈控制喷油量，使实际空燃比控制在事先标定的目标稀薄空燃比上。空燃比传感器的测量原理是，在 $ZrO_2$ 固体内产生与排气中的 $O_2$ 含量成比例的氧离子的移动，从而形成如式(9－31)中的电流。通过检测空燃比传感器的电信号，并根据传感器的标定特性，可求得空燃比的大小。并由此对喷油量进行反馈控制，实现稀薄燃烧过程。

$$I_0=\frac{CD_{O_2}pA}{Tl}\ln\frac{1}{1-\frac{p_{O_2}}{p}} \tag{9-31}$$

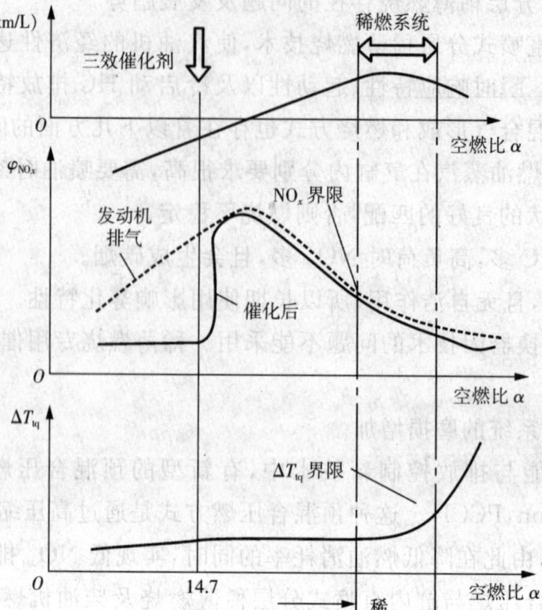


图 9-38　稀薄燃烧

式中：$I_0$ 为在 $ZrO_2$ 固体上流通的电流；$C$ 为常数；$D_{O_2}$为扩散系数；$p$ 为全压；$A$ 为扩散阻抗层面积；$l$ 为扩散阻抗层厚度；$T$ 为热力学温度；$p_{O_2}$ 为 $O_2$的分压。

气缸压力反馈控制式稀薄燃烧系统，是采用气缸压力传感器来检测每循环气缸压力的，并求出循环输出转矩的变动量，由此进行空燃比的反馈控制，使实际转矩变动量限制在允许的范围之内。其控制方式是，首先通过气缸压力传感器在膨胀行程中，在每循环规定的曲轴转角位置上，测量如图 9-39 所示的 $p_1$、$p_2$、$p_3$、$p_4$ 四点的燃烧压力。然后根据式(9-32)计算每循环的输出转矩 $T_{tqj}$，即

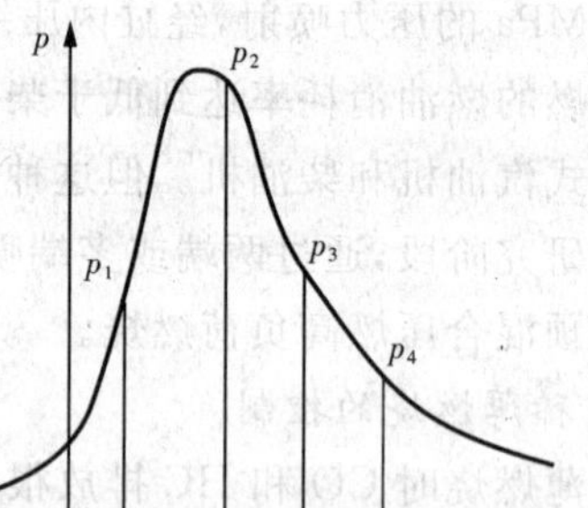


图 9-39　示功图

$$T_{tqj}=a_1p_1+a_2p_2+a_3p_3+a_4p_4=\sum_{i=1}^{4}a_ip_i \tag{9-32}$$

测 $N$ 个循环，用式(9-33)求出相邻循环转矩之差的绝对值后，取 $N$ 个循环的平均值作为输出转矩的变动量

$$\Delta T_{tq}=\frac{1}{N}\sum_{j=1}^{N}\left|T_{tqj}-T_{tqj-1}\right| \tag{9-33}$$

将 $\Delta T_{tq}$与目标变动(允许界限)值进行比较，由此确定燃料喷射的控制量，并通过反馈控制，使空燃比设定在 $\Delta T_{tq}$小于或等于所允许的目标变动值的稀薄界限上。

在同样的条件下，这种气缸压力传感器式控制方法与空燃比传感器式控制方法相比，可

实现更稀薄混合气的燃烧。

## 第五节　汽油机的有害排放物及其控制

### 一、汽油机的有害产物及产生机理

汽油机根据使用燃料的特点，决定了其独特的混合气形成方式和着火燃烧方式，从而确定了发动机的结构特点、工作过程和 $CO_2$、$H_2O$、HC、CO、$NO_x$ 等燃烧产物。其中，水蒸气是无害气体，而且在地球上存在大量的水，所以内燃机排出的水分对地球水循环的影响微不足道。而 $CO_2$ 虽然也是无害的产物，但人类对地球上含碳化石燃料的大量开采和使用，已使得地球的碳循环失去了平衡。另一方面，$CO_2$ 吸收的光谱恰好在地球辐射的主要波长段范围，所以对地球辐射能的吸收能力强，但对太阳能的射透比却很高。因此，漂浮在大气中的 $CO_2$ 具有吸收地面辐射能后重新辐射，一部分返回地面，另一部分传给更上层的 $CO_2$ 的作用。大气层中 $CO_2$ 含量越高，更多的能量被阻留在底层大气中，使大气温度升高，由此加剧地球的“温室效应”。

汽油机有害排放的主要来源，有排气中的 CO、HC、$NO_x$、$CO_2$，有曲轴箱因通风而向大气排出的 HC 排放，以及燃料供给系统中蒸发而散发出去的 HC 等。

由于污染物的来源和机理不同，所采用的控制措施也就不一样。例如，对发动机尾气排放的有害物，采用燃烧系统的改进和后处理方法来控制；曲轴箱通风采用 PCV 阀的控制措施，并将曲轴箱内的蒸发物回流到进气管进行燃烧；而燃料供给系统的蒸发物则采用活性碳罐吸收装置来控制。

1. NO

(1)产生机理及影响因素

NO 是冷却中的 $N_2$ 和 $O_2$ 在高温下化合的结果。空气是由燃烧助燃剂 $O_2$ 和 $N_2$ 以及其他微量元素构成。其中微量元素的含量可以忽略不计。所以可以认为，空气中的 $O_2$ 的体积分数为 21%，$N_2$ 的体积分数为 79%，也就是说，以空气为助燃剂的任何一种燃料的燃烧都可能产生 NO。在发动机燃烧过程中主要产生 NO，在膨胀、排气过程中，NO 和 $O_2$ 继续氧化反应成少量的 $NO_2$。将 NO、$NO_2$ 通称为 $NO_x$。对汽油机而言，一般 $\varphi_{NO_2}/\varphi_{NO_x}=1\%\sim10\%$，而柴油机，一般 $\varphi_{NO_2}/\varphi_{NO_x}=5\%\sim15\%$。因此在讨论 $NO_x$ 生成机理时，一般只讨论 NO 的生成机理。

根据在均匀混合气时以火焰传播方式燃烧的特点，用 Zeldovich 机理来解释 NO 的生成机理。即认为 NO 是空气中的 $N_2$ 在 1800 K 的高温条件下按下式反应生成的：

$$\begin{cases} N_2+O=NO+N \\ N+O_2=NO+O \\ N+OH=NO+H \end{cases} \tag{9-34}$$

氮分子分解所需要的活化能较大，只能在高温下才能进行分解反应。这就决定了 NO

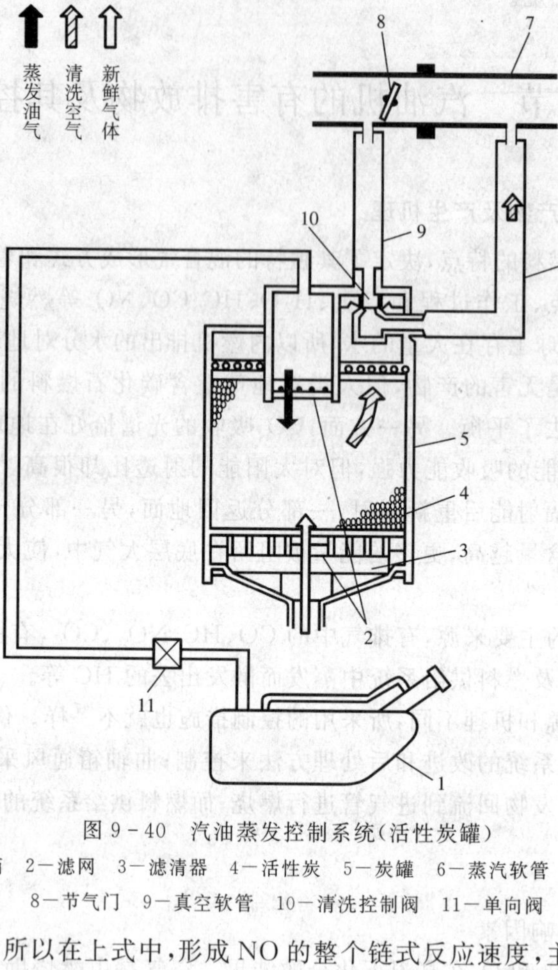


图 9-40　汽油蒸发控制系统(活性炭罐)

1—汽油箱　2—滤网　3—滤清器　4—活性炭　5—炭罐　6—蒸汽软管　7—进气管
8—节气门　9—真空软管　10—清洗控制阀　11—单向阀

形成需要高温条件。所以在上式中,形成NO的整个链式反应速度,主要取决于最慢的第一个反应式。

氧原子在NO形成的整个链式反应中起活化链的作用。即与燃料中可燃成分之间反应所需的活化能较小,反应较快。所以,NO不会在火焰面上生成,而是在火焰下游区形成。因此,影响NO形成的关键因素是氧原子的含量。而$O_2$含量和温度又是产生氧原子含量的重要条件。故产生NO的要素为:燃烧温度、氧含量和整个燃烧反应时间。在足够的氧含量条件下,燃烧温度越高,反应时间越长,NO的生成量就越多。

根据上述Zeldovich的NO生成机理,控制NO的基本原理就是:

① 减小混合气中的氧的含量;

② 尽可能降低燃烧温度;

③ 缩短在高温燃烧带内滞留的时间。

这就是说,提高燃烧温度,NO的平衡含量提高,而且其生成速度加快。当氧气不足时,即使温度很高,也能抑制NO的生成。在高温下,如果燃烧反应时间缩短,由于NO的生成反应速度比燃烧反应速度缓慢,所以NO的生成受到抑制。如图9-41所示。

对汽车发动机而言,混合气中的氧的含量,可以用空燃比表示。所以,降低$NO_x$排放量的主要途径,就是如何尽可能降低燃烧温度,并将空燃比控制在NO生成量的范围。

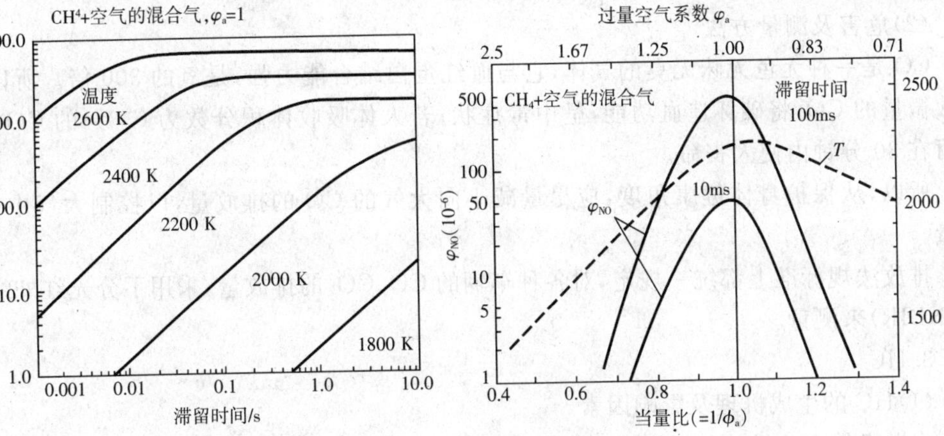


图 9-41　影响 NO 的因素

(2)危害及测量方法

$NO_x$ 中 NO 的毒性相对比较小，但 NO 在大气层中会缓慢氧化成 $NO_2$。$NO_2$ 是一种褐色有刺激性的毒气，在空气中的体积分数为 $10\times10^{-6}\sim200\times10^{-6}$ 时就可刺激口腔和鼻道黏膜；$50\times10^{-6}\sim300\times10^{-6}$ 时，使人头痛出汗；大于 $500\times10^{-6}$ 时几分钟内就可以使人出现肺浮肿而死亡。

$NO_x$ 另一个危害是直接破坏大气层中臭氧的自然平衡。$NO_x$ 含量越高，臭氧含量减小，其对太阳光紫外线的吸收能力下降，太阳对地面的紫外线辐射强度增高，皮肤癌率增加。

同时，$NO_x$ 与 HC 一起在太阳光照射下形成由臭氧、NO、甲醛、乙醛等组成的光化学烟雾，造成能见度下降，直接影响交通安全。

随着汽车工业的发展，以石油为主的碳化氢燃料的广泛应用，使得向大气排放的 $NO_x$ 逐渐增多。为了严格控制发动机等动力设备对大气环境的污染，需要精确测量 $NO_x$ 排放量。排放法规标准中统一规定，采用化学发光法(CLD)测量 $NO_x$。这种方法是通过被测物中添加 $O_3$，检测 NO 与 $O_3$ 混合反应时所产生的电子激发态的 $NO_2$ 分子，衰减到基态时发射的与 NO 含量成比例的化学发光强度来测量 NO。

2. CO

(1)产生机理及影响因素

CO 是碳氢燃料不完全燃烧的重要产物，所以主要受混合气含量影响，碳氢燃料完全燃烧的程度受反应速度、温度及 $O_2$ 含量的影响。

在 $\varphi_a<1$ 的浓混合气下燃烧时，因缺氧使燃料中的 C 不能完全氧化，很容易生成 CO。膨胀过程中部分已生成的 CO 在高温下与燃烧产物中的 $H_2O$，经水煤气反应转化为 $CO_2$，即

$$CO+H_2O\rightarrow CO_2+H_2 \tag{9-35}$$

当在 $\varphi_a>1$ 的稀混合气下燃烧时，由于混合气不均匀时局部区域的 $\varphi_a<1$，造成局部燃烧不完全而产生 CO，或燃烧产物 $CO_2$ 在高温下分解成 CO 和 $O_2$；但在膨胀过程中 CO 与多余的氧进行氧化反应，使得 CO 转化为 $CO_2$，所以 CO 排放量很少。另外，在排放过程中，未

燃碳氢化合物 HC 的不完全氧化也会产生少量 CO。

(2)危害及测量方法

CO 是一种无色无味无臭的气体，它与血红蛋白结合能力强，是氧的 300 倍。所以人体吸收微量的 CO，将破坏造血功能，呈中毒症状；若人体吸收体积分数为 0.3%的 CO 气体，则可在 30 分钟内使人丧命。

所以，从保护身体健康角度，应尽量减小向大气的 CO 的排放量，以控制大气中的 CO 含量。

排放法规标准上都统一规定，对各种车辆的 CO、$CO_2$ 的排放量，采用不分光红外线分析仪(NDIR)来测量。

3. HC

(1)HC 的生成机理及影响因素

内燃机的 HC 排放包括未燃烧和未完全燃烧的燃油、润滑油和裂解产物及部分氧化产物，其成分复杂多样，所以生成机理也复杂，迄今很多方面还没有弄清楚。车用发动机 HC 排放的来源，有尾气排放、燃油供给系统以及曲轴箱通风等几方面。这里只介绍发动机燃烧系统中 HC 的生成机理。

在汽油机燃烧过程中 HC 的生成主要有以下几个方面：

① 缸内壁面淬冷效应　当燃烧过程中火焰传播至缸壁面时，温度较低的壁面对火焰迅速冷却，此时如果火焰前锋面的温度降低到混合气自燃点以下时，链式反应中断，火焰熄灭。从而在燃烧室壁面留下一层约 0.1～0.3 mm 厚的未燃或未完全燃烧的混合气，产生大量的 HC。

② 缝隙效应　汽油机燃烧室内的缝隙，主要有活塞头部和缸壁之间，缸盖、缸垫和缸体之间，进、排气门和气门座之间，以及火花塞螺纹处和火花塞中心电极周围等处。

缝隙面容比大，火焰无法传入其中继续燃烧。而且缝隙内的混合气受到两个以上壁面的冷却，故淬冷效应十分强烈而产生大量的未燃 HC。

③ 积炭和壁面油膜的吸附效应　气缸壁面上的润滑油膜、沉积在活塞顶部以及燃烧室壁面和进排气门上的多孔性积炭，会吸附未燃混合气及燃料蒸汽，这些被吸附的气体在膨胀和排气过程中逐步脱附释放出来，随已燃气体排出气缸而造成排气中 HC 含量的增加。

④ 不完全燃烧　如发动机在怠速及高负荷工况下运行时，混合气处于 $\varphi_a<1$ 的浓混合气状态，且怠速时残余废气系数较大；而当加速或减速时，混合气会暂时地过浓或过稀，即使此时 $\varphi_a>1$，油气混合也不均匀。因此在这些条件下，都会造成不完全燃烧而使 HC 排放增加。

⑤ 失火　发动机工作过程中失火现象的发生，是造成大量 HC(体积分数可达 5%)排放的主要原因。因此，对汽油机可靠点燃、防止失火是控制 HC 排放的重要环节。汽油机易发生失火的条件是，混合气形成过程中局部地方混合气过稀或过浓超过着火界限，或点火时刻不当以及点火系统出现故障时等。

(2)危害及测量方法

内燃机的总碳氢(THC)排放中，大部分成分不直接对人体健康产生影响，但其中某些醛类和多环芳香烃对人体有严重危害。如甲醛等损伤眼睛、上呼吸道及中枢神经，有些苯类为致癌物质。另一方面，HC 在太阳光照射下与 $NO_x$ 进行光化学反应，形成光化学烟雾。

这种烟雾毒性较大，不仅使大气能见度降低，而且其主要生成物臭氧 $O_3$ 具有很强的氧化能力和特殊的臭味，能使橡胶裂开、植物枯死，并刺激眼睛和咽喉。所以，须严加控制 HC 的排放量。

车辆尾气排放物中 HC 含量的测量方法，在排放法规标准中统一规定采用氢火焰离子化法(FID)。这种测量方法，是指通过在 2000 ℃的高温下 HC 电离而形成的与式样中 HC 碳的个数成正比的电流强度，来测量 HC 排放含量。所测得的 HC 含量是以甲烷为当量的，其测量精确度高于 NDIR 法。

在 THC 中含有很大的一部分甲烷($CH_4$)，它在对人体危害方面是惰性的，所以在美国的排放标准中采用非甲烷碳氢化合物(NMHC)指标，认为用这一指标描述 HC 对环境的危害更确切。

## 二、影响汽油机排放特性的因素

汽油机尾气有害排放物是其燃烧过程的产物，所以主要影响因素，就是燃烧反应物的成份和温度以及混合气形成和燃烧条件。

在发动机中燃烧反应物即混合气的成份，是用过量空气系数 $\varphi_a$ 来表示的，而在一定的混合气条件下，燃烧温度取决于点火提前角 $\theta_{ig}$ 及燃烧速度。

### 1. 过量空气系数 $\varphi_a$ 的影响

图 9-42 所示为混合气含量对汽油机有害排放物生成的影响。由图可知，$NO_x$ 的峰值并不是出现在燃烧温度最高处，也不是混合气越稀，$NO_x$ 的排放量越多。而是在过量空气系数为 $\varphi_a=1.03\sim1.16$ 的范围内出现峰值。当 $\varphi_a<1.03\sim1.16$ 时，虽然一开始燃烧温度升高，燃烧速度快，使发动机动力性增加，但由于含氧量逐渐减小，所以在此温度变化范围内，$NO_x$ 排放量随含氧量的降低而减小。当混合气过浓时，燃烧温度和含氧量同时减小，所以 $NO_x$ 排放量也迅速降低。反之，当 $\varphi_a>1.03\sim1.16$，混合气 $O_2$ 含量增加，由于空气量增加，空气对火焰的冷却作用加强，所以燃烧温度随之降低，使得 $NO_x$ 排放量也降低。因此，在混合气较稀的范围，影响产生 $NO_x$ 的主要因素是燃烧温度，而不是氧的含量。

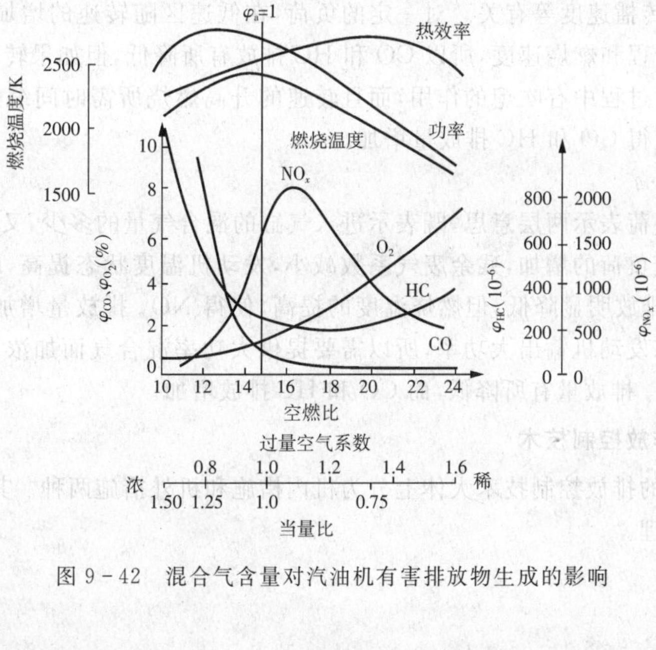


图 9-42　混合气含量对汽油机有害排放物生成的影响

对 CO 和 HC 排放量而言，在 $\varphi_a < 1.03 \sim 1.16$ 的浓混合气范围内，随 $\varphi_a$ 的提高，含氧量的增加，使得 CO 和 HC 排放量迅速降低，但当 $\varphi_a$ 达到理论混合气以后，CO 和 HC 排放量随 $\varphi_a$ 的增加变化不大，但当混合气过稀时火焰熄灭的倾向增加，使得 HC 排放有所增加。

由此说明，发动机的动力性、经济性以及排放性之间相互矛盾、相互制约。

2. 点火提前角的影响

在混合气含量一定的条件下，如果推迟点火提前角，则由于上止点后燃烧的燃料增多，燃烧温度下降，$NO_x$ 排放量降低。而且因后燃排气温度升高，在排气行程以及排气管中 HC 氧化反应加速，因此 HC 排放量减小。但是燃烧温度容易降低，传热损失增多，所以热效率变差，燃油消耗率明显增加。如图 9-43 所示。

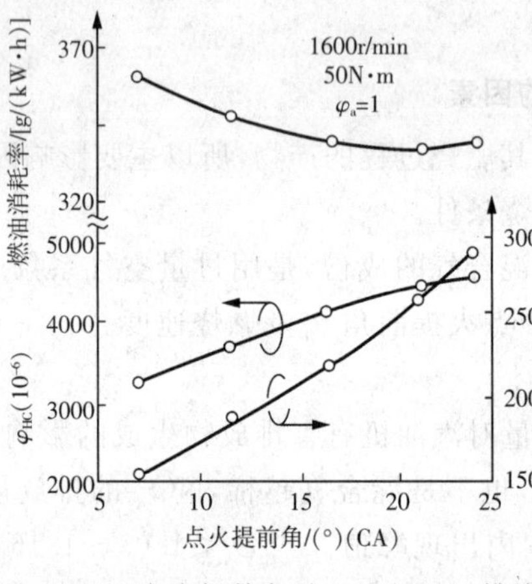


图 9-43 点火提前角对 HC 和 $NO_x$ 排放的影响

3. 转速的影响

转速对发动机排放特性的影响主要体现在，对燃烧滞留时间和气缸内湍流强度的影响。当发动机转速增加时，燃烧过程所占的时间缩短，所以燃烧反应物在高温滞留时间缩短，从而 $NO_x$ 生产量明显降低。但转速对 CO 和 HC 排放的影响比较复杂，还与混合气形成及含量分布以及火焰传播速度等有关。对一定的负荷，在低速区随转速的增加缸内湍流强度提高，改善混合气行程和燃烧速度，所以 CO 和 HC 排放有所降低，但如果转速过高，湍流强度过强，对火焰传播过程中有吹熄的作用，而且转速的升高燃烧所需时间缩短，造成混合气来不及燃烧，从而使得 CO 和 HC 排放量增加。

4. 负荷的影响

对汽油机，负荷表示两层意思，既表示进入气缸的混合气量的多少，又表示混合气含量。在中小负荷区，随负荷的增加，残余废气系数减小，发动机温度状态提高，改善了燃烧条件。所以 CO 和 HC 排放明显降低，但燃烧温度的提高，使得 $NO_x$ 排放量增加。当负荷接近全负荷时，由于要求发动机输出大功率，所以需要提供大功率混合气而加浓，从而混合气中含氧量减小，使 $NO_x$ 排放量有所降低，而 CO 和 HC 排放增加。

**三、汽油机排放控制技术**

车用发动机的排放控制技术大体上分为机内措施和机外措施两种。其中机外措施又分为前处理和后处理。

1. 机内措施

机内措施主要是降低排气管内有害气体的排放。根据发动机起动后排气温度的不同，将机内措施又分为冷机措施和热机措施两种。

(1)冷机措施

在发动机刚起动后的冷机状态下，主要采用以下措施：

① 通过精确标定和参数优化，使空燃比在原来的浓状态下适当稀薄化，可有效降低HC，但要求燃烧稳定。特别是在冷起动过程中，从起动机拖动曲轴旋转开始，喷射时刻、随启动转速的变化喷油量的控制方法及点火时刻等，对HC排放影响明显。所以，要求在尽可能减小喷油量的条件下，提高首次喷射完爆率。

② 通过可变气门控制技术，有效组织进气涡流，改善混合气的形成。

③ 通过喷油器结构及喷射压力的提高，改善燃料雾化特性。

④ 在结构上，降低活塞的火力岸，以减小激冷层，由此减小HC排放。

(2)热机措施

机内热机措施，可以说是针对发动机常用工况，降低其排放的主要技术措施，就是直接控制或改善发动机的燃烧过程。主要技术措施体现在：

① 燃烧系统的改善。包括燃烧室结构的优化设计，在充分利用燃烧室内的气流特性的同时有效控制燃烧速度，尽可能减小缝隙容积和激冷层。

② 通过电控技术精确控制空燃比，并结合缸内直喷式技术实现稀薄燃烧。

③ 可变进气系统。包括可变进气管长度、可变配气相位、可变进气涡流以及汽油机增压等技术，由此使发动机不同工况下达到各参数最佳的工作状态。

④ 采用部分气缸休缸控制技术。由此减小小负荷工况下的泵气损失，以提高经济性，同时有效降低CO和HC排放量。

2. 后处理

后处理技术，主要是通过催化转化器等来降低发动机向大气环境排出的有害气体的排放量。由于催化转化器都具有一定的工作温度，因此对发动机不同温度状态，其效果不一样。在发动机冷机状态下，排气温度比较低，达不到催化转化器的工作温度，所以催化转化器此时不起作用。因此，后处理措施根据排气温度不同也分为冷机措施和热机措施。

(1)冷机措施

在发动机起动或怠速等冷机状态下，催化剂的活性差，净化效果降低。因此，此时采用的主要措施有：

① 提高催化剂的低温活化性，以改善低温净化效果。

② 采用两级排气管，或两级催化转化器。一级催化转化器尽可能安装在靠近发动机的排气管，只用于起动或怠速等低温工况。当发动机正常工作时排气温度过高，因此将关掉一级催化转化器，利用正常的二级催化转化器来净化排气。

③ 采用低热容量的催化剂，或电加热催化转化器。

(2)热机措施

在热机状态下，主要应提高催化转化器的净化能力。为此应当采用以下措施：

① 通过催化剂种类的合理选用和装载量等，提高催化剂性能。

② 采用“蜂窝”高密度催化剂。

③ 进行最佳空燃比控制。

3. 前处理

前处理措施，包括燃料中加入添加剂、废气再循环(EGR)等。

作为前处理，在汽油燃料中加入少量助燃剂，促进燃料的完全燃烧，由此改善经济性和排放特性。乙醇汽油，实际上是在汽油中添加少量的乙醇，由此可以改善燃料的抗爆性，同时利用乙醇蒸发热大的特点，降低混合气的进气温度，提高充气效率。

EGR已成为车用发动机用来降低 $NO_x$ 的主要措施而广泛应用。

## 思考与练习

9-1 电控汽油喷射式混合气形成方式与传统的化油器式混合气形成方式相比有哪些特点？

9-2 汽油机各工况对混合气成份有哪些要求？

9-3 汽油机正常燃烧一般可分为哪几个过程？试分析影响燃烧过程的因素。

9-4 汽油机爆燃的机理是什么？影响爆燃的因素有哪些？如何避免发动机出现爆燃？

9-5 什么是汽油机的表面点火？表面点火和爆燃有何联系？

9-6 电控汽油喷射有哪些种类？

9-7 试述速度－密度式电控汽油喷射系统的基本工作原理。

9-8 汽油机燃烧室有哪些基本要求？

9-9 汽油机分层燃烧和稀薄燃烧系统有何特点？

9-10 试述汽油机有害排放物CO、HC和 $NO_x$ 的产生机理，分析影响汽油机有害排放的因素。

9-11 简述汽油机的有害排放控制技术。

# 第十章　柴油机混合气的形成和燃烧

**内容提要**：本章主要介绍柴油机燃油的喷射和雾化混合气形成方式，柴油机的燃烧过程及影响因素，柴油机排放及处理。

## 第一节　燃油喷射和雾化

燃料的喷射方式及雾化特性是制约压燃式发动机混合气形成和燃烧速率的重要因素。因此，随着节能与排放法规的日趋严格，对柴油机燃料喷射系统提出越来越高的要求。

在柴油机的工作过程中，混合气形成和燃烧对柴油机性能影响最大。在燃烧过程中，燃料的化学能经过燃烧产生热量，使气体膨胀作功，转换成机械能。燃烧过程的好坏，关系到能量转换的效率的大小，从面直接影响柴油机的性能指标，而柴油机混合气的形成与其燃烧有着紧密联系，混合气形成对燃烧过程有决定性的影响。

柴油机混合气形成和燃烧具有以下三大特点：

(1)混合气形成时间极短；

(2)混合气空间时间分布极不均匀；

(3)燃料喷射过程和燃烧过程同时存在。

### 一、对燃料喷射系统的要求

柴油机的性能及其排放特性与其燃烧放热规律有关。对一定的燃烧系统，放热规律直接取决于喷油规律。传统的机械式泵－管－喷嘴系统，以及在此基础上开发的位置式电控喷射系统，是通过油门拉杆位置的控制方法来控制喷油量，将一定的燃料量按一定的供油规律经高压油管输送到喷油器，由喷油器向燃烧室内喷射，完成可燃混合气的形成。燃料喷射时刻也是通过喷油泵的供油时刻间接的控制。这种泵－管－喷嘴位置式喷油系统，是喷油器，分配管，喷油泵以及调速器连成一体，使得各自的性能互相受到制约和影响，控制自由度受到限制，不能有效地控制放热规律(如图 10－1a 所示)

而理想的喷油系统，是由喷油器，喷油泵以及控制单元相互独立控制，构成的合理喷射系统，它可最大限度地提高控制自由度，达到喷射系统各参数的最佳配合，优化柴油机的整机性能和排放特性。这种理想的喷射系统，只有依靠时间式电控喷射系统才有可能实现(如图 10－1b 所示)。

柴油机的电控技术，从 20 世纪 80 年代开始开发研究，经过 20 多年的发展，从位置式控制系统发展到时间式控制的电控高压共轨系统和电控泵喷嘴系统，由此才有可能使车用柴油机的喷射系统满足理想喷射系统的要求，实现对柴油机放热规律的柔性控制，达到节能又控制排放的目的。

为了实现对柴油机喷油规律的自由柔性化控制，对其燃油喷射系统提出以下基本要求：

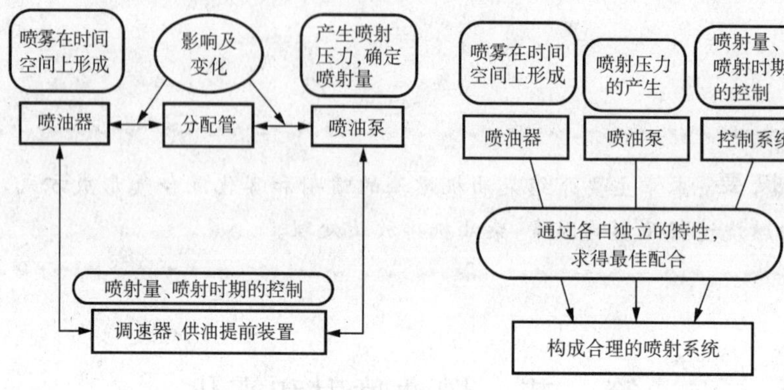


a)传统型　　b)理想型

图 10－1　柴油机喷射系统的要求

(1)能产生足够高的喷射压力，而且喷射压力可任意调控，由此保证燃料快速良好雾化。

(2)喷油器的响应时间要足够快，由此在极短的混合气形成时间内，实现喷油规律的自由控制，从而保证柴油机在整个运行工况范围内达到最佳喷油规律和理想喷油时刻。

(3)喷雾特性与燃烧室内气流特性的最佳匹配。

## 二、喷射雾化和油束特性

由于柴油粘性较大不易挥发，所以燃油的雾化是其形成混合气的前提条件。柴油机利用喷油器采用缸内高压喷射的方法，强制使燃料雾化粉碎成微小的液滴，由此大大增加单位时间内所喷入的燃油量与周围空气的接触面积，加速燃料从空气中吸热而气化形成混合气的过程。喷油器喷雾质量的好坏，常用其喷柱或油束特性来评价。如图 10－2 所示在静止的高压空气中的喷射过程中某一时刻油束结构示意图。用喷嘴高压喷射方式形成的油束核心部分液滴非常密集而且直径较大，液滴运动速度高，空气极少；而油束外侧液滴稀少而且直径也较小，而且液滴运动速度较慢。这种油束特性取决于喷油器的结构，喷射压力和背压，是影响混合气形成的主要因素。常用其几何形状和雾化质量来评价油束特性。

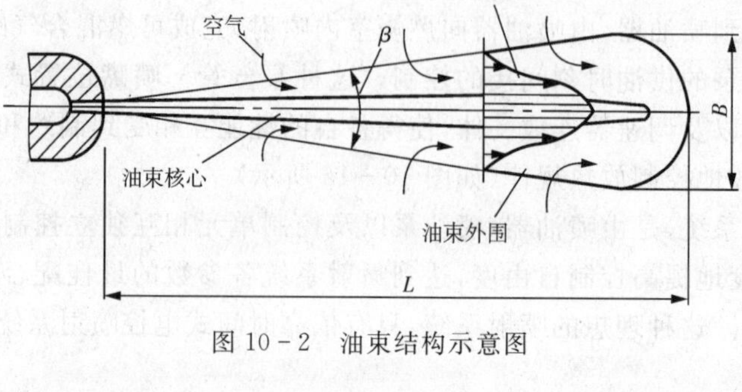


图 10－2　油束结构示意图

油束的几何形状指标，主要包括油束的贯穿距离 $L$，贯穿率和喷雾锥角 $\beta$ 或油束的最大宽度 $B$（如图 10－2 所示）。油束的贯穿率是指油束射程与喷孔轴线到达燃烧室壁面的距离的比值，表征燃油喷到燃烧室壁面的程度。贯穿率大于 1 时，表示油束已喷到燃烧室壁面。当喷射压力越高、喷孔长度直径比越大、喷射环境密度越小时，贯穿率就越大，喷射锥角越小。

油束的雾化质量主要由油束中液滴的细度和均匀度表示。细度用油束中液滴的平均直径表示，该值越小雾化质量越好。均匀度是表示油束中液滴大小相同程度及直径分布的均匀程度。如图 10－3 所示为喷射压力与烟度及喷雾细度的关系。当喷射压力超过 100 MPa 时，油滴平均直径接近 10 $\mu$m 左右，此时发动机的烟度几乎等于零。

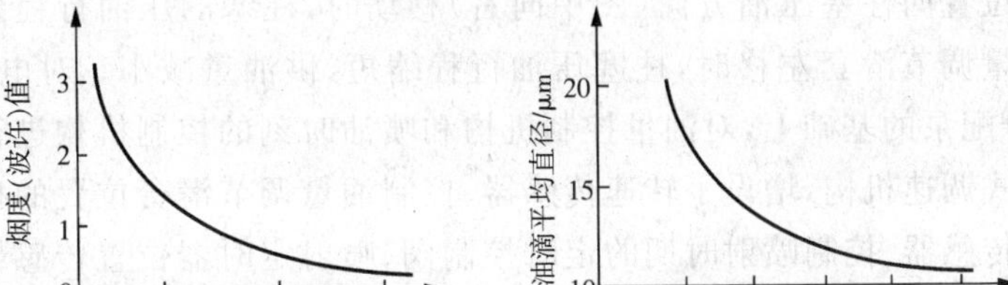


a）对烟度的影响　　b）对喷雾细度的影响

图 10－3　喷射压力与烟度及喷雾细度的关系

## 三、喷射系统

柴油机的燃油喷射系统，根据喷油量的控制方式不同分为位置控制式喷射系统和时间控制喷射系统两种。位置控制式喷射系统是通过齿轮条或拉杆位置来控制喷油量，根据调节油门拉杆位置的方法不同，又分为传统的机械式喷射系统和电控位置控制式喷射系统。后者是在机械式喷射系统的基础上，增加了电控系统，如电子调速器、自动控制供油时刻的定时器、控制单元及相应的传感器等。

时间控制式喷射系统，是通过电磁阀的接通和断开时刻来控制喷油（供油）时刻和喷油量的。可以说这是柴油机电控喷射技术逐步成熟的标志。时间控制式喷射系统根据供油系统结构特点又分为泵—管—喷嘴型和泵喷嘴型两种。如时间控制式 VE 型分配泵电控系统、单体泵以及高压共轨系统均属于泵—管—喷嘴型时间控制式喷射系统，而高压泵喷嘴系统属于后者。前述的位置控制式喷射系统，包括机械式和电控式的，都属于泵—管—喷嘴型。

根据喷射压力的不同，喷射系统又分为低压（18～24 MPa）、中压（60～80 MPa）和高压（＞100 MPa）喷射系统。

柴油机的燃油喷射系统是从低压的机械式喷射系统逐步向电控位置控制式、电控时间控制式、电控时间控制式中压系统以及电控时间控制式高压（恒压）系统发展。目前正向时间控制式高压高响应喷射系统发展，这种喷射技术的发展，才使高速车用柴油机向直喷化发展。

### 1. 位置控制式喷射系统

位置控制式喷射系统不管是机械式还是电控式都采用泵—管—喷嘴型结构，其中喷油泵是核心部分，主要按一定的供油规律，定时、定压向喷油器供给定量燃油。而喷油器只起简单的喷油作用，即当供油压力超过喷油器的启喷压力时，打开喷油器针阀进行喷油，则针阀落座停止喷油。位置式泵—管—喷嘴型喷射系统中，喷油泵根据其结构不同分为直列泵和分配泵。

(1)喷油泵的结构特点

如图 10－4 所示为典型的机械式 VE 型分配泵的结构。这种分配泵只有一个柱塞，与固定在一起的平面凸轮 6 一同旋转。此时，由平面凸轮型线与滚轮之间的相互作用，完成柱塞的往复与旋转运动，同时实现压油和向各缸分配燃油的任务。平面凸轮数与气缸数相等。机械式分配泵供油量的控制，是通过驾驶员或调速器调节油量调节滑套 7 的位置来完成的。当油量调节滑套位置向柱塞压油方向（图中向右）移动时，柱塞的压油行程延长，供油量增多；反之，控制油量调节滑套左移时，柱塞压油行程缩短，供油量减小。对电控位置式分配泵，是在机械式分配泵的基础上，对油量控制机构和喷油时刻的控制机构进行了稍微改动。即去除了原机械式调速机构，增设了转速传感器、控制油量调节滑套位置的比例电磁阀、油量控制滑套位置传感器、控制喷射时期的定时控制阀、喷射定时器位置传感器等（如图 10－5 所示）。电磁阀由线圈、铁心和回位弹簧等组成，ECU 通过占空比（在控制脉冲一周期内接通持续时间所占的比值）控制流经线圈的电流的大小，由此控制电磁阀磁场的强弱。可动铁心在该磁场力和回位弹簧力的作用下，保持其轴向平衡点位置。当流经线圈的电流变化时，原磁场力和弹簧力的平衡状态被破坏，铁心沿轴向移动到达新的平衡点。当铁心轴向移动时，通过杠杆机构带动油量控制滑套移动，由此达到调整喷油量的目的。而油量控制滑套的位置是靠安装在可动铁心前端的油量控制滑套位置传感器来测量。ECU 随时读取油量控制滑套位置传感器的信息，并与储存在 ROM 中的目标值相比较进行反馈控制，使实际油量控制滑套位置尽可能接近目标值。目标油量控制滑套位置或喷油量，是事先通过台架试验根据不同转速不同负荷标定而获取的。

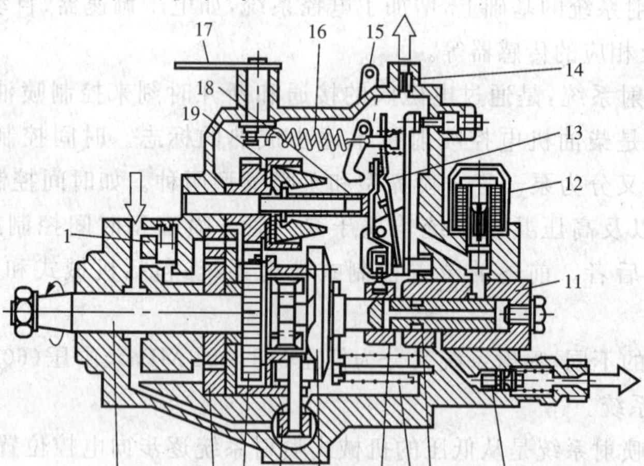


图 10－4　机械式 VE 型分配泵

1－调压阀　2－驱动轴　3－滑片式轨油泵　4－驱动运转　5－喷油提前器　6－平面凸轮　7－油量调节滑套　8－柱塞弹簧　9－柱塞　10－出油阀　11－柱塞套　12－断油阀　13－张力杠杆　14－溢流节流孔　15－停车手柄　16－调速弹簧　17－调速手柄　18－调速套筒　19－飞锤

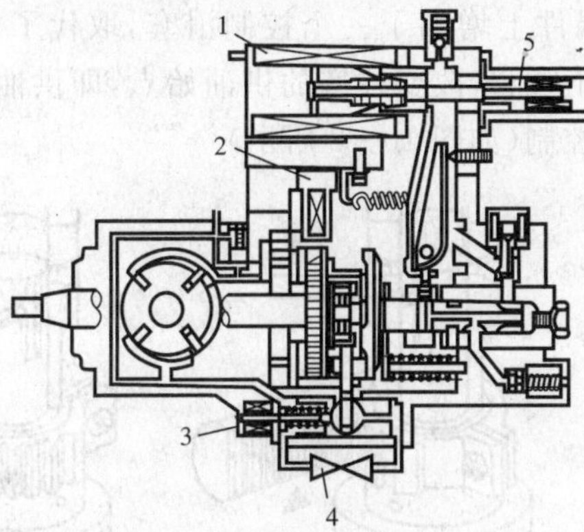


图 10-5　电控位置式分配泵

1—电磁阀　2—转速传感器　3—喷射定时器位置传感器

4—定时控制阀　5—油量控制滑套位置传感器

直列泵(In—Line—Pump)实际上就是把多缸柴油机各缸的供油单元安装在同一个油泵壳体上，构成合成式喷油泵。根据油泵壳体的结构特点，直列泵也分为 A 型泵、P 型泵等几种。如图 10-6 所示为 P 型直列泵的结构。P 型泵的供油量是驾驶员通过加速踏板位置，改变 P 型泵油量控制齿杆位置来控制的。电控直列泵 TICS(Timer Injection Control System)是在 P 型泵的基础上进行改进的(如图 10-7 所示)。TICS 泵保留了 P 型泵的油

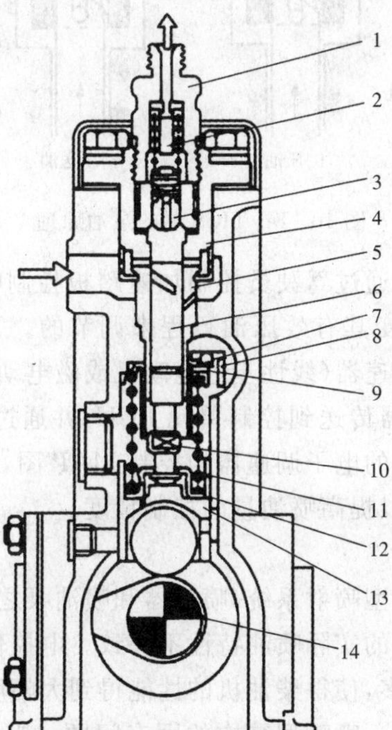


图 10-6　P 型直列泵

1—生油阀座　2—滤清元件　3—生油阀　4—吊装阀　5—柱塞套　6—喷油泵柱塞

7—控制套筒　8—球头杠杆臂　9—油量控制齿杆　10—柱塞控制臂

11 柱塞回位弹簧　12—弹簧座　13—滚轮框柱　14—凸轮轴

量控制齿杆机构，但在柱塞偶件上增加了一个控制滑套，取代了P型泵中的固定柱塞套。通过控制滑套相对柱塞的上下位移，改变柱塞的供油始点，即供油预行程，由此在一定的范围内可实现供油时刻的任意控制（如图10-8所示）。

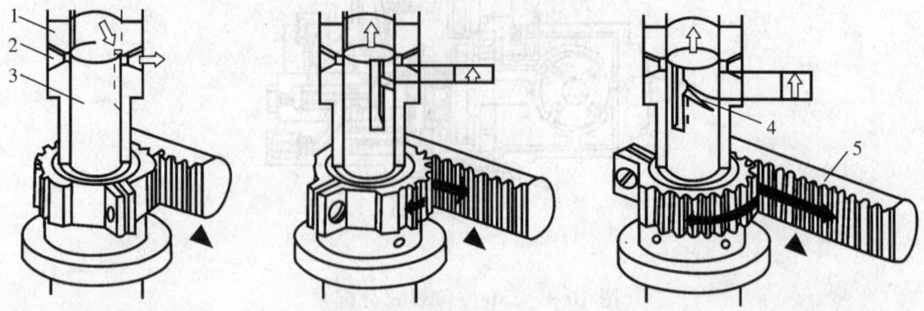


图10-7　柴油机喷油泵的工作原理

1—柱塞套　2—进、回油孔　3—柱塞　4—螺旋槽　5—油量控制齿杆

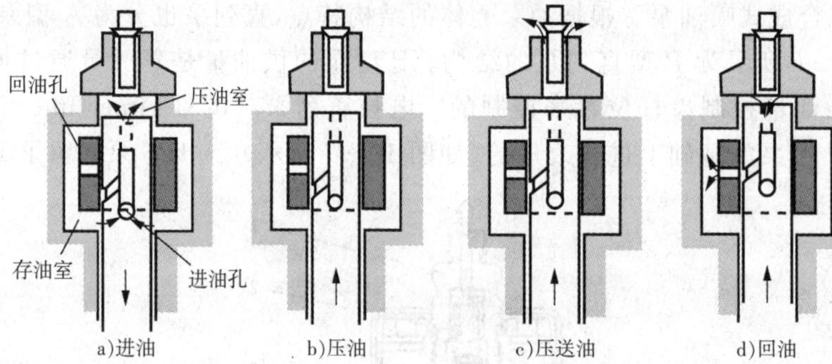


图10-8　TICS泵的泵油原理

机械式喷油泵的喷油量是通过驾驶员控制加速踏板控制喷油泵的齿杆位置，由此改变喷油泵柱塞的周向位置，以改变其有效压油行程来调节的。TICS泵与之不同点就是油量控制齿杆的位置是通过电子调速器（线性步进电动机或磁电动机）来控制的。驾驶员操作的加速踏板位置信息，通过传感器传送到控制单元ECU，并通过当时运行的发动机转速等信息，判定工况后，根据事先标定的电子调速器的控制MAP图，并结合齿杆位置传感器信息，反馈控制油量控制齿杆位置，以提高喷油量的控制精度。

（2）喷油过程

上述位置式泵—管—喷嘴型喷射系统，喷油器和喷油泵之间有一定长度的高压油管，所以喷油泵的供油特性和喷油器的实际喷油特性不一致。电控化以后虽然在喷射系统参数的控制上，相对机械式改善了很多，使得柴油机的性能得到大幅度的改善。但仍未能彻底解决以喷油泵控制为核心的泵—管—喷嘴型结构的固有问题。为了便于分析，根据图10-9所示的泵—管—喷嘴型燃油喷射系统喷油过程中，喷油泵端燃油压力$p_H$、喷油器端燃油压力$p_n$以及针阀升程$h$的变化规律，将其喷油过程划分为喷射延迟、主喷射和喷油结束等三个阶段。

第一阶段为喷射延迟阶段，是指从喷油泵出油阀升起而供油时刻起到喷油器的针阀开始升起而开始喷油的时刻为止（如图10-9所示Ⅰ段）。一定长度的高压油管的存在，从喷油泵开始供油，被压送的燃油在喷油泵端建立油压的同时，沿高压油管向喷油器端传播建立喷油器端的油压。当喷油器端的油压升高到其启喷压力时，喷油器针阀才开启开始喷油。因此，这种泵—管—喷嘴型位置式喷射系统的一大缺点就是供油时刻与喷油时刻不同步，存在喷油延迟角，即供油提前角与喷油提前角的差值。高压油管越长或转速越高，喷油延迟角越大。

第二阶段为主喷射阶段，是指喷油器针阀开启喷油开始的时刻起到喷油泵回油造成喷油器端的燃油压力开始急剧下降的时刻为止（如图10-9所示Ⅱ段）。在这一阶段，喷油规律主要取决于喷油器喷孔的总开启面积和喷射压力。而喷油器端的喷射压力与喷油泵的供油速率和高压油管中的压力波动等无关。所以，虽然供油规律影响喷油规律，但两者不相同。这里，喷油规律是指单位时间（或单位喷油泵凸轮轴转角）内喷油器喷入燃烧室内的喷油量（即喷油速率）随时间（或喷油泵凸轮转角）的变化关系；而供油规律是指单位时间（或单位喷油泵凸轮转角）内喷油泵的供油量（即供油速率）随时间（或喷油泵凸轮转角）的变化关系，它主要取决于喷油泵的柱塞几何尺寸和喷油泵的凸轮型线（确定柱塞的运动规律）。所以，这种喷射系统的又一缺点就是喷油规律不可能直接控制。

第三阶段为喷油结束阶段，是指从喷油器端的燃油压力开始急剧降低的时刻起到喷油器针阀完全落座停止喷油为止（如图10-9所示Ⅲ段）。由于这种喷射系统是通过喷油泵的回油来降低喷油器端的油压，由此控制针阀落座，所以针阀的落座速度取决于喷油器端的压力降低速率。而且在此阶段喷射压力降低，所以燃油雾化特性变差。

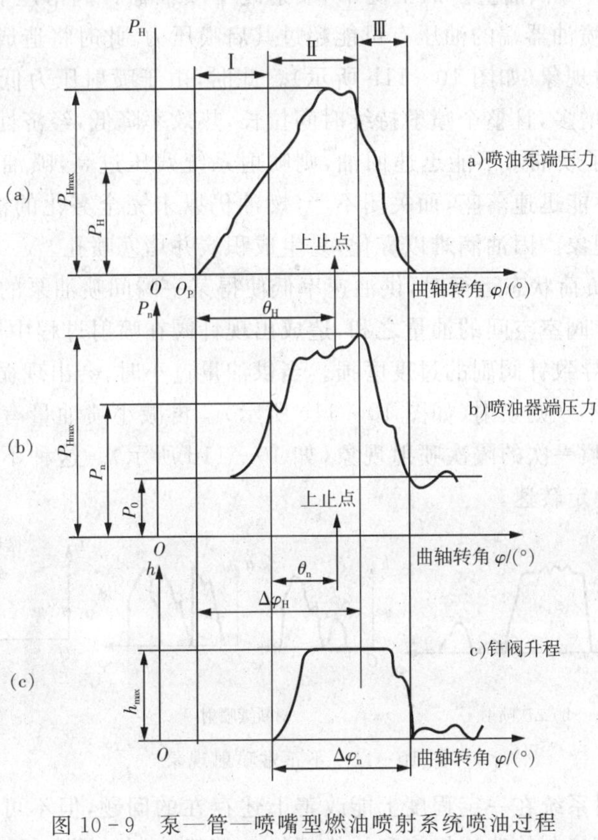


图10-9　泵—管—喷嘴型燃油喷射系统喷油过程

(3)存在的问题

由于位置式泵—管—喷嘴型喷射系统是通过喷油器的油压来控制喷油器的喷油过程的，因此存在以下几个问题：

① 喷油泵的供油规律和喷油规律不同，如图 10－10 所示。首先。供油时刻和喷油时刻不同，喷射时刻相对供油时刻延迟；其次，喷油器端油压是通过喷油泵的供油规律间接控制的，所以喷油持续时间较供油持续时间长，最大喷油速率也较最大供油速率低，喷油规律曲线和供油规律曲线也不同。也就是说通过供油规律不能精确控制喷油规律。

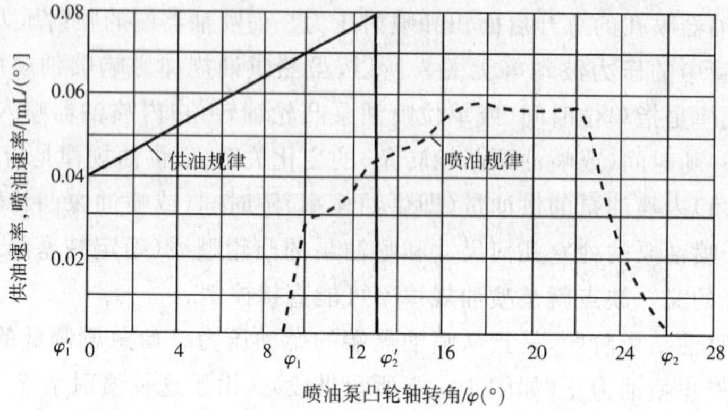


图 10－10　供油规律和喷油规律

② 在高速大负荷等供油量多的工况下，喷射终了喷油器针阀落座后，由于高压油管中的压力波动的影响，喷油器端的油压有可能超过其启喷压力，此时将造成针阀再次升起而产生喷油的不正常喷射现象(如图 10－11b 所示)。此时，由于喷射压力低，燃油雾化不良，所以燃烧不完全，碳烟增多，且整个喷射持续时间拉长，热效率降低，经济性下降。

③ 如果喷油终了喷油泵不能迅速回油，则喷射系统残压过高，喷油器端的油压下降缓慢造成喷油器针阀不能迅速落座，而关闭不严，燃油仍以未完全雾化的油滴状态流出喷孔。称这种现象为滴油现象。因油滴难以雾化，易生成积炭并堵塞喷孔。

④ 当发动机小负荷状态运行时，供油速率低使得某一瞬间喷油泵的供油量小于从喷油器喷射的量和填充针阀室空间的油量之和，造成出现针阀在喷射过程中周期性跳动的现象，称之为断续喷射，易导致针阀副的过度磨损。当供油量过小时，会出现循环喷油量不断变动现象，这种现象称为不规则喷射(如图 10－11c 所示)。再减小喷油量有可能出现有的循环不喷油，或两个循环喷一次的隔次喷射现象(如 10－11d 所示)。这种不规则的喷射现象限制了柴油机的最低稳定转速。

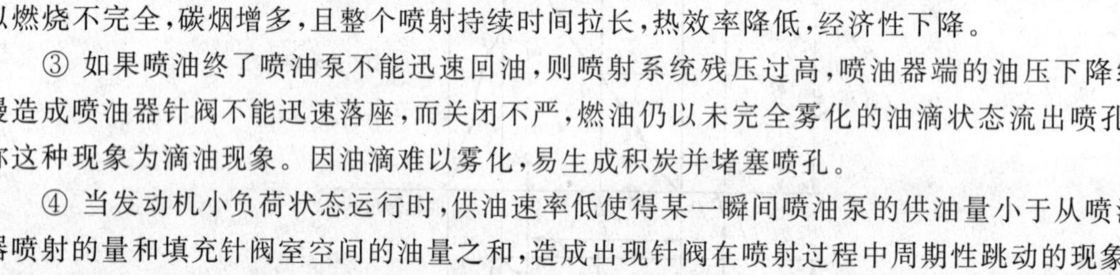


a)正常喷射　b)二次喷射　c)断续喷射　d)隔次喷射

图 10－11　不正常喷射现象

位置式电控喷射系统在一定程度上能改善上述存在的问题，但不可能从根本上彻底解决。而上述问题又直接制约喷油规律和放热规律的精确控制。因此，这种喷射系统满足不了日趋严格的节能与排放法规的要求而逐渐被淘汰。

2. 时间—压力控制式电控喷射系统

柴油机电控喷射技术，经历了位置控制式、时间控制式和时间—压力控制式等发展过程。对VE型分配泵改进的时间控制式电控喷射系统，虽然提高了喷油泵的控制精度和灵活性，但以喷油泵的控制为核心的，通过供油规律间接控制喷油规律的方式，已不再适合越来越严格的排放法规要求。为了更有效地控制放热规律，在控制策略上，从原来的以喷油泵控制为核心的供油规律的控制模式，发展到以喷油器控制为核心的直接控制喷油规律的控制模式。20世纪80年代开发成功的高压共轨喷射系统，可以说是柴油机喷射技术发展史上的一个新的里程碑，它实现了传统的发动机上不可能的喷油规律的直接控制，成为现代车用柴油机燃料喷射技术的主流。时间－压力控制模式的最大特征是喷射压力的高压化。其典型的喷射系统有高压共轨喷射系统、泵喷嘴和单体泵等三种。

(1)高压共轨喷射系统(CR)

高压共轨喷射系统，是针对车用发动机理想的燃油喷射系统的要求，而开发的新型时间－压力控制式电控燃油喷射系统。其特点是，在结构上把传统的泵－管－喷嘴三个单元，按各自功能相互独立起来，极大地提高了控制自由度。在功能上实现了高压喷射，并且喷射压力、喷射时刻、喷油规律达到可直接调控，为直接控制放热规律提供了必要的技术条件。

①高压共轨喷射系统各单元的作用

高压共轨喷射系统的最大特点是，在泵－管－喷嘴型喷射系统的基础上，实现了高压输油泵、共轨和喷油器这三个主要单元在功能和控制上的相对独立，由此提高了喷射系统的控制自由度。

高压输油泵的作用，是按一定的速率向共轨(蓄压室)供油，保证任意工况下共轨中的油压恒定。由于车用发动机负荷(喷油量)变化范围很宽，为了保证一定的喷射压力(轨压)，要求喷油泵具有足够的供油速率。为此，在ECD－U2型高压共轨喷射系统中，采用如图10-12a所示的柱塞型多山凸轮高压输油泵。这样，凸轮轴每转一圈，凸轮工作三次，由此提高每缸输油泵的供油频率，对应每缸喷油，共轨油压可得到及时的补充。为了获得平缓而稳定的共轨压力，要求高压输油泵的供油频率与发动机喷射频率相一致。同时，对高压输油泵每一缸都设置

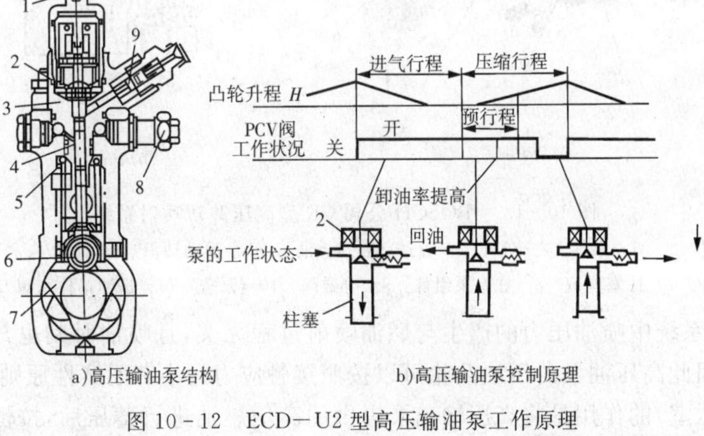


a)高压输油泵结构　　b)高压输油泵控制原理

图10-12　ECD－U2型高压输油泵工作原理

1－接头　2－PCV电磁阀　3－柱塞套　4－柱塞　5－柱塞弹簧

6－挺柱　7－三凸轮　8－溢生阀　9－出油阀

一个 PCV 电磁阀。当喷油泵柱塞下行时，PCV 电磁阀打开，燃油经 PCV 电磁阀进入泵室，完成吸油过程。当柱塞上行时，如果此时 PCV 电磁阀尚未通电，则 PCV 电磁阀始终处在开启状态。被吸入的燃油在柱塞的压缩作用下，经 PCV 电磁阀回流，共轨油压不变化。如果共轨压力下降到小于设定值时，在需要供油的时刻，通过 ECU 接通 PCV 电磁阀使之关闭，由此关闭回油通路，则泵室内的燃油受压而压力升高，推开出油阀迅速将燃油送往共轨中及时补充轨压（如图 10－12b 所示）。输油泵的供油量，主要取决于 PCV 电磁阀关闭以后的柱塞升程，此行程称为供油有效行程。可通过改变 PCV 电磁阀的关闭时刻，即通过改变输油泵凸轮的有效行程来改变输油泵的供油量，由此控制共轨压力。

这种高压输油泵的特点是，可以减小其功率消耗。但需要确定控制脉冲宽度和控制脉冲与高压输油泵凸轮的相位关系，所以控制系统比较复杂。

图 10－13 中表示 BOSCH 公司 CR 型高压共轨喷射系统中采用的另一种三缸径向柱塞式高压输油泵的结构原理。主要由泵体（柱塞缸）1、泵盖 10、气门组件、柱塞泵组件 8、柱塞弹簧 7、凸轮轴 3 等组成。该高压输油泵在每个压油单元中采用多个压油凸轮，三缸径向柱塞泵相隔 120°均匀分布，由此保证供油频率和供油量。泵体和泵盖采用铝合金，以减轻整体重量，凸轮轴承采用滑动轴承以减少凸轮和凸轮轴之间的摩擦。凸轮轴前后端采用油封以防漏油，同时为了减小功率损耗，在喷油量较小的情况下，将关闭三缸径向柱塞泵中的任意一个油压单元，使供油量减少。柱塞弹簧的作用是保证柱塞底部经挺柱始终与凸轮表面接触，并在凸轮的顶力和弹簧力的作用下完成泵油任务。

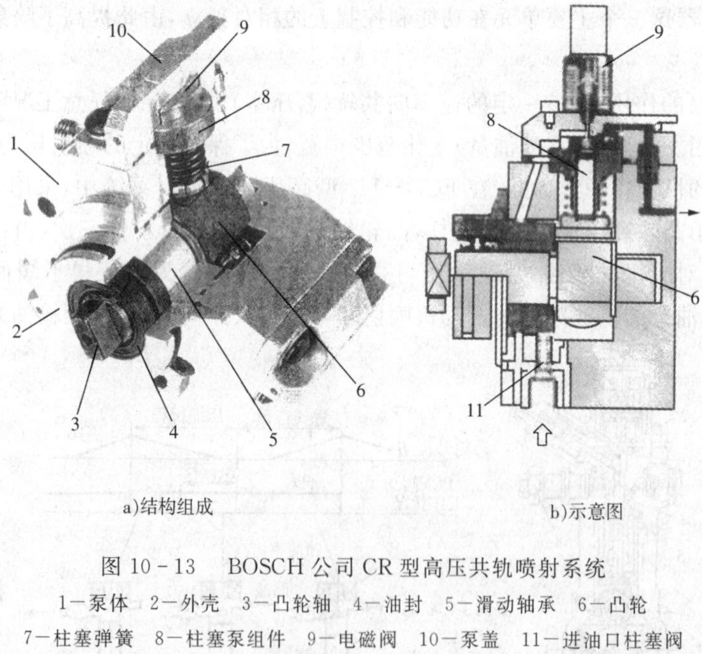


图 10－13　BOSCH 公司 CR 型高压共轨喷射系统

1—泵体　2—外壳　3—凸轮轴　4—油封　5—滑动轴承　6—凸轮
7—柱塞弹簧　8—柱塞泵组件　9—电磁阀　10—泵盖　11—进油口柱塞阀

由于共轨系统中喷油压力的产生与燃油喷射过程无关，且喷油时刻也与高压油泵的供油时刻无关，因此高压油泵的压油凸轮可以按照接触应力最小和耐磨性原则来设计。

共轨（蓄压室）的作用是将高压输油泵提供的高压燃油进行蓄压后，按恒定的压力均匀分配到各缸喷油器中。如图 10－14 所示为 ECD－U2 系统中的共轨结构。确定共轨容积时，应考虑能削减高压输油泵的供油压力波动和每个喷油器因喷油过程引起的压力震荡，使高压共轨中的压力波动控制在 5 MPa 以内。但是为了保证共轨有足够的压力响应速度，以便快速响应柴油机工况的变化，其容积又不能太大。在 ECD－U2 高压共轨系统中，高压输油泵的最大循环供油量为 600 $mm^3$，其共轨容积约为 94000 $mm^3$。

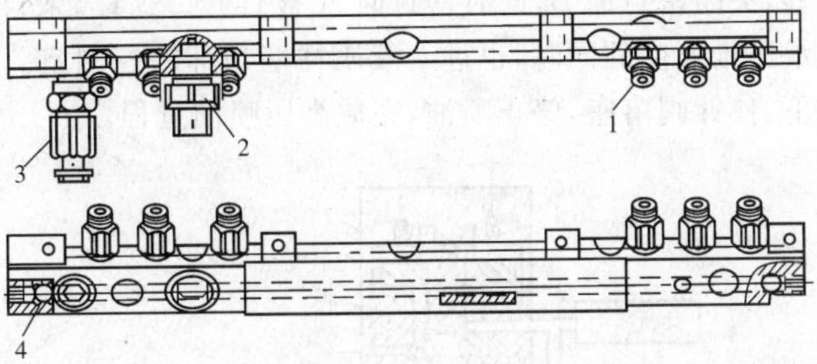


图 10－14　ECD－U2 系统中的共轨结构

1—液流缓冲器　2—轨压传感器　3—压力限制器　4—衬套

在高压共轨上一般都安装轨压传感器、液流缓冲器(限流器)和压力限制器。压力传感器是用来向 ECU 提供高压共轨中的油压信号；液流缓冲器(限流器)是用来保证在喷油器出现燃油泄露故障时，切断向喷油器供油，同时减小共轨和高压油管中的压力波动；压力限制器是用来当高压共轨出现压力异常时，能迅速将高压共轨中的压力泄掉。

喷油器的主要作用是根据 ECU 的控制指令完成喷油量定量、喷油雾化及喷油规律的控制过程。喷油量是通过喷油器的开启持续时间(通电脉宽)来控制，并通过喷油器的开启时刻控制喷油时刻。喷雾质量主要取决于喷射压力(取决于轨压)和喷孔总截面积以及燃烧室内的气流状态。高压共轨喷射系统的特点之一就是通过喷油器的电控化实现喷油规律的直接控制。但其控制精度主要取决于喷油器的响应特性。影响喷油器响应特性的主要因素有高频电磁阀的特性和针阀的惯性质量。ECD－U2 系统中采用的一种三通电磁阀喷油器(如图 10－15 所示)，主要由针阀偶件、液压柱塞、节流阀以及三通电磁阀(TWV)等组成。三通电磁阀的通电时刻决定喷射时刻，而其通电持续时间决定喷油量的大小。由于高压输油泵的供油过程和喷油器的喷射过程分别进行，又喷射压力主要取决于共轨压力，所以可实现喷射压力和喷射过程的任意控制，有利于放热规律的控制，而不受两次喷射等不正常喷射现象的限制。

②高压共轨系统的工作原理

发动机工作时，高压输油泵始终处于泵油状态。当共轨(蓄压室)需要补充轨压时，由 ECU 控制高压输油泵上的 PCV 阀关闭而及时供油，否则打开 PCV 阀使柱塞的泵油过程成为回油状态。ECU 根据发动机的不同工况，控制喷油器上的三通电磁阀的接通和断开时刻，由此控制喷射时刻和喷射量。轨压控制是根据设置在共轨上的压力传感器，通过 ECU 控制 PCV 阀，将轨压反馈控制在发动机不同工况所要求的最佳值上。

三通电磁阀主要由内阀、外阀和阀体组成。内阀是一个自由活塞，外阀与电磁线圈的衔铁做成一体，由线圈的通电方式控制其上下运动，而阀体是用来支承外阀的。这三个部件的配合精度很高，分别形成 $A$、$B$ 两个密封面。在结构设计上使 $A$、$B$ 两个密封面不能同时接通。$A$ 密封面控制液压柱塞顶部的控制室与高压共轨的连通，而 $B$ 密封面则控制液压柱塞顶部的控制室与泄油孔连通。在 ECU 的控制下，接通三通电磁阀时，在电磁阀线圈中产生的磁场力作用下外阀上移，关闭密封面 $A$，使共轨中的高压燃油无法进入液压柱塞顶部的控制室。此时密封面 $B$ 打开,液压柱塞顶部控制室内的高压油,经密封面 $B$(泄油孔),向燃油箱泄油,造成液压柱塞顶部的油压迅速降低,喷油器针阀在其承压锥面上的高压燃油的作用下,克服液压柱塞及其弹簧力而升起,开始喷油。当三通电磁阀断电时,磁场消失,外阀在其弹簧力的作用下下移,关闭密封面 $B$,此时密封面 $A$ 被打开。这样,来自共轨中的高压燃油进入喷油器针阀的承压锥面室的同时,也进入液压柱塞顶部的控制室。液压柱塞在高压燃油和弹簧力的作用下,使针阀落座,停止喷油,完成高压喷油过程。

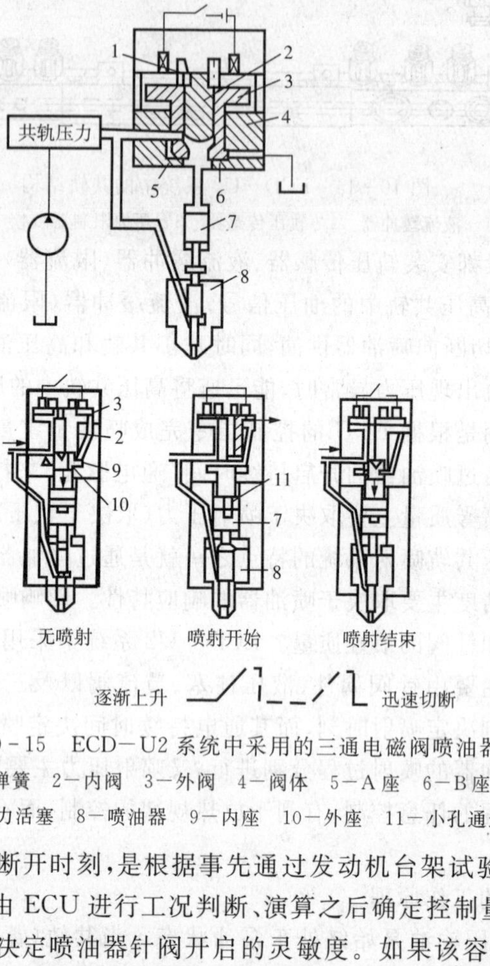


图 10－15　ECD－U2 系统中采用的三通电磁阀喷油器

1－弹簧　2－内阀　3－外阀　4－阀体　5－A座　6－B座

7－液力活塞　8－喷油器　9－内座　10－外座　11－小孔通道

三通电磁阀的接通和断开时刻,是根据事先通过发动机台架试验标定的不同工况下的目标控制脉谱(MAP)图,由 ECU 进行工况判断、演算之后确定控制量进行控制的。液压柱塞顶部控制室容积的大小决定喷油器针阀开启的灵敏度。如果该容积过大,针阀在喷油结束时不能实现快速断油,使后期的燃油雾化不良;否则,控制容积过小,就不能给针阀提供足够的有效行程,使喷射过程的流动阻力加大。因此,对控制室容积也应根据不同发动机的最大喷油量合理选择。

为了控制初期的喷油速率,以控制放热规律,适应降低柴油机排放的要求,在液压柱塞上方专门设置一个单向阀和一个小孔节流阀。单向阀的作用是阻止液压柱塞上方的燃油回流,只允许高压共轨中的燃油流入控制室。控制室内的燃油只通过小孔节流阀逐渐泄油,以控制液压柱塞上方控制室内压力的降低速率,由此控制喷油器针阀的升起速度,实现对初期喷射规律的控制。单向阀的孔径(进油量孔)和节流阀的最小直径(泄油量孔)以及液压柱塞上部的控制室容积对喷油器的喷油性能影响很大。泄油量孔和控制室容积决定喷油器针阀的开启速度。而喷油器针阀的关闭速度由单向阀的(进油量孔)流量特性和控制室的容积决定。所以设计单向阀时,应保证喷油器针阀有足够快的关闭速度,以避免出现喷油器喷射后期雾化不良现象。若适当减小控制容积可以使针阀的响应速度加快,使燃油温度对喷油器喷射量的影响减小。但控制室容积过小,直接影响喷油器针阀的最大升程。而且单向阀和节流阀的流量特性直接影响控制室内油压的动态特性,从而影响针阀的运动规律。

一般三通电磁阀的开启响应时间为 0.35 ms,关闭响应时间为 0.4 ms,全负荷状态下能量消耗约为 50 W 左右。

由于高压共轨喷油系统的喷射压力非常高,因此其喷油器喷孔截面积很小,如 BOSCH 公司开发的六孔喷油器,喷孔直径为 0.169 mm,在如此小的喷孔直径和如此高的喷射压力下喷射时,燃油流动处于极端不稳定状态,油束喷雾锥角变大,燃油雾化更好,但贯穿距离变小,因此可适当改善燃烧室内的气流强度以及燃烧室结构形状,以确保最佳的燃烧过程。

高压共轨喷油系统对喷油规律的这种精确柔性控制,可实现对燃烧速率的精确控制。现阶段高压共轨喷油系统向多阶段(多脉冲)喷射方式发展。这种喷射方式,将每循环燃油喷射量分成多阶段进行喷射,由此精确控制燃烧室内的温度和压力,达到既提高循环热效率又有效降低排放的目的。如图 10-16 所示将一个循环喷油量分成 6 次喷射的高压共轨六阶段喷射模式。主喷射阶段采用将主喷射量分两次喷射的方式。通过这种方式可有效地降低缸内最高燃烧温度,由此抑制 $NO_x$ 的生成。其中,先导喷射是指进气终了或压缩初期的某一时刻进行的少量喷射过程。目的是快速提高压缩行程中燃烧室内的温度和压力,由此缩短发动机起动暖车时间,降低怠速惰转噪声,减小暖机运行时的碳烟排放,改善发动机的低速转矩特性。但是,这种先导喷射方式只在发动机冷态下使用。而预喷射是指在主喷射之前某一时刻进行的少量的事先喷射过程。其主要作用是提高燃烧室内的温度,为主喷射作准备,由此缩短主喷射的着火延迟期,降低燃烧温度,抑制 $NO_x$ 的生成,降低燃烧噪声。后喷射是指主喷射之后再膨胀过程中的某一设定时刻进行的少量的喷射过程,其目的是保证膨胀过程中缸内温度降低速率不至于过快或保持足够高的温度,以改善废气再膨胀过程中的氧化环境,由此减少燃烧过程中生成的微粒排放物(PM)的排放,同时提高排气温度有利于后处理装置的催化反应。最后一个阶段的喷射称为迟后喷射,是在发动机排气过程中进行的少量的喷射过程,其目的是由此增加废气排气中的 HC 含量,以提高 $NO_x$ 催化还原装置的转化效率。

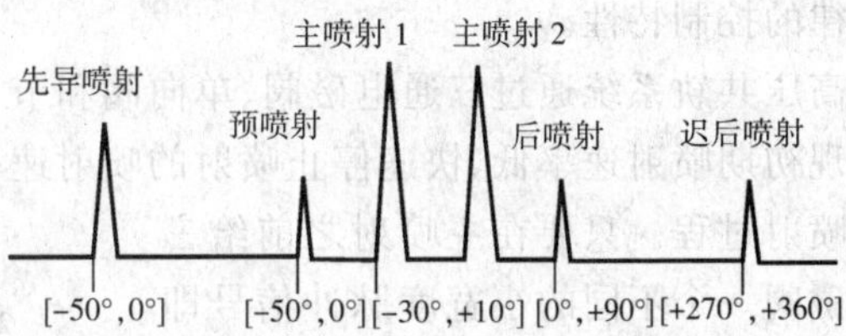


图 10-16 任意凸轮相位下六阶段喷射循环示意图

对多阶段喷射方式,需要根据发动机实际情况确定或控制的因素有,确定分几个阶段进行喷射、每个阶段喷射起始点、喷射持续期以及各喷射阶段之间的时间间隔等。特别是预喷射和主喷射之间间隔,以及主喷射之间的时间间隔对发动机的燃烧过程以及性能比较敏感。

为进一步提高喷油器控制喷射速率的能力,在上述电磁式高压共轨喷射系统的基础上,又开发研究出压电式高压共轨喷射系统。与原高压共轨系统的区别仅在于将喷油器电磁阀式改为压电式,其他部分相同。这种压电式高压共轨喷射系统的主要特点是,将原用高频电磁阀驱动针阀的机电一体化的喷油器,改为压电喷油器,即喷油器的阀芯直接用压电晶体制成。这样,由于压电石英晶格的变形速度在 0.1 ms 以内,所以压电喷油器的开关响应速度比电磁阀更快，对于同样的燃油喷射量，只需要更短的喷油持续时间。同时，采用压电晶体块取代电磁线圈，因此可进一步减小喷油器内整个喷射控制链上的累积误差，从而提高喷射精度，可更精确地控制燃油喷射量。而且通过压电晶体阀芯的变形运动替代针阀的喷油开启运动，避免了机械式针阀在喷射过程中落座开启时的冲击振动噪声和摩擦损失。

压电喷油器的这些特点不仅有助于提高发动机的功率，减少氮氧化合物($NO_x$)和微粒物(PM)等有害排放物，而且其运动部件数和重量也比电磁式高压共轨系统少。压电喷油器可以通过对压电石英晶体的变形速度的控制，降低喷油器每次开启和关闭时的噪声水平。

到目前为止，只有压电喷油器能够实现对喷油器针阀的直接驱动，而这种功能是实现燃油喷射规律有效控制所必不可少的。所以，不管是汽油机的电控喷射技术还是柴油机的电控喷射技术，压电式电控喷油器是发展趋势，具有更大的潜力。

③高压共轨系统的特点

时间－压力控制式高压共轨电控喷射系统，其共轨压力波动很小，没有常规电控喷射系统中存在的因压力波而产生的难控区、失控区以及调速器能力不足等问题，喷射压力完全独立于转速和负荷，可根据柴油机的工况要求任意调节，所以可以实现柴油机所需要的理想喷油规律的控制特性。

高压共轨系统通过三通电磁阀、单向阀和节流阀等，可控制液压柱塞顶部的油压，所以易实现初期喷射速率低、快速停止喷射的喷射速率控制。此外，也可以很容易实现多阶段的脉冲喷射过程。只要在主喷射之前给三通电磁阀一个不同的小宽度脉冲信号即可实现。

由于高压共轨系统是一种压力－时间的油量控制系统，所以喷油量仅取决于共轨压力和喷油器电磁阀的通电脉冲宽度。如图 10－17 所示为不同共轨压力条件下，随通电脉冲宽度变化的喷油量特性。对一定的喷油量，共轨压力越高，喷射时间(通电脉宽)越短，而且在整个喷射过程中始终保持一定的喷射压力。

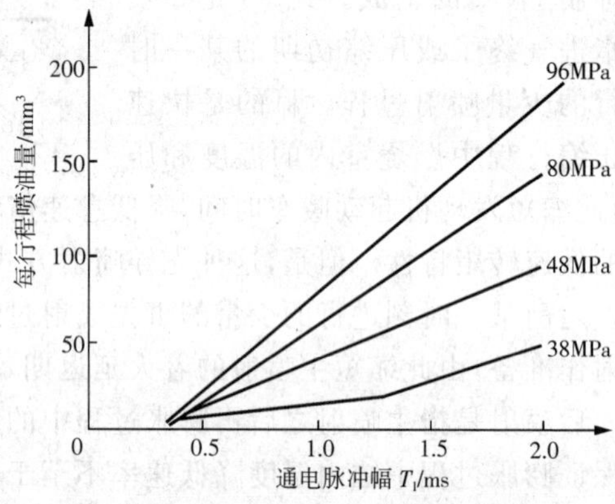

图 10－17　不同共轨压力下的喷油量特性

高压共轨系统在喷射时期、喷油量、喷射压力以及喷射速率等方面都具有柔性控制机能，而且喷射时期的控制范围宽，所以整个系统的响应特性和适应性好。

但是，高压共轨系统由于长时间维持系统内的高压，所以高压输油泵的驱动损失增加，而且存在需要耐高压和高压密封等问题。

(2)泵喷嘴系统(Unit Injecfor System，UIS)

电控泵喷嘴系统是直接将柱塞偶件和喷油器偶件集成在一个壳体内的一种新型的柴油机燃料喷射系统。相当于在泵—管(共轨)—喷嘴系统中取消了高压油管，避免了高压共轨耐高压及高压密封等问题。由于无高压油管，所以柱塞泵油时所产生的高压燃油直接进入喷油器的承压环槽内。如图 10－18 所示为 DDEC 系统电控泵喷嘴的结构，主要由泵喷嘴体、控制阀以及电动机等组成。泵喷嘴体实际上就是将喷油泵和喷油器做成一体。而且在喷油泵柱塞上取消了普通的机械式喷油泵柱塞上用于控制供油量的螺旋槽。喷油定时和喷油量是通过高速电磁阀控制泵喷嘴进油阀的开启时刻和开启持续时间来控制。由于这种电控泵喷嘴系统将喷油泵柱塞和喷油器以及控制阀(由柱塞阀 1、挡板 2 和电磁阀 3 等构成)都安装在一个壳体里,又没有高压油管,所以高压系统容积很小,因此允许产生更高的喷射压力(目前已达到 200 MPa 以上),同时减小了密封表面和密封接头,所以可靠性好。

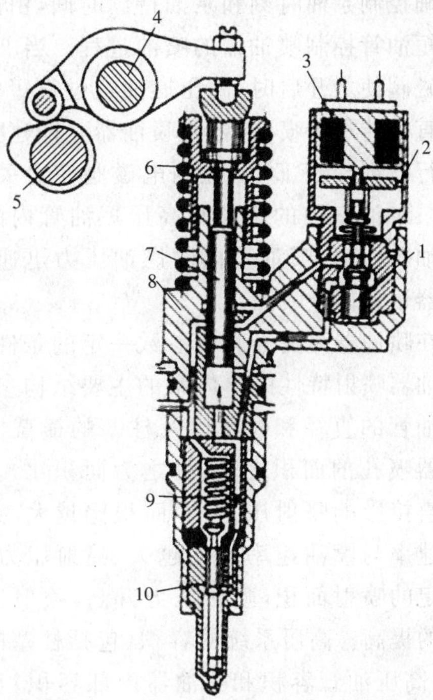

图 10－18　DDEC 系统电控泵喷嘴的结构

1—柱塞阀　2—档板　3—电磁阀　4—接臂轴
5—凸轮轴　6—柱塞弹簧　7—泵喷嘴柱塞
8—泵喷嘴体　9—喷油器弹簧　10 喷油器针阀

当发动机工作时,泵喷嘴柱塞在驱动凸轮和其弹簧力的作用下完成泵油过程。此时,当电磁阀断电时,电磁阀在其弹簧力的作用下落座而关闭柱塞阀。所以,当泵喷嘴柱塞泵油时在喷油器油腔内立即产生高压,推开针阀开始喷油。当接通电磁阀电源时,在磁场的作用下柱塞阀开启。此时虽然泵喷嘴柱塞仍泵油,但高压油腔内的燃油经已开启的电磁阀回油而卸压,喷油器针阀在其弹簧的作用下迅速落座而停止喷射。电磁阀的接通和断电是根据发动机的工况由 ECU 直接控制的。

在泵喷嘴系统中,把检测电磁阀的关闭时刻作为反馈信号,实现对喷射过程的反馈控制。电磁阀的关闭时刻,可通过检测电磁阀线圈的电压或电流波形来确定,不需要另设传感器。当采用电压波形作为检测信号时,对流通电磁阀线圈的电流需要用调节器调节,使得当电磁阀线圈中的电流达到某一定值后维持不变。当接通电磁阀电源时铁芯开始移动,电磁阀线圈的两端电压随之升高;当铁芯移动到极限位置而停止运动时,线圈电压突然降低到仅需维持电流不变的水平。这种电压降可以很方便的测量。为了提高电磁阀的响应速度,除了采用短行程、小质量、压力平衡式阀和平面盘铁芯以外,需要降低线圈的电感,以保证在很低的电源电压下电流能够快的速度达到饱和的水平。用这种方法能使检测电磁阀关闭时刻的精度达到±0.25°(CA)。同时,这种方法可以排除当电源电压变化时所造成的供油量和喷油定时的波动。

泵喷嘴的特点,是相对高压共轨系统取消了高压油管,而将柱塞泵和喷油器合为一体,避免了高压密封问题,同时使系统简化。但是由于通过凸轮轴来驱动柱塞泵,所以专门设置凸轮轴和摇臂轴,使得驱动系统结构复杂。

(3)单体泵(Unit Punp,UP)

电控单体泵是一种模块式结构的高压喷射系统,各缸柱塞泵泵体相互独立。其工作方式与泵喷嘴类似,但在结构上又有区别。单体泵的喷油器和喷油泵之间用一根很短的高压油管连接(如图 10－19 所示),主要由承担泵油和供油压力的机械系统,如滚轮式挺柱、柱塞及其回位弹簧、泵体和由 ECU 控制的电磁阀组成。当发动机工作时直接通过凸轮轴驱动设置在发动机内部的单体泵完成泵油过程,此时由 ECU 控制设在单体泵出口端的电磁阀来精确控制泵油时刻和泵油持续时间,由此通过高压短油管控制喷油器的喷油过程。当ECU控制电磁阀使之开启时,高压燃油经过很短的高压油管直接传送到喷油器,使喷油器立即建立高压而进行喷射。当ECU控制电磁阀使之关闭时,柱塞泵泵油室内的燃油和高压短油管内的燃油经回油孔回油,喷油器内的燃油压力迅速降低,喷油器迅速停止喷油。

在喷油器弹簧等其他参数一定的条件下,影响喷油器喷射特性的单体泵的主要结构参数有,高压油管的直径和长度以及柱塞的横截面积和喷油器喷孔的面积之比(称之为面积比)。该面积比直接影响喷射压力,即面积比越大,意味着供油速率与喷油速率之比越大,喷射压力越高;对一定的喷射面积,喷射压力升高,喷射速率也相应的提高。高压系统的容积(包括柱塞的压油容积、高压油管容积和喷油器内部容积)直接影响喷射系统的响应特性。该容积越大喷油泵到喷油器之间的响应特性越差。在喷油泵和喷油器一定的条件下,高压系统容积主要取决于高压油管的直径和长度。但高压油管直径过小,直接影响单位时间的供油能力,过大则影响响应特性。所以,根据不同排量的发动机应优化选择,而高压油管长度在系统布置允许的前提下越短越好。

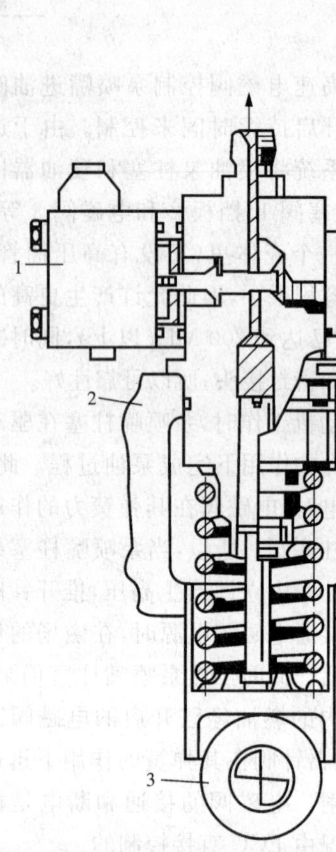

图10-19 电控单体泵结构

1—电磁阀 2—发动机 3—挺柱滚轮

为了适应不断严格的排放法规要求,单体泵也不断进行高压喷射化,其喷射压力已达到130~160 MPa,而德尔福(Delphi)公司2001年推出的EUP200型单体泵的最高喷射压力已达到200 MPa。

电控单体泵的特点是各缸单体泵之间相互独立,控制比较灵活。但是单体泵并非直接控制喷油器,而是通过电磁阀控制喷油泵的供油过程和供油规律,间接地控制喷射规律。

(4)三种高压喷射系统(CR、UIS及UP)的比较

高压共轨喷射系统(Common Rail,CR)在结构上仍然采用了泵—管—喷嘴型。但是从控制角度而言,泵、管(共轨压力)和喷嘴三者相互独立。在喷射方式上采用直接控制喷油器的方法,由此实现对喷射规律的直接控制。高压输油泵和共轨中轨压的控制,只为喷油器创造其喷射条件。所以,喷射压力不受发动机转速、负荷的影响而任意控制。因此,这种方式在放热规律控制精度和响应特性方面具有更为优越的特性。但需要高压系统的高压密封及可靠性方面采取相应的措施。

泵喷嘴系统(UIS)是在结构上取消了泵与喷嘴之间的高压油管,把泵与喷嘴集成于一体,弥补了高压共轨系统的不足,便于高压化。但是由于每个缸泵喷嘴独立,因此需要专门的驱动凸轮轴或摇臂机构,所以驱动机构复杂。而且在控制方法上,虽然通过高频电磁阀控制喷油时刻和喷油量,但是喷油规律直接取决于柱塞泵的供油规律。也就是说。泵喷嘴系

统实际上就从结构上解决了传统的泵—管—喷嘴系统的供油规律和喷油规律不一致的问题。从喷油器的控制角度而言，其喷射压力受供油速率的影响，而供油速率取决于其驱动凸轮型线和发动机转速，所以喷射压力的控制自由度受到限制。

单体泵(UP)在结构上改善了高压共轨系统中高压油管长而带来的高压密封及可靠性等问题，避免了安装在气缸盖上的泵喷嘴系统体积大结构复杂的缺点。但是在控制方法上采用控制单体泵的供油特性间接地控制喷油规律的方式。由于高压化且高压油管很短，所以供油规律和喷油规律的不一致得到很大的改善，但是在喷油规律的控制精度，以及高速响应特性等方面，单体泵不及高压共轨和泵喷嘴系统。单体泵的喷油规律控制精度及其响应特性主要取决于高压的容积大小和其内部的压力波动状态。所以，在安装条件允许的情况下尽可能缩短高压油管长度，而且必须保证具有一定的承压能力和高频压力波动的能力。

从使用角度而言，随着发动机强化程度的不断提高，发动机转速高速化发展，对高速轻型车用柴油机，多采用响应特性优越的高压共轨系统。而对使用转速范围较低的中型和重型车用柴油机采用泵喷嘴和单体泵的较多。

从放热规律控制精度上考虑，直接控制喷油器的高压共轨系统，特别是压电针阀式高压共轨系统，其发展潜力更大。

## 第二节　混合气的形成与燃烧室

影响柴油机混合气形成的因素主要有两个方面，一是如前所述的燃料喷射系统对燃料的喷射雾化的特性，另一方面是燃烧室内的气流特性。不同的混合气形成方式，对喷雾和燃烧室内气流的特性要求不同。对确定的混合气形成方式，喷雾特性和燃烧室内气流特性的优化匹配是很重要的，也是控制燃烧过程，改善放热规律的重要环节。

### 一、柴油机混合气的形成方式

柴油机混合气的形成方式，可分为空间雾化混合方式和油膜蒸发混合方式两种。在实际车用发动机上混合气形成的特点是这两种方式的不同组合。由于柴油粘度比较大，不易挥发，而且柴油机的混合气形成时间相对汽油机的短。因此，混合气形成的条件和方式对柴油机燃烧过程至关重要。

#### 1. 空间雾化混合

空间雾化混合方式，是通过多孔式喷油器将燃料向燃烧室空间喷射强制雾化，并利用燃油相对空气的运动方式形成混合气。所以，燃油与空气之间的相对运动速度是混合气形成的主要因素。相对运动速度越高，油滴与空气之间的摩擦和碰撞越激烈，分散后的油粒也越细小，混合气越均匀。影响燃油与空气的相对速度的主要因素有喷雾特性的燃烧室内的空气密度、温度以及气流特性。提高喷射压力，组织适当的燃烧室内的气流，是提高燃油与空气之间相对速度的有效途径，同时，提高空气的密度和温度，不仅可改善燃油与空气的相对速度，而且使喷注贯穿距离缩短，喷雾嘴角增大，使油束更稀疏，加之温度的提高，燃油的蒸发，促进混合气的形成。

为了有效地利用燃烧室内的空气，这种空间雾化混合方式，需要喷注与燃烧室空间的良好配合。

这种混合气形成方式的混合气形成时间，取决于雾化速率和燃油与空气之间的相对速度。当喷雾条件和燃烧室内气流状态一定时，这种方式的混合气形成条件就确定了。

传统的直喷式燃烧室，如图 10－20 所示的开式和半开式，主要靠空间雾化混合而形成混合气，因此采用多孔喷嘴高压喷射方式。虽然这种燃烧室散热面积小而热效率高，经济性好，易起动，但是由于燃烧室内气流的组织方式不得当，喷射压力有限(18～24 MPa)，因此混合气形成速度相对慢，而且对发动机转速的适应性又差，所以不能适应发动机的高转速。同时，这种空间雾化混合方式，在着火落后期内形成的可燃混合气量多，压力升高率大，发动机工作粗暴，$NO_x$ 排放高，因而已基本被淘汰。

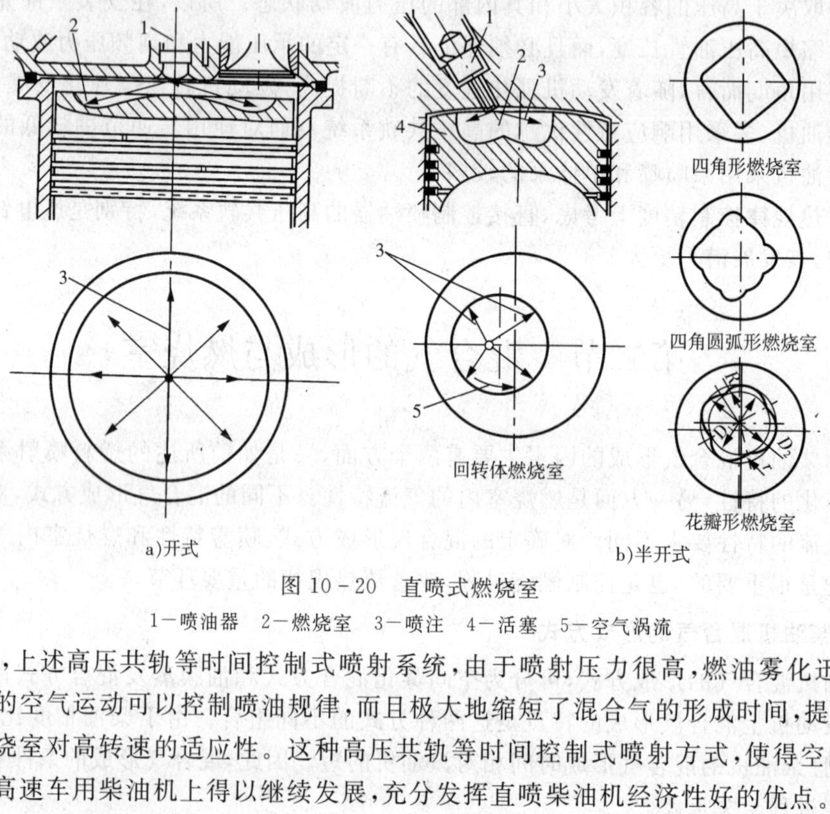


图 10－20 直喷式燃烧室

1－喷油器 2－燃烧室 3－喷注 4－活塞 5－空气涡流

但是，上述高压共轨等时间控制式喷射系统，由于喷射压力很高，燃油雾化迅速，结合燃烧室内的空气运动可以控制喷油规律，而且极大地缩短了混合气的形成时间，提高了现代直喷式燃烧室对高转速的适应性。这种高压共轨等时间控制式喷射方式，使得空间雾化混合方式在高速车用柴油机上得以继续发展，充分发挥直喷柴油机经济性好的优点。

2. 油膜蒸发混合

油膜蒸发混合方式，是指在燃烧室内喷射的燃油首先在燃烧室壁面形成油膜后，再通过燃烧室壁面的加热蒸发，配合燃烧室内定向流动的空气(涡流)形成混合气。因此，在这种方式中，影响混合气形成的主要因素是油膜的蒸发速度和燃烧室内空气相对油膜的运动速度以及油膜厚度。油膜的蒸发速度取决于燃烧室壁面的温度，油膜的厚度取决于喷注特性及其油束对燃烧室壁面的着壁程度。一般喷注的贯穿距离越大着壁现象越严重。而相对油膜的空气运动一般是专门组织的涡流，这种涡流强度随发动机转速的提高而增强。因此，这种方式的混合气形成速度随转速变化的适应性好。

传统的分隔式燃烧室，如图 10－21 所示，有涡流室式和预燃室式，其混合气形成方式的主要特点是一部分燃料空间雾化直接形成可燃混合气，而大部分燃料则以油膜蒸发的形式配合空气流动而形成混合气。这种分隔式燃烧室交燃烧室分为设在活塞顶上的主燃烧室和设在气缸盖上的副燃烧室。对涡流室式，将副燃烧室设计成近似球形或半球形，并用基本与涡流室相切形状的通道与主燃烧室连通。喷油器采用轴针式布置在涡流室上，并向涡流室壁面顺着气流方向喷射形成油膜。

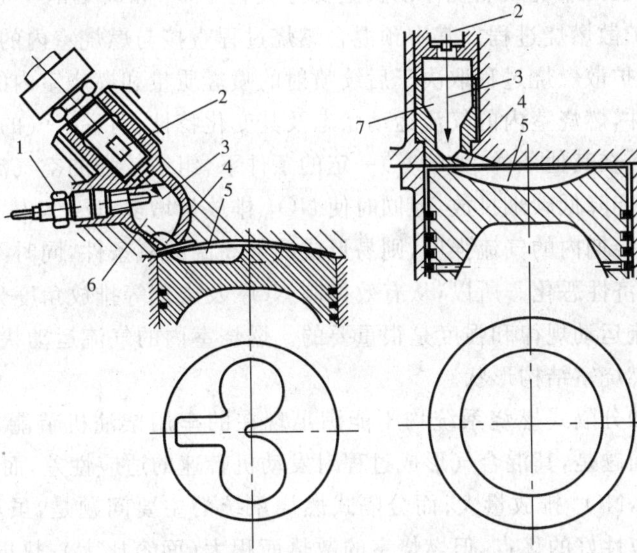


a)涡流室式　　b)预燃室式

图 10－21　分隔式燃烧室

1－电热塞　2－喷油器　3－燃油喷注　4－通道　5－主燃烧室　6－涡流室　7－预燃室

在压缩过程中，缸内的空气经通道进入涡流室，在通道的导向作用下，随压缩行程在涡流室内形成强烈的压缩涡流，不断将空气送往油膜处，与油膜表面蒸发的燃料形成混合气。为了可靠着火，喷油器喷射时使小部分燃料空间雾化，使得涡流室内的局部地方结合油膜蒸发雾化易形成可燃混合气而首先着火。着火燃烧后，涡流室内的压力和温度迅速升高，使得燃气带着未燃的燃油和空气一起经通道高速喷入主燃烧室内，形成强烈的二次涡流，促进混合气的形成和燃烧。这种涡流室式燃烧室，在涡流室内混合气的形成方式是以油膜蒸发为主，有部分空间雾化，而在主燃烧室内通过二次涡流以扩散方式混合燃烧。当发动机转速增加时，涡流室内的压缩涡流随之加强，改善了混合条件，所以其混合气形成方式对转速的适应性强。

对预燃室，通过单孔或多孔通道与主燃烧室连接，在压缩过程中缸内气流经通孔进入到预燃室形成强烈的湍流。喷油器采用轴针式沿预燃室中心向底部喷射，此时部分燃油在空间雾化混合，而喷注的大部分燃油喷向预燃室形成油膜。在预燃室空间形成的可燃混合气首先着火燃烧后，将预燃室内的燃气和未燃燃油以及空气一起喷入主燃室，形成强烈的燃烧涡流，促进主燃烧室内未燃燃油迅速混合燃烧。当发动机转速增加时，预燃室内的湍流强度随之增强，更容易形成混合气，所以其混合气形成对转速的适应性也好。

与传统的直喷式燃烧室相比，这种分隔式燃烧室具有空气利用率好，高速性能能得到保证，同时喷雾要求低，工作粗暴程度和 $NO_x$ 排放低，而且成本低等优点。但是，由于分隔式燃烧室结构复杂，散热面积大，而且主副燃烧室的压缩比为 $\varepsilon=20\sim24$，普遍比直喷式燃烧室的($\varepsilon=14\sim18$)大。

尽管传统的直喷式燃烧室和分隔式燃烧室曾分别在中重型柴油机和轻高速柴油机上得到广泛应用，但随着节能和排放法规的日趋严格，由于这两种燃烧室各自存在的致命缺陷，有逐渐被淘汰的趋势。

## 二、高速直喷燃烧室结构及其混合气的形成特点

如前所述，柴油机的燃烧放热规律以及主要排放物 $NO_x$ 和碳烟的生成量，主要取决于预混合燃烧过程和扩散燃烧过程。其中预混合燃烧过程直接与燃烧室内的混合气形成条件和喷雾质量有关，而扩散燃烧过程取决于后续喷射的喷雾质量和燃烧室内的气流运动状态。即对一定的喷射条件，燃烧室内的气流运动状态及其变化特性，对混合气的形成及其燃烧过程起决定性的作用。在其他条件（如喷雾）一定的条件下，组织较强的空气流动，由此向喷雾提供更多的氧气，虽能降低碳烟排放，但同时使 $NO_x$ 排放量增多；反之，为了抑制 $NO_x$ 的生成量，适当减弱预混合期内的气流强度，则易形成局部高温缺氧条件，同时不得扩散燃烧，使碳烟生成量增加，经济性恶化。所以，从有效抑制 $NO_x$ 及碳烟等排放角度分析，如何控制和组织燃烧室内的气流运动规律和强度是很重要的。燃烧室内的气流运动状态及其规律主要取决于进气系统和燃烧室结构形状。

传统的直喷式和分隔式燃烧系统均不能满足现在的车用柴油机节能与排放法规的要求。直喷式的主要问题是，其混合气形成过程对发动机转速的适应性差，而且无法控制喷射规律，使发动机粗暴，$NO_x$ 排放量大；而分隔式燃烧系统的主要问题是，虽然具有混合气形成时间对转速的适应性好的优点，但燃烧室的散热面积大（面容比大），热损失多，所以经济性差，同时为了保证冷起动性而提高压缩比，使得缸内压力和温度升高，不易进一步降低 $NO_x$ 的排放量。

电控技术及高压喷射技术的发展，为实现柴油机喷油规律的控制提供了技术基础。但是，高压喷射虽然加快了雾化速度，能降低碳烟排放量，但 $NO_x$ 排放量增加。所以，为了同时降低 $NO_x$ 和碳烟的排放量，又不使燃油经济性恶化，如前所述，通过有效推迟喷油时刻，或在主喷射之前适量的预喷等手段，控制预混合燃烧过程，抑制最高燃烧温度，由此有效降低 $NO_x$ 排放量。但是这样一来，更多的燃料在着火燃烧过程喷射，即参与扩散燃烧的燃料量增多。所以，如何提高扩散燃烧速率，成为柴油机控制排放和经济性的关键问题。为此，应通过高压喷射手段加强扩散燃烧阶段燃料的雾化，同时提高喷射速率，缩短整个喷射期间，促进扩散燃烧。由此，在提高燃料经济性的同时，促进预混合燃烧阶段所生成的碳烟的氧化过程，避免扩散燃烧阶段造成局部高温缺氧而生成碳烟。

配合高压喷射系统，有效组织适应发动机转速的燃烧室内气流运动特性，是控制扩散燃烧过程的重要手段。柴油机高压电控喷射技术的发展，要有效地控制喷油规律，因此从经济性角度而言，车用柴油机燃烧室直喷化已成为发展趋势。但是其直喷化的关键就是如何解决直喷式燃烧室混合气形成速率与发动机转速相适应的问题。

20 世纪后期开发的缩口低排放直喷式燃烧室，是将传统的直喷式燃烧室的优点和涡流式燃烧室的优点集于一体的一种新型直喷式燃烧室。将直喷式燃烧室改进设计成如图 10－22 所示的燃烧室底部凸起的双涡流型。通过这种方式，原涡流室燃烧室内随转速同步变化的压缩涡流，改变为这种直喷式燃烧室内的随转速同步变化的压缩滚流。通过这种燃烧室，在推行欧Ⅰ、欧Ⅱ排放法规时，采用传统的机械式喷射系统，通过大幅度推迟喷射时期，实现有效降低柴油机的排放水平，为车用柴油机排放水平达标作出重要贡献。

为适应日趋严格的节能与低排放要求，直喷化柴油机的燃烧室结构，大体上分类为如图

10-22所示的两大类型，即气缸直径小于120 mm的中小柴油机，由于其使用转速较高，所以采用深坑形燃烧室（H值较大），以便随转速的提高，加强燃烧室内的压缩滚流，加快混合气的形成的扩散燃烧速度；而气缸直径大于120 mm的大型柴油机，其使用转速较低，所以采用浅形燃烧室（H值较小）。

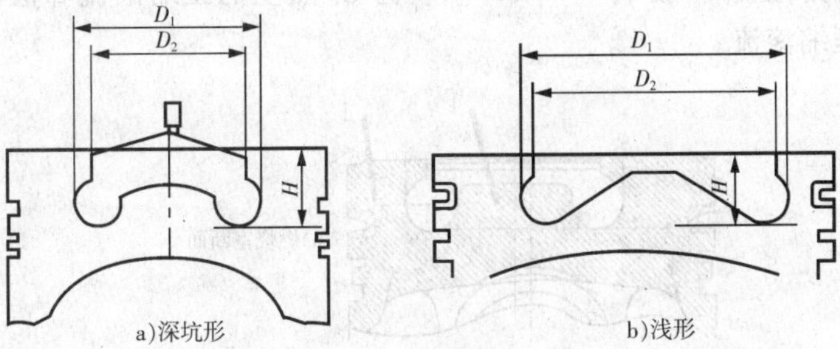


图10-22 缩口直喷式燃烧室

### 三、燃烧内气流特性及其评价方法

对具体发动机，由于其使用条件及要求不同，燃烧室结构参数及形状也有所不同。而这种不同的结构形状和参数，决定了燃烧室内特有的气流特性及其规律，也就决定了所对应的最佳喷雾条件和燃烧过程。因此，如何精确测量、分析和评价燃烧室内的气流特殊性，对正确把握燃烧室内微观的流场特性及其对混合气形成和燃烧过程的影响，具有重要意义。

缸内流场特性的分析方法，有试验法和模拟计算分析法。前者为了测量实际流场特性，采用光学发动机利用示踪粒子的激光高速摄影法。其特点是直观地展示气缸内流场的瞬态分布特性和流动特性。但是试验法所用设备昂贵，且光学发动机与实际发动机在结构上很难完全一致。缸内流场的模拟计算是采用计算流体动力学（CFD）专用软件，对燃烧室空间的三维流场进行模拟计算，由此计算气缸内流场的三维空间瞬态分布特性，并以此为基础计算表示流场特性的各种物理量。典型的CFD软件有KIVA－Ⅲ、FIRE和STAR－CD等。需要指出的是虽然这些软件功能强大，但不是万能的，只不过是功能强大、计算信息量又多，能控制一定计算的计算工具罢了。因此，根据研究的内容不同，计算侧重点有所不同。

为了便于评价燃烧室内的气流特性，在如图10-23a所示的1/2燃烧室纵断面上，以绕其断面形心旋转的纵向气流作为滚流；而以燃烧室某一横截面（如图10-23a所示Ⅰ-Ⅰ截面）上绕燃烧室中心旋转的气流作为涡流进行模拟计算分析。

在实际压缩和膨胀过程中，燃烧室内的纵断面和横截面上的气流特性并非为规整的压缩滚流和涡流，是一种有宏观趋势的湍流状态。CFD软件根据有限网格，可计算出任一瞬间燃烧室空间任一点上的速度矢量和质量。所以，根据燃烧室任一瞬间（曲轴转角位置）计算断面上的速度分布和质量分布特性，由动量矩守恒原理可计算出该瞬间围绕该计算断面形心的当量角速度，由此求得当量压缩滚流，即单位时间内绕燃烧室纵断面形心的气流旋转次数。这些气流特性参数均由CFD软件（如FIRE）可直接计算求得。

为了定量地评价膨胀过程中燃烧室内瞬态气流运动强度的变化特性，引入滚流强度保持性概念。即如式如10-1所示，从上止点附近压缩滚流出现峰值点的曲轴转角位置$\varphi_1$开始，到扩散燃烧基本结束的曲轴转角位置$\varphi_2$的区间内，压缩滚流对曲轴转角的积分值与$\varphi_1$处的压缩滚流峰值和该区间的乘积之比。

$$S_W=\frac{\int_{\varphi_1}^{\varphi_2} s_{cg}(\varphi)\,\mathrm{d}\varphi}{(\varphi_2-\varphi_1)\,s_{cg\varphi_1}} \tag{10-1}$$

式中：$\varphi_1$ 为出现压缩滚流峰值对应的曲轴转角位置；$\varphi_2$ 为上止点后扩散燃烧基本结束的点所对应的曲轴转角位置，一般 $\varphi_2=45^\circ\mathrm{CA}$；$s_{cg\varphi_1}$ 为 $\varphi_1$ 点上的压缩滚流峰值；$s_{cg}(\varphi)$为任意曲轴转角 $\varphi$ 时的压缩滚流。

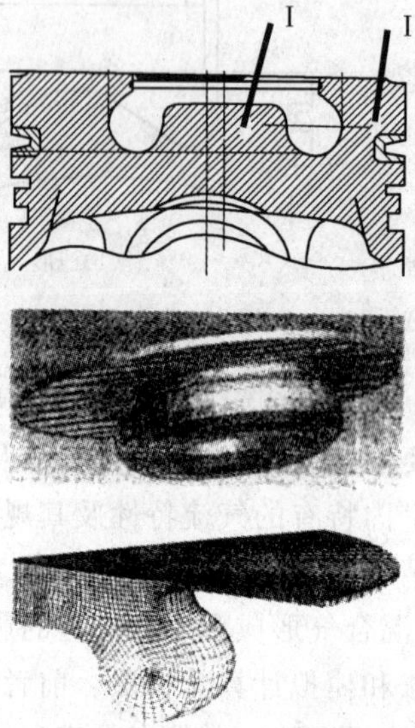

a)燃烧室断面

c)三维空间计算模型

c)1/5 空间的三维模型

图 10－23　燃烧室计算断面及模型

需要指出的是，CFD 软件（如 FIRE）只提供各曲轴转角位置上所计算的离散的滚流值。所以通过这些对应于各曲轴转角位置的离散计算结果，用曲线拟合等手段求出滚流强度随曲线转角变化规律函数 $s_{cg}(\varphi)$。之后再根据式（10－1），求出滚流强度保持性 $S_w$，实际上就是在各瞬间计算断面上微观湍动能分布结果的宏观评价。

为了求得扩散燃烧过程中静态滚流强度的衰减程度，将式（10－1）中的积分上限 $\varphi_2$ 取区间$[\varphi_1,\varphi_2]$中的任一值 $\varphi(\varphi_1<\varphi<\varphi_2)$，则可得任意曲轴转角位置上的滚流强度保持性，即

$$S_W(\varphi)=\frac{\int_{\varphi_1}^{\varphi} s_{cg}(\varphi)\,\mathrm{d}\varphi}{(\varphi-\varphi_1)\,s_{cg\varphi_1}} \tag{10-2}$$

如图 10－24 所示是用这种评价方法，对不同燃烧室结构的滚流强度保持性进行比较的结果。其中，Ⅰ型燃烧室代表传统的“ω”形直喷式燃烧室。可见传统的直喷式燃烧室其混合气形成和燃烧过程对发动机转速的适应性差的原因，即在扩散燃烧阶段燃烧室内的气流强度衰减很快，影响扩散燃烧过程中的混合气形成和燃烧。Ⅱ、Ⅲ型燃烧室表示不同燃烧室结构形状对气流特性的影响，当缩口比 $D_2/D_1$（如图 10－22 所示）一定时，燃烧室底部不同的凸起形状直接影响燃烧室内的滚流强度保持性。所以，如图 10－25 所示，Ⅱ型燃烧室通过燃烧室底部凸起形状对涡流型燃烧室内气流的节流作用，提高其压缩滚流强度保持性，从而在 2200r/min 时改善膨胀过程中扩散燃烧过程，使得 $HC$ 和烟度排放得到改善，而 $NO_x$ 排放基本保持不变。上述说明，$NO_x$ 主要在预混合燃烧阶段生成，而扩散燃烧过程对 $NO_x$

排放的影响很小。

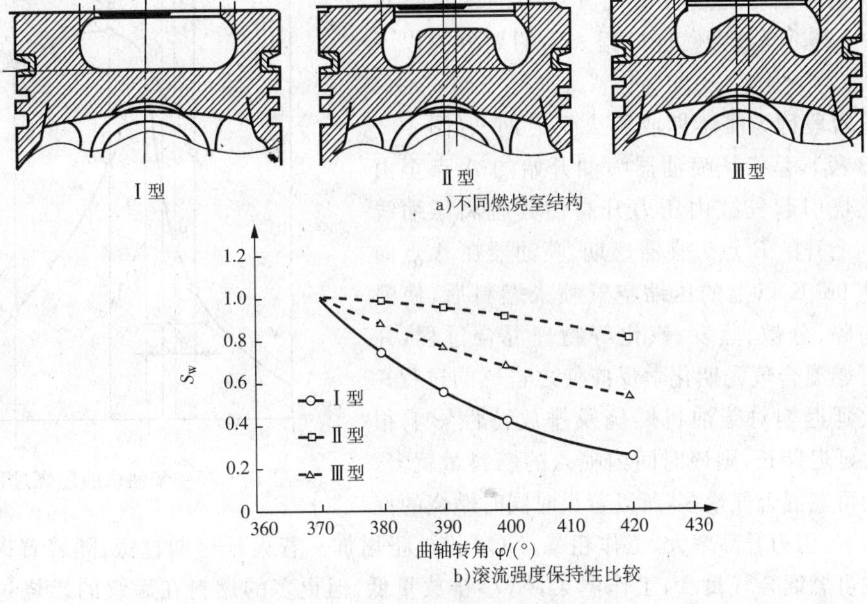


图 10－24　不同燃烧室结构及滚流特性

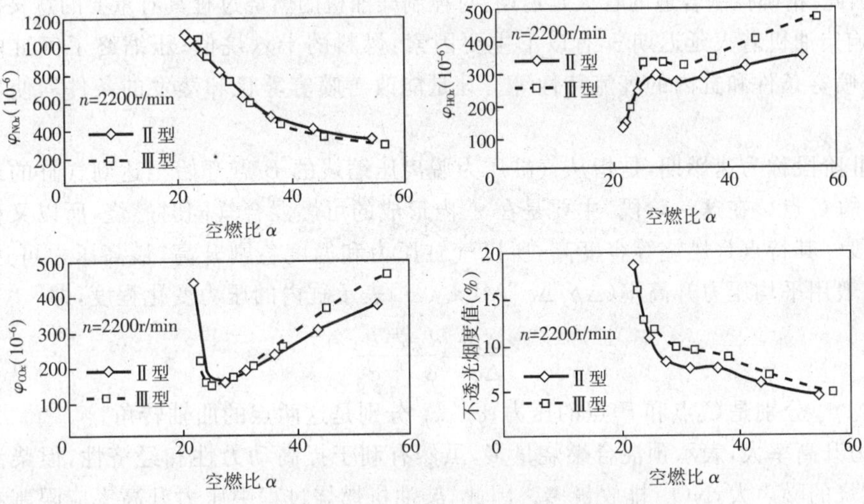


图 10－25　不同燃烧室底部凸起形状对排放特性的影响

# 第三节　柴油机的燃烧过程

柴油机的压缩比一般高达 14～22，目的就是为保证燃料喷入气缸内时，即使是冷态下缸内的空气温度也可以升高到足以使燃料自行燃烧的程度。由于柴油机的这种高压直喷压燃方式，其气缸内的压力必然比汽油机的要高的多。为了分析柴油机的燃烧过程，也需借助于气缸内的压力变化规律——示功图。

## 一、燃烧阶段的划分

根据柴油机燃烧过程中气缸压力的变化特点(如图 10－26 所示)将燃烧过程人为的划分为以下四个阶段。

第Ⅰ阶段称为滞燃期或着火延迟期 $\tau_i$(图 10－26 中 $AB$ 段),是指从喷油器喷油开始的 $A$ 点至由于着火燃烧引起气缸内压力升高使其脱离压缩线开始急剧上升的 $B$ 点。在滞燃期,喷油器在 $A$ 点向温度高达 900K 以上的压缩空气喷入燃料后,使喷雾经历粉碎、分散、蒸发、汽化等物理混合过程,并和局部可燃混合气先期化学反应使之自燃的过程。

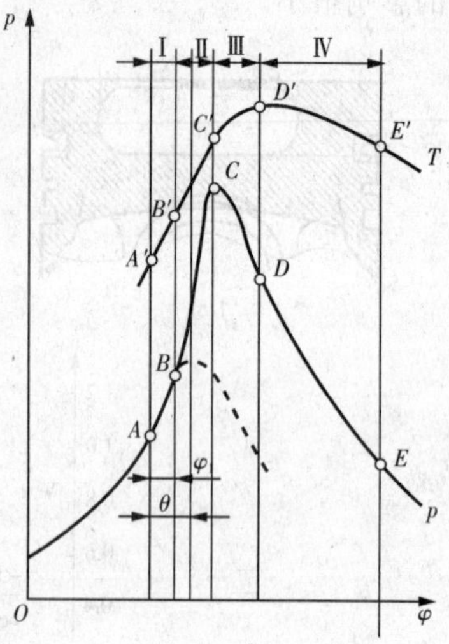


图 10－26　柴油机的燃烧过程

着火延迟期对柴油机燃烧及排放特性影响很大。着火延迟期长,则该时间内喷入的燃料量就多,而形成的可燃混合气量多,所以着火时同时燃烧的混合气量增多,压力升高率大,工作粗暴,$NO_x$ 排放量增加。着火延迟期过短,随着着火延迟期内形成的可燃混合气量少,工作温柔,$NO_x$ 排放量低,但更多的燃料在后续的燃烧过程中喷射,不仅不利于组织燃烧,使得 CO 和 HC 排放量增加,而且热损失也增加,所以不利于提高经济性。因此,精确控制合适的着火延迟期,对控制柴油机的燃烧过程具有重要的意义。

影响柴油机着火延迟期 $\tau_i$ 有以下主要因素:燃料的十六烷值;压缩终了气缸内的温度和压力;喷雾条件和缸内的气流特性等。凡是能改善喷雾雾化和蒸发的条件均使着火延迟期缩短。

第Ⅱ阶段称为速燃期,是指从气缸压力脱离压缩线的 $B$ 点开始至达到气缸的最高压力的 $P_{zmax}$ 的 $C$ 点。在这一阶段,主要是在 $\tau_i$ 内形成的可燃混合气同时燃烧,所以又称为预混燃烧阶段。其特点是燃烧等容度高,所以气缸压力和温度急剧升高,最高压力可达 13～16 MPa,一般用平均压力升高率($\Delta p/\Delta\varphi$[MPa/(°)]表示缸内的压力变化程度,即

$$\frac{\Delta p}{\Delta \varphi}=\frac{p_C-p_B}{\varphi_C-\varphi_B} \tag{10-3}$$

式中:$p_C$、$p_B$ 分别是 $C$ 点和 $B$ 点的压力;$\varphi_C$、$\varphi_B$ 分别是这两点的曲轴转角。

压力升高率大,表示预混合燃烧量多,虽然有利于提高动力性和经济性,但柴油机工作粗暴,燃烧的噪声大,$NO_x$ 排放量多。因此,柴油机燃烧过程中压力升高率应限制在一定的范围之内。压力升高率的大小主要取决于在 $\tau_i$ 内所形成的可燃混合气量 $m_{\tau_i}$,而 $m_{\tau_i}$ 又与着火延迟期 $\tau_i$ 的长短和在 $\tau_i$ 内喷入的燃料油有关。所以,柴油机燃烧过程的控制,关键就是以什么样的喷射方式(如高压快速多段喷射),将一定的喷射量以怎样的喷油规律喷入气缸,以控制压力升高率。

第Ⅲ阶段为缓燃期,是指从最高压力的 $C$ 点至最高温度的 $D$ 点。在这一阶段一般喷射过程结束。缓燃期的特点是,在前期喷射的燃料在速燃期内已基本燃烧完,所以后续喷射的燃料在气缸内的空气量减少而燃烧产物不断的增加,而且气缸的容积逐渐增加的条件下的燃烧,所以燃烧速率缓慢,造成边喷边燃烧的现象。在这一阶段如果燃烧的组织不当,后续喷射的燃料直接喷射到高温缺氧的火焰上,很容易形成碳烟。因此,缓燃期通过燃烧室内的

气流运动配合喷注，组织燃料和未燃空气之间的相对扩散运动是非常重要的环节。影响扩散燃烧的主要的因素有燃料与空气之间的渗透能力、燃烧室内的气流特性及强度等，而这些因素又直接影响混合气的形成速度。对于柴油机这种不均匀的混合气形成和燃烧方式，要组织完全燃烧，只能选择较大的空燃比，所以气缸空气的利用率低，这是柴油机升功率小于汽油机的主要原因。

第Ⅳ阶段为补燃期，是指从最高温度的 $D$ 点至混合气基本燃烧完毕。补燃期的终点很难确定，一般当放热量达到总放热量的 95%～99%时就认为补燃期结束。由于柴油机燃烧时间短促，且边喷射边燃烧，混合气又极不均匀，部分燃料不能及时的燃烧而拖到膨胀过程中继续燃烧，因此这种燃烧又称为后燃。柴油机在高速、高负荷时，喷油量多，活塞平均速度快，所以后燃较严重。补燃期的主要特点是，气缸的工作容积不断增加，气缸压力不断下降，燃料在较低膨胀比下燃烧放热，所放出的热量不能有效的利用，排温升高，散热损失和排气损失增加，热效率降低。因此，要尽量减少后燃。

## 二、燃烧放热规律

根据柴油机上述混合气形成和燃烧的特点，将其燃烧的过程划分为预混燃烧和扩散燃烧。预混燃烧时的放热速率快，其大小取决于在着火延迟期内所形成的可燃混合气量。而扩散燃烧时，燃烧速率相对缓慢，主要取决于空气和燃料相互扩散的速率。

柴油机的这种燃烧方式，决定了其特点和放热规律，而正是这种放热规律制约着柴油机的性能。所以控制放热规律，是改善柴油机性能的重要途径。

所谓放热规律，就是指放热速率随时间的变化特性，它直接影响压燃式发动机的动力性和经济性以及排放特性。因此，研究放热规律对分析和改进柴油机燃烧过程具有重要的意义。放热速率或瞬间放热率，是指燃烧过程中任意时刻，单位时间燃烧所放出的热量。

由热力学第一定律：

$$\frac{\mathrm{d}Q_{\mathrm{B}}}{\mathrm{d}\varphi}=\frac{\mathrm{d}Q}{\mathrm{d}\varphi}+\frac{\mathrm{d}Q_{\mathrm{W}}}{\mathrm{d}\varphi}=\frac{\mathrm{d}U}{\mathrm{d}\varphi}+\frac{\mathrm{d}W}{\mathrm{d}\varphi}+\frac{\mathrm{d}Q_{\mathrm{W}}}{\mathrm{d}\kappa} \tag{10-4}$$

式中：$Q_{\mathrm{B}}$、$Q$、$Q_{\mathrm{W}}$ 分别为燃料放出的热量、工质吸收的热量、传给气缸壁面的热量；$U$ 为工质的热力学能；$W$ 为工质对活塞所做的机械功；$\varphi$ 为曲轴转角。

由式(10－4)，$\mathrm{d}Q_B/\mathrm{d}\varphi$ 随曲轴的转角变化规律称为放热规律；加热速率 $\mathrm{d}Q/\mathrm{d}\varphi$ 随曲轴转角的变化规律称为加热规律；而传热率随曲轴转角的变化规律称为传热规律。

在燃烧过程中，定义从燃烧开始至任意时刻为止燃烧所放出的累积热量 $Q_B$ 与每循环燃料燃烧总热量 $Q_{BO}$ 之比的百分数为累计放热率，用 $x$ 表示，即

$$x=\frac{Q_{\mathrm{B}}}{Q_{\mathrm{BO}}}=\frac{l}{g_{\mathrm{b}}H_u}\int_{\varphi_2}^{\varphi_1}\frac{\mathrm{d}Q_{\mathrm{B}}}{\mathrm{d}\varphi}\mathrm{d}\varphi \tag{10-5}$$

式中：$g_{\mathrm{b}}$ 为循环喷油量，$H_u$ 为燃料的低热值；$\varphi_1$、$\varphi_2$ 分别为燃烧开始时刻对应的曲轴转角和燃烧过程中任意时刻对应的曲轴转角的位置。

如图 10－27 所示为放热规律及累计放热率。由此表示整个燃烧期间，通过组织燃烧过程分配总的放热量的情况。

在燃烧期间工质的质量 $m$ 变化很小，所以认为 $m$ 不变，并忽略工质成分对热力学能的影响，即令

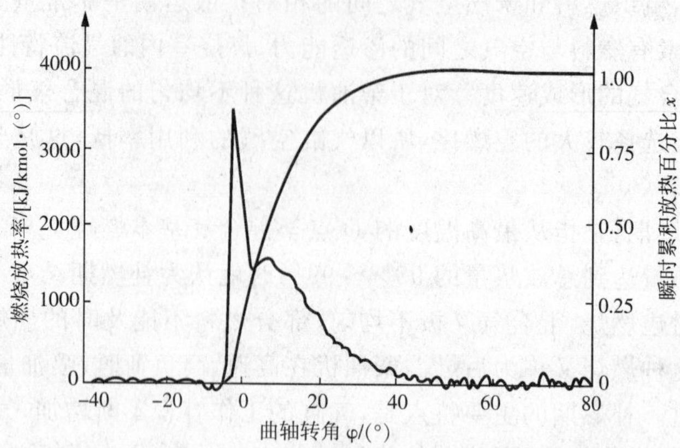


图 10-27 放热规律及累计放热率

$$dU = m du = m c_V dT \tag{10-6}$$

由式(10-4),燃烧放热对工质的加热率为 $dQ/d\varphi = dU/d\varphi + dW/d\varphi$,工质对活塞做的功为 $dW = p dV$。又由理想气体状态方程 $pV = mRT$ 及 $R = c_p - c_V$ 和 $\kappa = c_p / c_V$ 等关系式,得燃烧后气缸压力的变化率为

$$\frac{dp}{d\varphi} = \frac{\kappa - 1}{V}\frac{dQ}{d\varphi} + \kappa \frac{P}{V}\frac{dv}{d\varphi} \quad 或 \quad \frac{dW}{d\varphi} = p\frac{dV}{d\varphi} = \frac{dQ}{d\varphi} - mc_v \frac{dT}{d\varphi} \tag{10-7}$$

可见,气缸压力的变化特性或活塞的做功能力,主要与燃烧规律(加热率)和膨胀速率有关。当发动机结构一定时,气缸容积相对曲轴转角的变化速率,或工质的膨胀速率相对一定,所以活塞的做功能力,或气缸压力变化特性主要取决了燃烧规律(加热率)。因此,如何控制柴油机的燃烧放热规律,直接影响其动力性、经济性、最高燃烧压力、燃烧噪声和氮氧化物排放等性能指标。

而影响燃烧放热规律的主要因素是,燃烧室结构及内部的气流特性和燃烧的喷射方式。而两者的优化匹配是控制柴油机燃烧放热规律的主要目标。对一定的喷雾特性,并非缸内气流强度越强越好。随着柴油机电控技术及高压喷射技术的发展,以及多段脉冲技术的应用,使得柴油机的燃烧放热规律的优化控制变为可能。而控制燃烧放热的主要内容,就是燃烧过程的三要素:即燃烧放热的时刻、放热规律的曲线形状以及燃烧放热的持续时间。

**三、柴油机有害排放物的生成机理**

柴油机的有害排放物的主要有CO、HC、$NO_x$ 以及PM(微粒)等。其中CO和HC排放的产生机理与汽油机相同。但由于柴油机总是在平均空燃比大于14.7的稀混合气下运行,所以CO排放量相对汽油机低得多,而柴油机是在接近压缩上止点附近开始喷油压燃,燃油停留在燃烧室中的时间较短,从而混合气受气缸壁面激冷效应、狭隙效应、油膜吸附以及沉积物吸附作用小,所以HC排放量也比较低。柴油机未燃HC排放物,多发生在柴油喷注外缘混合气过稀的地区,而且与喷油器的雾化特性有关。因此,改善喷油器的雾化特性并使喷注与燃烧室良好匹配,可以有效的控制HC的排放。

所以,目前对柴油机排放控制的焦点问题,就是$NO_x$ 和PM排放的控制问题。但控制$NO_x$ 排放的机内技术措施一般均使PM有所增加,燃料经济性恶化,所以为了更有效的控制$NO_x$和 PM 的排放，掌握其生成机理就显得非常重要。

1. $NO_x$ 的生成机理

内燃机燃烧过程中，易产生高温富氧条件，所以不可避免的生成$NO_x$，而在膨胀过程中的低温条件下，部分 NO 被氧化而形成$NO_x$。由于柴油机燃烧特性及混合气形成方式和燃烧过程的不同，其$NO_x$ 产生的机理与汽油机有所不同。根据燃料及混合气形成方式的不同，将燃烧过程中的 NO 分为热力 NO、快速 NO 和燃料 NO 三种形态。其中，热力 NO 主要是空气中的 N 和 O 在火焰通过后的高温下化学反应而生成的产物，其生成机理与汽油机燃烧相同，可用扩大 Zeldovich 原理描述。而快速 NO 主要是在燃烧过剩的浓混合气燃烧过程中，由火焰带内超过化学平衡浓度以上的 O、OH 等活性为中心为主的中间生成物、燃烧中的碳和氢生成的碳氢化物，以及 HCN、CN、NH 等中间反应物参与反应而产生。燃料 NO 主要是由燃料中所含有的氧化合物分解而产生的中间产物 NH、N、HCN 等参与反应而生成的产物。

(1)热力 NO

柴油机在预混合燃烧过程中，局部均匀的混合气同时燃烧。此时，当燃烧温度超过 1800K 以上时，空气中的 $O_2$ 分解成 O 原子后与空气中 $N_2$ 在高温下的化合物形成 NO。这种热力 NO 生成的反应机理与汽油机相同，可在高温下由 O 原子引起的链锁反应机理，即 Zeldovich 原理，再加上有 OH 引起的反应式构成的扩大 Zeldovich 原理来解释。当氧气分解成 O 原子后，在高温下进行一系列链锁反应：

$$N_2+O \underset{K_{-1}}{\overset{K_1}{\rightleftharpoons}} NO+N,\ O_2+N \underset{K_{-2}}{\overset{K_2}{\rightleftharpoons}} NO+O\ (\text{链锁反应}) \tag{10-8}$$

根据化学动力学，用 $c_{B_x}$ 表示 $B_x$ 物质的浓度时，NO 的生成速度为

$$\frac{dc_{NO}}{dt}=k_1 c_{N_2} c_O-k_{-1} c_{NO} c_N+k_2 c_N c_{O_2}-k_{-2} c_{NO} c_O \tag{10-9}$$

其中，中间产物 $N$ 在很短的时间内其增长与消失的速度相等，即 $dc_N/dt=0$。由式(10-8)，得

$$\frac{dc_N}{dt}=k_1 c_{N_2} c_O-k_{-1} c_{NO} c_N+k_2 c_N c_{O_2}-k_{-2} c_{NO} c_O=0$$

所以，有

$$c_N=\frac{k_1 c_{N_2} c_o+k_{-2} c_{NO} c_o}{k_{-1} c_{NO}+k_2 c_{O_2}} \tag{10-10}$$

将式(10-10)代入式(10-9)，整理得

$$\frac{dc_{NO}}{dt}=2\,\frac{k_1 k_2 c_{N_2} c_O c_{O_2}-k_{-1} k_{-2} c_{NO}^2 c_O}{k_{-1} c_{NO}+k_2 c_{O_2}} \tag{10-11}$$

一般 $c_{O_2} \gg c_{NO}$，且 $k_2$ 和 $k_{-1}$ 为同一数量级，所以，$k_2 c_{O_2} \gg k_{-1} c_{NO}$，则式(10-11)可简化为

$$\frac{dc_{NO}}{dt}=2\,\frac{k_1 k_2 c_{N_2} c_O c_{O_2}-k_{-1} k_{-2} c_{NO}^2 c_O}{k_{-1} c_{NO}+k_2 c_{O_2}} \approx 2k_1 c_{N_2} c_O \tag{10-12}$$

设氧的离解反应处于平衡状态，即

$$O_2 \underset{K_{-3}}{\overset{K_3}{\rightleftharpoons}} O+O \tag{10-13}$$

则

$$c_O = k_0 c_{O_2}^{\frac{1}{2}} \tag{12-14}$$

其中，$k_0=k_3/k_{-3}$。

由 Zeldovich 试验的结果，有

$$k=2k_0k_1=3\times10^{14}\exp(-542000/RT) \tag{10-15}$$

将式(10-14)和式(10-15)代入式(10-12)，得

$$\frac{dc_{NO}}{dt}=3\times10^{14}c_{N_2}c_{O_2}^{\frac{1}{2}}\exp(-542000/RT) \tag{10-16}$$

由于空气中的氮分子分解需要较大的活化能，所以这种分解反应只能在高温下才能进行，从而决定了 NO 形成的高温条件。NO 生成的整个链式反应速度取决于氮的分解反应式，即

$$N_2+O \underset{K_{-1}}{\overset{K_1}{\rightleftharpoons}} NO+N$$

氧原子在整个 NO 生成的链式反应中有活化的作用。即与燃料中可燃成分之间反应的活化能较小，而且反应较快。多以热力 NO 不会在火焰面上生成，而是在火焰下游区产生。

柴油机平均空燃比较大，因此控制预混合燃烧阶段的热力 NO 的基本措施就是尽可能降低燃烧温度，同时降低氧的含量，并缩短在高温燃烧带内滞留的时间。

EGR 不仅降低燃烧温度，而且减少柴油机混合气含量，因此 EGR 降低 NO 的效果汽油机更明显。采用高压喷射技术的目的在于有效推迟喷射时间，并在高温下快速喷射混合燃烧，由此缩短燃气在高温下的滞留时间和整个燃烧期间。

(2)快速 NO

快速 NO 是空气中的 $N_2$ 在高温下与 $O_2$ 反应的结果，是在 HC 燃料较浓的预混合火焰区急速生成的。HC 化合物分解而产生的活性 CH 化合物与 $N_2$ 进行一系列的反应为：

$$\begin{aligned} &CH+N_2=HCN+N \\ &CH_2+N_2=HCN+NH \\ &C_2+N_2=2CN \end{aligned} \tag{10-17}$$

这种反应的活化能小，反应速度快，而且在火焰中生成 HCN、NH、N 等中间产物。这些中间产物的 N，很容易与 O 结合生成 NO。所以 HCN 是快速 NO 生成的重要中间产物。

与热力 NO 不同，快速 NO 是在碳氢燃料较浓的混合气下燃烧，在火焰带急速生成，而对温度的依赖小，与混合气含量直接相关，而其快速 NO 的生成速率比热力 NO 快。当过量空气系数 $\varphi_a>1$ 时，主要生成热力 NO，此时快速 NO 生成量较少；但当 $\varphi_a<1$ 时，主要生成快速生成 NO；而在 $0.7<\varphi_a<1$ 范围内，快速 NO 和热力 NO 共存。由于在火焰带内热力 NO 的生成速度相对迟后，所以即使 $\varphi_a>1$ 的稀薄混合气范围内，快速 NO 的含量低，但其作用却很大。在扩散火焰区域内，燃烧过浓区同样生成快速 NO。所以，抑制快速 NO 生成的有效措施就是控制 CH 活性分子与氮气的反应。因此，在扩散燃烧阶段降低快速 NO 的主要措施就是供给足够的氧气，阻止 HCN 的生成反应，以减少 HCN、NH 等中间产物。也就是说，通过混合气形成过程的控制和放热规律的控制，可限制 HCN 等中间产物和燃烧温

度，由此实现低 NO 排放的燃烧过程。

另外，研究结果表明，柴油机几乎所有的 NO 都是在燃烧开始后 20°(CA)内生成的。因此，推迟喷油是降低柴油机$NO_x$ 排放的有效方法。但代价是燃油消耗率有所提高，排气烟度增加。

2. 碳烟的生成机理

(1)碳烟的生成过程

微粒状的物质(碳烟)可分为可溶性的有机成分(SOF)和不可溶成分两种，主要由燃烧时生成的含碳粒子以及其表面上吸附的多种有机物组成。在高温环境下由于热分解而形成的低级碳氢化合物中，没有与空气在接触的部分最终变为微粒。其生成的过程如图 10－28 所示，可分为成核过程、表面增长和凝聚过程，以及氧化过程。成核过程由燃料的主要成分的低分子 HC 化合物生成微粒核的化学反应过程构成；表面增长和凝聚过程主要表示所生成的微粒核聚合成微粒的物理生长过程；而氧化过程，是指在燃烧后期生成的碳烟在膨胀过程中氧化的过程。

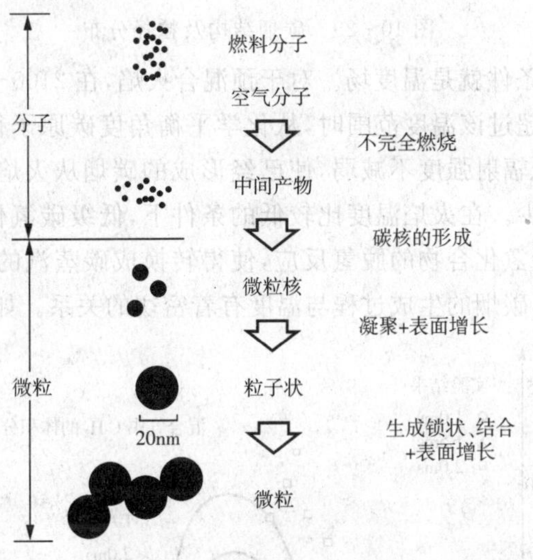


图 10－28　微粒的生成过程

固体碳粒子的能量水平很低，但并不是在燃烧过程中的生成物直接转换成碳粒子，而是经过由化学动力学支配的反应过程中的中间产物的凝聚和成长过程而形成碳烟，在温度低于 1700 K 时，多环芳香烃能量低而稳定。当超过该温度时，聚乙炔及碳蒸汽的能级更低更稳定。在过浓而均匀混合气的层流火焰面上，当温度低于 1700 K 时，在预热带上碳烟的生成过程经历多环芳香烃的中间产物的生成和形成核的过程。当急速加热到 1700 K 以上时，聚乙炔及碳蒸汽成为中间产物而生成碳烟，此时多环芳香烃族不起作用。

(2)碳烟的生成条件

碳烟生成的第一个条件是燃烧现场的混合气含量。研究结果表明碳烟一般在空燃比为 5.25～5.65 的比较狭窄的范围内形成。在这种条件下，当预混合气接近火焰带时，受到火焰面的高温热辐射的影响而形成高温缺氧的局面，此时燃料中的烃分子在高温缺氧条件下，发生部分氧化和热分解而生成各种低级的不饱和烃类，如乙烯、乙炔及其较高的同系物和多环芳香烃。它们不断脱氢、聚合成碳为主的直径为 2 nm 左右的碳烟核心。气相的烃和其他物质在这个碳烟核心表面凝聚，以及碳烟核心互相碰撞而发生凝聚，使碳烟核心增大成直径 20～30 nm 的碳烟基元。最后经过聚集作用被堆积成直径为 1 μm 以下的球团状或链状的聚合物。如图 10-29 所示。

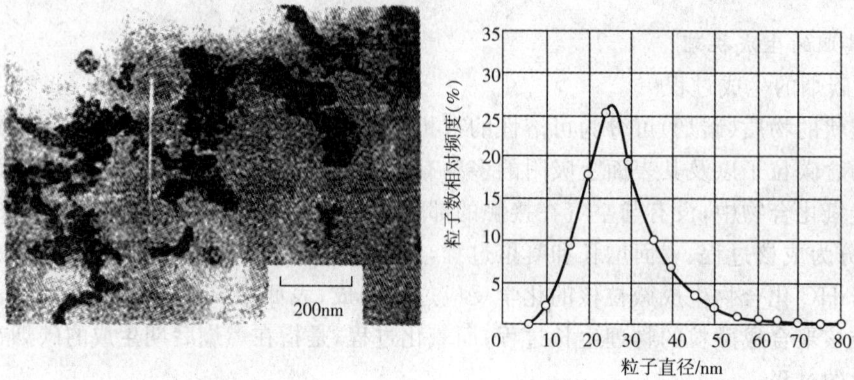


a)碳烟结构　　b)粒径分布

图 10-29　碳烟结构及粒径分布

碳烟产生的另一个条件就是温度场。对于预混合火焰，在 2100～2400 K 温度范围碳烟生成量最大。当火焰温度超过该温度范围时，从化学平衡角度碳原子很难在此高温下凝集成碳烟；同时在高温下火焰光辐射强度不减弱，使已经形成的碳烟从火焰排出之前有可能被氧化，因此碳烟生成量反而减少。在火焰温度比较低的条件下，低级碳氢化合物的颗粒就会变成粗大，形成多环芳香烃族碳氢化合物的脱氢反应，使得转换成碳蒸汽的速度比低温时快，并快速聚合而形成碳烟。所以，碳烟的生成过程与温度有着密切的关系。如图 10-30 所示。

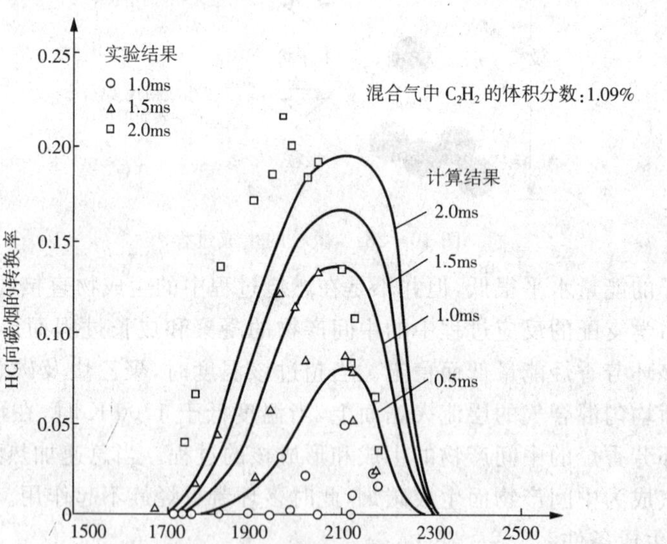


图 10-30　碳烟随温度的变化关系

(3)碳烟生成特点

由于柴油机边喷雾边燃烧，混合气极不均匀。尽管总体上是富氧燃烧，但是其局部地方高温缺氧是导致柴油机产生碳烟的主要原因。因此，在边喷雾边燃烧期间碳烟的生成量迅速增加，当喷油结束后不久，碳烟达到峰值，在膨胀过程中已生成的碳烟被氧化使其含量降低。火焰碳烟表面的氧化速度与温度和氧分压有关，如前所述，当火焰温度为 2100 K 时，随着火焰温度的升高碳烟氧化速度加速，当火焰温度超过 2100 K 时，碳烟的氧化速度缓慢。氧的分压越高，碳烟的氧化速度就快。如图 10－31 所示为柴油机燃烧室内碳烟及 NO 排放物等的含量随曲轴转角的变化规律，Soot 指可溶性碳烟。由此可见，一般碳的生成过程早于 NO 的生成，而碳烟的最终排放量取决于膨胀过程中碳烟的氧化程度。但是，由于碳烟的氧化条件和$NO_x$ 的生成条件基本相同，所以加速碳烟的氧化措施，往往同时带来$NO_x$ 的增加。

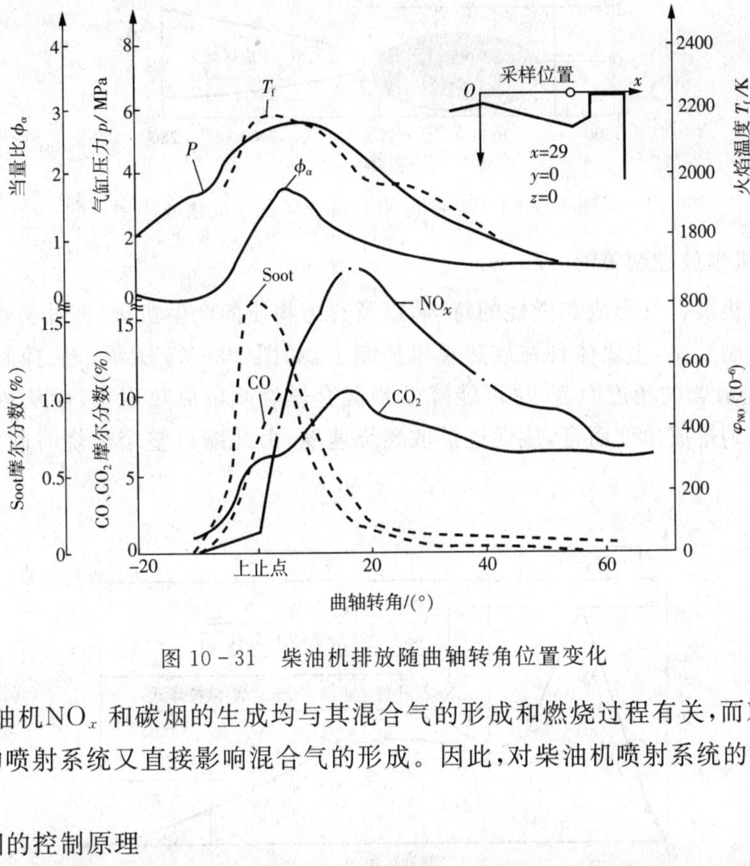


图 10－31　柴油机排放随曲轴转角位置变化

由于柴油机$NO_x$ 和碳烟的生成均与其混合气的形成和燃烧过程有关，而对一定的燃烧室，柴油机的喷射系统又直接影响混合气的形成。因此，对柴油机喷射系统的控制要求越来越高。

(4)碳烟的控制原理

对柴油机，燃烧火焰温度和局部混合气含量是影响碳烟的主要因素。如图 10－32 所示为柴油机$NO_x$ 和微粒的生成领域。因此，控制碳烟的两条基本途径就是：第一，提高火焰温度。但是这种方法与控制$NO_x$ 排放互相矛盾，所以对车用发动机不可取；第二，就是控制火焰领域内的混合气含量，避免局部过浓状态。因此，控制碳烟的基本原理就是控制火焰领域内的混合气含量和温度。为此，需要组织燃烧室内的气流运动，促进湍流混合，同时促进喷雾的微粒化。对预混合的火焰，需要供给充足的氧气，这同时有利于抑制快速 NO 的生成，而对扩散火焰，需要促进混合气的形成。具体措施有，喷射速率的高速化或高压喷射，以此促进喷雾的微粒化。这对控制燃烧初期的局部混合气含量和燃烧中期的湍流扩散火焰是一种很有效的方法。改进燃烧室结构，有效组织燃烧室内的气流运动，保证一定的涡流强度保持性，是促使扩散燃烧速率和碳烟氧化的有效措施。

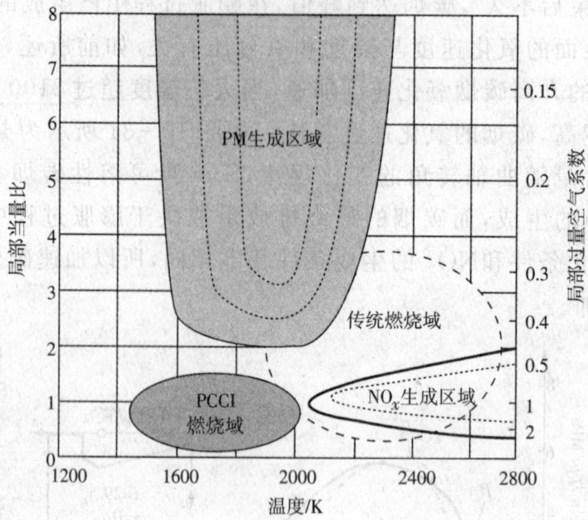


图 10-32　柴油机 $NO_x$ 和 PM 的生成领域

## 四、柴油机排放控制策略

根据柴油机混合气形成和燃烧的特点，以及有害物质的产生机理，柴油机燃烧过程或有害排放物的控制策略，主要体现在放热规律控制上，如图 10-33 所示。从控制柴油机燃烧噪声及$NO_x$ 排放物的角度而言，尽可能降低预混合燃烧阶段放热速率；而从改善动力性和经济性以及碳烟排放角度而言，应促进扩散燃烧速度，由此缩短整个燃烧时间，使燃烧过程又及时又完全。

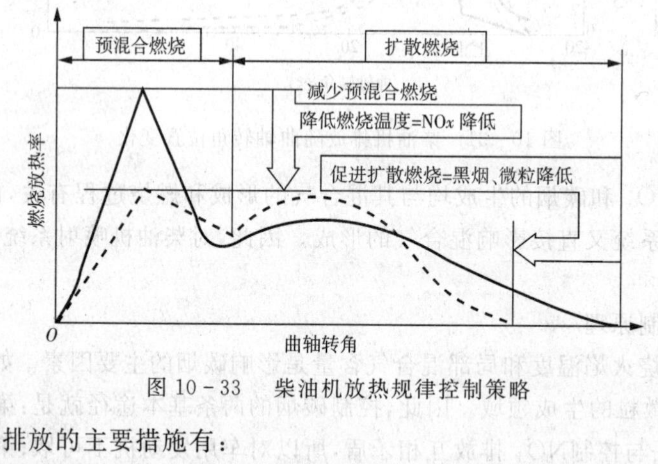


图 10-33　柴油机放热规律控制策略

控制柴油机排放的主要措施有：

(1)电控高压喷射技术。如高压共轨、泵喷嘴等，喷射压力高达 100～250 MPa，可实现预喷射和多段脉冲喷射，由此提高放热规律的控制自由度，有效地限制预混合燃烧放热率，促进扩散燃烧速率。

(2)推迟喷射时间。配合高压喷射，有效地推迟喷射时间，由此缩短着火延迟期。同时，通过高压喷射强制雾化，结合燃烧室内的气流特性促进扩散燃烧速率，缩短整个燃烧时间，从而在不改变经济特性的条件下，有效的降低 $NO_x$ 排放。

(3)缩口低排放型燃烧室。结合燃烧室的结构形状，利用压缩过程和膨胀过程中燃烧室内的气流特性，保证扩散燃烧阶段具有较强的涡流强度及其保持性，促进扩散燃烧速率。

(4)EGR。通过 EGR 和高压喷射技术及喷射时刻控制的优化匹配，可以有效的抑制预混和燃烧阶段的放热速率和燃烧温度，达到有效控制 $NO_x$ 的目的，同时结合高压喷射及燃烧室的气流特性促进扩散燃烧，由此改善经济性和碳烟排放。

(5)VNT 可变增压。VNT 可变增压的目的就是不同转速下尽可能达到最佳增压效果。而增压实际上提高进气密度，不仅增加压缩终了的压力和温度，有利于压缩着火延迟期，而且对一定的喷射系统，喷注锥角加大，贯穿距离缩短，这对高压喷射更有利于喷注的雾化。因此，增压和高压喷射系统的优化，可进一步改善放热规律。

总之，所有改进柴油机性能的机内措施，都是通过对放热规律的控制实现的。

**五、柴油机的燃烧噪声**

噪声首先是由于物体的振动引起的，即振动与噪声密切相关。而产生振动的必要条件就是激振力作用于气缸等弹性体上，当弹性体的振动频率在声频范围内时产生噪声。发动机工作时产生噪声就是由于气缸内的压力变化引起缸体振动，同时气缸内曲柄连杆机构及附件运动时，运动副之间的摩擦、相互撞击等引起机体振动。这些作用力的变化通过缸体表面的振动而对外辐射噪声。

发动机的噪声源比较复杂，根据振源的不同可以分为燃烧噪声、机械噪声、进排气噪声等。但是从发动机的工作原理角度出发，燃烧噪声是最主要的，其他噪声是由燃烧噪声的存在而存在，只不过各噪声源的噪声对发动机总噪声的贡献程度不同而已。

燃烧噪声是由于气缸内的压力急剧变化而产生的，而这种压力变化直接作用于气缸体使其振动而对外辐射噪声。所以，燃烧噪声的大小与气缸压力升高率成正比，而且直接与 $NO_x$ 排放有关。即燃烧噪声大，说明气缸压力升高率大，也就是预混合燃烧的混合气量多，气缸内温度迅速增加，$NO_x$ 排放量随之增加。

所以，降低燃烧噪声的措施，一般是降低 $NO_x$ 排放。如采用引导喷射，即在压缩行程后期，在主喷射之前先喷入少量的燃料，由此缩短主喷射燃料的滞燃期而降低燃烧噪声。

**六、冷启动特性**

如前所述，压燃式发动机燃烧过程取决于混合气形成和自行着火的条件。当冷启动时发动机的温度状态最低，甚至达到零下几度到几十度。这种环境温度给柴油机冷启动带来困难：一方面，环境温度的降低，缸内压缩始点温度低，传热损失大，而且启动时发动机转速低，漏气量增大，从而造成压缩终点温度和压力低，不利于自燃；另一方面，对一定的喷雾特性，当环境温度低时，燃料的粘性增大，使燃料的蒸发和雾化特性变差，影响混合气的形成。对车用柴油机不管环境温度如何，都要求能顺利启动。因此，冷启动性是压燃式发动机重要的性能指标。

在低温冷启动时，由于燃料未完全蒸发，所以排气中 HC 和 CO 排放增多，而且完全蒸发的燃料以液体状态排出，由于液滴直径不同，在光照下产生不同的颜色，而形成白烟和蓝烟。

改善冷启动性的措施主要有两个方面：其一就是提高压缩温度使其足够高，为此应尽可能提高压缩比，或采用电热塞加热进入气缸的空气；其二就是改善喷雾的雾化条件，在低温下也能易于形成可燃混合气，为此应采用高压喷射，以加强雾化。

由于冷启动或怠速时，缸内压缩压力和温度较低，滞燃期延长，而且此时燃料的轻溜分首先着火，所以压力升高率大，造成柴油机惰转噪声。随着发动机转速的增加这种惰转噪声自动消除。

## 第四节 燃烧过程的影响因素

影响柴油机燃烧过程的因素主要有两个，即喷雾特性与燃烧室内空气流的匹配情况和发动机工作时的运转因素。

### 一、喷雾特性与燃烧室形状的匹配

1. 喷注在燃烧室空间的喷射位置的影响

对缩口低排放直喷式燃烧室来说，喷注与燃烧室形状的匹配对柴油机性能影响很大。因为这种燃烧室为了保证燃烧室内一定强度的压缩滚流，在活塞顶部必须留有一定的挤气面积。但是空气流主要集中在燃烧室凹坑内产生，而活塞顶部的挤气面上空气不足，滚流较弱。因此，要求喷油器在不同工况下将燃料喷入到燃烧室凹坑内恰当的位置，才能有效地利用燃烧室内的空气流。如图 10－34 所示为喷注与燃烧室空间位置的匹配示意图。如果喷射位置在相对燃烧室缩口偏高的位置（如图 10－34 所示的实线），则更多的燃料直接喷入到活塞顶部的挤气面上，造成经济性恶化，碳烟增加；反之，如果喷注中心靠近燃烧室中心位置，则在燃烧室内高速气流的作用下，更多的燃料直接空间雾化并混合燃烧，促进预混合燃烧，使得压力升高率增加，$NO_x$ 排放量增多。所以，对燃烧室空间存在最佳的喷射位置。

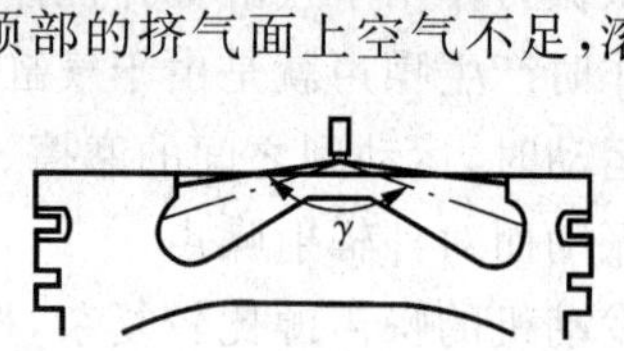


图 10－34 喷注与燃烧室空间位置的匹配示意图

如图 10－35 所示为在缸径为 133 mm、排量为 12 L 的大型车用柴油机的最大转矩转速（1200 r/min）的负荷特性（最大喷油量相同）上，不同喷射夹角 $\gamma$ 对 $NO_x$ 和烟度（波许）排放的影响。由此可知，当减小喷射夹角（$\gamma=152°$）时，喷注更接近燃烧室气流中心，所以 $NO_x$ 明显增加，碳烟排放却很小，而且中小负荷区烟度基本为零。

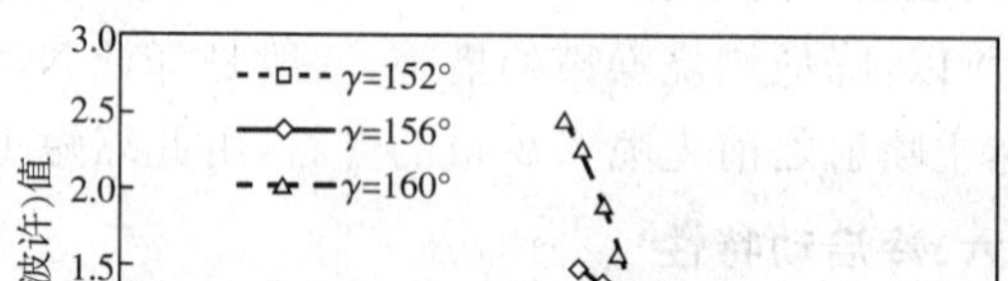


图 10－35 喷射夹角 $\gamma$ 对 $NO_x$ 和烟度（波许）排放的影响

当喷射夹角增加到 $\gamma=160°$ 时，虽然 $NO_x$ 排放明显降低，但由于部分燃料喷入到活塞顶部的挤气面上，所以碳烟排放量增加。随着负荷的增加，喷油量增多，更多燃料被喷入到活塞顶部，因此大负荷时排烟严重。

2. 喷孔直径和喷孔数的影响

对一定的喷射压力和喷孔数，喷孔直径的变化直接影响喷射总面积。当喷孔直径减小时油束射程变长，喷雾变细，雾化不良，油束着壁倾向增多，如图 10－36 所示，对一定的 $NO_x$ 排放（相同燃烧条件下），碳烟排放明显增加，经济性也恶化。若喷孔直径过大（如 $d=0.30$ mm），则在喷油量较少的小负荷区，喷雾质量差，所以烟度排放和经济性恶化，随着喷油量的增加，烟度排放有所改善，但大负荷时单位时间喷油量增多，雾化不良，所以 $NO_x$ 和烟度的排放量都增加。当喷孔直径为 $d=0.28$ mm 时，喷雾与燃烧室空间匹配最佳，所以烟度排放量最低，油耗也降低，但 $NO_x$ 排放量增加，说明喷雾特性与燃烧室内气流状态存在最佳的匹配。

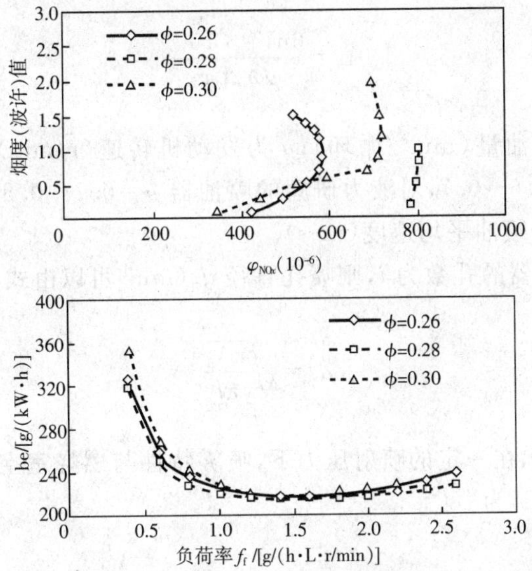


图 10－36　喷孔直径的影响

喷孔数主要影响喷注与燃烧室空间的匹配问题，其中燃烧室内的涡流强度直接影响喷注与燃烧室空间的匹配。如果喷孔数过少，则燃烧室内空气的利用率低；如果喷孔数过多，或燃烧室内的涡流强度过强，则有可能造成喷注之间的相互干涉，反而影响混合气的形成。所以，不同发动机对应一定的喷射总面积都存在着最佳的喷孔数及其燃烧室空间的布置形式，而且对应喷孔数的布置，都存在着最佳的进气涡流强度(用进气涡流比 $S_R$ 表示)，如图 10－37 所示。电控高压喷射技术的发展，在混合气形成过程中对进气涡流的要求逐渐降低。所以在进气道设计时可以适当减小涡流比或不采用螺旋进气道，由此减小进气阻力，提高充气效率。

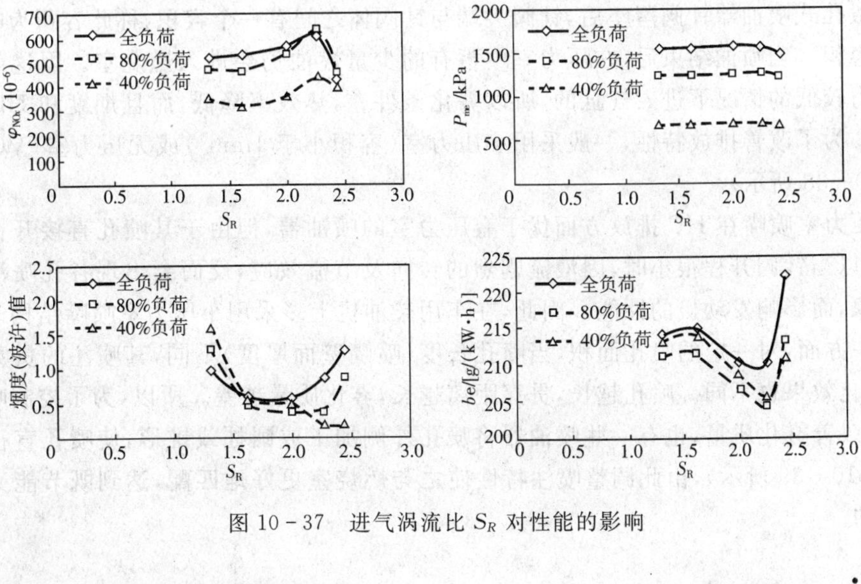


图 10－37　进气涡流比 $S_R$ 对性能的影响

在确定喷孔直径时，一般考虑其最大喷射面积。而喷孔数是根据燃烧室空间的大小来确定的。当一台发动机最大循环喷油量为 $V_b$（$mm^3$/循环）时，可按下式初步确定喷油器的最大喷射面积 $A_n$（$mm^2$），即

$$A_n=\frac{6nV_b\times10^{-3}}{\mu\omega_j\Delta\varphi_j} \tag{10-18}$$

式中：$V_b$ 为最大循环喷油量（$mm^3$/循环）；$n$ 为发动机转速（r/min）；$\mu$ 为喷油器的流量系数，一般喷油器为 $\mu=0.6\sim0.7$，对液力研磨的喷油器 $\mu=0.7\sim0.85$；$\Delta\varphi_j$ 为喷油持续曲轴转角（CA）；$\omega_j$ 为喷孔处喷油平均速度（m/s）。

$A_n$ 确定后，设喷油器的孔数为 $i$，则喷孔直径 $d_n$（mm）可以由式（10-19）计算确定，即

$$d_n=\sqrt{\frac{4A_n}{\pi i}} \tag{10-19}$$

另一方面，为了表示在一定的喷射压力下，喷雾特性与燃烧室空间的匹配情况，定义喷油器的面容比 $\delta$（$mm^2$/L）为

$$\delta=\frac{A_n}{V_c} \tag{10-20}$$

式中：$A_n$ 为喷油器喷孔总面积（$mm^2$）；$V_c$ 为燃烧室容积（L）。

当 $\delta$ 值过小时，表明喷雾没有有效地利用燃烧室空间；反之，$\delta$ 值过大，说明相对一定的喷雾特性，燃烧室空间过小。面容比 $\delta$ 小，表示对一定的喷雾特性，燃烧室空间的空气利用率高，所以 $NO_x$ 排放量高，燃油消耗率降低；随面容比 $\delta$ 的增加，相对一定的燃烧室容积，喷射的燃料量多，热效率降低，CO 和 HC 排放随之增加。所以，对一定的燃烧室都存在着最佳的喷油器的面容比。

3. 喷嘴的结构

一般孔式喷油器针阀落座后，针阀尖端与针阀体之间有一个容积，称此容积为喷油器的压力室容积。当喷油结束后，在压力室中蓄有的少量燃油仍会进入燃烧室。因这部分燃油是在压力较低的情况下进入气缸的，所以雾化条件差，热效率降低，而且烟度和 HC 得排放量增加。为了改善排放特性，一般采用小压力室（容积小于 1$mm^3$）或无压力室（VCO）喷嘴（如图 10-38 所示）。

无压力室喷嘴在 HC 排放方面优于有压力室的喷油器，但由于其喷孔直接开在密封锥面上，所以当针阀升程很小时，因液流剧烈的转向及节流效应，反而会出现各孔喷注射程不均的现象，而影响发动机的性能。因此，在车用柴油机上多采用小压力室喷嘴结构。

另一方面，对一定的喷孔面积，当喷孔长度（喷嘴壁面厚度）不同，其喷注的贯穿距离不一样，雾化效果也不同。喷孔越长，贯穿距离越长，雾化质量越差。所以，为了控制喷雾的贯穿距离，改善雾化质量，也有一些喷油器将喷孔外侧加工成圆柱或锥形，使喷孔直径阶梯变化（如图 10-39 所示），由此调整喷注特性使之与燃烧室更好地配匹，达到既节能又降低排放的目的。

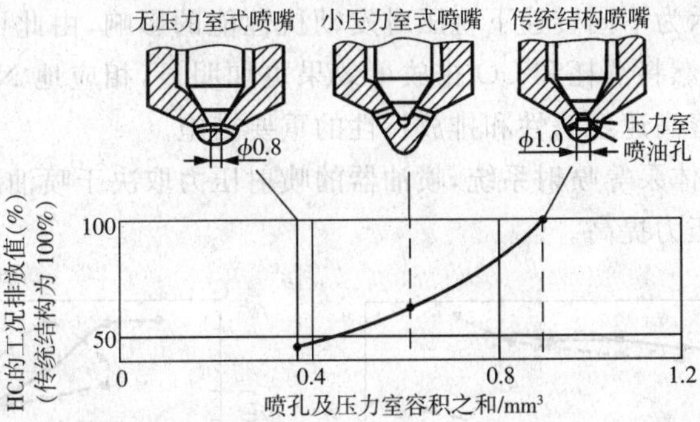


图 10－38　喷油器的压力室容积对 HC 排放的影响

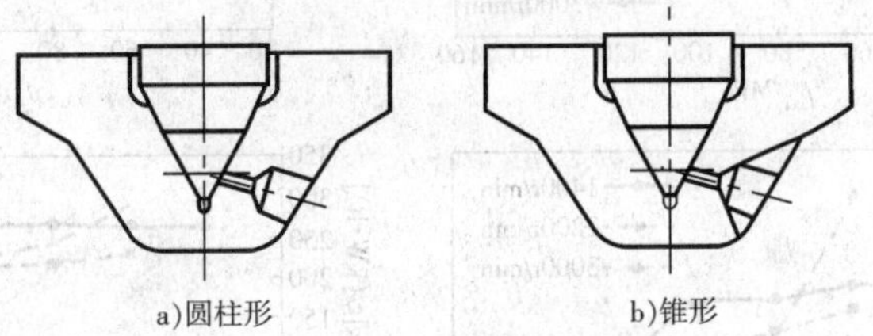


图 10－39　阶梯形喷孔形状

4. 喷射压力(轨压)的影响

对高压共轨系统，喷油器的喷射压力取决于共轨的油压。对一定的喷油量，轨压越大，喷射速率越高，喷射持续时间越短，所以燃烧初期放热速率高，放热率峰值明显增加，缸内最高爆发压力增大。从发动机经济性角度分析，并非轨压越高经济性越好。如某轻型车用柴油机在 3000 r/min、80％负荷的工况下，轨压 $p_{rail}$ 低于 100 MPa 的区域，随轨压的增加，燃油消耗率和烟度明显下降，轨压达到 100 MPa 以后烟度基本等于零，油耗保持不变(如图 10－40 所示)。从排放角度分析，随轨压的增加燃烧放热速率加快，最高燃烧温度升高，而且促进扩散燃烧过程，所以 $NO_x$ 排放量成线性增加，而 CO 和 HC 排放量减少。

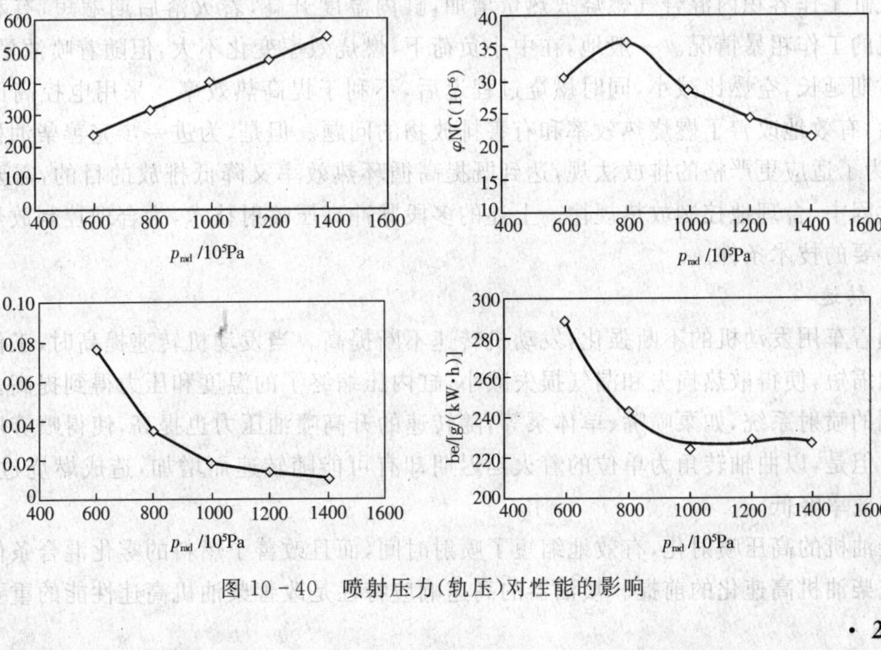


图 10－40　喷射压力(轨压)对性能的影响

如图 10－41 所示为不同转速下轨压对发动机性能的影响，由此可以看出，在高速下提高轨压对降低发动机燃料消耗和 CO 排放量效果更加明显，相应地 $NO_x$ 排放量普遍较低。因此，提高轨压是改善高速经济性和排放特性的重要措施。

而对泵喷嘴或单体泵等喷射系统，喷油器的喷射压力取决于喷油泵的供油速率，随发动机转速的增加，喷射压力提高。

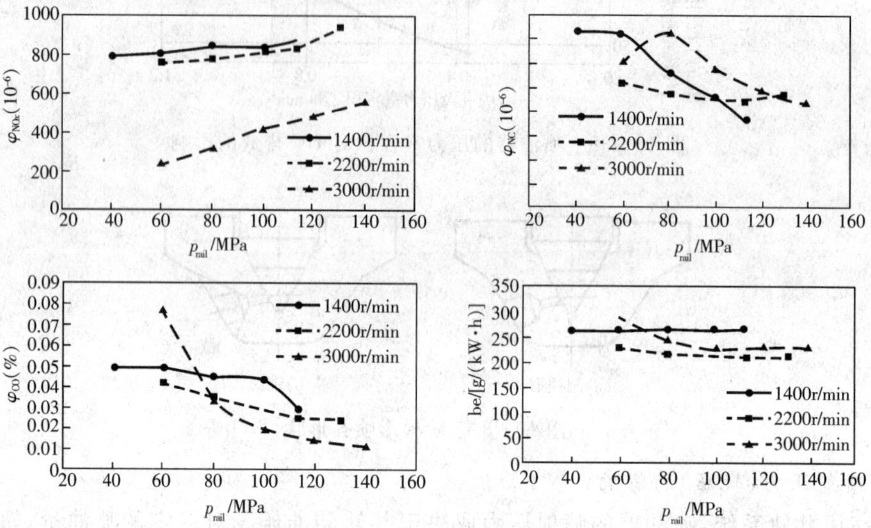


图 10－41　不同转速下喷射压力（轨压）对发动机性能的影响

## 二、影响燃烧过程的运转因素

1. 负荷

柴油机的负荷大小是通过喷油量来调节的，所以称之为“质调节”。其特点是进入气缸的空气量基本保持不变，只调节循环喷油量。当负荷增加时，循环喷油量增加，混合气变浓，单位气缸工作容积内混合气燃烧放热量增加，缸内温度升高，着火落后期缩短，有利于改善柴油机的工作粗暴情况。一般地，在中小负荷下，燃烧效率变化不大，但随着喷油量的加大，喷射时期延长，空燃比减小，同时燃烧过程迟后，不利于提高热效率。采用电控高压喷射技术以后，有效地改善了燃烧热效率和有害排放物的问题。但是，为进一步完善柴油机的工作循环，为了适应更严格的排放法规，达到既提高循环热效率又降低排放的目的，需要在压缩膨胀过程中，合理地控制放热规律。上述的多段脉冲高压喷射技术，为合理控制放热规律提供了必要的技术条件。

2. 转速

随着车用发动机的不断强化，发动机转速不断提高。当发动机转速提高时，工作循环所占时间缩短，使得散热损失和漏气损失减小，缸内压缩终了的温度和压力得到提高。对非恒压控制的喷射系统，如泵喷嘴、单体泵等，随转速的升高喷油压力也提高，使得喷雾质量得到改善。但是，以曲轴转角为单位的着火延迟期却有可能随转速而增加，造成燃烧过程迟后，燃烧热效率降低。

柴油机的高压喷射化，有效地缩短了喷射时间，而且改善了燃料的雾化混合条件。这是直喷式柴油机高速化的前提。喷油器的高速响应特性是改善柴油机高速性能的重要因素。

3. 喷油时刻

喷雾相对燃烧室空间的喷射位置还取决于喷油时刻。如图 10－42 所示为气缸直径为 83 mm、排量为 2.0 L 的轻型车用柴油机，采用喷射压力为 24 MPa 的机械式喷射系统时，在不同转速下供油提前角对柴油机性能的影响。传统的直喷式燃烧室的静态供油提前角 $\theta_{gt}$ 一般为 11°～14°(CA)，与此相比较，采用如前所述的缩口、中央凸起的双涡流直喷式燃烧室以后，可明显地推迟喷射时期，由此在经济性保持基本不变的前提下，有效地抑制柴油机预混合燃烧期内的混合气形成量，有效抑制 $NO_x$ 的生成。而且通过燃烧室内一定的滚流强度保持性，促进扩散燃烧，因此能有效地控制 CO 和 HC 排放量。对这种燃烧室，不管发动机转速如何变化，相对燃烧室所要求的最佳喷射位置是一定的。因此，从低速到高速整个使用转速变化范围内，供油提前角的变化范围小，只有 8°～14°(CA)。而传统的直喷式柴油机为 11°～13°(CA)。而传统的直喷式燃烧室相比较，整个转速范围，可大幅度降低排放。所以，称这种燃烧室为缩口低排放直喷式燃烧室。

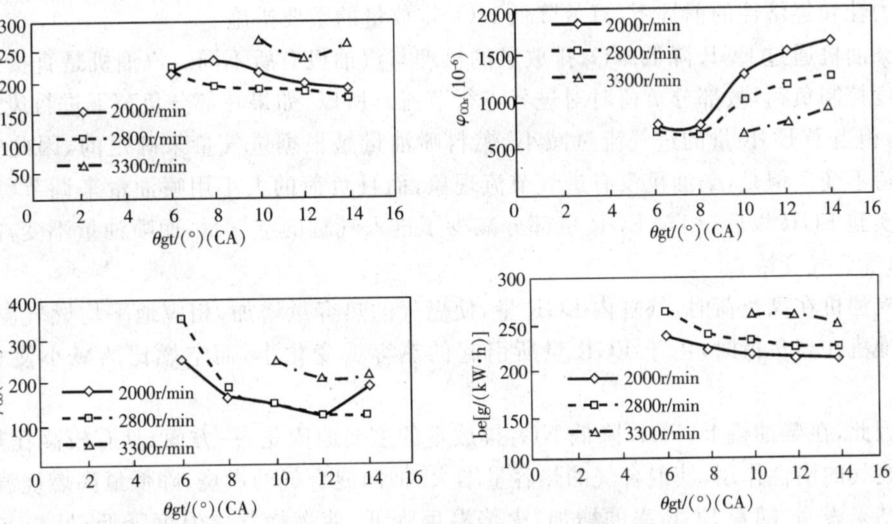


图 10－42 喷油时刻对柴油机性能的影响

4. 燃油特性

影响燃烧过程燃料的性能指标是十六烷值。十六烷值高的燃料，自燃性好，所以着火延迟期短，压力升高率低，发动机工作温柔，$NO_x$ 排放量少。但是，如果燃料十六烷值过高，则在喷射过程初期喷射的燃料在喷嘴口附近就着火了，而后续喷射的燃料喷在已燃烧的火焰面上，所以容易造成高温缺氧而冒黑烟；如果十六烷值过低，则燃料的自燃性差，不易着火，因此着火延迟期延长，使得预混合燃烧的可燃混合气量增多，工作粗暴，$NO_x$ 排放量增加。所以，根据发动机的压缩比等，需要合理选择燃料的十六烷值。

发动机冷起动或低温运行时，十六烷值对着火延迟期和 HC 排放影响很大。发动机冷态下，能正常燃烧的条件可用燃烧喷射持续期间和着火延迟期的差值来表示。如图 10－43a 所示，将压缩比从 16 降低到 14，可有效地减小排放量，同时将燃烧的十六烷值从 55 提高到 85 左右时，着火特性基本保持不变。如图 10－43b 中所示，在常温下，保证 $NO_x$ 排放量一定的条件下，可有效地降低 HC 排放量。

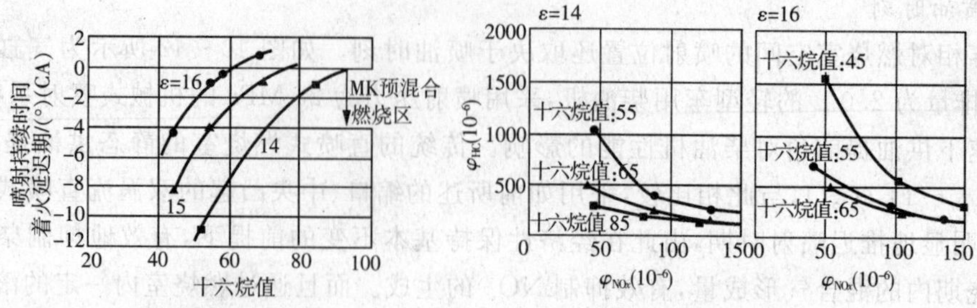


a)对着火延迟期的影响　　b)对 HC 排放的影响

图 10-43　压缩比和十六烷值对着火及 HC 排放的影响

5. EGR

废气再循环(EGR)是控制 $NO_x$ 排放的有效措施。但是采用 EGR 后可能带来燃油消耗率、功率和排烟恶化等问题。因此，根据不同工况精确控制再循环废气量，是在保证发动机动力性和经济性的前提下，有效降低 $NO_x$ 排放量的重要措施。

柴油机通过 EGR 降低 $NO_x$ 排放量的机理与汽油机有所不同。汽油机是直接通过节气门开度控制负荷，故部分负荷时对进气进行节流。所以，如果在部分负荷下进行废气再循环的话，相当于 EGR 量的进气流量减小，燃料喷油量是根据进气量来确定的，因此空燃比基本保持不变。但是，柴油机没有进气节流现象，而且负荷的大小用喷油量来调节(质调节)，所以实施 EGR 以后，相对 EGR 量部分减少了进入气缸的空气量，而喷油量不变，故空燃比减小，混合气变浓。

汽油机在高负荷时，气缸内 EGR 量，使燃气的热容量增加，相应地平均燃气温度降低；而柴油机在高负荷时，由于 EGR 量所引起的热容量变化小，而空燃比的减小使氧的含量降低。

因此，在柴油机上，EGR 降低 $NO_x$ 排放量的主要原因是：一方面，具有较高比热容的再循环废气的惰性作用，使混合气的热容量增大，抑制混合气的燃烧，降低最高燃烧温度，有关试验结果表明，随着 EGR 率的增加，火焰温度降低，使燃烧气体温度降低；另一方面，通过 EGR，减小了进入气缸的空气量，使气缸内的氧和氮的含量降低。如图 10-44 中表示了 EGR 对车用柴油机 $NO_x$ 排放的影响。由此表明，柴油机实施 EGR 以后的这两方面的因素，对降低 $NO_x$ 排放量的效果基本上各占 50%。

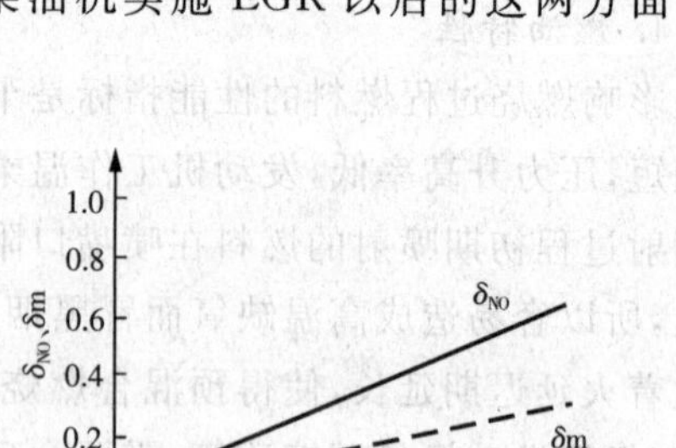


图 10-44　EGR 对 $NO_x$ 排放的影响

当所实施的 EGR 率不超过 20%时，不仅可有效的降低 $NO_x$ 的排放量，而且燃油消耗率也有所降低。但当 EGR 率过大时，燃油消耗率和烟度均恶化，微粒排放量也增加。所以，根据发动机工况的要求，需要精确控制 EGR 量。

在设计柴油机的 EGR 系统时，与汽油机相比，由于柴油机的进气压力和排气压力之差比较小，所以为了保证所需的 EGR 量，EGR 回流管设计的粗一些。因此，相应地 EGR 阀也要大。柴油机的 EGR 阀一般用真空度来控制。

# 第五节 柴油机的排放控制技术

柴油机的排放控制技术大体上也可分为机内措施和机外措施两种。机内措施主要以放热规律的控制为目的，但是对内燃机等通过在空气中燃烧进行能量转换的动力装置而言，通过机内措施实现燃烧排放物中有害排放物的零排放几乎是不可能的。为了进一步降低排放，使之更接近于零排放，以达到清洁环境的目的，结合机内措施都采用机外的后处理技术。所以，目前针对不断严格的排放法规，在车用柴油机上所采取的主要排放控制措施（如图10-45所示）有：

(1)可变增压、中冷技术；

(2)燃烧室结构及喷注优化匹配技术；

(3)电控多阶段高压喷射技术；

(4)EGR及中冷技术；

(5)后处理技术。

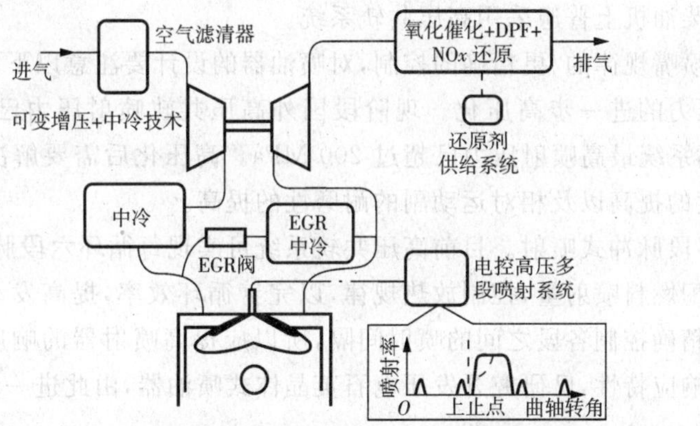


图 10-45　车用柴油机上所采取的主要排放控制措施

不同技术措施对排放及性能的影响效果见表 10-1。

表 10-1　不同技术措施对排放及性能的影响效果

| 措施 / 性能 | 喷射系统措施 | | | | EGR | 后处理 | | |
|---|---|---|---|---|---|---|---|---|
| | 喷射压力高压比 | 喷射压力控制 | 预喷射 | 喷射时期迟后控制 | | 还原型催化剂 | 氧化型催化剂 | 静电/捕集器 |
| 微粒，碳烟及 HC | 好 | 好 | — | 差 | 差 | — | 好 | 好 |
| $NO_x$ | 差 | 一般 | 好 | 好 | 好 | 好 | — | — |
| 经济性 | 一般 | 一般 | 一般 | 差 | 一般 | — | — | — |
| 噪声 | 差 | 一般 | 好 | 一般 | — | — | — | — |
| 起动性 | — | 一般 | 一般 | 差 | — | — | — | — |
| 行驶性 | 一般 | 好 | — | 差 | — | — | — | — |

## 一、机内措施

1. 喷射系统的控制

喷射系统控制的目的，除了良好的雾化特性和喷注与燃烧室良好匹配的基本要求以外，就是控制喷油规律，由此有效地控制燃烧放热规律，达到既节能又降低排放的目的。为此，对车用柴油机的喷射系统提出高压喷射化，而且喷射压力、喷射时期、喷油量以及喷油率可控制，同时高精度、高响应特性等的要求。现阶段满足这些要求的有高压共轨系统、泵喷嘴系统等。

以高压共轨系统为例，如前所述，它是通过高频柱塞式油泵的泵油速率保证喷射压力的高压化，同时在共轨中设置压力传感器，通过 ECU 任意控制输油泵的泵油过程来实现喷射压力的任意控制。喷射时期是直接通过喷油器的电磁阀任意控制针阀的开启时刻来实现自由控制的，并通过电磁阀通电时间的长短(脉宽)任意控制喷射量。喷射率是将每一燃烧循环的喷油量分多次喷射的方式进行控制的。这就要求喷油器有足够高的响应特性和控制精度，喷油器的响应特性和控制精度取决于电磁阀的高频响应特性和针阀系统的惯性质量。

相对单体泵和泵喷嘴，由于高压共轨直接控制喷油器，所以在控制响应特性上占优势，因此轻型高速柴油机上普遍采用高压共轨系统。

为了实现喷嘴规律的、更精确的控制，对喷油器的设计要注意以下两点：

(1)喷射压力的进一步高压化。现阶段国外高压共轨喷射压力已可以达到 180～200 MPa，而泵喷嘴系统最高喷射压力已超过 200 MPa。高压化后需要解决的问题就是高压密封性、耐压强度的提高以及相对运动副的耐磨性的提高。

(2)实现多段脉冲式喷射。目前高压共轨系统可实现每循环六段脉冲喷射，由此在整个循环内合理分配燃料喷射量，控制放热规律，以完善循环效率，提高发动机整机性能。实现多段喷射需要精确控制各段之间的喷射间隔，所以应提高喷射器的响应特性。为了进一步提高喷油器的响应特性，已研究开发压电石英晶体式喷油器，由此进一步提高喷油器的响应特性。

2. 新的燃烧方式

柴油机燃烧过程中的主要问题就是微粒(碳烟)和 $NO_x$ 的排放。这两种排放物的生成均与混合气的含量和燃烧温度有关。而一般控制排放的机内措施对这两种排放物的控制相互矛盾。即降低 $NO_x$ 排放量的措施一般会都使微粒排放量增加。所以，作为同时降低微粒和 $NO_x$ 排放量的技术，必须同时控制燃烧温度和混合气含量。为此，开发了有关低温燃烧技术和均质压燃(HCCI)技术。

(1)低温燃烧技术。典型的低温燃烧技术有 MK(Modulated Kinetics)燃烧方式。这种燃烧方式的特点是低温燃烧和预混合燃烧方式的组合，由此达到同时降低 $NO_x$ 和微粒(PM)排放量的目的。实现 MK 燃烧方式的基本原理是，通过 EGR 降低氧含量，同时降低燃烧温度，由此降低 $NO_x$ 排放来实现。为了同时降低微粒排放量，采用 MK 高压喷射，以缩短喷射时间，同时结合实施 EGR 及提前喷射，延长着火落后期，实现预混合燃烧，达到同时降低微粒排放量的目的。为了控制预混合燃烧，以燃料喷射持续期间和着火延迟期之差作为预混合化的控制指标。当喷射持续期间小于着火延迟期时，就可以认为是预混合燃烧。因此，通过燃料的十六烷值和压缩比的调节来满足预混合燃烧的条件(如图 10-43 所示)，实现 MK 燃烧方式。如图 10-46 所示为这种 MK 燃烧方式对排放的影响。当无 EGR 时，$NO_x$ 排放量比较高，为了降低 $NO_x$ 排放量，实施 EGR 率为 30%的废气再循环。虽然 $NO_x$ 排放量降低了，但微粒排放量明显增加，而且喷射持续期间与着火延迟期的差值较大，表明扩散燃烧阶段较多。通过调喷射压力，降低微粒排放量，同时实施 EGR，则实现预混合燃烧，进一步降低 $NO_x$ 和微粒排放量。

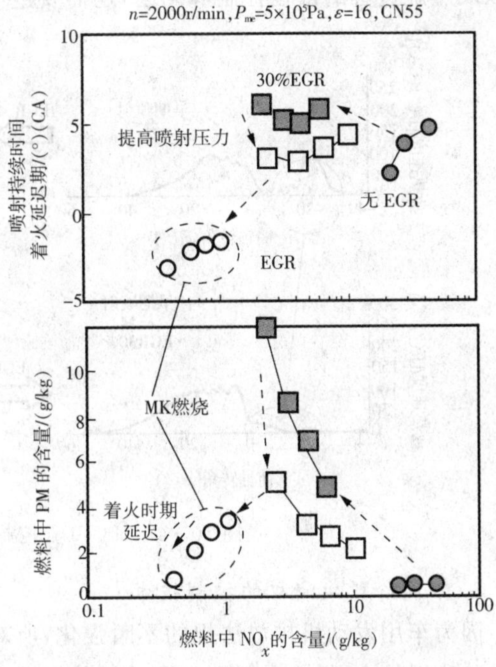

图 10-46 MK 燃烧方式对排放的影响

(2) HCCI 技术。均质压燃 HCCI (Homogeneous Charge Compression Ignition)燃烧方式，是近年来为了同时解决节能(提高热效率)和降低 $NO_x$、碳烟等排放问题而提出的新的概念。其实质就是，开发避免 $NO_x$ 和微粒生成的温度区和混合气含量领域的高热效率稀薄的低温燃烧技术，并由此取消或减轻 $NO_x$ 还原剂的负担。实现 HCCI 燃烧所必需的主要技术措施，有连续可变配气定时 FVVT(Full variable valve timing)技术、EGR 控制技术，喷油定时控制技术等。在压缩过程早期合适的时刻喷油，以延长着火延迟期，由此在气缸内形成稀薄的预混合气，并通过压缩过程和 EGR 率的控制实现 HCCI 的燃烧过程。HCCI 的关键技术在于混合气含量(空燃比)及其均匀化，一般可通过高压喷射以及喷射时期来控制，而着火时刻及最高燃烧温度是通过进气温度、有效压缩比、EGR 以及喷射方式和喷油规律来控制。一般在小负荷范围内容易实现 HCCI 的燃烧过程，但扩大 HCCI 燃烧的负荷领域比较困难，特别是在较大负荷时 HCCI 的燃烧方式易造成爆燃。所以，现阶段 HCCI 技术要达到实用化，技术上尚未成熟，还需要做进一步的工作。

现阶段在这一方面有一定研究成果的是预混合压燃(PCCI)方式。而这种方式与 HCCI 方式相比较，存在混合气形成不均匀性的问题。PCCI 一般通过两段或多段喷射，形成预混合气后，使主喷射燃烧稀薄化，由此实现 PCCI 高负荷燃烧。如图 10-47 所示为采用两段喷射方式，结合压缩比的减小和实施 EGR，实现 PCCI 燃烧方式，由此控制放热规律的具体效果。一般在压缩比较高(如 ε=17)的状态下进行两段高压喷射时，早期喷射的燃料在压缩过程中燃烧，虽然这对主喷射燃烧时的压力升高率和最高燃烧温度的控制有利，但造成压缩负功增加，热效率降低。实施 EGR 率为 30%左右后，虽然降低初喷射燃烧的放热率峰值，可促进主喷射时期的预混合燃烧，有效地限制了初期喷射燃料的燃烧放热率，但主燃烧阶段的预混合燃烧过程不充分，燃烧放热过程有所延长。在降低压缩比的同时实施 EGR 率为 30%左右的 EGR 时，初期喷射的燃料燃烧放热率明显减小，大部分形成稀薄的均匀混合气，所以在主喷射阶段，促进了预混合燃烧过程，使得主喷射燃烧过程中的初期放热速率明显得到提高。但是，关于与着火相关的缓慢的低温氧化反应、后期的急剧高温氧化燃烧现象以及燃烧过程的最佳控制等问题，还需要进一步弄清楚。

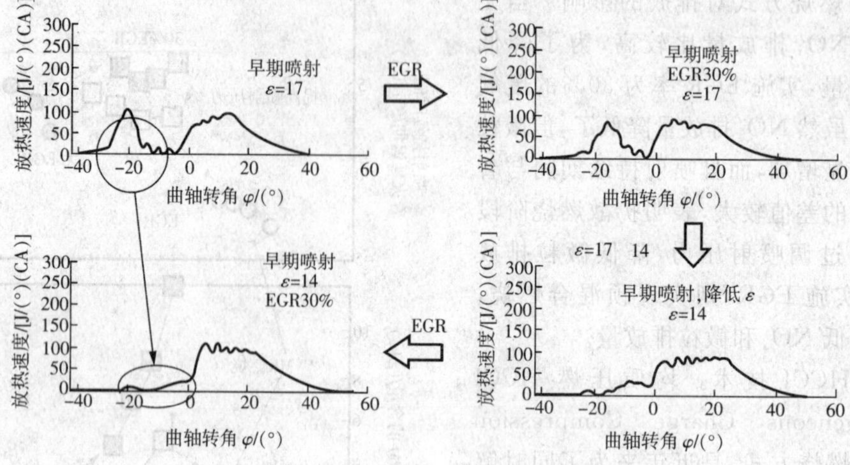


图 10－47　PCCI 上控制放热规律的具体效果

3. 不同阶段柴油机的控制技术

因为车用发动机排放法规的不断强化，所对应的技术措施也有所不同。对应 2005 年以前排放法规的主要技术措施，主要采用共轨压力为 160 MPa 的高压喷射技术、EGR、可变喷嘴增压(VNT)技术、预喷射燃烧技术、进气涡流可变系统以及限制燃料含硫量为 $50\times10^{-6}$(体积分数，下同)以内，并采用 DOC(Diesel Oxidation Catalyst)、微粒滤清器(DPF)后处理技术。

而针对 2005 年实施的排放法规的技术措施，主要采用高压多段喷射技术、闭环电控，高压可变喷嘴增压(VNT)技术、EGR 技术和采用 PCI 燃烧方式，燃料含硫量限制在 $10\times10^{-6}$ 以内。

针对 2009 年实施的排放法规的技术措施，主要是 200 MPa 的高压多段喷射、部分实现 HCCI 燃烧，采用内部 EGR 控制技术、限制燃料含硫量且机油含硫量为 0，并采用 $NH_3$－SCR 等后处理技术。

为了进一步控制 $CO_2$ 和微粒排放，结合内部 EGR，进一步扩大 HCCI 燃烧范围，并采用可变喷孔喷油器和 DPF、可变配气相位技术及 HCCI 专用燃料等。

## 二、后处理技术

柴油机一般在平均过量空气系数大于 1.2 的较稀的混合气下燃烧。所以，虽然柴油机的压缩比比汽油机的高，但其燃烧最高温度及排气温度比汽油机低，而且排气中 CO、HC 排放量也明显少于汽油机。但是其主要有害排放物是 $NO_x$ 和微粒，以及 CO 和 HC。汽油机可通过三效催化转化器同时净化 $NO_x$、CO 和 HC 排放，使之控制在很低的水平。但是，柴油机由于平均气含量比较稀薄，不能用三效催化转化器。所以，根据其有害排放物，柴油机上主要采用后处理技术，包括氧化催化转化器、$NO_x$ 的催化转化器以及微粒捕集器(DPF)等几种。

1. 氧化催化转化器

氧化催化转化器(DOC)只是将排气中的 CO 和 HC 以及微粒中的 SOF 氧化为 $CO_2$ 和 $H_2O$。氧化催化机主要采用 Pt(钯)和 Pd(铂)等贵金属构成。为了氧化 HC 和 CO，将 Pt、

Pd 独立或两者组合为催化剂。实际使用的 Pt 和 Pd 的质量之比是在 2.3∶1 附近，一般多使用该比值等于 2∶1 或 2.5∶1 的催化剂。贵金属 Pd 易受 Pb(铅)的侵蚀，而贵金属 Pt 容易受热劣化。

影响催化反应的基本因素是反应物质的含量、温度以及空间速度(单位时间内的气体体积)。所以，为了提高反应效率，需要适当控制这些因素。一般催化剂的工作温度为 300 ℃以上，空间速度为每小时数万升以上。影响反应物含量很重要的因素就是氧气的含量和被氧化物质($CO$、$HC$、$H_2$)含量之间的平衡关系。因此，为了在排气过程中氧化 HC 和 CO 排放物，或者作为排气净化装置，采用催化装置时，需要向排气系统供给新鲜空气，称此空气为二次空气。

但是如果柴油中含硫量较多时，氧化催化剂将会生成较多硫酸盐，反而使微粒排放量增加。所以采用氧化催化器的柴油机应选用低含硫量的柴油。

2. $NO_x$ 的催化转化器

为了降低柴油机的 $NO_x$ 排放量，采用以氨为还原剂的选择型还原装置(Selective catalytic reduction, SCR)。其催化剂一般用 $V_2O_5-TiO_2$、$Ag-Al_2O_3$ 以及含 Cu、Pt、Co 或 Fe 的人造沸石等。在催化装置前供给相对燃料 3%～5%的 32.5%含量的尿素(如图 10-48 所示)，用排气热进行加水分解反应所产生的 $NH_3$(氨)，对 NO 进行选择型还原。其总量反应式有

$$\begin{cases} 4NO+4NH_3+O_2 \rightarrow 4N_2+6H_2O \\ 6NO+4NH_3 \rightarrow 5N_2+6H_2O \\ 2NO_2+4NH3+O_2 \rightarrow 3N_2+6H_2O \\ 6NO_2+8NH_3 \rightarrow 7N_2+12H_2 \end{cases} \tag{10-21}$$

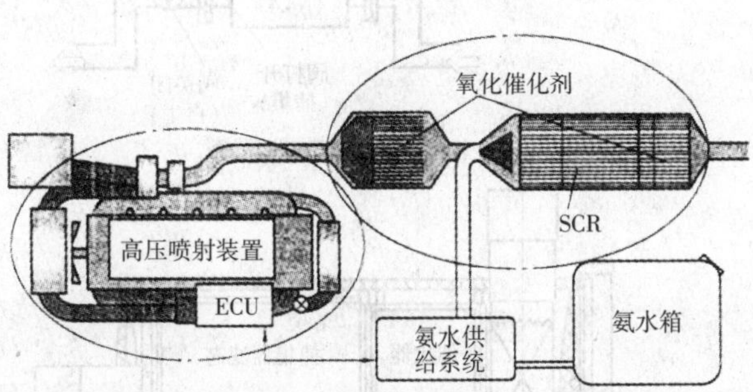


图 10-48　SCR 系统

上述反应所需要的工作温度范围为 250 ℃～500 ℃。当工作温度过低时，上述 NO 的还原反应不能有效进行；如果温度过高，会造成催化剂过热损伤，而且还会使还原剂 $NH_3$ 直接氧化损耗并生成新的 $NO_x$。特别是可能生成强温室气体 $N_2O$，即

$$2NH_3+2O_2 \rightarrow N_2O+3H_2 \tag{10-22}$$

因此，使用 SCR 催化转化器时必须注意减少 $N_2O$ 的生成。

通过机内措施和 SCR 催化转化器的配合使用，在不用 DPF 下可满足 2005 年度实施的

欧洲排放法规。在发动机稳定工况下，通过各参数的最佳控制，不仅对发动机尾气排放的净化效率可达到 90%以上，也可改善 200 ℃以下的低温过渡工况下的净化效率。

3. 柴油机微粒捕集器(DPF )

作为专门控制柴油机微粒排放控制的装置，有以壁流式蜂窝状陶瓷为滤芯的微粒滤清器。这种滤芯的结构特点是，每相邻的两个孔道，一个在进口处被堵住，另一个在出口处被堵住。这样排气从孔道流入后，必须穿过多孔性陶瓷壁面才能从相邻孔道流出，此时将排气中的 PM 过滤在各流入孔道的壁面上。一般地，孔道截面积为 2 mm×2 mm，壁厚为 0.4 mm 左右。蜂窝陶瓷滤芯体积一般是柴油机排量的 1～2 倍，其最大直径在 150～200 mm 范围内，长度不超过 150 mm。大排量柴油机可用数个滤芯并联工作。在发动机运行过程中，DPF 滤芯上沉积的 PM 逐渐增多，使得排气流动阻力增加，直接影响发动机的性能。因此，必须及时清除堆积在滤芯上的 PM，以恢复到原来低阻力状况，这已成为 DPF 非常重要的问题。而这一清除 PM 的过程成为 DPF 的再生。由于 PM 中绝大部分为可燃物，所以 DPF 再生的最简便的方法就是定期烧掉 PM。DPF 的再生方法有以下几种：

(1)电加热再生系统

这种方法是，用电加热器加热 DPF，并供给一定量的空气来烧掉 PM，使 DPF 再生(如图 10－49 所示)。这种再生法采用关闭 DPF 的流动来再生，所以需要多个 DPF。每个 DPF 再生所需的能量比较少，但结构复杂。

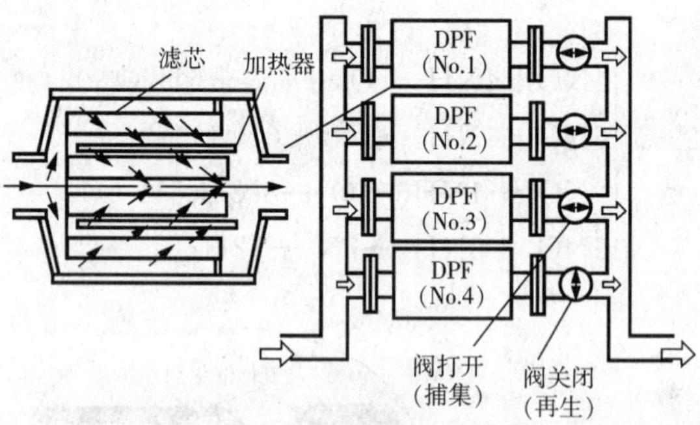


a)电加热再生系统

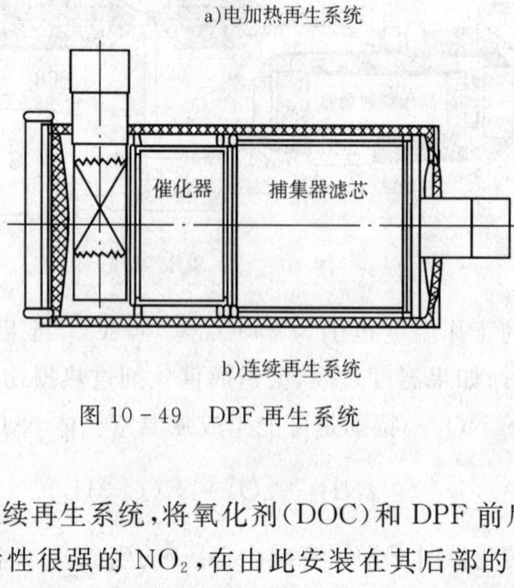


b)连续再生系统

图 10－49　DPF 再生系统

(2)连续再生系统

如图 10－49b 所示的连续再生系统，将氧化剂(DOC)和 DPF 前后安装在同一壳体内。安装在前段的氧化剂生成活性很强的 $NO_2$，在由此安装在其后部的 DPF。为了提高 DPF 的再生效果，将特殊的氧化催化转化器安装在 DPF 的前段，这样在排气过程中前置的氧化催化转化器中所产生的含有 $NO_2$ 气体的废气直接进入 DPF，在排气流动过程中直接进行再生。在 DPF 中也固化氧化剂以提高低温活性。

(3)强制氧化催化再生系统

这是一种通过发动机控制和氧化催化转化器的结合，使 DPF 强制升温的 DPF 再生系统。发动机的控制，主要包括喷射时间、EGR、VGT、排气制动等的控制，由此提高排气温度，使之达到前段催化剂的活性温度。也可以结合发动机控制，实施燃料后喷射(如下止点附近喷射)，以排出未燃的 HC，在前段催化转化器中燃烧，由此加热 DPF 使其达到再生的目的(如图 10－50 所示)。

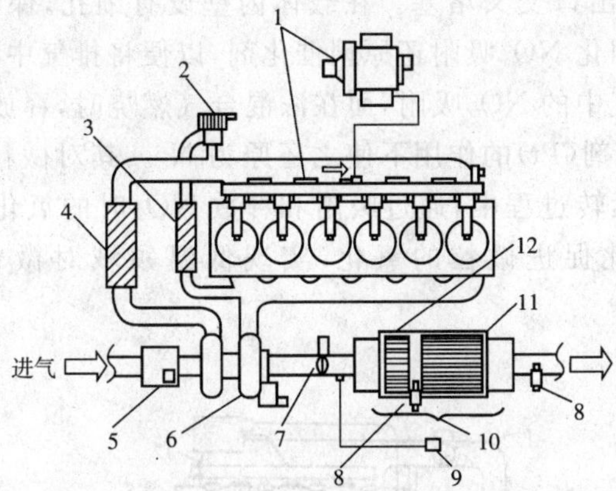


图 10－50　强制氧化催化再生系统

1－高压共轨喷射系统　2－EGR 阀　3－EGR 中冷器　4－中冷器　5－进气流量计　6－VGT　7－排气制动　8－温度传感器　9－压力传感器　10－DPF 清洗器　11－滤清器　12－氧化催化器

DPF 的主要再生方法见表10－2。

表 10－2　DPF 的主要再生方法

| 再生方法 | | 备　注 |
| --- | --- | --- |
| 强制再生 | 电加热 | |
| | 微波加热 | |
| | 轻柴油燃烧加热 | |
| | 等温等离子氧化 | |
| | 逆流空气喷射清洗 | 逆洗后，微粒用电加热器烧掉 |
| | 发动机控制＋氧化 | 进排气节流，燃料后喷，排气中碰油 |
| 连续再生 | 催化剂载体 DPF | |
| | 前段氧化催化 | 生成 $NO_2$ |
| | 催化剂载体 ＋ 前段氧化 | |
| | 燃料添加型催化器 | 燃料添加剂 |

4. DPNR 装置

目前，在柴油机上能成功的降低 $NO_x$ 和微粒排放的控制装置，主要由第二代的高压共轨系统、低温燃烧控制技术和排气燃料添加系统以及后处理系统（DPNR 装置＋氧化剂）组成。

这套装置通过喷油器启喷压力为 180 MPa 的高压共轨系统，进行多段喷射控制，同时以 1 MPa 的压力向排气喷燃料，以便使 DPNR 内的 $NO_x$ 还原、微粒氧化。这样也可以防止后处理系统受燃料中的硫的侵蚀。

DPNR（Diesel Particulate and $NO_x$ Reduction）装置如图 10－51 所示，其特点是，采用陶瓷蜂窝状结构，入口和出口交叉堵塞。在载体内壁设有细孔，保证微粒顺利流动。而在载体壁面和细孔内部固化 $NO_x$ 吸附还原型催化剂，以便将排气中的 $NO_x$ 吸附还原。即当稀混合气燃烧时将排气中的 $NO_x$ 吸附，而在浓混合气燃烧时，释放被吸附 $NO_x$，在排气中的 HC 和 CO 以及还原剂（Pt）的作用下使之还原为 $N_2$。其对微粒的氧化机理是，在混合气含量的浓稀交变的运转过程中，通过吸附和释放 $NO_x$ 时的氧化还原反应，在催化剂表面上生成活性氧，由此促进微粒的氧化，实现低温领域对微粒的氧化（如图 10－52 所示）。

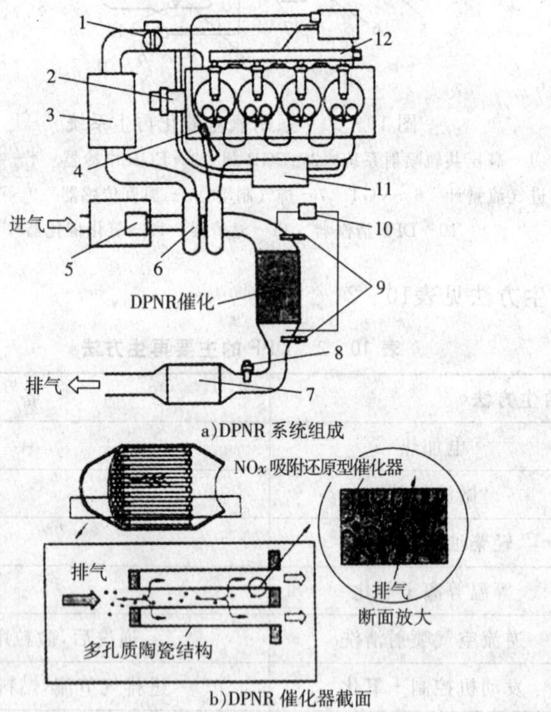


图 10－51　DPNR 装置

1－节气门　2－EGR 阀　3－中冷器　4－排气燃料添加器　5－进气流量计　6－增压器　7－氧化催化器　8－空燃比传感器　9－排气温度传感器　10－压差传感器　11－EGR 中冷器　12－高压共轨系统

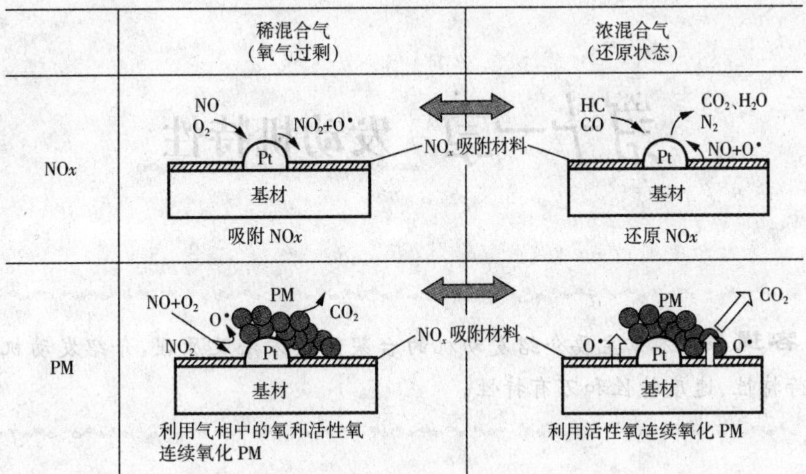


图 10-52 DPNR 净化原理

## 思考与练习

10-1 试述柴油机喷射系统的要求。

10-2 简述高压共轨柴油喷射系统的工作原理。

10-3 CR、UIS 和 UP 三种高压喷射系统各有何优缺点?

10-4 柴油机混合气的形成方式有哪些? 各有何特点?

10-5 试述柴油机的燃烧过程。分析影响柴油机燃烧过程的因素。

10-6 何谓燃烧放热规律?

10-7 试述柴油机有害排放物 CO、HC、$NO_x$ 和 PM 的产生机理。分析影响柴油机有害排放的因素。

10-8 简述柴油机的有害排放控制技术。

# 第十一章 发动机特性

**内容提要**：本章主要介绍发动机的台架试验方法及原理，介绍发动机的负荷特性、速度特性和万有特性。

发动机特性是指发动机性能指标(如动力性、经济性等)或工作过程主要参数(如充气系数等)随调整情况或运转工况而变化的关系。其中，随调整情况而变化的关系，称为调整特性(如汽油机点火提前角调整特性等)；随运转工况面变化的关系，称为使用特性或性能特性，如速度特性、万有特性等。

发动机主要为其他工作机械提供必要的动力。发动机作为汽车的“心脏”，其输出特性直接影响车辆的行驶特性。因此，了解和掌握发动机的性能，对人们能有效利用动力源，从而提高整车的性能具有重要意义。

研究发动机特性的主要目的在于正确评价其特性，为汽车或其他工作机械正确选用动力源提供依据。同时，通过发动机的特性评价与分析，为进一步改进发动机的性能使之与整车(或工作机械)性能良好匹配提供可靠依据。

## 第一节　发动机工况和台架试验

人们主要通过发动机各项性能指标随工况的变化特性来研究发动机的特性，所以研究发动机的特性，首先需要了解发动机的工况、发动机的性能指标的测量方法及发动机的试验方法等。

### 一、发动机的工况

发动机的工况，就是指发动机的运行状态，常用发动机转速 $n$ 和负荷表示。其中转速表示发动机的工作频率，而负荷则表示发动机对外做功的能力，主要用输出转矩 $T_{tq}$ 或平均有效压力 $p_{me}$ 表示，其中 $T_{tq}\propto p_{me}$。由第二章的式(6－18)和式(6－20)，发动机输出的有效功率为

$$P_e \propto T_{tq} n \propto p_{me} n \tag{11-1}$$

发动机的输出功率，是表示发动机工况特征的重要综合指标。但是由式(11－1)可知，输出功率相同，不等于工况相同。由于工况不同，发动机工作状态即燃烧放热过程不同，因此在相同功率下，发动机的经济性和排放特性不一样。所以正确认识发动机的工况，或在整车行驶过程中发动机输出功率相同的条件下，如何正确选择工况，对改善整车性能具有重要意义。

根据内燃机的工作原理和工作特点，其工况是限定在最低转速 $n_{min}$、最高转速 $n_{max}$ 以及在各个工作转速下所能输出的最大功率(外特性功率曲线)所包的范围内。最低稳定转速又称怠速转速，此时向气缸供给的混合气量最少，只克服发动机内部摩擦损失用，而对外输出的功为零。所以，若发动机转速低于此转速，由于飞轮等运动件的储存能量小，导致发动机转速波动过大，不能正常运行。而发动机的最高转速主要受到充气效率、机械损失和曲柄连杆机构的惯性力的影响。高转速是由于流动损失增加充气效率迅速下降，同时活塞组的往复惯性力和曲轴旋转惯性力增加、摩擦损失增加，直接危及发动机的工作可靠性，因此每台发动机都会限定其最高转速，即额度(标定)转速 。所以发动机的实际工作范围就限定在最低转速和最高转速的范围内的小于或等于外特性功率曲线的区域内。

根据不同工作机械对发动机的使用条件不同，将发动机的工况分为以下三类：

1. 恒速工况

恒速工况是指发动机转速不变，而功率随负载变化的工况(如图 11-1 所示曲线 1)。如发电用的发动机的工况，为了保证发电机工作频率稳定，要求发动机转速稳定不变，而功率随发电机负荷(用电量)大小而变化。恒速工况的特例是发动机运转过程中转速和负荷均保持不变，这种工况称为点工况(如图 11-1 所示 A 点起)。如发动机带动排灌用的水泵时，除起动和过度工况以外，一般都按点工况运行。

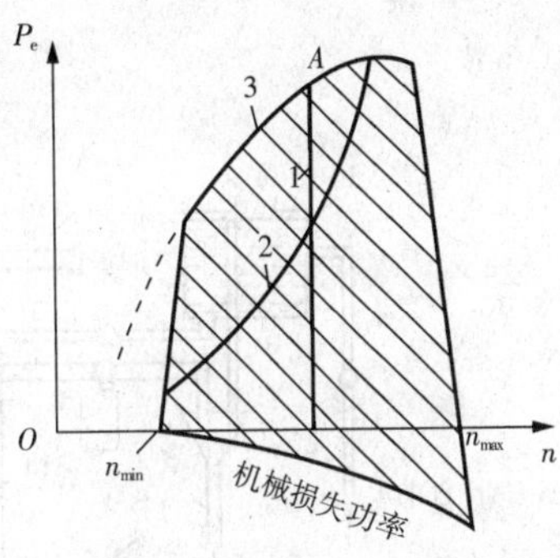


图 11-1　发动机的工况分类

2. 线工况

线工况主要指发动机输出的功率与转速成一定的函数关系的工况(如图 11-1 所示曲线 2)。比较典型的就是船用发动机的螺旋桨工况。发动机的输出功率主要克服来自流体的阻力，即船舶稳定行驶时，发动机输出的功率必须与螺旋桨消耗的功率相等。在螺旋桨节距一定条件下，发动机功率与转速的三次方成正比，即 $P_e=Kn^3$。

3. 面工况

前两种工况的共同点是，发动机输出功率与转速有一定的约束关系。而面工况(如图 11-1 所示的曲线 3)的特点是发动机输出功率和转速之间没有特定的约束关系。在发动机整个工况区域内，功率和转速 $n$ 都是相对独立变化，因此发动机可能运行的范围就是实际工况的变化范围，称之为面工况。如车用发动机的工况，或其他陆地运输和作业的工作机械用发动机的工况，就属于这种工况。在陆地行驶时，发动机的转速取决于车辆等陆地作业的工作机械的行驶速度，而发动机的输出功率，则取决于车辆的行驶阻力。车辆行驶阻力不仅与其行使速度有关，而且还取决于道路的情况，或拖拉机耕地时的土壤条件、推土机推土的载荷量等。

由于汽车使用条件比较复杂，发动机运行工况不断变化。所以车用发动机的性能评价，只是标定点的性能指标是不够的，还需要研究不同工况下发动机性能指标的变化特性。发动机的性能指标如第六章所述的，有动力性能指标($P_e$、$T_{tq}$、$p_{me}$)、经济性能指标(燃油消耗率 $b_e$ 等)以及排放性指标($NO_x$、CO、HC、PM 等排放量)，这些指标随发动机工况的变化规律称为发动机使用特性，而这些性能指标随工况的变化曲线称为特性曲线。通过发动机的特性曲线，可直观的评价与分析发动机的性能及其影响因素，是发动机性能分析的重要手段。

## 二、发动机的台架试验

为了绘制发动机的特性曲线，需要专门的试验测试条件。由于发动机是动力机械，在热功转换的工作过程中对外输出功的同时，引起强烈的振动。所以，为了准确测量各必要的性能参数，需要将发动机和必要的测量设备装置固定在坚实、防振的专用基础上（如图 11－2 所示）。为了测量发动机的输出功率或转矩，将发动机和测功器在台架上通过联轴器对中连接，并用转速传感器测量曲轴或与曲轴同轴相连的测功器的轴的转速。由于试验的内容不同，所需要的测试设备有所区别，但是最基本的设备有测功器、油耗仪、转速表以及排放测试设备等。除此之外，还需要专门的冷却水以保证试验时发动机的工作温度保持在设定的恒温状态，以及向发动机供给所需要燃料的供给系统，试验专用通风装置、消声装置等辅助系统。

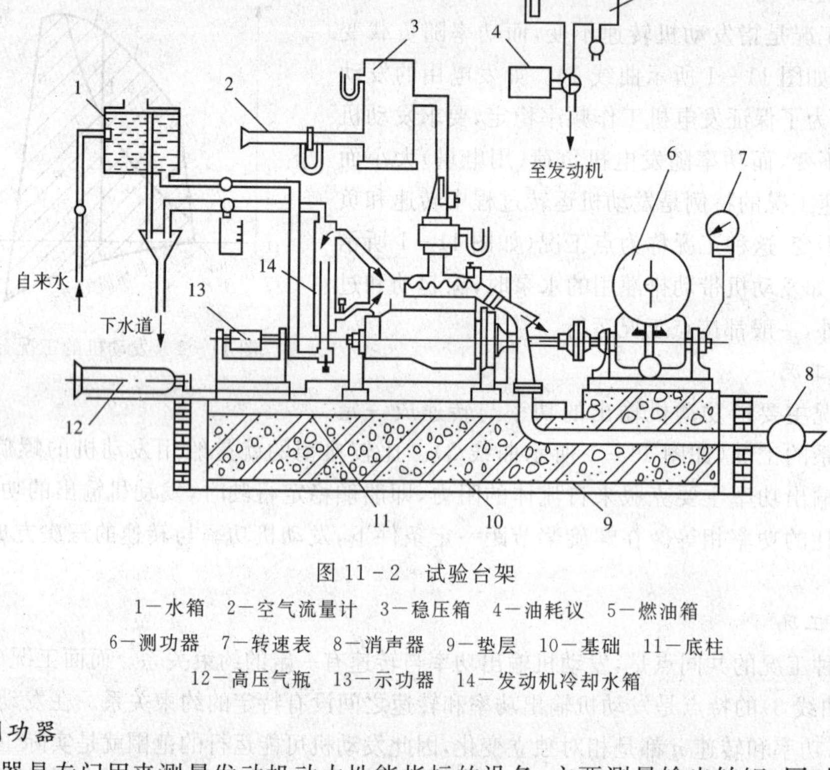


图 11－2 试验台架

1－水箱 2－空气流量计 3－稳压箱 4－油耗仪 5－燃油箱
6－测功器 7－转速表 8－消声器 9－垫层 10－基础 11－底柱
12－高压气瓶 13－示功器 14－发动机冷却水箱

### 1. 测功器

测功器是专门用来测量发动机动力性能指标的设备，主要测量输出转矩，同时测量发动机的转速 $n$，然后用公式 $P_e = T_{tq}n/9550$，求得发动机的输出功率，并根据功率和平均有效压力的关系式，计算出平均有效压力 $p_{me}$，测功器能吸收发动机的功，利用这一点可任意改变发动机的负荷和转速，由此模拟发动机的使用工况。根据测功器的吸收功的原理不同，将常用测功器分为水力测功器、电力测功器和电涡流测功器三种。

(1)水力测功器

水力测功器是通过发动机带动测功器转子同步旋转时，由其转子和外壳构成的涡流室内水的旋转运动，使测功器外壳在水的摩擦力作用下摆动一个与输出转矩成正比的角度，由此测量发动机的输出转矩。如果涡流室内旋转运动的水流量越多，水层越厚，摩擦力就越大，外壳摆动角度增加，则外壳上固定的测力机构的读数随之增加，表明水吸收的机械功越

多，当发动机稳定运转时，测功器的摆动角度不变，测功器读数稳定（如图 11－3a 所示）

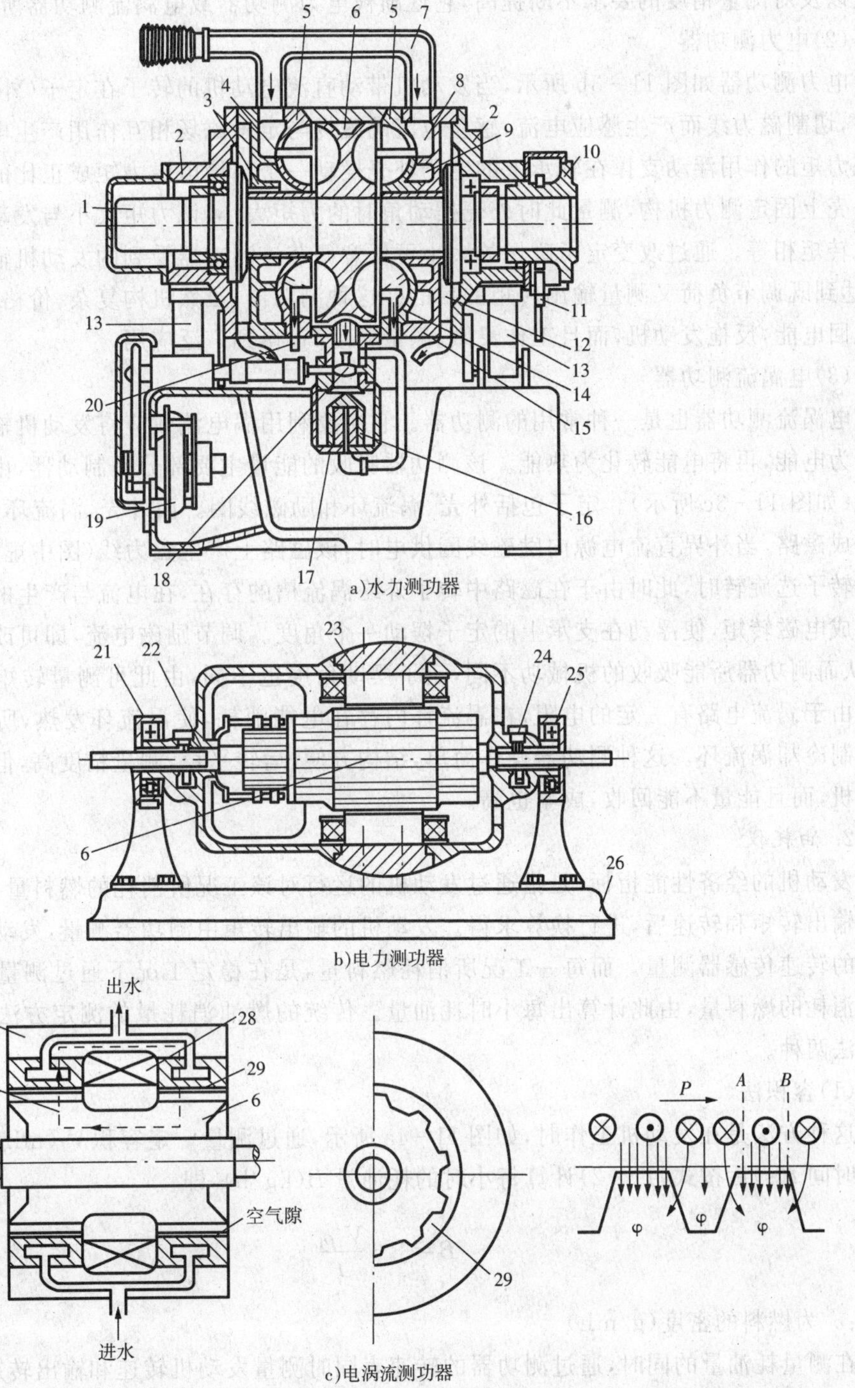


a）水力测功器

b）电力测功器

c）电涡流测功器

图 11－3　测功器

1—转子轴　2—外壳　3—无接触密封　4—进水孔　5—定子　6—转子　7—进水管　8—进水环室　9—分隔室　10—联轴器　11—转速传感器　12—排水室　13—支承　14—回水孔　15—隔板　16—浮动活塞阀　17—活塞座　18—控制阀　19—伺服电动机　20—排水孔　21、25—滚动轴承　22、24—滑动轴承　23—定子外壳　26—基座　27—铁壳　28—励磁线圈　29—涡流环水力测功器由于其廉价、工作可靠、体积小等优点，曾在国内广泛使用。但随着自动化程度以及对测量精度的要求不断提高，它逐渐被电力测功器或电涡流测功器所取代。

(2)电力测功器

电力测功器如图 11－3b 所示，当发动机带动直流电动机的转子在定子(外壳)磁场中转动时，切割磁力线而产生感应电流，感应电流的磁场与定子磁场相互作用产生电磁力矩。受到该力矩的作用浮动支撑在轴承上的定子外壳摆动一个与该电磁力矩成正比的角度。在定子外壳上固定测力机构，测量此时外壳摆动角时的力矩大小，该力矩大小与发动机加载转子上的转矩相等。通过改变定子磁场的大小可任意调节该测功器受到的发动机输出转矩的大小，达到既调节负荷又测量输出转矩的目的。这种测功器，虽然机构复杂，价格贵，但是由于能收回电能，反拖发动机，而且工作灵敏，测量精度高，得到广泛应用。

(3)电涡流测功器

电涡流测功器也是一种常用的测功器。它主要利用涡电流效应将发动机输出的机械功转变为电能，再将电能转化为热能。该测功器吸收的能量主要部分是制动器，由转子和定子组成(如图 11－3c 所示)。定子包括外壳、涡流环和励磁线圈。而外壳、涡流环、空气隙和转子构成磁路，当外界直流电源向励磁线圈供电时，该磁路上产生磁力线(图中虚线)。发动机驱动转子选旋转时，此时由于在磁路中转子外缘涡流槽的存在，在电流与产生的磁场相互作用形成电磁转矩，使浮动在支承上的定子摆动一个角度。调节励磁电流，即可改变电涡流强度，从而测功器所能吸收的机械功不同，定子摆动角度也不同，由此可测量转矩又可调节负荷。由于涡流电路有一定的电阻，在涡流环内存在电能消耗，使涡流环发热，所以需要冷却水强制冷却涡流环。这种测功器操作简单，结构方便，运转平稳，测量精度高，但是不能反拖发动机，而且能量不能回收，成本也高。

2. 油耗仪

发动机的经济性能指标，是指通过发动机的运行对该工况所消耗的燃料量，同时测量发动机输出转矩和转速后，进行换算求得。发动机的输出转矩由测功器测量，发动机转速则用专用的转速传感器测量。而每一工况所消耗燃料量，是在稳定工况下通过测量一定时间间隔内消耗的燃料量，由此计算出每小时耗油量。传统的燃油消耗量的测定方法有容积法和质量法两种。

(1)容积法

这种方法是在发动机工作时，如图 11－4a 所示，通过测量一定容积 $V_f$(mL)的燃油所需要的时间 $t$(s)后按式(11－2)计算每小时的耗油量 $B$(kg/h)，即

$$B=3.6\frac{V_f\rho_f}{t} \qquad (11-2)$$

式中：$\rho_f$ 为燃料的密度(g/mL)

在测量耗油量的同时，通过测功器的转速表同时测量发动机转速和输出转矩，求得输出的功率 $P_e$ 以后，根据燃油消耗率的定义，可求得

$$b_e=\frac{B}{P_e}\times 1000 \qquad (11-3)$$

式中：$P_e$ 为输出功率(kW)，$P_e=T_{tq}n/9550$，$b_e$ 为燃油消耗率(g/(kW·h))。

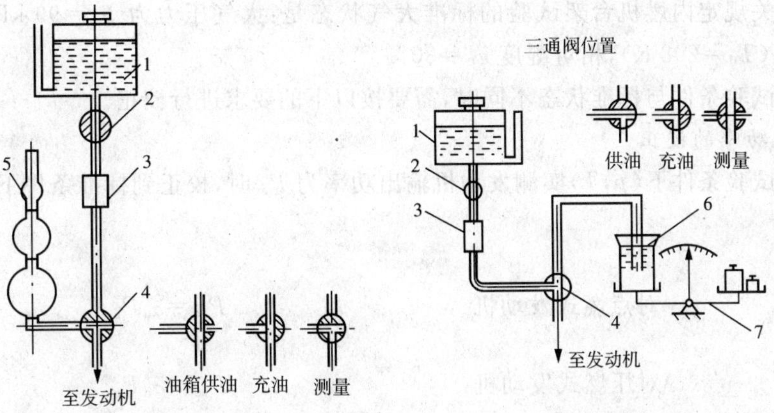


a)容积法　　　　b)质量法

图 11－4　燃油消耗量的测量方法

1—油箱　2—开关　3—滤油器　4—三通阀　5—量瓶　6—油杯　7—天平

(2)质量法

如 11－4b 所示，质量法是指通过测量消耗一定质量 $m$ 的燃油消耗所需要的时间 $t$ 后，按下式计算每小时燃油消耗量 $B$ 和燃油消耗率 $b_e$，所消耗的燃油的质量是用天平或电子秤来计量的。

$$B=3.6\frac{m}{t} \tag{11-4}$$

$$b_e=\frac{B}{P_e}\times 1000$$

式中：$m$ 为消耗的燃料质量(g)；$t$ 为消耗 $m$(g)燃料所需要的时间(s)。

现阶段燃油消耗量的基本测量工具都用自动油耗仪。

3. 排放物的测量

排放物测量主要包括 CO、HC、$NO_x$ 含量，烟度和微粒量，根据需要也可以测量 $CO_2$、$O_2$ 的含量。为了统一评价，有关排放测试规范中，对试验方法及测量设备进行相关的规定。常用的排放分析仪测量 CO、HC、$NO_x$、$CO_2$、$O_2$ 等排放气体。烟度一般用波许烟度计或不透光烟度计测量。微粒通过全稀释风道进行精确测量，但是设备昂贵。所以，试验研究阶段通常采用分流稀释风道，通过过滤称重法，测量过滤纸上的颗粒质量进行分析。

## 三、试验方法

为了试验结果的可信度具有可比性，试验应严格按照国家规定的有关内燃机台架试验标准进行。根据试验的目的和内容，应制订详细的试验大纲，明确试验条件，明确试验工况、测量参数及试验步骤等。

由于同样发动机在相同的工况下，测量环境条件不同，所测得的结果不同。所以为了具有统一的比较基准，规定标准大气状态，并对试验所测得数据根据当时的试验环境状态，按照国家有关规定的要求进行大气校正。

国家有关规定内燃机台架试验的标准大气状态是：大气压力为 $p_0=99$ kPa，环境温度为 $t_0=25$ ℃（$T_0=298$ K），相对湿度 $\varphi_0=30\%$。

当实际试验条件与标准状态不同时，需要按以下的要求进行校正。

1. 有效功率的校正

在实际试验条件下（$p$，$T$）实测发动机输出功率为 $P_e$ 时，校正到标准条件下的有效功率 $P_{eo}$ 为：

对点燃式发动机 $$P_{eo}=\alpha_a P_e \tag{11-5a}$$

对压燃式发动机 $$P_{eo}=\alpha_d P_e \tag{11-5b}$$

其中，点燃式发动机大气校正系数 $\alpha_a$，可按式（11－6）计算：

$$\alpha_a=\left(\frac{99}{p_s}\right)^{1.2}\left(\frac{T}{298}\right)^{0.6} \tag{11-6}$$

其中

$$p_s=p-\varphi p_{sw} \tag{11-7}$$

$$p_{sw}=0.613+4.31\times10^{-2}t+1.63\times10^{-3}t^2+1.49\times10^{-5}t^3+5.77\times10^{-7}t^4 \tag{11-8}$$

式中：$T$ 为试验现场进气温度（K）；$p_s$ 为试验现场干空气气压（kPa）；$p$ 为试验现场总气压（kPa）；$\varphi$ 为试验现场大气的相对湿度；$P_{sw}$ 为大气条件下的水蒸气饱和分压（kPa）；$t$ 为大气温度（℃）。

压燃式发动机的大气校正系数 $\alpha_d$，可按式（11－9）计算：

$$\alpha_d=f_a^{fm} \tag{11-9}$$

式中：$f_a$ 为大气因子，$f_m$ 发动机因子。

$$f_a=\left(\frac{99}{p_s}\right)\left(\frac{T}{298}\right)^{0.7} \tag{11-10a}$$

对涡轮增压压燃式发动机

$$f_a=\left(\frac{99}{p_s}\right)^{0.7}\left(\frac{T}{298}\right)^{1.5} \tag{11-10b}$$

当 $q_c/\pi_b=40\sim65$ mg/（L·循环）范围时，发动机因子 $f_m$ 可按式（11－11）计算：

$$f_m=0.036\frac{q_c}{\pi_b}-1.14 \tag{11-11}$$

$$q_c=\frac{B}{30nV_{st}}\times 10^6 \tag{11-12}$$

式中：$\pi_b$ 为增压比；$q_c$ 为单位排量的循环喷油量[mg/L·循环]；$n$ 为发动机转速(r/min)；$V_{st}$为发动机排量(L)。

若 $q_c/\pi_b<40$ mg/(L·循环)，取 $f_m=0.3$；若 $q_c/\pi_b>65$ mg/(L·循环)，则取 $f_m=1.2$。

2. 燃油消耗率的校正

一般对汽油机燃油消耗率不进行大气校正。而对压燃式发动机，按式(11-13)只对外特性的燃油消耗率进行校正，即

$$b_{e0}=\frac{b_e}{\alpha_d} \tag{11-13}$$

式中：$b_e$ 为实际试验条件($p$,$T$)下测得的发动机燃油消耗率；$b_{e0}$为标准大气状态下的校正燃油消耗率。

随着试验条件的不断改善，试验状态可控的全封闭式空调试验室得到广泛应用，由此可省去上述繁琐的大气校正问题。

**四、发动机的特性分析法**

发动机的性能指标主要取决于调整参数、使用因素和环境条件三方面。其中，调整参数如点火(或喷油)时刻及混合气的含量等。发动机性能随调整参数的变化规律称为发动机的调整特性。使用因素主要指发动机运行的实际工况、常用负荷和转速表示。性能指标随运行工况的变化特性，称为发动机的使用特性，是评价发动机性能必不可少的一种方式。下面主要讨论使用特性，而环境条件的影响主要通过上述的校正系数进行修正。

对于发动机的使用特性，根据发动机使用工况的特点，发动机特性曲线的分析方法分为线工况分析法和面工况分析法两种。线工况分析法根据发动机的可调参数和固定参数的不同又可分为两种：在整个使用工况区域，固定负荷(如节气门的开度或循环的喷油量)一定，研究发动机的性能指标随转速变化规律的速度特性；固定转速不变，研究发动机的性能指标随负荷的变化规律的负荷特性。而面工况分析法，又称为万有特性，是指在整个使用工况范围内发现发动机性能指标随工况的分布情况，由此分析发动机常用工况下的经济性以及排放特性等。

为了发现发动机特性曲线的变化规律和主要影响因素，根据前述章节所介绍的理论，可以推导出发动机的性能指标与工作过程参数之间的关系。根据平均有效压力的定义和有效热效率的定义，有

$$p_{me}=\frac{W_e}{V_s}=\frac{\eta_e Q}{V_s} \tag{11-14}$$

上式中，$Q$ 为每循环的加热量(kJ)，可用下式表示：

$$Q=\frac{\Phi_c V_s \rho_0 H_u}{\Phi_a L_0} \tag{11-15}$$

式中：$\varphi_c$ 为充气效率；$\rho_0$ 为大气状态下的空气密度(kg/m$^3$)；$V_s$ 为气缸的工作容积(m$^3$)；$\varphi_a$ 为过量空气系数；$H_u$ 为燃料的低热值(kJ/kg)；$L_0$ 为理论空气量(kg/kg)；

将式(11-15)代入(11-14)得

$$p_{me}=\frac{\varphi_c\eta_e\rho_0 H_u}{\varphi_a L_0}=\frac{\rho_0 H_u\varphi_c}{L_0\varphi_a}\eta_i\eta_m=K\frac{\varphi_c}{\varphi_a}\eta_i\eta_m \tag{11-16}$$

式中：$\eta_i$ 为指示热效率；$\eta_m$ 为机械热效率；$\eta_e$ 为有效热效率，$\eta_e=\eta_m\eta_i$。

式(11-16)表明，单位气缸工作容积对外输出的有效功，主要与表征换气效果的充气效率 $\varphi_c$、表征气缸内燃烧过程的指示热效率、表征动力传递过程中内部摩擦损失大小的机械效率和表征混合气性质的过量空气系数等有关。这些参数随工况的变化决定了 $p_{me}$ 的变化特性，是分析其他动力性的基础。由式(6-19)、式(6-20)和式(6-26)，将发动机的各项性能指标表示为：

$$P_e=\frac{p_{me}V_s ni}{30\tau}=K_1\frac{\varphi_c}{\varphi_a}\eta_i\eta_m n$$

$$T_{tq}=\frac{318.3p_{me}V_s i}{\tau}=K_2\frac{\varphi_c}{\varphi_a}\eta_i\eta_m$$

$$b_e=\frac{3.6}{\eta_e H_u}\times10^6=K_3\frac{1}{\eta_i\eta_m}$$

$$B=b_eP_e=K_4\frac{\varphi_c}{\varphi_a}n \tag{11-17}$$

式中：$K_1$、$K_2$、$K_3$、$K_4$ 为不同的常数。由此可知，在发动机各特性曲线的分析中，动力性是从换气过程($\varphi_c$)、燃烧过程($\eta_i$)、内部动力传递损失($\eta_m$)和混合气成份($\varphi_a$)等随工况变化的特性角度进行分析；而经济性只是从燃烧过程($\eta_i$)和内部动力传递损失($\eta_m$)两方面进行分析。

## 第二节　发动机的负荷特性

发动机的负荷特性是指当发动机转速不变时，发动机的性能指标随负荷的变化关系。此时，因转速不变，所以有效功率 $P_e$、$T_{tq}$ 转矩和平均有效压力 $p_{me}$ 之间成正比关系，均可以表示为发动机的负荷大小。

由于汽油机与柴油机对负荷的调节方式不同，在负荷特性上对负荷的表示方法有所不同。汽油机负荷调节方式为"量调节"，即通过节气门的开度大小，调节进入气缸的混合气的量，由此控制负荷的大小。因此发动机转速一定时，发动机的 $p_{me}$、$P_e$ 和 $T_{tq}$ 均与节气门的开度有关。所以，汽油机负荷的大小也可以用节气门的开度来表示。

柴油机负荷的调节方式为"质调节"，即在一定转速下，通过调节向气缸内壁喷射的燃油量来控制负荷的大小。转速一定时，进入气缸的空气量基本保持不变，所以若负荷增加，则喷油量加大，混合气变浓。所以，柴油机负荷的大小也可以用空燃比来表示。

负荷特性主要体现发动机的经济性，即输出一定量的功率时所消耗的燃料量。同时，分析排放特性，可以评价为获得这些动力所造成对环境的污染程度。

### 一、汽油机的负荷特性

在试验台架上制取汽油机的负荷特性时，事先将发动机预热，使发动机的冷却水温和机油温度达到正常值(80 ℃)，并在保持衡定的条件下，通过调节节气门开度的大小和测功器的负载，使发动机转速稳定在试验转速下。同时，在整个负荷范围内按设定步长改变发动机的转矩的大小，测量测功器的读数和燃油消耗率以及其他的排放指标。试验测量结果，以负荷（节气门的开度、$p_{me}$、$P_e$ 和 $T_{tq}$ 均可）为变量（横坐标），绘出燃油消耗率或其他排放指标随负荷变化的变化的曲线，即完成负荷特性的制取工作（如图 11-5 所示）。对汽油机，当负荷增加时，节气门开度增加，进气压力随进气流量的增多而增加。进气管多点喷射的汽油机，为了利用三效催化转化器同时净化 $NO_x$、CO 和 HC 排放，利用氧传感器对空燃比进行反馈控制，所以随负荷的变化空燃比保持理论空燃比（$\alpha=14.7$）不变。而残余废气系数随进气量的增加而减小，残余废气对燃烧过程的阻碍作用减弱，燃烧条件得到改善。所以，指示热效率随负荷的增加而增加。同时，机械效率由 $\eta_m=1-p_{mm}/p_{mi}$ 得出，在转速一定时，摩擦损失基本保持不变，$p_{mm}$ 为常数，而随负荷的增加，进入气缸的可燃混合气量增多，燃烧放热量增加，单位气缸容积的所做的指示功 $p_{mi}$ 增加，从而机械效率增加。因此由（11-17），燃油消耗率随负荷的增加而降低，当负荷增加到大负荷时（如超过 80% 负荷），由于此时要求发动机输出最大转矩，因此需要供给功率混合气。故电控汽油喷射系统的控制单元会在此时停止氧传感器的反馈控制，将空燃比控制在 $\alpha=12.5$ 的功率混合气上。因此，混合气变浓，所提供的空气量小于完全燃烧所需要的空气量，造成混合气不完全燃烧，使燃烧指示热效率降低。所以燃油消耗率随负荷的增加降低到最低值以后，在大负荷区随负荷的增加而增加。

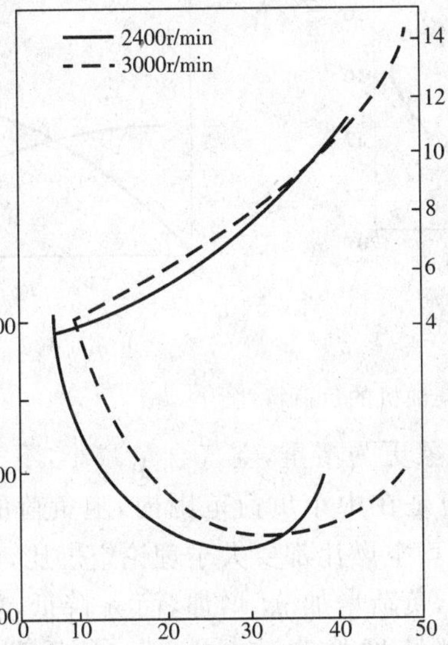

a）$b_e$ 随负荷的变化

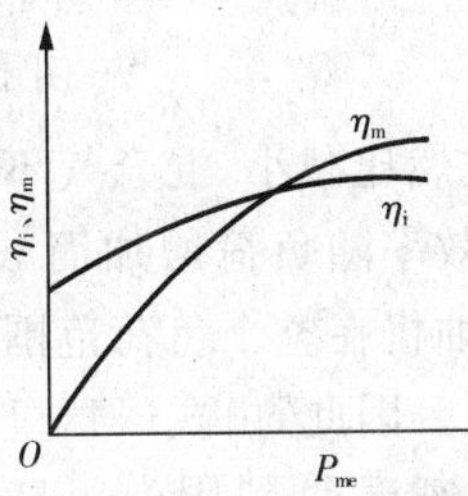

b）$\eta_i$、$\eta_m$ 随负荷的变化

图 11-5　汽油机的负荷特性

## 二、柴油机的负荷特性

柴油机负荷特性的制取条件与汽油机相同，只是负荷的调节过程有所不同。对传统的机械喷射系统的柴油机，在试验台上控制加速踏板的位置，可以直接控制机械式喷油泵的拉杆位置，由此控制循环喷油量 $\Delta b$，达到控制喷油的目的。而现在车用柴油机上得到普及的电控高压喷射系统，其加速踏板位置并不是直接控制喷油量，而只是作为负荷大小需求的信息传送给 ECU。对 ECU 根据来自发动机的转速传感器的信息和加速踏板位置信息，通过储存在 ROM 中事先通过转速和负荷的标定试验确定的喷油量的控制脉谱图读取该试验转速下，对于当前加速踏板的喷油量控制信息，来控制喷油器的持续时间，由此来控制喷油量。

对 ROM 中无控制脉谱图数据或需要重新标定的柴油机，首先根据前章节所叙，需要确定不同转速下对于最大加速踏板位置和最大喷油量，以及该转速下的经济性和排放特性的具体要求标定其他加速踏板位置的喷油量。一旦喷油量的控制脉谱图确定，则不同转速下随加速踏板位置喷油量就确定了。如图 11 - 6 所示为柴油机的负荷特性。当柴油机转速一定时，随着负荷的增加，喷油量增加，但进入气缸的空气量基本保持不变，所以空燃比逐渐减小。因此，这种负荷的调节方式称为质调节。此时，$\eta_m$ 随负荷变化规律和汽油机相同。随负荷的增加热效率增加，但是指示热效率随负荷变化规律却与汽油机不同。对柴油机而言

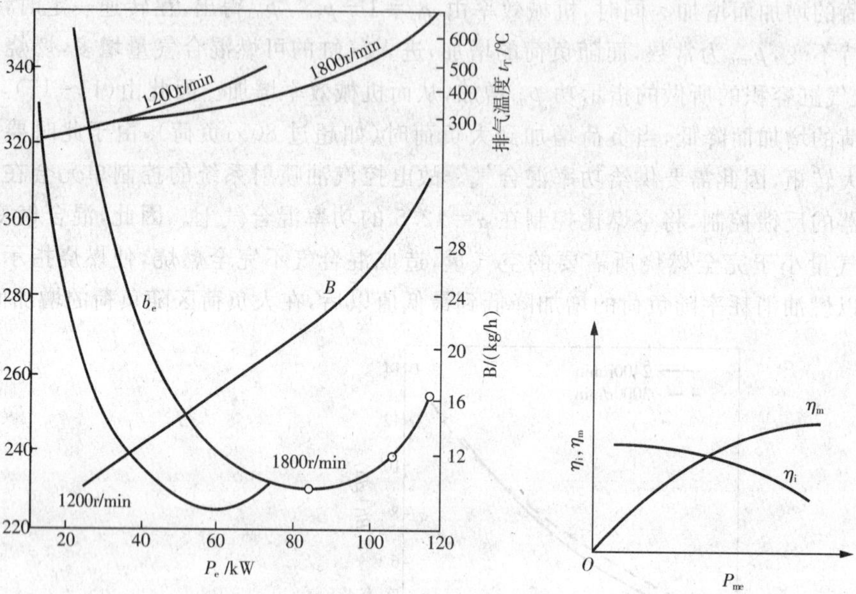


a) $b_e$ 随负荷的变化　　b) $\eta_i$、$\eta_m$ 随负荷的变化

图 11 - 6　柴油机的负荷特性

随负荷的增加空燃比减小，混合气不均匀现象更为严重，空气含量减小，不完全燃烧前向增加，所以指示热效率随负荷增加而减小。但是在中小负荷范围内，随负荷的增加空燃比减小，由于车用柴油机在整个负荷范围内的平均空燃比都要大于理论空燃比，所以对指示热效率的影响不明显。因此，由式(11 - 17)可知，负荷增加 $\eta_m$ 增加，而 $\eta_i$ 降低，所以燃油消耗率降低，但其降低速度受到限制。随负荷继续增加到使 $\eta_m$ 和 $\eta_i$ 的乘积达到最大值即 $(\eta_i\eta_m)_{max}$ 时，燃油消耗率 $b_e$ 达到最低，指示热效率明显减低，而此时机械效率增加不多，致使 $b_e$ 升高，而且排气烟度也开始随负荷增加。一般排放法规中明确规定烟度的排放限定值。若继续增加负荷，可能导致烟度排放超过法规规定的限值标准。所以，在喷油量的控制脉谱中，根据烟度随喷油量的增加关系，专门设定了各转速下限定烟度的最大喷油量控制脉谱，并在实际控制中通过 ECU，在相同转速下与加速踏板位置控制最大喷油量进行比较，取其中较小的值来控制喷油量，以限制排烟。生产企业应考虑产品质量一致性的问题，将烟度排放限定在国家推行的现行标准以内。

## 三、汽油机和柴油机负荷特性的区别

由于汽油机和柴油机混合气的形成方式及负荷调节的方式以及燃烧方式的不同，汽油机和柴油机的负荷特性有所不同。主要体现在，由于负荷调节方式的不同，造成汽油机和柴

油机的指示热效率 $\eta_i$ 随负荷变化规律相反。因此，汽油机燃油消耗率 $b_e$ 随负荷变化曲线比柴油机要陡，表明汽油机的经济性指标对负荷的适应性差。而柴油机的压缩比比汽油机高，所以热效率也高，使得其燃油消耗率随负荷变化缓慢，表明柴油机的经济性比汽油机要好，且对负荷的适应性范围也宽。所以，从节能与 $CO_2$ 的排放的角度，柴油机是很有前景的一种发动机。

## 第三节　发动机的速度特性

速度特性是指发动机在正常工作的条件下，负荷一定时，发动机的性能指标随其转速变化的特性。这里发动机的正常工作条件，是指发动机的冷却水温、润滑油温度正常(80℃)，点火时期和混合气含量调节到最佳状态。而负荷一定是指节气门开度控制发动机负荷的条件一定(如汽车加速踏板的位置)。此时，通过调节测功器的负载，改变发动机的转速，读出不同转速下发动机的性能指标，并根据性能指标随转速的变化规律，给出发动机在该负荷条件下的一组速度特性曲线。所要测量的发动机性能指标包括动力性能指标($P_e$、$T_{tq}$、$p_{me}$)、经济性能指标(燃油消耗率 $b_e$ 等)以及排放性指标($NO_x$、CO、HC、PM 等排放量)等。

由于负荷设定的条件不同，发动机的速度特性可以分为全负荷速度特性(外特性)和部分负荷速度特性。全负荷速度特性是指控制负荷节气门操作位置处在最大位置时速度特性，评价发动机各个转速下的最大作功能力，所以只有一条曲线。而部分负荷特性是指节气门操作位置处在小于全负荷的任意位置时的速度特性，所以有任意多条曲线。

### 一、汽油机的速度特性

汽油机的速度特性是节气门位置一定时，发动机的性能随转速的变化规律。

1. 外特性曲线

汽油机的外特性曲线是指节气门开度最大时，发动机性能指标随转速的变化规律。这里发动机的性能指标主要指转矩 $T_{tq}$、输出功率 $P_e$、和燃油消耗率 $b_e$。如图 11－7 所示。

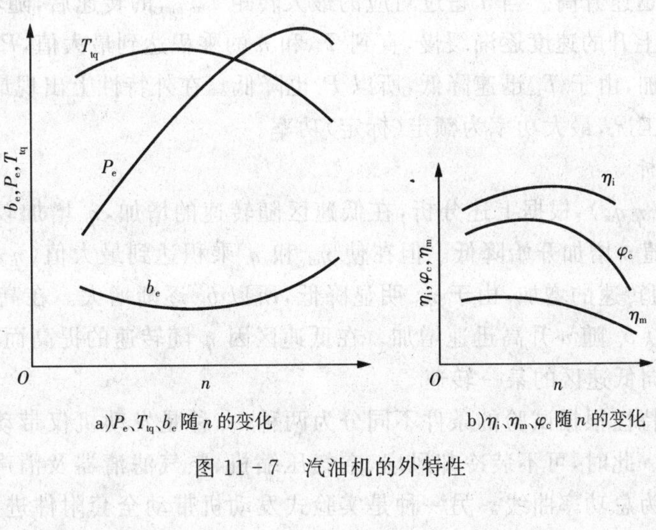


a) $P_e$、$T_{tq}$、$b_e$ 随 $n$ 的变化　　b) $\eta_i$、$\eta_m$、$\varphi_c$ 随 $n$ 的变化

图 11－7　汽油机的外特性

(1) $T_{tq}$ 历程分析

由式(11-17),在汽油机全负荷时,供给功率混合气,所以 $\varphi_a=0.85\sim0.95$ 为常数。因此 $T_{tq}\propto\varphi_c\eta_m\eta_i$。分析 $\varphi_c$、$\eta_m$、$\eta_i$ 随转速的变化趋势,就可以确定 $T_{tq}$ 随转速的变化特性如图 11-7b 所示为 $\varphi_c$、$\eta_i$、$\eta_m$ 随转速变化的特性。从汽油机进气系统和配气机构的设计角度分析。充气效率 $\varphi_c$ 最高峰值出现在低转速区某一转速 $n_1$。在该转速下通过进气迟关角的合理设定,使得气流惯性得到充分利用,同时合理选择进气管的长度,有效地利用管内的压力波动效应,使该转速下 $\varphi_c$ 达到最大。低于该转速时,由于进气惯性不够出现倒流现象,使得已进入气缸内的混合气回流到进气管,造成转速降低;而大于该转速时,虽然进气惯性得到提高,当进气门已关闭,被堵塞在气门外,同时高速时进气管内以及气门处的流动损失加大,使得 $\varphi_c$ 降低。特别是高速区转速提高,对 $\varphi_c$ 的影响更明显。现代电控发动机广泛应用可变配气相位和可变进气管长度技术,使得 $\varphi_c$ 随转速的变化趋势比较缓慢,即有效提高了高速区的 $\varphi_c$,因此发动机的高速性能得到明显改善。指示效率 $\eta_i$ 在低速区是随转速的升高而升高,由于提高了火焰传播速率,加快了混合气的燃烧发热速率,同时散热损失和漏气损失减小,所以改善了燃气的作功能力,使 $\eta_i$ 明显提高。直到中速的某一转速下 $\eta_i$ 达到峰值。转速进一步提高,即在高速区,随转速而加快的气流速度对火焰的传播速度影响不明显;相反,活塞的平均速度的提高,随燃烧所占据的曲轴转角加大,更多的混合气在膨胀过程中燃烧,造成燃烧速率的降低,使 $\eta_i$ 减低。同时,当发动机转速增加时,运动副之间的摩擦损失增加,换气过程的泵气损失也增加,所以机械效率 $\eta_m$ 随转速的升高而逐渐减低。

因此,当转速从低速逐渐升高时,$\varphi_c$ 和 $\eta_i$ 同时增加,而在低速区随 $n$ 的升高,变化不大,所以 $T_{tq}$ 在低速区随 $n$ 升高而迅速增加,在 $(\varphi_c\eta_i\eta_m)_{max}$ 所对应的转速下 $T_{tq}$ 到达峰值。随着转速的进一步升高,$\varphi_c$ 和 $\eta_m$ 均下降,所以在中速区 $T_{tq}$ 随转速增加而相对缓慢降低。但在高速区 $\varphi_c$、$\eta_m$ 及 $\eta_i$ 都下降,而且高速区转速对 $\varphi_c$ 影响更明显,所以 $T_{tq}$ 在高速区随 $n$ 升高而降低的速度比较快。

2. $P_e$ 历程分析

由于发动机输出的功率与转矩和转速的乘积成正比,即 $P_e=T_{tq}n/9550$。所以,$P_e$ 随 $n$ 的变化曲线,实际取决于 $T_{tq}$ 特性曲线和转速的变化。在低速时,由于 $n$ 升高的同时 $T_{tq}$ 也增大,因此 $P_e$ 开始迅速升高。当 $n$ 超过对应的最大转矩 $T_{tq\,max}$ 的转速后,随转速的升高,$T_{tq}$ 开始降低,所以 $P_e$ 上升的速度逐渐缓慢,直到 $T_{tq}$ 和 $n$ 的乘积达到最大值,$P_e$ 达到最大值。随转速的进一步增加,由于 $T_{tq}$ 迅速降低,所以 $P_e$ 也降低。在外特性上出现最大功率点的工况称为额定(标定)工况,最大功率为额定(标定)功率。

3. $b_e$ 历程分析

由于 $b_e\propto1/(\eta_i\eta_m)$,根据上述分析,在低速区随转速的增加,$\eta_i$ 增加较明显,而 $\eta_m$ 降低也不多,所以 $b_e$ 随 $n$ 增加开始降低。但在使 $\eta_m$ 和 $\eta_i$ 乘积达到最大值 $(\eta_i\eta_m)_{max}$ 的转速时 $b_e$ 达到最低之后,随转速的增加,由于 $\eta_m$ 明显降低,所以 $b_e$ 逐渐增大。在高转速区由于 $\eta_i$ 和 $\eta_m$ 同时下降,所以 $b_e$ 随 $n$ 升高迅速增加。在低速区因 $\eta_i$ 随转速的提高而明显增加,所以一般 $b_{emin}$ 出现在偏向低速区的某一转速。

汽油机的外特性根据试验的条件不同分为两种,一种是发动机仅带动运转所必要的附件作外特性试验。此时,可不装冷却风扇、空气压缩机、空气滤清器及消声器等附件。此时的特性曲线又称为总功率曲线。另一种是实验式发动机带动全套附件进行的外特性试验。

此试验又称为净功率试验或使用外特性试验。

2. 部分负荷速度特性曲线

部分负荷速度特性的主要特点是节气门开度固定在某一范围。而汽车大部分时间都是在部分负荷下工作的。随着节气门开度的减小，节气门的节流作用增强，所以节流损失增加，进气终了压力减小，从而 $\varphi_c$ 降低。节气门开度越小，随 $n$ 的升高，节流损失越大，$\varphi_c$ 降低速度更快。而且随节气门的开度的减小，气缸内的残余废气系数增加，所以 $\eta_i$ 随 $n$ 的变化的特性曲线也变陡。但是不同负荷对 $\eta_i$ 随 $n$ 的变化规律影响远小于对 $\varphi_c$ 随 $n$ 的变化规律的影响。所以，$T_{tq}$ 随 $n$ 的变化特性主要取决于 $\varphi_c$ 的变化特性，因此随负荷的减小 $T_{tq}$ 随 $n$ 的变化曲线也越陡。而且 $\varphi_c$ 峰值和 $T_{tq}$ 峰值随负荷的减小，向低速区移动。功率取决于转速和转矩的变化特性，所以随负荷的变化最大功率点也向低速区移动（如图 11－8 所示）。

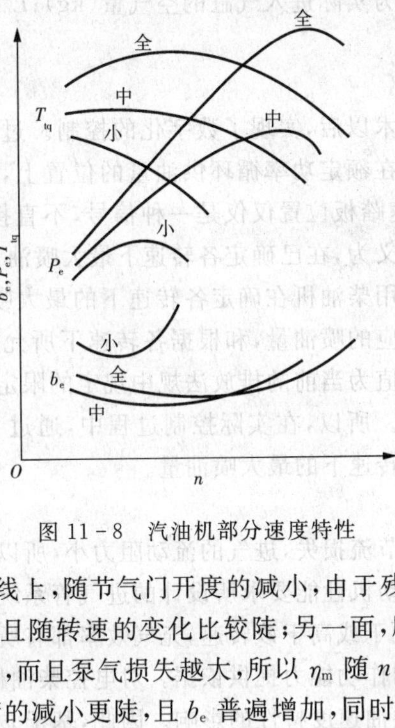


图 11－8 汽油机部分速度特性

在部分负荷速度特性曲线上，随节气门开度的减小，由于残余废气系数的增加，燃烧效率降低，所以 $\eta_i$ 明显降低，而且随转速的变化比较陡；另一面，摩擦损失主要取决于发动机的转速，负荷越小，$\eta_m$ 就降低，而且泵气损失越大，所以 $\eta_m$ 随 $n$ 的升高降低速度也加快。因此 $b_e$ 随 $n$ 的变化曲线随负荷的减小更陡，且 $b_e$ 普遍增加，同时最低燃油消耗率点也向低速区移动。

如上所述，由于汽油机节气门的存在，中小负荷的节流损失是不可避免。因此造成中小负荷区经济性恶化。这是量调节发动机存在的共同缺点。为了改善小负荷经济性，在一些多缸汽油机上采用排量可变控制技术，即在小负荷区，对四缸机如果通过两缸能满足要求的话，就熄灭两缸，把原来四缸的进气量，集中给两缸，这样工作的两缸的进气量相当于增加两倍。为此，相应地增加节气门的开度，由此减小泵气损失，同时减小工作的两缸残余废气系数，所以指示热效率和机械效率都得到显著改善，由此提高经济性高达 44%左右（如图 7－12 所示）

## 二、柴油机的速度特性

由于进入柴油机气缸的是纯空气，因此 $\varphi_c$ 的大小，只能表明提供产生多大转矩的可能性，而要表明实际输出的转矩的大小，主要取决于每循环的实际喷油量 $\Delta g$。根据充气效率

的定义

$$\varphi_c = m_1/m_s$$

和过量空气系数的定义

$$\varphi_a = m_1/(\Delta g L_0)$$

将式(11－17)的转矩式改写为

$$T_{tq} = K_2 \frac{\varphi_c}{\varphi_a} \eta_i \eta_m = K_2 \frac{m_1 \Delta g L_0}{m_s m_1} \eta_i \eta_m = K_5 \eta_i \eta_m \Delta g \tag{11-18}$$

式中：$\Delta g$ 为循环喷油量(g/循环)；$K_5$ 为常数，即 $K_5 = K_2 L_0/m_s$；$m_s$ 为进气状态下充满气缸工作容积的空气量(kg)；$m_1$ 为实际进入气缸的空气量(kg)；$L_0$ 为 1kg 燃料完全燃烧所需要的理论空气量(kg)。

1. 全负荷速度特性

在柴油机上普及电控技术以后，实现了数字化的控制。过去机械式柴油机外特性可定义为将油量的调节方式固定在额定功率循环供油量的位置上，发动机性能随转速的变化特性。但数字化控制以后，加速踏板位置仅仅是一种信号，不直接控制喷油量。所以，电控柴油机的全负荷速度特性可定义为，在已确定各转速下最大喷油量的条件下，发动机的性能指标随转速的变化特性。而车用柴油机在确定各转速下的最大喷油量时，需要考虑根据各转速下所能输出的最大转矩对应的喷油量，和根据各转速下所允许的烟度排放限定确定的最大喷油量。这里的烟度限定值为当前的排放法规中规定的限定值。由于这两种方式值确定的最大喷油量有可能不相同。所以，在实际控制过程中，通过 ECU 进行最小化的处理，选择两者之间较小值设定为该转速下的最大喷油量。

(1) $T_{tq}$ 历程分析

由于柴油机无节气门的节流损失，进气的流动阻力小，所以充气效率随转速的变化曲线比较缓慢。但是根据车用发动机性能要求所设计的进气管系统和配气相位。其充气效率也是在某一转速下出现峰值，低于或高于该转速，充气效率都有所下降。这种充气效率的变化特性，为燃油喷油量及气缸的作功能力提供依据。对电控柴油机，由于柴油机的设定相对独立，而不受机械式喷油泵的供油速度特性的影响。因此，基于 $\varphi_c$ 的特性，基本上根据目标转速特性设定最大喷油量。

车用柴油机基本上都采用废气涡轮增压和电控高压喷射技术，因此高速区容易实现增压，所以高速时气缸作功能力提高。但是由于低速时增压程度不够，为了提高低速转矩需要加大喷油量，因此在外特性上循环喷油量的变化特性如图 11－9b 中的曲线。在低速区 $\Delta g_f$ 随转速的增加而增加，当转速升高到增压器正常工作的区域以后，喷油量有下降趋势。因此，在低速区 $\eta_i$ 和 $\eta_m$ 变化不大，而循环喷油量 $\Delta g_f$ 增加，所以 $T_{tq}$ 迅速增大到最大值。增压柴油机受缸内最大爆发压力的限制，使得最大转速所对应的转速范围较宽，即外特性曲线存在平顶区，然后随 $n$ 的进一步增加，$\Delta g_f$ 基本保持不变或有所减小，而 $\eta_i$ 和 $\eta_m$ 降低明显，所以 $T_{tq}$ 也随 $n$ 升高的降低。

(2) $P_e$ 历程分析

根据式(6－18)中 $P_e \propto T_{tq} n$ 的关系，由于 $T_{tq}$ 变化平坦，所以在一定转速范围内几乎 $P_e$

与 $n$ 成线性增加，很难确定像汽油机那样峰值功率点。其结果是功率为零的最大转速 $n_{max}$ 非常高，若不控制则会出现飞车危险。因此，柴油机设定脉谱时，会专门设定极限转速的喷油量脉谱图，以防止飞车事故。

(3)$b_e$ 历程分析

在低速区随 $n$ 的增加，气缸内的气流强度增加，改善混合气的形成和燃烧条件后，$\eta_i$ 有所增加，而 $\eta_m$ 变化不大，故 $b_e$ 减小。当 $n$ 升高到使 $\eta_i$ 和 $\eta_m$ 乘积达到最大值时，$b_e$ 达到最小。然后，随 $n$ 的进一步升高，因混合气的形成和燃烧所占曲轴转角增大，指示热效率 $\eta_i$ 降低，同时 $\eta_m$ 也降低，所以 $b_e$ 逐渐增大。但是在整个转速范围内 $b_e$ 随 $n$ 变化不大。这也是柴油机经济性好的原因之一。

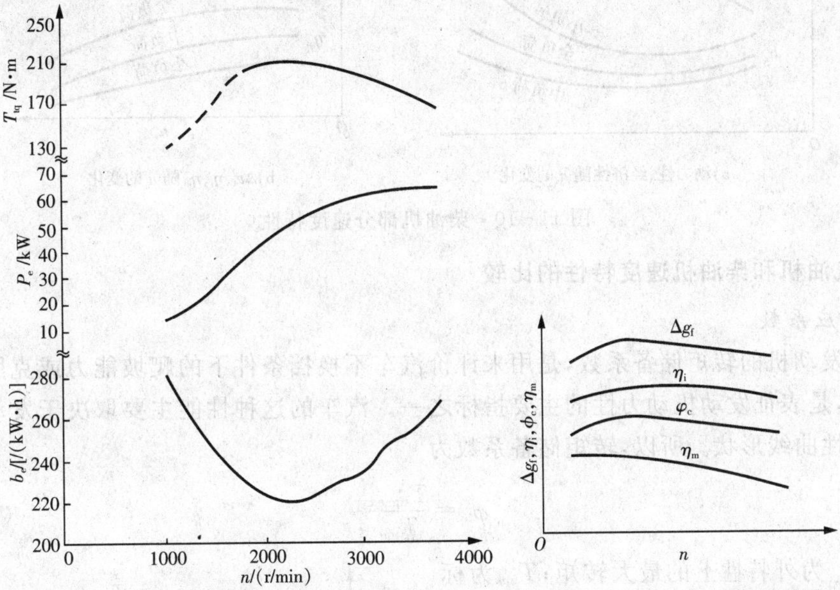


a)动力性、经济性随 $n$ 的变化　　b)$\Delta g_f$、$\eta_i$、$\varphi_c$、$\eta_m$ 随 $n$ 的变化

图 11－9　增压高压共轨柴油机外特性

2. 部分负荷的速度特性

在电控柴油机中，部分负荷速度特性曲线实际上就是将喷油量定在小于最大喷油量的某一值上时，其性能随转速变化的规律。由于喷油量从零到最大值之间可以有许多值，所以部分负荷速度特性曲线也有许多条。而且柴油机不同负荷对 $\varphi_c$ 基本没有影响，$\varphi_c$ 随 $n$ 的变化特性基本与外特性相似，只是喷油量的不同，所以部分负荷特性时的空燃比不同。因此，在高速时，喷油量越多，后燃部分增加，所以热效率下降明显。因此，部分负荷特性上 $T_{tq}$ 随 $n$ 的变化特性，在低速区负荷越小，$T_{tq}$ 随 $n$ 增加的速率越快，但是高速区却缓慢。因此，$T_{tq}$ 和 $b_e$ 在部分负荷特性上随不同负荷形成低速区负荷的减小曲线间线宽，高速区随负荷的增加曲线更密集的部分负荷特性曲线组。对于柴油机，当 80％负荷时 $b_e$ 随速度的变化曲线最低，即经济性最佳，此时混合气燃烧充分。而输出功率曲线，由式(11－17)可知，主要取决于 $T_{tq}$ 和 $n$ 的乘积。而 $T_{tq}$ 随 $n$ 变化平坦，而且不同负荷下基本平行，所以功率曲线在低速区比较密集，高速区较稀疏(如图 11－10 所示)。

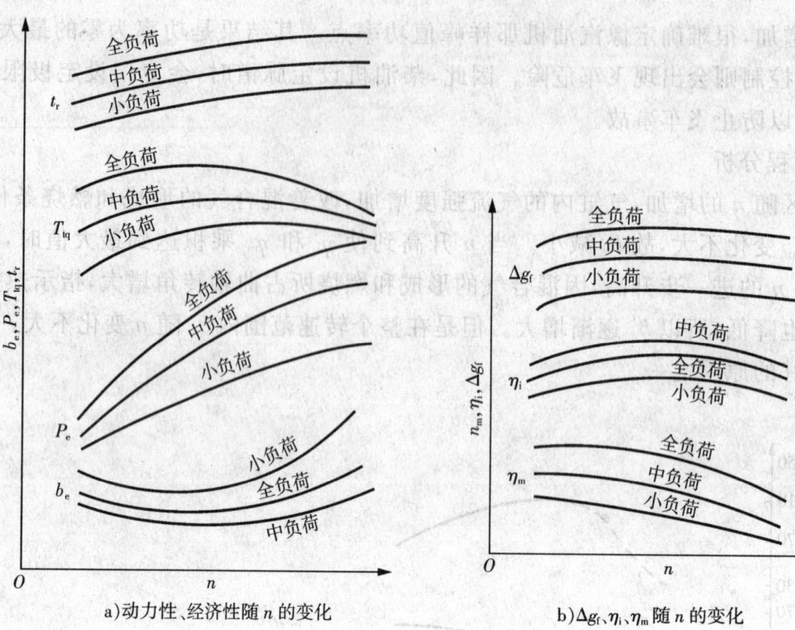


图 11-10　柴油机部分速度特性

## 三、汽油机和柴油机速度特性的比较

1. 适应系数

车用发动机的转矩储备系数，是用来评价汽车不换挡条件下的爬坡能力或克服短期超载的能力，是表征发动机动力性的主要指标之一。汽车的这种性能主要取决于发动机的转矩的外特性曲线形状。所以，转矩储备系数为

$$\varphi_{tq}=\frac{T_{tqmax}}{T_{tqn}} \tag{11-19}$$

式中：$T_{tqmax}$ 为外特性上的最大转矩；$T_{tqn}$ 为标定功率转矩。

转矩储备系数只是表示发动机的变化所能克服的外界阻力变化的大小，即越大爬坡能力或短期超载能力越强，但对一定外界阻力线（如图 11-11 所示），对不同的发动机外特性曲线，所要求的发动机转矩不一样，即克服外界阻力的能力不同。这样就是说发动机对外界的阻力的适应性，除转矩储备系数以外，还与转速的变化特性有关。因此，也定义转速储备系数为

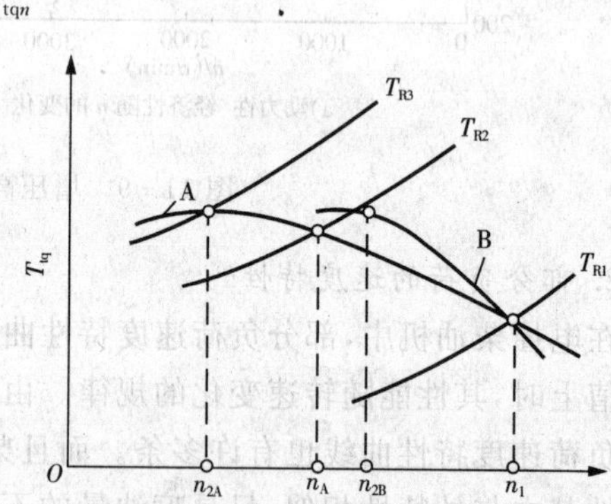


图 11-11　转速储备系数的影响

$$\varphi_n=\frac{n_n}{n_{tq}} \tag{11-20}$$

式中：$n_n$ 为标定转速；$n_{tq}$ 为最大转矩点转速。

如图 11-11 所示为当 A、B 两台发动机的转矩储备系数 $\varphi_{tq}$ 和标定转速 $n_n$（图中 $n_1$ =

$n_n$)分别相同,而对应最大转矩的转速 $n_{tq}$(分别 $n_{2A}$ 和 $n_{2B}$)不同时所能克服外界阻力矩的能力。B发动机由于最大转矩出现在高转速区,即其使用范围窄,所以所能克服的外界阻力矩为 $T_{R2}$,若阻力矩进一步增加,则发动机输出的转矩 $T_{tqB}<T_R$,克服不了外界阻力,所以转速不断降低直到熄火。而A发动机的最大转矩 $T_{tqmax}$ 虽然与B发动机相同($\varphi_{tq}$ 相同),但 $T_{tqmax}$ 出现在更低的范围($n_{2A}<n_{2B}$),拓宽了其使用转速范围,所能克服的最大阻力矩提高到 $T_{R3}$($T_{R3}>T_{R2}$)。A发动机克服外界的阻力的潜力比B发动机大。$n_{tq}$ 越低,转速储备系数越大,在不换档的条件下,发动机克服阻力的能力越强,特别有利于1挡起步性能。因此,车用发动机要求低速转矩特性好,且使用转速范围越宽越好。

兼顾转矩储备系数和转速储备系数对发动机克服外界阻力能力的影响,引入发动机适应系数 $\varphi_{tqn}$ 的概念,由此衡量发动机的动力性对外界阻力变化的适应能力,即

$$\varphi_{tqn}=\varphi_{tq}\varphi_n \tag{11-21}$$

根据上述的汽油机和柴油机速度特性分析,由于柴油机转矩随速度的变化的曲线较平缓,所以 $T_{tq}$ 和 $\varphi_n$ 值较小,因此与汽油机相比较,柴油机对外界阻力的适应能力小于汽油机。

一般地,汽油机 $\varphi_{tq}=1.5\sim1.35$,$\varphi_n=1.6\sim2.5$,$q_{tqn}=2.0\sim3.4$;柴油机 $\varphi_{tq}=1.05\sim1.25$,$\varphi_n=1.4\sim2.0$,$q_{tqn}=1.5\sim2.5$

2. 最高转速

由于汽油机使用转速高,且其充气效率随转速变化比较陡,造成高速区输出转矩迅速降低,功率曲线也比较陡,出现峰值,超过额定转速,功率迅速降低,因此限制了汽油机的最高转速。但是柴油机,由于功率随转速的增加而增加,曲线变化缓慢,所以对应输出功率为零的最高转速很高。这就是说柴油机限速是一个很重要且不可粗心大意的问题,特别是柴油机电控化以后,取消了机械式调速器,直接用数据谱来控制。因此,从柴油机运行可靠性和安全角度而言,最高转速的限速脉谱图具有重要意义,不可忽略。否则,可能发生飞车事故。

3. 经济性

柴油机在不同负荷下,无进气节流损失,而且质调节,所以充气效率和指示热高效率随 $n$ 变化平坦,同时柴油的使用转速范围比汽油机的低。而汽油机随负荷减小,节流损失增加,不仅充气效率降低,而且由于残余废气系数的增加指示热效率也降低,因此,柴油机的 $b_e$ 曲线随转速变化缓慢,而且柴油机的 $b_e$ 比汽油机的低。

## 第四节 发动机的万有特性

发动机的速度特性和负荷特性,虽然能详细地分析给定条件下的经济性和动力性等,但车用发动机工况变化范围广,这种性能分析具有一定的局限性,不能在使用工况领域进行全面的分析。所以,为了正确分析与评价发动机的性能,以便对不同的车型选用更好的发动机,需要弄清楚在整个使用工况范围内其性能的变化或分布情况。为了全面地表示发动机在各种工况下各种性能参数的变化特性,常应用多参数性能指标特性曲线。将这种在一张图上表示多参数性能指标的特性曲线,称为万有特性。

在车用发动机上,常用的万有特性是以平均有效压力 $p_{me}$ 为纵坐标,转速 $n$ 为横坐标的

$p_{me}-n$ 平面上，同时表示等油耗曲线、等功率曲线，也可以表示 CO、HC、$NO_x$ 及烟度的等排放曲线。由此可正确地判断常用工况下的经济性和排放特性等。因此，万有特性对车辆正确选用发动机，以及对汽车整车匹配研究具有重要的作用。

过去经典的万有特性的制取方法，有负荷特性法或速度特性法。制取时，首先制取不同转速下的负荷特性曲线组（或不同负荷下的速度特性曲线组），然后以人工处理的方法，通过坐标转换，将负荷特性组（或速度特性组）转换成等油耗线的万有特性（如图 11－12 所示）。

计算机技术的发展与普及，为试验数据处理带来了极大的方便。如 MATLAB 软件或 ORING 软件等，将已取得的负荷特性数据，按软件规定的数据格式输入，则可自动处理生成万有特性。

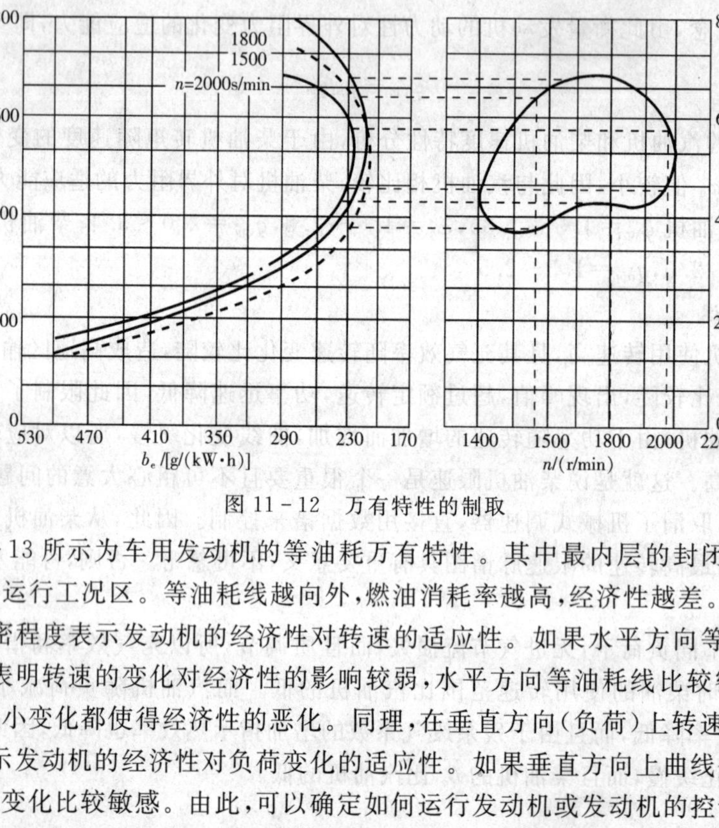


图 11－12　万有特性的制取

如图 11－13 所示为车用发动机的等油耗万有特性。其中最内层的封闭曲线对应着发动机的最经济运行工况区。等油耗线越向外，燃油消耗率越高，经济性越差。在水平（转速）方向，曲线疏密程度表示发动机的经济性对转速的适应性。如果水平方向等间隔的等油耗线比较稀疏，表明转速的变化对经济性的影响较弱，水平方向等油耗线比较密集，表明在该转速领域的微小变化都使得经济性的恶化。同理，在垂直方向（负荷）上转速等油耗曲线的疏密程度，表示发动机的经济性对负荷变化的适应性。如果垂直方向上曲线分布密集，表明经济性对负荷变化比较敏感。由此，可以确定如何运行发动机或发动机的控制策略问题。

一般对车用发动机要求最内层的封闭曲线水平方向越宽越好，以便在较宽的使用转速范围内，保证发动机的经济性。对工程机械用发动机而言，经常使用于负荷变化较宽的工况，因此要求最内层最经济的封闭曲线向纵向方向扩展，以保证常用工况区的经济性。

由于 $P_e=T_{tq}n/9550\propto p_{me}n$，所以在万有特性上等功率曲线是一组双曲线，由此可得到不同工况点所能输出的功率大小。将外特性上对应的平均有效压力 $p_{me}$，也画在万有特性上构成其上边界，结合最低转速和额定转速可确定发动机实际能运行的工况范围。

通过万有特性的分析，可以确定该发动机经济性运行区以及低排放运行区。但是一般经济运行区和低排放运行区不一致，而且 $NO_x$、HC、CO 排放的最低运行工况范围也相互不一致（如图 11－14 所示）。对动力传动系统已确定的汽车来说，发动机常用的工况，主要取决于汽车的行驶条件，即汽车的行驶速度和档位，一般不会落在发动机最经济区运行。

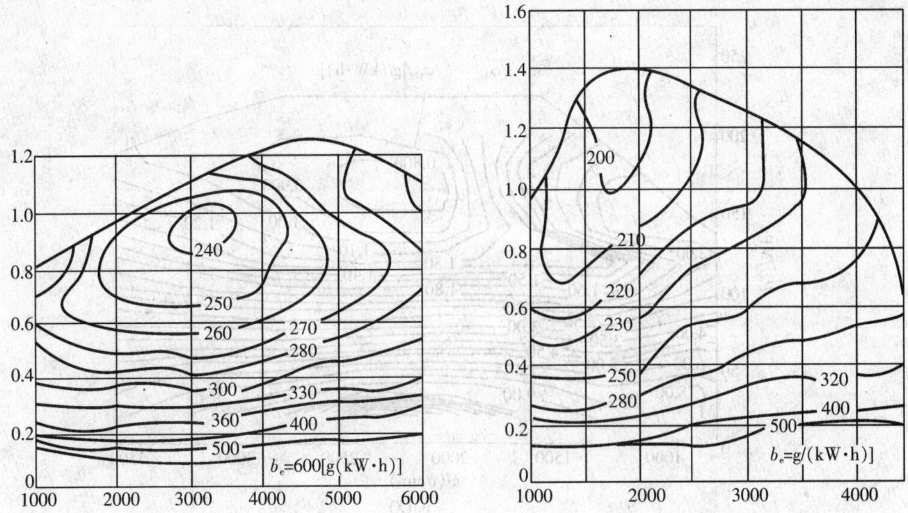


图 11-13 车用发动机等油耗万有特性

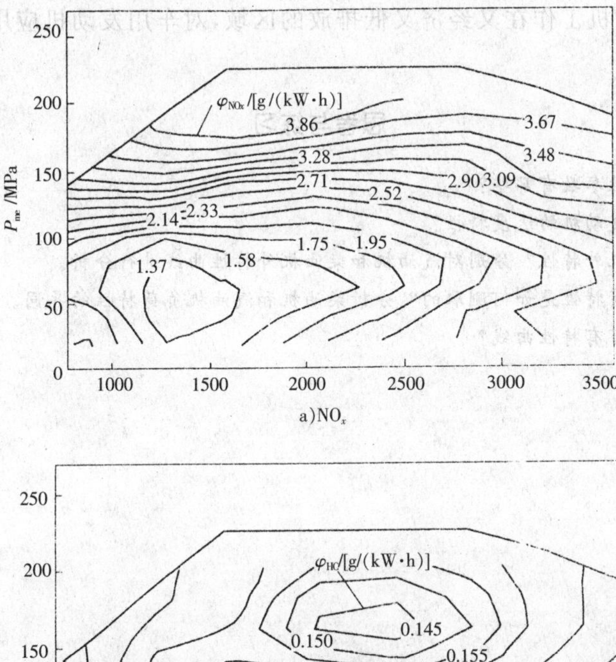


a)$NO_x$

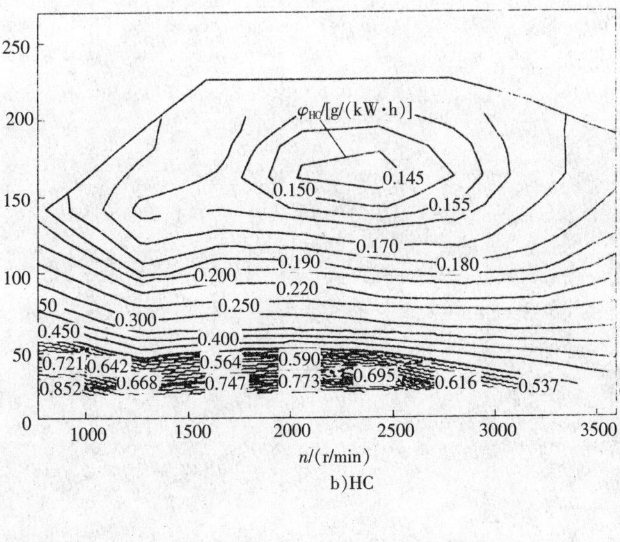


b)HC

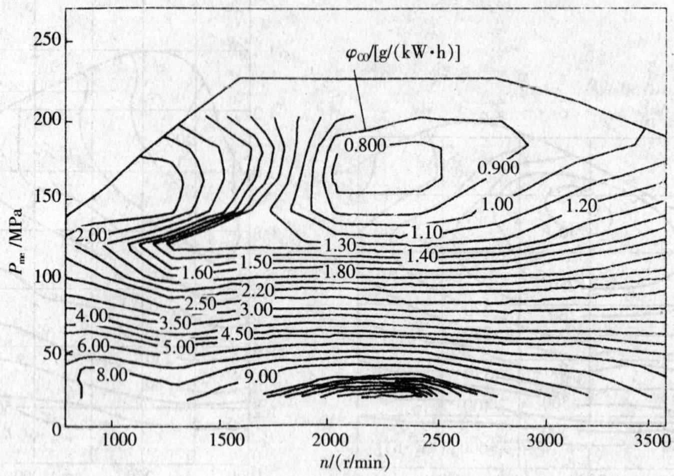

c)CO

图 11-14 发动机的排放万有特性

因此,研究开发节能同时又降低排放的技术措施,或通过动力传动系统参数的优化匹配选择,尽可能使发动机工作在又经济又低排放的区域,对车用发动机应用具有重大的现实意义。

## 思考与练习

11-1 发动机特性参数有哪些?

11-2 如何测取发动机的速度特性?

11-3 何谓发动机外特性?分别对汽油机和柴油机外特性曲线进行分析。

11-4 发动机负荷特性是如何测取的?分析柴油机和汽油机负荷特性的异同。

11-5 如何制取万有特性曲线?

# 第十二章　发动机与汽车整车性能匹配

**内容提要**：本章主要介绍汽车行驶的基本原理及特性，发动机与汽车传动装置的性能匹配，汽车发动机性能及汽车整车性能改进方法。

## 第一节　汽车行驶的基本原理及特性

### 一、牵引力

在平坦路面上行驶的汽车，其运动规律符合牛顿第二定律，即

$$F_K = ma \qquad (12-1)$$

式中：$F_K$ 为牵引力(N)；$m$ 为整车质量(kg)；$a$ 为汽车加速度($m/s^2$)。

牵引力实际上就是发动机输出转矩经传动系统传递到轮胎的驱动力。汽车行驶过程中轮胎对地面作用力的反作用力通过车轴向车体传递，而形成推动汽车前进的推动力。如图 12－1 所示，设轮胎半径为 $r$，则牵引力和作用于车轴上的驱动转矩之间的关系为

$$T = F_K r \qquad (12-2)$$

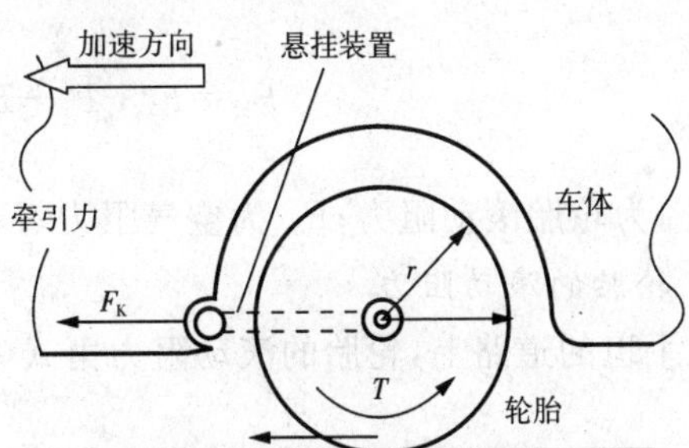


图 12－1　汽车轮胎驱动转矩和牵引力之间的关系

由前叙述，当气缸数为 $i$，气缸工作容积为 $V_h$(L)，平均有效压力为 $p_{me}$(MPa)时，$\tau$ 冲程发动机的输出转矩(N·m)，有

$$T_{tq} = \frac{318.3 p_{me} V_h i}{\tau}$$

即发动机转矩 $T_{tq}$ 取决于平均有效压力 $p_{me}$ 和排量 $iV_h$。当发动机结构一定时，$T_{tq}$ 只取决于平均有效压力 $p_{me}$。根据发动机的速度特性，输出转矩随发动机转速变化，但其变化范围与汽车行驶时的路面阻力矩变化量相比较显得很小。因此，在汽车行驶过程中，为了适应复杂的路况，保证稳定运行，将发动机有限的转矩范围，通过变速机构进行放大，以适应各种不同的汽车运行状况。因此，每一台汽车都需要变速器，以满足行驶的基本要求。如图 12－2 所示为通过变速器进行变速时的驱动转矩特性。在一定道路阻力下，汽车行驶速度提高到一

定车速时，需要逐渐降低牵引力，为此对变速器进行换挡，顺次减小减速比。所以，在动力传动装置中，变速器起着很重要的作用。即将发动机输出的转矩特性，如图 12-2 所示按阶段性地进行增减，以变换成驱动汽车所必要的牵引力。此时，牵引力和发动机转矩之间的关系式，可用式(12-3)表示：

$$F_K = \frac{T_{tq} i_k i_0 \eta_m}{r} \tag{12-3}$$

式中：$T_{tq}$ 为发动机转矩；$i_k$ 为变速器的速比；$i_0$ 为主减速比；$\eta_m$ 为传动系统的机械效率。

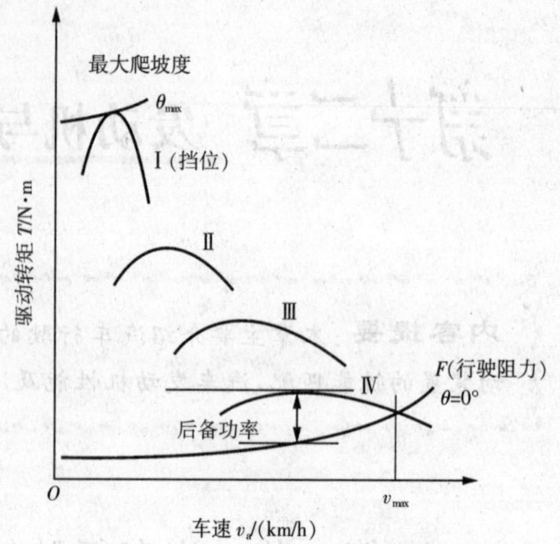

图 12-2　变速时的驱动转矩特性

一般，汽车行驶时对牵引力特性的要求是，当车速增加时减小牵引力；反之，车速降低时增加牵引力。

**二、汽车行驶特性**

汽车行驶特性主要取决于由发动机产生的牵引力和汽车的行驶阻力。行驶阻力包括轮胎的滚动阻力、汽车行驶时的空气阻力、坡道阻力和加速阻力。当在某一车速下匀速行驶时，汽车所需要的牵引力 $F_K$ 和行驶阻力相平衡，即

$$F_K = F_f + F_i + F_w + F_j = \frac{T_{tq} i_k i_0 \eta_m}{r} \tag{12-4}$$

式中：$F_f$ 为轮胎滚动阻力；$F_w$ 为空气阻力；$F_i$ 为坡道阻力；$F_j$ 为加速阻力。

1. 轮胎的滚动阻力

在平坦的道路上，轮胎的滚动阻力由式(12-5)计算：

$$F_f = fW \tag{12-5}$$

式中：$W$ 为作用于车轮上的法向载荷(N)；$f$ 为轮胎的滚动阻力系数，主要与路面状态、轮胎转速、轮胎结构及材料、轮胎气压及接地负荷等因素有关。

良好的沥青或混凝土路面，一般 $f=0.01\sim0.018$，货车常取 $f=0.02$；轿车取 $f=0.0165+0.01(v_a-50)$，其中 $v_a$ 是汽车行驶速度，因轿车平均行驶速度高，所以要考虑车速对阻力系数的影响。

2. 空气阻力

当汽车行驶速度为 $v_a$ 时，空气相对汽车的行驶阻力为

$$F_w = \frac{C_D A v_a^2}{21.15} \tag{12-6}$$

式中：$v_a$ 为汽车行驶速度(km/h)；$A$ 为汽车正投影面积($m^2$)，轿车一般取 $A=1.4\sim2.6m^2$，载货车取 $A=3\sim7m^2$，大客车取 $A=4\sim7m^2$；$C_D$ 为空气阻力系数，轿车一般取 $C_D=0.4\sim$

0.6，货车取 $C_D=0.8\sim0.9$，大客车取 $C_D=0.6\sim0.7$。

一般，汽车在水平路面上匀速进行，所以准确地测量滚动阻力系数 $f$ 和空气阻力系数 $C_D$ 是确定行驶所需牵引力 $F_w$ 的基础。

3. 坡道阻力

如果汽车在路面坡度角为 $\theta$ 的坡道上行驶时，需要克服自身重量引起的爬坡阻力，即

$$F_i=W\sin\theta \tag{12-7}$$

式中：$\theta$ 为路面坡度角；$W$ 为作用于车轮上的法向载荷。

汽车的爬坡能力是指在良好的路面上克服 $F_f$、$F_w$ 后的余力，在等速下全部用来克服坡度阻力而能爬上的最大坡度。爬坡行驶时汽车不加速，所以加速度为零。故由式(12-4)有

$$F_i=W\sin\theta=F_K-(F_f+F_W) \tag{12-8a}$$

$$\theta=\arcsin\frac{F_K-(F_f+F_W)}{W} \tag{12-8b}$$

最大爬坡能力，是指变速器最低挡(1档)上坡行驶时的爬坡能力。此时，车速比较低，所以在式(12-8a)和式(12-8b)中，可忽略空气阻力项 $F_w$。

对于汽车，要求直接档时的爬坡能力足够大，否则汽车常以直接挡运行时，遇到较小的坡度也要经常换挡，影响行驶的平均速度。爬坡时的牵引力由式(12-9)表示：

$$F_K=W\sin\theta+Wf\cos\theta+\frac{C_DA}{21.15}v_a^2 \tag{12-9}$$

4. 加速阻力

一般地，汽车在水平路面上加速运行，此时不考虑爬坡阻力。设汽车加速度为 $a$，则加速阻力用式(12-10)表示，即

$$F_j=\frac{(W+\Delta W)a}{g} \tag{12-10}$$

式中：$a$ 为行驶加速度，$W$ 为作用于车轮上的法向载荷；$g$ 为重力加速度；$\Delta W$ 为汽车旋转部分的等效重量，当计入发动机旋转部分时，则

$$\Delta W=\frac{I_W+[I_F+(I_T+I_E)i_k^2]i_0^2g}{r^2} \tag{12-11}$$

式中：$I_W$ 为车轮以及随其旋转部分的转动惯量(前后轮合计)($kg\cdot m^2$)；$I_F$为主减速器输入轴旋转部分的转动惯量($kg\cdot m^2$)；$I_T$ 为变速器输入转轴部分的转动惯量($kg\cdot m^2$)；$I_E$ 为发动机输出轴旋转部分的转动惯量($kg\cdot m^2$)；$i_k$ 为变速器的速比；$i_0$ 为主减速比；$g$ 为重力加速度($m/s^2$)；$r$ 为车轮半径(m)。

当不计入发动机各旋转部分时，令将各旋转部分转动惯量换算成以驱动轴(后轴)为基准的转动惯量 $I_E=0$。所以，在第一挡行驶时，以驱动轴为基准的各旋转部分(乘 $i^2$)的等效重量就变得相当大。

当汽车加速时，由于假设在水平面路上行驶，因而道路的坡度角 $\theta=0$。由式(12-4)得

$$F_j=\frac{(W+\Delta W)a}{g}=F_K-(F_w+F_f) \tag{12-12}$$

汽车加速度 $a$ 可表示为

$$a=\frac{F_K-(F_f+F_w)}{W+\Delta W}g \tag{12-13}$$

汽车的最高车速是在良好的水平路面上汽车所能达到的最高速度。此时，加速度和坡度均为零，所以，由

$$F_K=Wf+\frac{C_DA}{21.15}v_a^2$$

得

$$v_{amax}=\sqrt{\frac{21.15(F_K-Wf)}{C_DA}}=\frac{2\pi rn0\times 60}{i\times 100} \tag{12-14}$$

式中：$F_K$ 为牵引力(N)；W 为作用于车轮上的法向载荷（汽车总重量）(N)；$f$ 为轮胎的滚动阻力系数；$n$ 为发动机转速(r/min)；$r$ 为车轮半径(m)；$i$ 为变速器最高挡位。

由此可见，牵引力和车速是沟通汽车运行参数与发动机工况的“桥梁”。由式(12-4)知：

当 $F_j=F_K-(F_f+F_i+F_W)>0$ 时，汽车加速运动；

当 $F_j=F_K-(F_f+F_i+F_W)=0$ 时，汽车均速运动；

当 $F_j=F_K-(F_f+F_i+F_W)<0$ 时，汽车减速运动。

## 第二节　发动机与传动装置性能匹配

汽车在不同行驶条件下所要求的驱动力不同，所以要求的驱动力变化范围很宽，只靠发动机本身不能获得汽车行驶所需要的足够宽的驱动力。

变速器的应用就是为了解决这个问题，它可以增大驱动转矩。但若选择过大的速比，会导致油耗及噪声等增加。往复活塞式发动机低速转矩偏小，需要通过变速多段化提高转矩，以满足理想驱动力曲线的要求。一般汽车加速性好，油耗就高；反之，油耗低的变速性能比其加速性能差。所以，缓解这一矛盾的主要措施是变速比的多段化，由此实现发动机性能和变速比的最佳匹配。

### 一、发动机性能与汽车性能之间的关系

1. 车速和发动机转速之间的关系

设车轮半径为 $r$(m)，角速度为 $\omega$(rad/s)，则汽车水平移动的车速 $v_a$(km/h)为

$$v_a=3.6\omega r \tag{12-15}$$

当发动机转速为 $n$ 时，其角速度 $\omega_e$(rad/s)为

$$\omega_e=\frac{2\pi n}{60}$$

令变速器的速比为 $i_k$，主减速比为 $i_0$，则根据传动比（$i_t=i_k i_0$）的定义，有

$$\omega=\frac{\omega_e}{i_k i_0}=\frac{2\pi n}{60 i_k i_0} \tag{12-16}$$

将式(12-16)代入式(12-15)得 $v_a$(km/h)为

$$v_a=\frac{3.6\pi rn}{30 i_k i_0}=0.377\frac{rn}{i_k i_0}$$

或 $n$(r/min)为

$$n=2.654\frac{i_0}{r}i_k v_a \tag{12-17}$$

式(12-17)表示车速与发动机转速的关系。当传动比确定后，车速与发动机转速成正比。

2. 车速、牵引力与所需发动机功率之间的关系

根据发动机转矩与牵引力之间的关系式(12-3)和发动机输出功率与转矩的关系式 $p_e=T_{tq}n/9550$，整理得

$$P_e=\frac{F_K nr}{9550 i_k i_0 \eta} \tag{12-18}$$

将式(12-17)代入上式后，得

$$P_e=2.779\frac{F_K v_a}{\eta}\times10^{-4} \tag{12-19}$$

3. 百公里油耗与发动机排量、平均有效压力及燃油消耗率之间的关系

汽车的经济性常用百公里油耗，即每 100 km 所消耗的燃料量 $g_{100}$(L/100 km)表示，根据此定义，有

$$g_{100}=\frac{100B}{\rho_f v_a} \tag{12-20}$$

式中：$B$ 为发动机每小时燃油消耗量(kg/h)；$\rho_f$ 为燃油密度(kg/L)；$v_a$ 为车速(km/h)。

因 $B=p_e b_e/1000$，$p_e=p_{me}iV_h n/30\tau$，并由式(12-17)，代入式(12-20)，得

$$g_{100}=\frac{P_e b_e}{10\rho_f v_a}=0.00884\frac{iV_h}{\rho_f\tau}\frac{i_k i_0 p_{me} b_e}{r} \tag{12-21}$$

式(12-21)表明，汽车的百公里油耗与发动机排量($iV_h$)、平均有效压力 $p_{me}$ 及燃油消耗率 $b_e$ 有关，而且与传动比和轮胎半径也有关。所以有效地匹配发动机性能与动力传动系统的参数，是改善整车经济性的主要途径。

4. 传动效率及传动损失与发动机曲轴输出功率、传动系统内部功率损失之间的关系

汽车动力传动系统的传动效率，由下式定义，即

$$\eta=\frac{P_e-P_T}{P_e}\times100\% \tag{12-22}$$

式中：$P_e$ 为发动机曲轴输出功率；$P_T$ 为传动系统内部功率损失。

齿轮速比越大，转速越高，传动效率就越低。

## 二、汽车万有特性及评价

汽车动力传动系统匹配的好坏，常用汽车的万有特性来评价。而汽车的万有特性是在发动机万有特性的基础上，绘制出各档位下的驱动功率平衡曲线、等百公里油耗线（使用油耗）以及车速与发动机转速的对应关系曲线等构成的。从而把发动机的万有特性和汽车的行驶特性相结合，比较全面地反映汽车的各项性能指标。

为了评价动力传动系统匹配的情况，在汽车万有特性曲线上绘出由 $100\%b_{emin}$ 和 $110\%b_{emin}$ 曲线表示的发动机工作经济区。即在万有特性上，各等功率 $P_e$ 下的最低油耗点的线的连线（即 $\partial P_e/\partial n-\partial b_e/\partial n\approx 0$）作为 $100\%b_{emin}$ 曲线，而在各等功率线上，相对最低油耗多 10% 的油耗点的连线作为 $110\%b_{emin}$ 曲线，由此构成发动机万有特性上的经济运行区（如图 12-3 所示）。

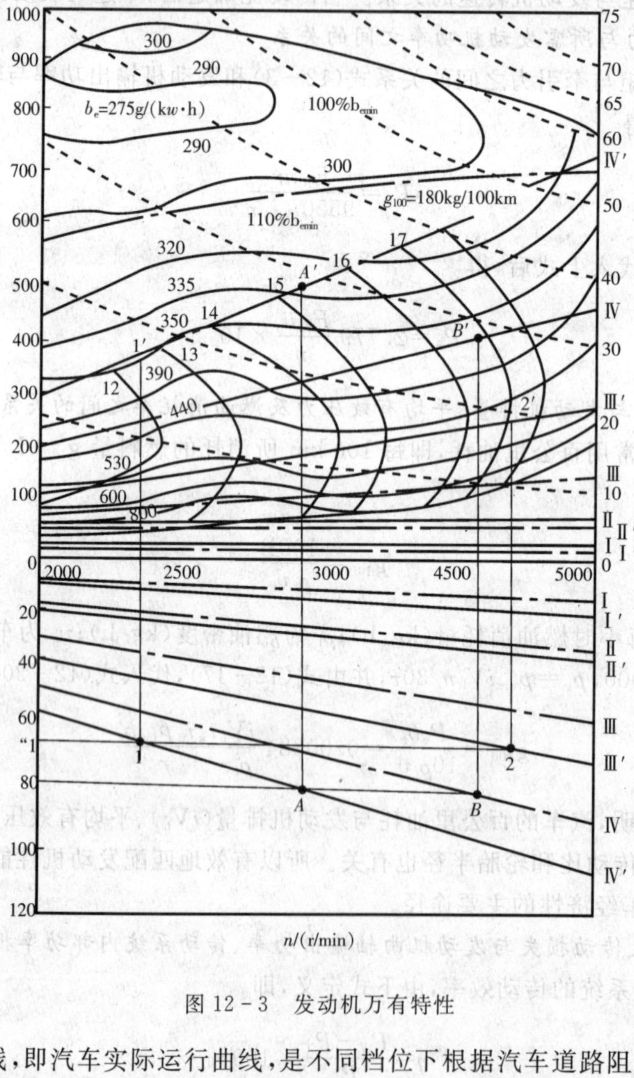

图 12-3　发动机万有特性

牵引功率曲线，即汽车实际运行曲线，是不同档位下根据汽车道路阻力曲线转化而求得的。如前所述当汽车运行状态确定(如轮胎半径为 $r$、变速器速比 $i_k$、主减速比 $i_0$ 一定)时，车速 $v_a$ 与发动机转速 $n$ 成线性关系。从整车经济性角度看，一般要求超速档或直接挡等常用挡位下运行时的道路阻力曲线尽可能接近 $100\%b_{emin}$ 曲线。

从发动机万有特性上看，根据汽车的行驶条件，可很方便地确定发动机的工作状态。如当车速为 80 km/h，以第 5 挡行驶时，从车速和发动机转速的对应关系曲线上，确定发动机的转速点($B$ 点)，然后从该点引垂直线向上，在发动机万有特性中与该档位对应的牵引功率曲线相交于 $B'$点，此交点 为此时发动机的工况点。这样，可求得发动机此时的性能参数。当改变某档位的速比(如 5 档速比)时，在同样车速下对应的发动机转速不同($A$ 点)，如图 12-3 所示，发动机的工况点由原来的 $A$ 点转移到 $A'$点，更接近经济区，所以可改善整车经济性。适当减小主减速比 $i_0$，或略加大轮胎半径 $r$ 也可以改善发动机工作经济区。

在汽车万有特性上，一般在高速区 $b_e$ 曲线比较稀疏，这表明随转速变化油耗率变化小，因此车用发动机转速的提高还有一定潜力。油耗率曲线密集的地区，表示随工况变化油耗率变化大，表明燃料系统的调节对这些地区比较敏感，单纯增加供油量，虽能使平均有效指示压力 $p_{me}$ 有所增加，但会造成油耗及排气温度以及排烟增加。

汽车与发动机的匹配情况，可通过常用车速范围 $v_{a1} \sim v_{a2}$ 和常用档位下求得的发动机所对应的转速范围 $n_1 \sim n_2$(功率 $P_{e1} \sim P_{e2}$)，并将这些范围标注在万有特性上来判断，从而确定改进节油的途径。降低油耗措施的关键是使汽车常用工况区尽可能接近发动机的经济运行区。如改变发动机性能，改善油耗区或改变传动比等。所以，节油措施与发动机和传动系统的匹配、道路情况及使用条件有着密切的关系。

当发动机转速一定时，高档的百公里油耗低于低档，而百公里油耗随车速而增加。所以，汽车行驶时，一般使用高挡，在高挡位不能满足行驶条件时，才换入低挡。中间各档的速比的选定应考虑与发动机性能的匹配，只按照等比数列原则选择各挡速比，则匹配不佳。

## 三、整体性能匹配方法

每一种车型，基本上都有各自常用的工况范围。因此，成熟的车辆应该是针对其车型和常用工况，具有最佳的底盘。在此基础上选择适合该车型的发动机，并对底盘参数和发动机性能进行优化匹配，所以，整车性能匹配主要有以下几个步骤：

### 1. 常用工况的确定

每一种车型都是根据市场的需求而开发制造的。所以，可以根据具体车型的用途和常用工况，确定其常用挡位，并用常用车速由上述发动机性能与汽车性能之间的关系式确定对应的发动机使用工况。

### 2. 制取汽车的万有特性

在已有发动机万有特性的基础上，根据汽车行驶的原理，对已给定的底盘参数和车型参数，计算各档位下的行驶阻力随发动机转速的变化规律。一般，在平坦路面上汽车稳定行驶的条件下，进行整车性能匹配计算。因此，在计算阻力或牵引力曲线时，只考虑轮胎的滚动阻力和空气阻力。关于这两种阻力的计算，目前常用的方法有两种：一是根据经验值给定的不同车型的滚动阻力参数和空气阻力系数进行计算；另一种方法是通过整车风动实验来同时测量滚动阻力和空气阻力，但这种方法需要专门的实验场地。

计算各档位下的牵引力或阻力以后，根据式(12-4)计算该牵引力所对应的发动机转矩

$T_{tq}$，然后根据转矩与平均有效压力 $p_{me}$ 之间的关系式(6-19)，求出与该行驶阻力(牵引力)对应的平均有效压力，由此将各档位下的行驶阻力转化为万有特性纵坐标同量纲的物理量，并绘制在发动机万有特性上，构成汽车发动机的万有特性(如图 12-3)。如图 12-4 所示为某一车用柴油机与该底盘参数匹配时，在不同挡位下行驶时的经济性和排放特性情况。由此可以判断汽车常用工况下的经济性和排放水平，并提出改进的途径。

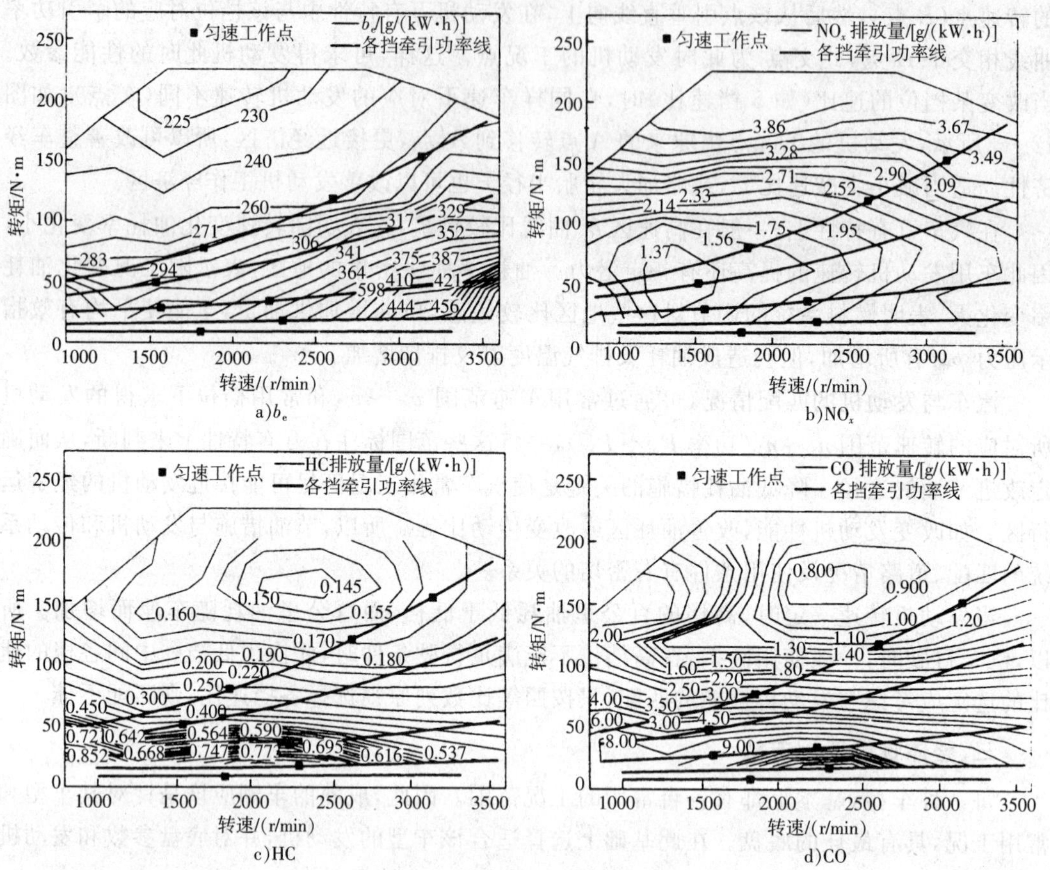


图 12-4　某车用柴油机万有特性

3. 匹配结果评价与改进措施

匹配结果按以下几个方面进行评价。

(1)经济性

由汽车万有特性，当车速一定时尽可能用高挡，有利于改善经济性，当高挡不能满足行驶条件时，才换入低挡。因此，当整车匹配以经济性为主时，要求常用挡(超速挡或直接挡)行驶时的道路阻力曲线尽可能接近 100%$b_{emin}$，或落在(100%～110%)$b_{emin}$ 曲线范围之内。同时，在常用换挡位下常用车速(如 $v_a$=100 km/h)行驶时的百公里油耗尽量小。此百公里油耗是根据汽车万有特性，由车速、挡位及发动机转速之间的关系式(12-17)，和该挡位下的行驶阻力曲线，确定此时的发动机工况点($p_{me}$, $n$)，并读取该工况下的发动机燃油消耗率 $b_e$ 以后，按式(12-21)进行计算。

通过适当减小主减速比 $i_0$，或略加大轮胎半径 $r$ 可以改善百公里油耗，但相对一定的发动机输出转矩($F_K \cdot r$)降低，或车轮惯性增加，对汽车的动力性不利。

(2)动力性

整车动力性是各类车辆行驶性能中最基本、最重要的性能。这种动力性的评价可按以下四个方面进行:

①汽车的最高车速。汽车的最高车速是在水平面良好的路面上以最高挡行驶时,汽车所能达到的最高速度。如图 12-2 所示,在最高挡位下的牵引转矩(功率)曲线与汽车行驶阻力曲线的相交点所对应的车速,就是该汽车所能行驶的最高车速。

②汽车的加速时间。汽车的加速时间用原地起步加速时间与超车加速时间表示。原地起步加速时间可用车速从 0 加速到 100 km/h 时的原地起步连续换挡加速时间表示(如图 12-5 所示)。根据实际情况也可以分析分别加速到 40 km/h、60 km/h、80 km/h 所需要的时间。而超车加速时间可用以直接挡行驶时从 50 km/h 加速到 100 km/h 所需要的时间来表示(如图 12-6 所示)。也可以根据情况分析加速到 60 km/h、80 km/h 等不同速度段的加速时间。汽车的加速能力与各挡位下的后备功率有关。

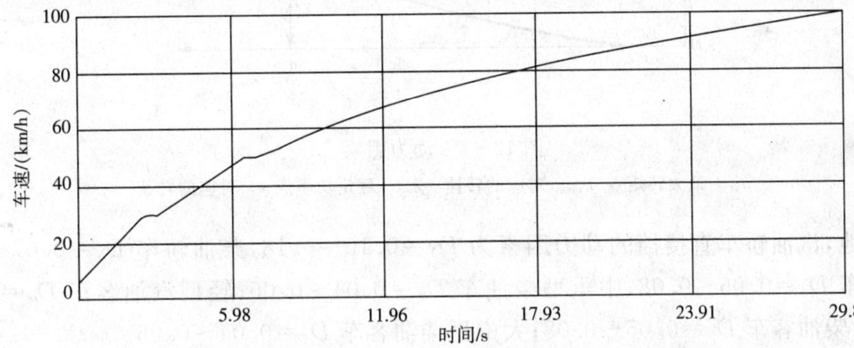


图 12-5 0~100km/h 的原地起步连续换档加速时间

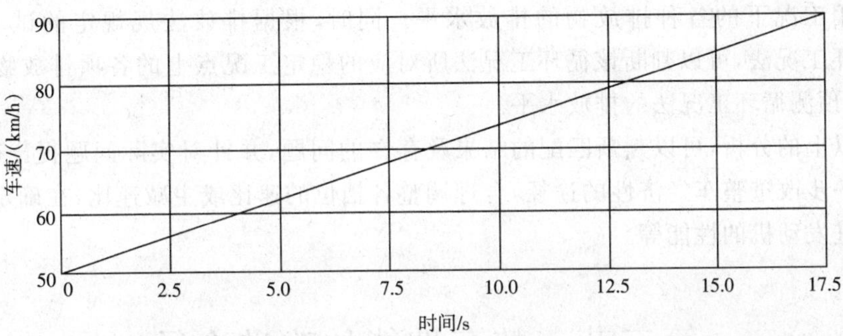


图 12-6 50~100km/h 直接挡加速时间

③最大爬坡能力。最大爬坡能力是汽车满载时在良好的路面上所能达到的最大爬坡来表示。用直接挡最大爬坡度表示汽车的超载能力。

④动力因素。为了比较不同种类、不同排量汽车的动力性,用单位汽车重量所能克服的道路阻力的能力作为汽车动力性的评价指标。即所谓动力因素 $D_0$ 定义为

$$D_0=\frac{F_K-F_W}{mg} \tag{12-23}$$

式中：$F_K$ 为牵引力；$F_W$ 为汽车行驶时的空气阻力。

动力因数 $D_0$ 表示汽车克服道路阻力的能力和加速性能（如图 12－7 所示），即

$$D_0=\frac{1}{mg}(F_{KT}-F_T)=\frac{F_{KP}}{mg}\left(\frac{F_{KT}}{F_{KP}}-\frac{F_T}{F_{KP}}\right) \tag{12－24}$$

式中：$F_{KT}$、$F_{KP}$ 分别表示对应发动机最大转矩点和最大功率点的牵引力；$F_T$ 表示对应发动机最大转矩。

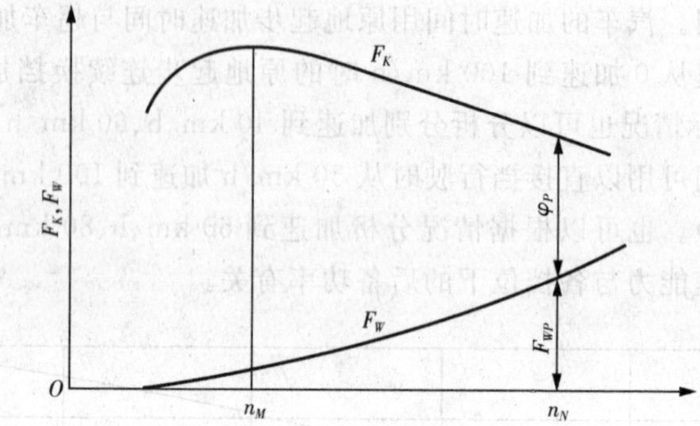


图 12－7　动力因素

$n_M$－最大转矩点 $T_{tqmax}$ 对应的转速　$n_N$－额定功率点 $p_N$ 对应的转速

一般地，汽油轿车直接挡的动力因素为 $D_0=0.10\sim0.18$，柴油轿车 $D_0=0.07\sim0.12$；轻型柴油车 $D_0=0.05\sim0.08$；中重型柴油车 $D_0=0.04\sim0.06$；轻型汽油客车 $D_0=0.07\sim0.10$，轻型柴油客车 $D_0=0.05\sim0.08$；大中型柴油客车 $D_0=0.04\sim0.06$。

(3)排放特性

如图 12－4 所示，通过 CO、HC 以及 $NO_x$ 排放特性表示的万有特性上，可以判断常用挡位和常用工况下的各种排放物的排放水平。同时，根据排放法规规定的试验工况，如 NEDC 循环工况法，可以判断该循环工况法所对应的稳定工况点上的各项排放物的排放水平，由此可预测循环工况法的排放水平。

通过以上的分析，可以判断匹配的结果及存在的问题，并针对实际问题提出改进措施。如寻求进一步改进整车经济性的途径，合理调整各挡位的速比或主减速比，在确定传动比的前提下改进发动机的性能等。

## 第三节　整车性能的改进途径

由式(12－21)可知改善整车百公里油耗的措施有以下几个方面：

(1)在满足汽车动力性的前提下，尽可能选用小排量发动机。因此，从整车节能角度，小排量化是发展趋势。

(2)在汽车适用范围内满足牵引力及动力性要求的前提下，尽可能减小传动比 $i_k i_0$。

(3)改进发动机的性能。由式(12－21)可知，当发动机底盘已确定时，$g_{100}\propto p_{me}b_e$，其中 $p_{me}$ 与转矩成正比，决定牵引力的大小。所以，在一定行驶条件下降低 $g_{100}$，就要降低发动机

常用工况下的燃油消耗率 $b_e$,这与追求发动机外特性上最低油耗相比,对改善整车经济性具有更重要的意义。

**一、发动机性能的改进**

为了使发动机的性能更好地适应整车行驶条件,就要有合理的万有特性形状。改善万有特性形状的主要措施就是改善不同负荷下的发动机高低速性能。传统的机械式发动机很难兼顾高低速性能。随着电控技术的发展以及发动机控制技术的发展,发动机高低速性能都有了很大的改进,发动机的强化程度不断得到提高。这一方面的主要技术措施有:

1. 可变进气系统

如前所述,可变进气系统技术主要有可变进气管长度和可变配气机构技术。如图 12-8 所示为另一种连续可变进气管长度和容积的系统。根据发动机的不同转速,改变旋转件的转角位置,即可达到控制进气管长度的目的,由此改善高低速时的充气效率。

配气相位的可变技术也从高低速凸轮两极式的 VEC 系统和只改变进气迟关角的 VVT-i 系统,逐渐向气门升程和配气相位连续可变的系统方向发展。由此,最大限度地改善发动机的高低速性能,以适应汽车各种行驶特性的要求。

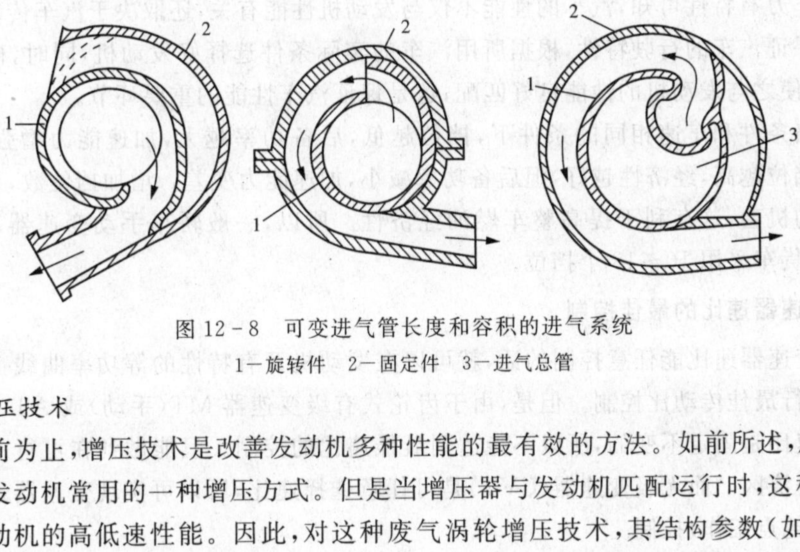


图 12-8 可变进气管长度和容积的进气系统

1—旋转件 2—固定件 3—进气总管

2. 增压技术

到目前为止,增压技术是改善发动机多种性能的最有效的方法。如前所述,废气涡轮增压是车用发动机常用的一种增压方式。但是当增压器与发动机匹配运行时,这种增压器不能兼顾发动机的高低速性能。因此,对这种废气涡轮增压技术,其结构参数(如面径比 $A/R$)及其匹配转速的选择尤为重要。

为了兼顾不同负荷下发动机高低速性能,目前在车用柴油机上的可变增压技术(如 VNT 或 VGT)得到广泛应用。

增压技术在汽油机上应用的难点之一是爆燃问题,所以增压度一般都不高。另外一个问题是由于汽油机的使用转速高,所以废气涡轮增压的滞后现象造成汽油机的响应特性变差。目前,比较成功的汽油机增压技术是在米勒循环的基础上,采用双蜗杆耦合的机械式增压器技术。这项技术不仅有效的克服了爆燃和响应特性变差的问题,同时保证发动机高低速增压比基本保持不变。

3. 发动机混合气及燃烧模式的控制技术

这项技术是为了改善点燃式发动机(汽油机)不同工况范围内的经济性、动力性和排放特性,而采用的根据不同工况范围分别实施不同燃烧方式的控制技术。如图 12-9 所示,在低速中小负荷区采用混合气分层稀薄燃烧技术，即压缩行程后期喷油，形成上浓下稀的分层混合气，点火后能高效稳定燃烧，由此改善经济性和排放特性；在常用的中高速区的中小负荷范围，则采用均质混合气的理论空燃比反馈控制的燃烧方式，结合三效催化转化器能有效地降低有害气体的排放量；而在大负荷区为了使发动机输出最大转矩，在进气行程中提前喷油，由此在点火时在气缸内形成均质的功率混合气。

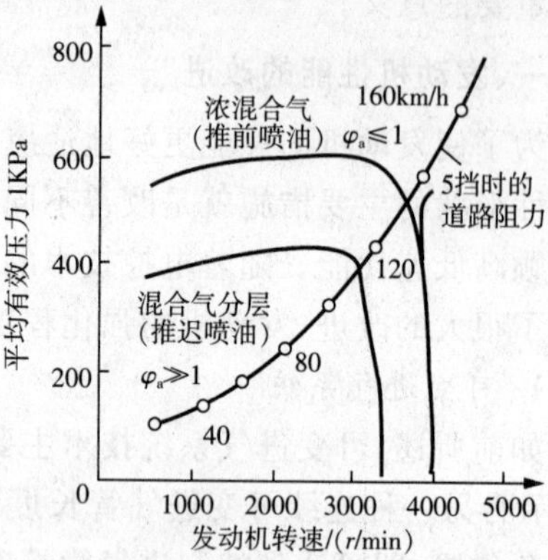

图 12-9　混合气及燃烧模式的控制

4. 发动机排量控制技术

对量调节的点燃式发动机，通过控制发动机排量技术，可在小负荷区有效的减小节气门的节流作用，使泵气损失降低，改善气缸内的燃烧过程，从而在万有特性上低负荷区的经济性得到明显改善，由此可有效降低整车百公里油耗。

## 二、合理选择底盘参数

由汽车万有特性可知，汽车的性能不仅与发动机性能有关，还取决于汽车传动装置的参数。为了保证汽车的行驶特性，根据所用汽车的实际条件选择好发动机，同时，确定传动系统的参数，使之与发动机的性能良好匹配，这是保证汽车性能的重要环节。

在道路条件和车速相同的条件下，挡位越低，后备功率越大，加速能力增强，但 $q_{100}$ 增加；相反，挡位越高，经济性越好，但后备功率减小，加速能力变差。增加挡位数，可增加选用适当挡位的机会，这有利于提高整车燃油经济性。所以，一般轿车手动变速器基本采用 5 挡，而重型货车采用 10～18 个挡位。

## 三、变速器速比的最佳控制

如果变速器速比能任意控制的话，就可以在发动机万有特性的等功率曲线上任一点行驶，即可进行最佳传动比控制。但是，由于齿轮式有级变速器 MT(手动)或 AT(自动)的各档位下的速比是固定不变的，所以不能达到最佳速比的控制。只能做到在可行的范围内尽可能接近经济区。而无级变速器(CVT)是可任意选择速比，所以可实现变速器速比的最佳化(最低油耗点工作)控制。

由汽车万有特性可知，对应经济区的最佳速比是一定的。当确定最佳速比时，首先由车速传感器，求出车速及其运行工况。当车速从 $v_A$ 变化到 $v_B$ 时，其加速度为

$$a=\frac{v_B-v_A}{t} \tag{12-25}$$

式中：$t$ 为车速由 $v_A$ 变化到 $v_B$ 使所需要的时间。

保证此加速度所必需的牵引力可表示为

$$F_K=\frac{aW(1+\varphi)}{g}+fW+\frac{C_D A v_A^2}{21.15} \tag{12-26}$$

式中：$\varphi$ 为惯性重量系数；$C_D$ 为空气阻力系数；$A$ 为汽车正面投影面积。

在控制最佳变速器速比时(一般主减速比 $i_0$ 一定，所以最佳变速器速比控制等价于最

佳传动比 $i_t$ 控制)，首先根据发动机特性及底盘参数求出实际牵引力。即当速比固定时，由现车速 $v_A$ 求出发动机转速。此时节气门开度一定，由发动机的速度特性 $T_{tq}=f(n)$，求出对应的输出转矩，并通过试验确定传动效率后，可求的牵引力为

$$F'_K=\frac{T_{tq}i_t\eta}{r}$$

这种计算在整个节气门开度范围和变速比范围内进行，使得 $F'_K$ 与所要求的 $F_K$ 相一致。

由节气门开度、变速器速比、发动机转速以及输出转矩的组合中，求出油耗最低点。则对应点上的速比为车速从 $v_A$ 变化到 $v_B$ 时最低油耗的速比。如图 12－10 所示为当汽车按 3 速自动挡有级变速和无级变速(CTV)运行时的经济性比较。由此可知采用 CVT 后，在与 3 速自动挡有级变速(3AT)相同的车速下汽车运行时的发动机工况点，更接近于发动机的最经济运行线。

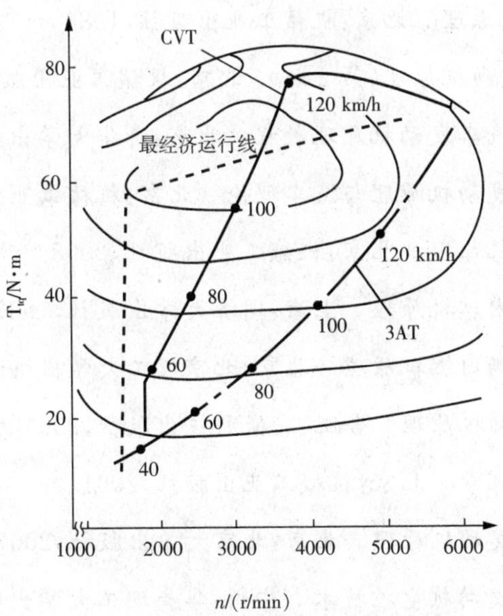


图 12－10　有级变速和无级变速的经济性比较

## 四、行车速度的控制

对发动机及底座参数等已经确定的汽车，驾驶条件不同也直接影响汽车的百公里油耗。一般汽车在中速行驶时 $g_{100}$ 最低，高速时随车速的增加，行驶阻力增加，使 $g_{100}$ 迅速增加。如果行车速度过低，汽车的使用效率低，所以比较理想的经济车速是使 $g_{100}/v_a$ 比值最小，此车速称为实用车速。

## 思考与练习

12－1　影响汽车行驶特性的主要因素有哪些？

12－2　试说明发动机性能与汽车性能之间的关系。

12－3　发动机万有特性和汽车万有特性有何异同？

12－4　分析汽车整车性能改进的主要途径。

# 参考文献

[1] 热工基础．张学学等．北京:高等教育出版社,2000
[2] 童钧耕等．热工基础．北京:高等教育出版社,2009
[3] 严家騄等．工程热力学．北京:高等教育出版社,2006
[4] 朱明善等．工程热力学．北京:清华大学出版社,1995
[5] 董敬,庄志,常思勤．汽车拖拉机发动机．北京:机械工业出版社,2008
[6] 刘永长,内燃机原理．武汉:华中科技大学出版社,2005
[7] 蒋德明．内燃机原理．北京:机械工业出版社,1986
[8] 张志沛．汽车发动机原理(第2版)．北京:机械工业出版社,2007
[9] 刘峥,王建昕．汽车发动机原理教程．北京:清华大学出版社,2001
[10] 冯健璋．汽车发动机原理与汽车理论．北京:机械工业出版社,2005
[11] 林学东．发动机原理．北京:机械工业出版社,2008
[12] 倪计民．汽车内燃机原理．上海:同济大学出版社,1997
[13] 秦有方等．车辆内燃机原理．北京:北京理工大学出版社,1997
[14] 孙军．汽车发动机原理．合肥:安徽科技出版社,2001
[15] 周龙宝．内燃机学．北京:机械工业出版社,2001
[16] 韩同群．汽车发动机原理．北京:北京大学出版社,2007
[17] 黄嘉宁．汽车发动机电控技术．广州:华南理工大学出版社,2008
[18] 钱人一．现代汽车发动机电子控制．上海:上海交通大学出版社,1999
[19] 王建昕等．汽车排气污染治理及催化转换器．北京:化学工业出版社,2001
[20] 蒋德明．柴油机涡轮增压．北京:机械工业出版社,1986
[21] 蒋德明．内燃机燃烧与排放学．西安:西安交通大学出版社,2001